人力资源管理

（第二版）

宋 典　华冬萍　主编

苏州大学出版社

图书在版编目(CIP)数据

人力资源管理 / 宋典, 华冬萍主编. —2版. —苏州：苏州大学出版社, 2021.3
ISBN 978-7-5672-3406-2

Ⅰ. ①人… Ⅱ. ①宋…②华… Ⅲ. ①人力资源管理-高等学校-教材 Ⅳ. ①F243

中国版本图书馆 CIP 数据核字(2020)第 235114 号

人力资源管理(第二版)

宋　典　华冬萍　主编

责任编辑　周建国

苏州大学出版社出版发行
(地址：苏州市十梓街1号　邮编：215006)
宜兴市盛世文化印刷有限公司印装
(地址：宜兴市万石镇南漕河滨路58号　邮编：214217)

开本 700 mm×1 000 mm　1/16　印张 23　字数 504 千
2021 年 3 月第 2 版　2021 年 3 月第 1 次印刷
ISBN 978-7-5672-3406-2　定价：59.00 元

苏州大学版图书若有印装错误，本社负责调换
苏州大学出版社营销部　电话：0512-67481020
苏州大学出版社网址　http://www.sudapress.com
苏州大学出版社邮箱　sdcbs@suda.edu.cn

目录 Contents

- 第一章 人力资源管理总论 /1
  - 第一节 人力资源管理的发展史 /1
  - 第二节 人力资源管理概述 /3
  - 第三节 传统人事管理与现代人力资源管理的异同 /10
  - 第四节 人力资源管理人员职业发展路径及能力要求 /15
- 第二章 工作分析 /24
  - 第一节 工作分析概述 /24
  - 第二节 工作分析的地位与作用 /27
  - 第三节 工作分析的方法 /28
  - 第四节 工作分析的新发展 /43
- 第三章 人力资源战略与规划 /67
  - 第一节 人力资源战略 /67
  - 第二节 人力资源规划 /75
  - 第三节 人力资源规划方法 /80
- 第四章 员工招聘与甄选 /94
  - 第一节 员工招聘 /94
  - 第二节 人员甄选 /103
  - 第三节 人员招聘评估 /130
- 第五章 员工培训与开发 /136
  - 第一节 培训前的准备 /136
  - 第二节 培训项目实施 /142
  - 第三节 培训效果评估 /147
  - 第四节 员工开发管理 /149
  - 第五节 职业培训师 /152
  - 第六节 培训新技术及发展趋势 /153

- 第六章　绩效管理　/ 161
  - 第一节　绩效管理概述　/ 161
  - 第二节　绩效管理的过程　/ 163
  - 第三节　绩效管理的方法和技术　/ 175

- 第七章　薪酬管理　/ 205
  - 第一节　薪酬概念与构成　/ 205
  - 第二节　薪酬管理理论　/ 211
  - 第三节　薪酬设计流程　/ 215
  - 第四节　绩效工资设计——奖励　/ 228
  - 第五节　基于技能的薪酬制度　/ 235
  - 第六节　员工福利管理　/ 236
  - 第七节　福利的新趋势——弹性福利制　/ 240

- 第八章　员工关系管理　/ 250
  - 第一节　员工关系管理概述　/ 250
  - 第二节　员工劳动关系管理　/ 253
  - 第三节　内部员工关系管理　/ 262
  - 第四节　工会与集体谈判　/ 279
  - 第五节　美、德、日劳资关系介绍　/ 284

- 第九章　跨国公司人力资源管理　/ 290
  - 第一节　跨国公司人力资源管理概述　/ 290
  - 第二节　跨国公司人力资源管理的概念与视角　/ 297
  - 第三节　跨国公司人力资源管理内容　/ 305
  - 第四节　跨国公司人员外派与回任管理　/ 313
  - 第五节　跨国公司人力资源管理专题探讨　/ 320

- 第十章　人力资源管理信息化　/ 334
  - 第一节　人力资源管理信息化概述　/ 334
  - 第二节　人力资源管理信息化体系的构建　/ 339
  - 第三节　eHR 系统软件功能　/ 344
  - 第四节　eHR 设计与应用案例介绍　/ 349

- 参考文献　/ 357
- 后记　/ 362

第一章

人力资源管理概论

企业的竞争,归根到底是人才的竞争。能否吸引和留住企业所需要的优秀人才,能否使员工为了企业共同的目标而努力奋斗,从而创造出更高的企业效益,已经成为衡量企业管理成效的一个重要指标,是公司各级管理人员普遍关心的一个重要问题。在知识经济时代,以人为本的管理原则已经深入企业的管理理念当中,人力资源管理在企业管理中占据越来越重要的地位。

企业人力资源管理作为一门学科,其存在的重要意义就是为提高企业的经营效益和管理效率服务。本章内容从人力资源管理的发展历程入手,阐述了传统人事管理与人力资源管理的异同,并且指明了国际化进程中的企业人力资源管理该何去何从。

第一节 人力资源管理的发展史

当代企业管理最明显的变化之一就是从强调对物的管理转向重视对人的管理,这使得管理手段更为多样,管理方法更加符合人性。人力资源管理自产生以来,在管理实践中不断地发展、丰富,并日趋完善和成熟。纵观人力资源管理的发展历程,可以分为以下几个阶段。

一、传统的人事管理阶段

早期的人力资源管理被称作"人事管理"。它是伴随着工业革命的产生而发展起来的。工业革命的爆发导致了大机器生产方式的产生,出现了大规模的劳动力雇佣,因此必须有人处理组织中涉及人的一系列事务和活动。这一时期,由于生产力极度低下,劳动力价格低廉,又缺乏系统的管理理念,因此,传统的人事管理呈现出以下特点:

1. 在确定员工的工资方面,主要依据的是员工在企业中的工作年限和经历,往往将员工与雇主的关系亲疏作为决定员工职位是否提升的根据。

2. 以雇主的个人喜好作为人事管理的依据,将员工看作没有思想的机器,忽视员工的心理需要,不关心员工。

3. 将雇主和员工之间的关系看作纯粹的雇佣关系,对员工的规定和限制比较多,较少使用激励措施。

4. 缺乏长远目标,因循守旧,不能根据外部条件和环境的变化而调整自身的管理方式,缺少周密的计划。

二、科学管理阶段

随着社会生产力的发展,机器的发明和使用取代了过去很多由人工操作的工作。在这种背景下,科学管理应运而生,它以提高员工生产率为核心。这一时期的管理呈现出以下特点:

1. 改变了过去管理没有规章的状态,制定了科学的组织规则,划分了管理幅度和管理层次。

2. 工作的专业化和标准化是这一时期管理的重要内容,其典型特征是流水生产线的出现。在这一时期,员工工资是根据既定的工作评价标准来确定的。

3. "胡萝卜加大棒"的薪酬政策,体现了对优秀员工的激励作用。该薪酬政策具体分为计时工资制、计件工资制、职务工资制和奖励工资制。

4. 开始对员工进行培训,通过管理人员与员工的合作,来达到提高工作效率的目的。

三、行为科学管理阶段

科学管理阶段,虽比传统管理阶段有所进步,但未根除忽视人的主观感受、只是将人看作机器的附属品、过分强调工作效率的弊端。在这种情况下,管理者普遍感到有必要去研究人的心理和行为,即出现行为科学管理。行为科学管理的主要特点有:

1. 扩展人事管理的研究领域,由对一般事务性工作的研究逐渐转移到对人的行为研究,注重激发员工的潜能。

2. 由专业的管理人员进行管理,改变静态管理形式上公平、实际上不公平的弊端,实行动态管理。

3. 在对人员的评价上,改变以往只按硬性条件进行衡量的做法,更多地注重人的工作动机,注重工作潜能的发挥。

4. 员工的地位有所提升,强调管理的人情味和员工的满意度,而不是仅仅将工作效率的高低作为评价员工的唯一指标。

四、现代人力资源管理阶段

科学管理过分强调管理技术,而行为科学管理则注重人际关系在管理中的重要性,两者都容易走极端,从而产生偏差。现代人力资源管理将两者的优点结合起来,采用更加系统灵活的方法来进行管理,其主要特点有:

1. 人事管理的领域进一步扩大,用动态性的观点来看待人事工作,不是孤立地解决出现的问题,而是全面地考虑影响问题的所有因素。

2. 强调组织的开放性、适应性和灵活性,重视与社会的交流和联系,这与传统的人事管理、科学管理大不相同。

3. 对管理人员的素质要求更高,管理人员的专业化程度不断提高,管理人员不再只是承担执行性的功能,而是拓展到系统规划、战略研究等方面。

4. 人事管理的技术有很大进展,从定性分析到定量分析,采用计算机等现代高新技术来开展人事工作。

第二节　人力资源管理概述

一、理论基础

（一）人性假设理论

管理中的人性假设也就是管理中的人性观,它是指管理者对被管理者的需求、工作目标、工作态度的基本估计或基本看法。在西方的管理理论中,存在着四种不同的人性假设。

1."经济人"假设

（1）代表人物

泰罗。

（2）主要观点

人们之所以工作是为了获得更多的经济报酬,追求个人利益最大化是人的行为出发点。

（3）X理论

美国麻省理工学院心理学教授麦格雷戈对"经济人"假设做了综合概括,提出了有关人性的两种截然不同的观点:基本上消极的X理论和基本上积极的Y理论。其中X理论主要观点有:认为人天生懒惰,总是想方设法地逃避工作;一般人都没有雄心壮志,不愿意承担责任;人生来以自我为中心,对组织的目标与要求不关心;一般人的需要层次停留在生理和安全的低级层次,只有用金钱和其他物质利益才能激励他们努力工作。

（4）评价

经济人假设只看到了人性中消极的一面,任何事物都要从辩证的观点来看,切忌一概而论。

2."社会人"假设

（1）代表人物

埃尔顿·梅奥。

（2）理论基础

"社会人"假设建立在人性是善良的基础之上,强调人们工作的动机更大程度上在于工作中所形成的社会关系。

(3) 主要观点

认为人是社会人,除物质条件以外,社会、心理的因素同样是影响人的生产积极性的因素;家庭、社会以及企业中形成的社会关系对于员工士气的提高乃至生产率的提高有着至关重要的作用;组织中存在着非正式组织群体;领导者要善于了解人,多倾听员工的意见。

(4) 评价

指出物质刺激对于调动人的积极性来说只有次要作用,对于调动人的积极性而言,更重要的是人际因素。

3. "自我实现人"假设

(1) 代表人物

马斯洛、阿吉利斯、麦格雷戈等。

(2) 主要观点

所谓"自我实现人",是指人都希望发挥自己的潜力,要想最大限度地调动人的工作积极性,就应该让每个人都有机会将个人才能和智慧表现出来,人的最高层次的需求就是自我实现。

(3) Y 理论

认为一般人都是勤奋的;人具有自我指导和自我控制力,控制和惩罚不是唯一的管理手段;人体中蕴藏着极大的潜力,有很大一部分都没有发挥出来。

(4) 评价

"自我实现人"假设建立在人是勤奋、有才能、有潜力这一认识基础上的,与前述两种人性假设都不同,这一假设的专注点转移至工作环境上,即为人们最大限度地发挥潜力而创造一个适宜的工作环境和工作条件。

4. "复杂人"假设

(1) 代表人物

史克思(Schein)等。

(2) 主要观点

认为人的需要和动机是多种多样的,在不同单位或部门工作的人,其需要和动机都不同;人在同一时间内可以有多种需要和动机,并且这些需要和动机是可以统一的;人是可变的。

(3) 超 Y 理论

又称权变理论,既不同于 X 理论,又异于 Y 理论。摩尔斯、莱斯克等认为,在现实生活中,不存在那种一成不变、普遍适用的最好的管理方法,企业的管理方式需要根据企业所处的内外环境和条件的不同而做出调整。

(4) 评价

这种人性假设考虑到了人自身及其所处内外环境的复杂性,弥补了前述三种人性假设的不足。

(二) 激励理论

激励问题是企业人力资源管理的一个关键性问题,能否正确地激励员工,对于企业的生存发展至关重要。综观企业发展的理论成就,主要集中在以下几个领域:

1. 马斯洛的需求层次理论

马斯洛将人的各种需要归纳成5大基本需要:① 生存需要;② 安全需要;③ 爱与归属的需要;④ 尊重需要;⑤ 自我实现的需要。

这5大基本需要是按照由低级到高级的顺序来阐述的,马斯洛认为,只有较低层次的需要得到了满足,较高层次的需要才具有激励作用。其中,生存需要是指满足人们生存的最基本的物质需要,涵盖了衣、食、住、行、用等各个方面;安全需要是指在满足人的生存需要之后,进而产生让自己的人身安全、工作和生活的环境安全等得到保障的需求;爱与归属的需要则是人们的心理需要,是指人们希望得到别人的关心和爱护,渴望与别人建立良好的人际关系,增强自己在家庭和工作中的归属感;尊重需要是人们渴望被别人尊重的需要,具体而言包括对自尊心、自信心、荣誉、地位等的追求;马斯洛认为人的最高层次的需要就是自我实现的需要,这是指最大限度地发挥自身的潜力,使自己的理想抱负得以实现的需要。

2. 激励-保健理论

简称双因素理论,是由美国心理学家赫茨伯格提出来的。该理论认为影响人们行为的因素可以分为两类:激励因素和保健因素。

(1) 激励因素

属于工作本身或工作内容方面的因素,与人们的满意情绪相关。工作带来的愉快、工作上的成就感以及对未来发展的期望等都属于激励因素。

如果对激励因素处理得好,就更容易让人们对工作产生满意的感觉;相反,要是对激励因素处理得不好,就会让员工对工作产生不满意的感觉。

(2) 保健因素

又称维持因素,是指与人们不满情绪产生相关的因素,它与工作环境或人际关系相关,比如员工的工作条件、组织内部的人际关系以及组织的政策等。

由于保健因素是与人们的不满情绪有着直接的联系,所以,如果对保健因素处理得不好,就会导致人们对工作产生不满的情绪。但是,保健因素只能起到保持人的积极性、维持工作现状的作用,而不能对员工产生激励作用。

3. 行为改造理论

主要观点是认为激励的目的是为了改造和修正人的行为,重点研究如何通过外界刺激对人的行为进行影响和控制。

(1) 强化理论

该理论认为人们为了达到某种目的会采取一定的行为,这些行为将作用于环境。当行为的结果对个体有利时,这种行为就会重复出现,得到强化;反之,则会明显减少。根据强化的目的,可以将强化分为正强化和负强化。

(2) 归因理论

该理论认为人的行为的发生或多或少与其自身内部因素和外界环境因素有关。美国心理学家维纳将成功与失败归因为4种因素:能力、努力、任务难度、机遇。

4. 公平理论

又称社会比较理论,是由美国心理学家亚当斯于1963年提出。该理论的主要观点是,当一个人做出了成绩并得到报酬之后,他不仅关心自己所得报酬的绝对量,而且也关心自己所得报酬的相对量。

在同一家企业中,与公平理论相关的最明显的例子就是员工关注自己的薪酬变动水平是否跟同事一致,只有当员工的工资水平不低于市场上平均水平以及与其所在岗位一样的其他企业员工的水平时,员工才会感到明显的激励作用,否则,就算员工的工资总量很高也不起什么激励作用。

5. 期望理论

是由美国的弗洛姆于1964年提出的。该理论认为,某一活动对某人的激励作用取决于其所得到的成果和其认为达到该成果的期望概率的大小。用以下公式表示:

$$M = V \times E$$

式中,M 表示激励力,是指调动一个人的积极性、激发人的内部潜力的强度;V 表示效价,指某项活动成果所能满足个人需要的程度;E 代表期望值,是一个概率概念,指一个人根据经验判断的某项活动导致某一成果实现可能性的大小,其数值在 0 和 1 之间。

(三) 人力资本理论

1. 产生的背景

人力资本理论是20世纪50年代末、60年代初产生的最重要的经济理论之一。从大的历史背景上来看,当时正处于美苏对峙的局面,在一段时期内,苏联的发展速度超过美国,经济增长得很快,这让向来以老大自居的美国感到了恐惧。美国政府感到自己的科学技术落后于苏联,于是召集很多学者来研究原因,主要焦点集中在教育投资对经济增长的作用方面。

人力资本理论的代表人物有贝克尔和舒尔茨,贝克尔在1960年指出美国科技落后的根本原因就在于对高等教育的投资不足。舒尔茨的论文《由教育引起的投资不足》和1963年出版的著作《教育的经济价值》,在理论上支持了人力资本理论的发展。在以后的几十年内,关于人力资本的研究层出不穷,推动了人力资本理论发展到一个新的高度。

2. 人力资本的内涵

人力资本是指通过费用支出投资于人力资源,从而形成和凝结于人力资源之中,并能带来价值增加的智力、知识、技能及体能的总和。这一概念界定涵盖以下要点:第一,人力资本是活的资本;第二,人力资本是通过投资而形成的,没有投资就没有人力资本的形成;第三,人力资本的最终目的是价值增加;第四,人力资本包含一定的经济关系。

与物质资本不同的是,人力资本表现出自身的独有特征:不可剥离性;时效性;收益递增性;累积性;个体差异性等。人力资本是以一种无形的方式存在的,必须通过现实的生产劳动才能体现出来,如果劳动者不参与劳动,那么其人力资本就只能算作潜在的人力资本。

3. 人力资本投资

(1) 人力资本投资的含义

所谓人力资本投资是指投资者通过对人进行一定的资本投入(货币资本或实物),增加或提高人的智能和体能,这种劳动能力的提高最终反映在劳动产出增加上的一种投资行为。

要想准确地理解人力资本投资的内涵,首先必须明确人力资本投资的投资者和投资对象。投资者也称投资主体,包括国家机关、企事业单位、社会团体,甚至是家庭或者个人;而人力资本的投资对象则必须是在投资者管辖范围之内的由其管理的人。人力资本投资直接作用于人的劳动生产能力;人力资本投资与物质投资的目的相同,都是为了获得更多的价值增加,不过其投入的产出与收益是一切投资中最高的。

(2) 人力资本投资的特征

第一,人力资本投资具有连续性和动态性。这是指人在生命的每个阶段都在进行不同类别的人力资本投资,人力资本投资贯穿于人的各个时期的学习、工作等之中。

第二,人力资本投资的投资者与受益者不完全一致。人力资本的无形特点,决定了个人即投资对象有可能成为人力资本投资的最大受益者。

第三,人力资本投资收益形式多样。与普通的物质资本投资收益不同,人力资本投资收益更多地表现在精神层面,比如人的教育水平、思想素质水平、健康水平的提高等。

(3) 人力资本投资的内容

人力资本投资是一个系统的概念。至于其所涵盖的内容,最有影响力的是舒尔茨的理论。舒尔茨将人力资本投资分为5个方面的内容:① 对医疗保健方面的投资。② 对在职培训的投资。③ 对各种正规教育的投资。④ 对成人教育方面的投资。⑤ 个人、家庭为寻找更好的就业机会而流动的投资。这五项投资内容可以归为三大类:第一类是对健康保健的投资,包括对医疗保健方面的投资,这是人力资本投资的前提和基础;对在职培训、正规教育以及成人教育方面的投资属于第二类,也就是教育投资,这是人力资本投资最主要和最常见的内容;第三类是迁移流动投资,这是劳动者为了实现更好的就业或者创造更多收入所必需的人力资本投资。

二、人力资源概述

(一) 人力资源的内涵

"人力资源"(Human Resources,简称 HR)作为管理学上的一个基本术语,其出现可以追溯到20世纪50年代初,随着研究的不断深入,人力资源的内涵也越来越丰富。所谓人力资源,是指在一定时间、一定空间地域内的人口总体所具有的劳动能力的总和。要准确

理解人力资源的概念,可以从以下方面入手:

第一,人力资源与资本要素、劳动要素等同属于经济资源的范畴,确切地说,人力资源是一种国民经济资源。

第二,人力资源是人的智力、知识和技能三方面的统一。这是人力资源之所以成为资源的基本内容和实质所在。

第三,人力资源是质与量的统一,不可偏废其一。过分强调数量对企业来说有可能会造成人员泛滥,导致人浮于事;过分偏重质量又会造成企业招到合适者的成本比较高,导致过久的岗位空缺。

从企业的角度来看,人力资源是企业内所有人员,包括企业内外部与企业相关的人员的总称。具体而言,企业的人力资源是由现在的和未来的各级经理、雇员、各类合作伙伴及顾客等可提供潜在合作与服务及有利于企业预期经营活动的人力所组成。

与物质资源相比,人力资源具有以下特点:

第一,依附性。这是强调人力资源的存在方式,它不是独立存在的,必须依附于人体而存在,是人类所独有的。

第二,能动性。最突出的表现就是人力资源有意识,可以能动地支配和使用物质资源,使其符合自己的要求。

第三,时效性。可以从人类资源的生物属性来理解,人力资源附属于人体,而人是会生老病死的,所以人力资源的存在被严格限定在人的特定的生命周期内。

第四,连续性。我们知道,人力资源不仅仅是一个静态的概念,其更多地体现为处于发展变化之中,人力资源的形成、开发需要一个时间段,同时,在以后的使用过程中,也会为了满足某种需要而不断开发,这是一个连续的过程。

(二) 人力资源的构成

1. 决策者

是指在企业中享有决策权的人和对决策有较大影响的人,通俗地讲,就是公司的高层领导,包括董事会成员和股东等。

2. 管理人员

即管理者,他们通过协调其他人的活动,以达到与别人一起或者纯粹通过别人来实现组织的目标。管理者按照权力的大小可分为基层管理者、中层管理者和高层管理者。其中,基层管理者的主要任务是直接指挥和监督现场作业人员,其工作的重点放在上级下达的具体任务是否顺利完成,这类管理者常见的如工厂或车间的主任、班长等。

3. 专业技术人员

是指拥有某一技术优势或者具备某一资质的人员,他们在企业中能否被运用得当关系到企业的前景。

4. 生产和服务人员

这是战斗在一线的企业员工,他们是企业产品和服务最直接的创造者。

（三）人力资源的作用

1. 人力资源与社会发展

人力资源与物质资源、资本资源、信息资源一起构成了支撑现代经济社会发展的资源要素。人力资源的能动性，凸显出它与其他要素的不同，它可以主动支配自我、支配和使用其他资源。人力资源对经济运行发挥主要作用和引导性作用，社会发展归根到底还是由普通民众的辛勤劳动推动的。

2. 人力资源与经济增长

人力资源是现代经济增长的战略资源。所谓战略资源是指经济发展依赖的资源，是指导和决定经济发展全局的根本性重要资源。人力资源是现代科学技术与知识的发明创造者和载体，是现代经济增长的决定因素。

3. 人力资源与企业发展

人力资源是企业最重要的资产，与传统理念中将人力资源作为企业的支出计入成本不同，现代企业管理理念将人力资源列入企业的资产范畴。人力资源是企业的稀缺资源，企业人力资源的形成、保持和发展是一个持续而又艰难的过程，人力资源所表现出的忠诚度、向心力、创造力，是企业持续发展的动力和活力所在。

三、人事职务与行政职务的区别

在人们的传统观念里，有这样一种惯例，就是理所当然地认为行政、人事不分家，甚至有些公司将两者合置为一个部门。诚然，两者在很多地方都有相似之处，但是将两者混为一谈，就会容易导致工作多头领导，造成企业内人际关系紧张，矛盾重重。下文仅对人事职务和行政职务进行比较。

（一）人事职务

1. 人事文员

跟一般的文员一样，处理的大多是静态的工作，与各类文件打交道，比如发布、整理各种材料；去招聘会收简历；通知应聘人员面试和录取与否；等等。

2. 人事专员

是人事主管的下属，主要负责人力资源管理中某一模块的工作，比如培训、绩效等。

3. 人事助理

配合人事专员或者人事主管的工作，类似于企业老总的秘书。

（二）行政职务

1. 行政文员

隶属于行政部，协助行政主管管理后勤方面的工作，主要职责包括车辆及油耗管理、食堂管理、物资申购等。

2. 行政专员

协助行政经理完成公司行政事务性工作及部门内部的日常事务。

3. 行政助理

即行政经理的助手,协助行政经理开展各方面的工作。

总体说来,人事工作主要负责的是企业人力资源管理方面的工作,比如招聘与录用、培训与开发、绩效管理、劳动关系等;行政工作主要负责的是企业后勤方面的工作,为企业的正常运转提供有效支撑。当企业发展到一定阶段以后,人事和行政工作必须准确划分,这样才能保证企业的运转效率。

第三节 传统人事管理与现代人力资源管理的异同

一、传统人事管理

(一) 人事管理的内涵

1. 人事管理的含义

从管理学角度来说,人事管理就是在一定的条件下,根据既定的组织目标来选择工作人员,继而确定他们的工作职责,调动他们的工作积极性,提高工作效率。

人事管理有广义和狭义之分。广义的人事管理是指对社会劳动过程中全部人与事以及共事的人与人之间关系的管理;而狭义的人事管理则是指对一部分特定的人与事、人与人之间关系的管理,比如企业的人事管理,就是对企业内外人与事、人与人之间关系的管理。

2. 人事管理的特征

第一,将劳动力看作纯粹的执行指令的活的机器,将"事"看作一切活动的中心,在管理过程中过分强调事而忽视人的重要性。

第二,在企业中充当了执行者的角色,管理活动局限于给人找一个位置,为事配人,不重视人事管理的地位和作用,实行自上而下的垂直式管理。

第三,忽视企业中的人际关系的重要性,忽视人的需要,将人看作企业的集体资产。

3. 人事管理的目的

所谓人事,就是"人"与"事",强调人与人、人与组织、人与事之间的相互关系。由此,人事管理就是对人事关系的管理,其目的在于调整好各个方面的人事关系,使人与事、共事的人与人之间的相互关系达到最佳状态,有效地实现组织目标。

(二) 人事管理的内容

1. 人事管理的任务

所谓管理就是为了实现组织目标,合理安排利用组织资源的过程。人事管理就是强调组织中对人的管理。所以,人事管理的主要任务就是将组织中的人员按照公司的需要安排到各自的岗位上。

2. 人事管理的职能

人事管理是企业管理的重要环节。人事部门产生以后，与人事相关的活动都改变了由直线主管做决定的状况，开始转变为通过由具有专门技能的人事管理者组成的部门发挥其作用。

3. 人事管理的意义

由于组织结构日益复杂，人事管理作为一项单独的职能必须单列出来，由专门的人员进行调配，这样有助于企业分工明确。人事管理者通过一系列的笔试、面试等手段来挑选候选人，比直线主管的单纯目测准确性高，可以为单位招聘到合适的人才，减少员工流失率。

（三）人事管理的评价

人事部门和人事管理工作者在单位中的地位不高，在单位的战略及重大决策方面很难拥有发言权。相比较而言，单位比较重视的是技术、财务、营销等部门，因为这些部门对专门技能要求比较高。

人事部门仅仅充当了一线主管的助手，用人办事的权力掌握在各部门的直接主管手里。

二、现代人力资源管理

人力资源管理的出现，使人事管理由日常性的工作逐步转变成战略性的事业。随着经济社会的发展，人力资源的重要性更加突出，其管理所需求的技能也越来越高。与传统的人事管理不同，现代人力资源管理最突出的特点在于它是将组织的整体目标与员工的个人目标结合起来，以实现组织和员工的共同发展。

（一）人力资源管理的内涵

1. 人力资源管理的含义

对于人力资源管理的概念，不同的学者有不同的归纳。所谓人力资源管理，是指对人力资源的计划、组织、控制，通过发挥人的主观能动性，帮助企业实现最终目标。

为了准确理解人力资源管理的概念，需要明确以下几个方面：

第一，人力资源管理需要确定主体和客体。主体就是由谁进行管理；客体则为管理的对象。人力资源管理的主体可以是政府机关、企事业单位、社会团体等；而客体只能是组织内所管辖的人力资源全体。根据主体的确定，人力资源管理可以分为微观人力资源管理和宏观人力资源管理。本书所研究的主要是微观人力资源管理，也就是通常所说的企业人力资源管理。

第二，人力资源管理是组织行为，不是单纯的个人行为。由上述内容我们知道，组织是人力资源管理的主体，因此，人力资源管理是由组织所进行的有目的、有组织的行为和活动。

第三，人力资源管理的实质是在推动组织目标实现的同时，完成组织内部的人与事、人与人关系的调整。

第四，人力资源管理是一项系统工程。它是由招聘、选拔、培训、考核、激励等一系列管理活动所组成。

2. 人力资源管理的特征

① 将劳动力看作发挥能动作用的具有价值增加作用的宝贵经济资源，真正体现"人是第一资源"。

② 管理的重心在于充分调动企业员工的工作积极性和创造性，最大限度地发挥人的潜能。

③ 以人为本成为企业遵循的基本原则，对人性的关怀与照顾在企业的各项管理实践中得到更多的体现。

④ 人力资源管理的角色演变为参与或充当决策者。

3. 人力资源管理的目的

① 最大化实现企业的利润，增强企业的市场竞争地位。

② 满足企业全体员工的利益需求，促进企业员工全面发展。

③ 现代人力资源管理的最终目标是通过各种管理手段达到人与人、人与事之间关系的最佳状态，从而最大限度地释放人体内在的生产潜力，产生最大效益。

（二）人力资源管理的内容

1. 人力资源管理的职能

（1）人力资源规划

人力资源规划的任务是根据公司的总体战略目标，通过分析自身所处的经营环境变化对人力资源的供给和需求的影响及状况，利用科学的预测方法，制定必要的政策和措施以确保企业在适当的时间和适当的岗位上获得适当的人力资源（包括适当的数量、质量、层次和结构等），实现企业人力资源的最佳配置，使组织和员工双方的需要都能得到满足。

（2）工作分析与设计

工作分析就是通过调研和观察等一系列科学的方法，把某一职位的工作内容和该职位对员工的素质要求弄明白，并形成职务描述和职务资格要求两种文件。其中，职务描述规定了对"事"的要求，比如任务、责任、职责等；职务资格要求规定了对"人"的要求，比如知识、技术、能力、职业素质等。

（3）员工的招聘与选拔

根据人力资源的规划和规范的工作分析而开展的招聘与选拔、录用与配置等工作是人力资源管理的重要活动之一。第一，要确定甄选人力资源的标准；第二，要能挑选出最适合的人力资源；第三，企业在用才的过程中要注重用才观念的更新、用才方法的综合和用才效果的检验。

（4）绩效评估与管理

企业通过绩效评估和管理来衡量员工的工作绩效，并进行反馈和协调，最终达到激励员工,贯彻组织战略或实现组织目标。在对员工个人进行绩效考核的同时,企业还要关注团队和组织的绩效水平。

(5) 薪酬管理

薪酬是对员工付出的劳动所给予的报酬。薪酬包括工资、奖金和福利等。企业的薪酬体系应从员工需求出发,注重内部公平性和外部公平性的平衡,充分体现人力资源对公司所做的贡献。

(6) 员工的培训与开发

通过培训,员工可以掌握胜任其职位的工作技能;通过对人力资源进行开发,组织可以激发员工的潜能,提高工作效率。现代员工培训已经不再局限于新员工的入职培训和员工基本业务技能的训练,而变成激发员工形成与企业战略目标一致的观念、态度、行为重要工具。

(7) 职业生涯规划与管理

基于马斯洛的需要层次理论,我们知道,除了生理、安全、社交、尊重等需要外,人还有自我实现的需要,这是人类最高层次的需要,因此人必须有一个明确的职业生涯规划。企业人力资源管理部门可以通过引导员工进行职业生涯规划与管理,从而将员工个人发展与组织发展结合起来。

(8) 激励管理

通常所认为的激励形式包括物质激励、精神激励、情感激励和发展激励,它是通过满足员工的某些条件,来激发员工对工作的积极性和热情,从而帮助企业实现既定目标的过程。

(9) 企业文化管理

企业文化是将企业员工维系在一起的纽带,企业文化是指企业在长期的发展实践中形成并得到公司所有员工认同的具有组织特色的价值观念、团体意识等的总和。企业文化是人力资源管理的一部分。

(10) 提高员工的工作和生活质量

这是属于员工福利方面的内容,通过提高员工的工作和生活质量,可以增强员工的工作满意度和工作参与度。其主要途径是关注员工的安全和健康,为其提供更好的工作环境。

2. 人力资源管理体系

各个部门的工作或多或少地都会跟人力资源管理活动有关系,因此,人力资源管理不单单是人力资源管理部门的责任,而且是企业全体管理者的共同职责。当然,不同的管理者,其人力资源管理的内容和作用也是不同的。一般来说,可以将企业的人力资源管理管理者分成三个层次。

(1) **高层管理者**

主要职责是对处理企业和员工之间的关系做出根本性的决策。

(2) **人力资源职能管理人员**

他们是企业人力资源管理职能的专门承担者,主要承担着人力资源管理的指导职能、协调职能和服务职能。

（3）一线主管

在企业中，领导其所属的员工直接进行业务活动的管理者就是一线主管。当公司规模较小时，他们可以独立完成本部门的人事工作。

3. 人力资源管理绩效衡量指标

所谓人力资源管理指标，是指衡量人力资源管理活动成果的标准和工具，通过这些指标，可以帮助决策者了解企业的人力资源管理情况。企业常用的人力资源管理指标主要有以下几种：

（1）劳动生产率

这是在企业人力资源管理中用得最频繁的一个指标，不仅适用于同一行业内不同企业之间的横向比较，还适用于同一企业在不同时期之间的纵向比较。只有在各企业间的其他方面都接近时，劳动生产率才可以作为反映人力资源管理水平的一个有效指标。

（2）人工费用率

投入与产出之间的比较，反映了投资活动的有效性，因此可以用来衡量企业人力资源管理活动的效益。具体衡量方法是将每一项人力资源管理活动所消耗的成本费用之和，与这些活动所产生的收益进行比较。

（3）员工流动率

过高的员工流动率反映了员工对企业管理的不满意程度比较高，不利于企业经营活动的顺利进行，尤其是关键员工的流失，会给企业带来难以想象的损失，因此需要将员工流动率控制在一个合理的范围内。

（4）考评合格率

绩效考评是企业人力资源管理的一项重要内容，与员工的工作绩效直接挂钩。通过考评合格率可以看出企业人力资源管理存在哪些问题，有哪些需要改进的地方，从而为以后的员工培训和开发等活动提供依据或指明方向。

（5）人才开发率

人力资源管理活动最具创造性的一项内容就是对员工进行开发，主要通过培训、工作轮换等方式进行。人才开发率是反映人力资源开发水平的指标，可以通过培训效果、员工技能的提高等标准来衡量。

三、传统的人事管理与现代企业人力资源管理的异同

人力资源这一概念的提出最早出现于20世纪50年代的美国，但是真正被人们所理解和认同却是在20世纪70年代初。尽管在形式上，不管是人事管理，还是人力资源管理，都是针对人的管理，但两者也存在以下不同：

（一）从各自的内涵来看

1. 从管理理念上来看

传统的人事管理将员工看作企业的成本负担，以降低成本支出为宗旨，把与员工相关

的人工费用仅仅视为人工成本,力图加以控制和降低,而不重视人力资源本身的开发和价值;而现代人力资源管理则将员工看作能增值的经济资源,将其视作可以带来丰厚回报的特殊资源,充分体现以人为本。

2. 从管理重心上来看

传统的人事管理强调以"事"为重心,管理活动局限于给位置找人,为事而配人;而现代人力资源管理则将"人"作为一切管理活动的核心,其管理活动着眼于对人力资源的开发与利用。

3. 从管理内容上来看

传统的人事管理内容相对简单,是行政事务性管理,主要承担招聘、选拔等工作,为事择人。具体涉及三方面的内容:一是关于人员招聘、选拔、委派、工资发放等具体工作;二是关于考核制度、奖惩制度、人事规章制度的制定和实施;三是关于人员档案整理,比如员工进出、职位升降等。而现代人力资源管理除了承担传统人事管理的各项事务外,还承担着工作分析、工作设计、制定人力资源规划等多项管理任务。

(二) 从管理地位上来看

随着社会经济迅速发展,企业发现传统的人事管理已不能适应当今激烈的市场竞争形势,开始逐步引进人力资源管理。人力资源管理的作用和地位体现在以下几个方面:

第一,从在企业管理中的作用来看,由传统的不被重视转变为现在的起决定性作用。

第二,从人事管理者的地位来看,由原来作为执行层,只能提供参考意见,到现在参与决策,上升到企业的战略管理高度。

第三,从人力资源管理部门的地位来看,由单一的职能部门转变为战略决策与综合职能相结合的部门,改"劳动人事部"为"人力资源部"。在传统的人事管理阶段,人事部门只是承担一些附属性的具体业务工作,充其量只能算作一个辅助部门;而在人力资源管理阶段,人力资源部门被看作一个核心部门。

(三) 从管理目标上来看

在人事管理阶段,其管理的目标是本部门的工作绩效,并以此作为检验工作效果的依据;在人力资源管理阶段,其管理的目标则不仅仅是本部门的工作绩效,也包括人力资源管理对组织目标的贡献,此外,还关注如何通过人力资源管理促进组织实现目标的可能性。

第四节 人力资源管理人员职业发展路径及能力要求

一、人力资源管理人员职业发展路径

企业发展至人力资源管理阶段后,企业管理的最明显变化之一就是从强调对物的管理转向重视对人的管理,这使得企业管理手段更为多样,管理方法更加符合人性。人力资源

管理自产生以来,在管理实践中不断发展、丰富,并日趋完善和成熟。

一般而言,人力资源管理(Human Resources,简称 HR,即人力资源,全称为人力资源管理)人员的职业发展路径包括纵向发展和横向发展两个基本方向。纵向发展是最常见、最容易认同的职业方向,表现为职位层级的阶梯式提升和责权利的逐步扩大。HR 的横向职业发展路径指的是 HR 职业发展的宽度。

人力资源管理人员的纵向职业发展路径指的是向上发展的通道。HR 的向上发展通道有两种。一种是管理通道。一方面,HR 管理者可以沿着职位层级,从基层 HR 操作人员逐步晋升到高层 HR 管理岗位。比如从模块助理、模块专员做到人力主管、人力经理、人力总监等。另一方面,HR 管理者在领域内发展到一定层次后,也可以转换到组织内外的其他经营管理序列,即从人力资源管理岗位纵向逐步发展到组织核心管理层,诸如行政总裁、高级副总裁、党务管理类工作(国有企业比较明显)等。走管理通道的 HR 都是通才,在这个通道发展的人,不仅要具有相应的专业能力,也要具有较高的管理能力。由于人力资源管理工作经历能够比较全面地锻炼"做人的工作"的能力、战略统筹能力、沟通(包括跨文化沟通)能力、全球视野和领导力等,而这些综合素质与其他序列管理职位要求具有共通性,因此,HR 管理者相对比较容易转型。有调查指出,越来越多的 HR 管理者,继市场、技术、财务等方面的人才之后成为组织高管的又一重要来源。

另一种是专业通道,发展成为 HR 管理专才。向核心发展的 HR 管理专才,需要具备某一特定人力资源职能模块的专业知识、技能和工作经验,并承担相应专业开发、研究和政策方案出台的职责。专业通道关注的是模块技术和模块绩效,比如,招聘经理关注的就是招聘的绩效。组织中这些专才领域一般包括薪酬福利、整体报酬、员工关系和劳动关系、全球化的人力资源管理、组织发展和员工发展(培训)、劳动安全和保障管理、员工管理(工作计划和准备、招聘与员工保留)、多元化等。走专业通道最大的好处是可以专注于某个领域的知识积累,可以更快地成为人力资源专家。HR 专业发展路径要求组织具备一定规模,有在内部建立专业化研究体制的需求(一般存在于大型企业里)。如果想往专才发展,就要做好进入大企业的准备,这样才有发展空间。要做到这点,就需要很强的执行力,并且做事要积极主动等。

正如前文所说,人力资源管理人员的横向职业发展路径指的是 HR 职业发展的宽度,代表了职业发展的更多可能性。具体而言,人力资源管理人员的横向职业发展路径有以下几个方向:内部转换、做管理咨询师、做培训师、做猎头顾问等。

(一)内部转换

一般而言,人力资源管理人员都比较了解公司其他部门职位的工作内容,因此,当人力资源管理人员觉得本专业的工作发展遇到瓶颈时,可以考虑转换到公司其他业务部门,从事相应岗位的工作。比如,有些人力资源管理人员在工作几年以后,发现自己并不喜欢人力资源工作,或者本公司的人力资源岗位发展前景不好,这个时候就可以考虑进行内部转换,换一个发展方向,可能也会取得另一番成就。当然,转行的前提是,要具备一定的业务部门的专业知识,具备相应的岗位从业素质。

(二) 成为管理咨询师

随着国内管理咨询行业的迅速发展,人力资源管理人员的发展也出现了另外一条路,就是当 HR 管理者在积累了一定的经验之后,凭借自己的丰富阅历和实践经验,为企业提供管理诊断咨询,转向从事专业咨询工作。以企业工作经验为依托,咨询会更有底气,并且有实战性,也容易得到企业的认可。当然,要从事咨询工作,对各种管理案例必须很熟悉,特别是要有一套良好的可操作的解决办法。同时,最好有著名公司的工作背景和较高的学历。

(三) 做培训师

在企业日益注重培训的今天,随着国内企业培训市场的升温和火爆,培训师已经成为一个比较热门的职业。但要成为培训师,进入门槛还是比较高的。第一,你最好具有国外留学经历或国内名牌大学硕士以上的学历;第二,最好具有著名外企或大型企业的工作经历,如果做过中高层管理人员更佳;第三,要具有丰富的培训经历和相关工作业绩(比如给某某企业做过培训);第四,具有良好的沟通能力和口才;第五,在某一领域具有自己独特的见解或行之有效的解决方案(这往往是成为高级培训师最重要的一点)。

(四) 做专业猎头顾问

人力资源管理人员在企业的人事管理工作中积累了丰富的工作经验、专业知识和行业人脉资源。因此,人力资源管理人员可以利用自己积累的专业知识和行业资源转行到猎头公司从事相应的专业猎头顾问。

(五) 创业

人力资源管理人员可以选择进行创业,既可以选择和人力资源行业相关的方向,也可以选择和人力资源行业不相关的方向。但人力资源管理从业人员创业成功概率比较高的是进入人力资源行业,例如猎头公司、咨询公司、人力资源服务公司等。

在实践中,人力资源管理人员的纵向发展与横向发展往往是相互促进、交错进展的。相关研究也证明,随着层级提升,经营管理工作对履职人员的胜任力要求越来越高。因此人力资源管理者积累多个行业或业务单元的 HR 通才经验,对于纵向晋升到更高层次管理(无论是领域内外)或成为人力资源专才有着重要影响。既拥有不同行业或业务知识,理解具体运营运作规律,又具备一定的人力资源实践经验的人力资源管理人才是稀缺资源。

二、人力资源管理人员能力要求

图 1-1 显示了人力资源管理专业人员需要扮演的角色及需要具备的能力。图中每一个象限都与图形外部边缘所列举的一些人力资源管理角色相对应。而在每一象限内部所显示的则是成功完成相应的人力资源管理角色所必须具备的能力。图右侧所显示的是人力资源管理专业人员要想在未来能够有效地对人力资源进行管理,他们所必须承担的角色以及必须具有的能力。这些能力包括开发新的人力资源管理实践;通过与直线管理者的战

略合作关系使这些人力资源管理实践统一于企业的战略;对变革的管理;将雇员们关注的问题提交给高层管理部门;以及通过培训、技术认同、工作流程再设计等提高效率和降低成本的手段来扩大雇员对企业的贡献等。对于人力资源管理者来说,他们所面临的一个最大挑战就是需要将自己的注意力从当前的操作层面向未来的战略层面转移。另外一个重大的挑战就是需要为非人力资源管理者建立和实施相应的人力资源管理实践(比如绩效管理)做好准备。

人力资源管理专业人员所需要承担的行政管理和控制角色以及需要具备的相应能力显示于图 1-1 的左侧。人力资源管理者在行政管理和控制方面所承担的角色将会由于技术的进步而不断减少,像人事记录管理、向雇员提供关于企业人力资源管理程序和服务方面的信息之类的新技术,都正在被应用于人力资源管理领域之中。不过无论如何,为了有效地管理人力资源,在对人力资源管理实践的有效性进行衡量和评价时所需要用到的分析技能却是人力资源专业人员所必须具备的。

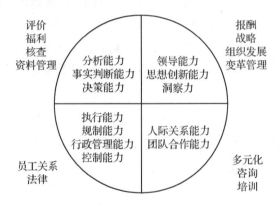

图 1-1 人力资源管理人员能力要求

【专题阅读】战略人力资源管理对企业绩效影响的研究

战略人力资源管理(Strategic Human Resource Management,简称 SHRM)关注的核心问题是 HRM(Human Resource Management 的简称,即人力资源管理)对企业的影响,在这方面已有许多学者对此进行了开创性的研究。本专题就 SHRM 对企业绩效影响的研究文献进行回顾,并对此展开展望,以期能为未来研究提供参考。Delery(1998)将诠释 HRM 对企业绩效影响的理论分为普适、权变和形态三种理论,以下就依此分类对文献分别进行回顾。

一、基于普适理论的实证研究

在普适理论看来,某些特定的 HR 实践在所有情境下都能给企业带来绩效,比如员工参与、授权、绩效工资、员工稳定、内部晋升等 7 项,这些实践的集合被称为高绩效工作系统。这些实践应用程度越高,组织效率和盈利就会增加得越多。这方面的实证研究有:Leonard(1990)发现,那些为高级经理提供长期激励计划的企业,四年期的净资产回报率要比没有提供长期激励计划的企业要高。Gerhart 和 Milkovich(1990)发现,在薪酬计划中加入绩效薪酬组织的财务绩效(ROA)更为优异。Huselid(1993、1995)研究发现 HRM 一个标准差的提高,每名员工的销售额会提高 27 044 美元,企业的市场价值和利润分别会提升 18 641 和 3 814 美元。Jackson 和 Schuler(1997)研究表明,美国企业的技术性 HRM 熟练程度要比战略性 HRM 高,无论是技术性还是战略性 SHRM 都与企业绩效之间呈正相关关系。Greer 对基于普适理论的研究成果进行了总结,指出普适理论实证研究有两个问题,一是它假设 HRM 各项职能企业绩效的影响是线性的,它们之间的关系是 1 + 1 = 2。这个假设是不合适的,因为它事实上假设各项 HRM 实践之间存在不交互作用的(Venkatraman,1989),为此低估了 HRM 对企业绩效的影响。另外一个问题是,SRHM 实践的具体数量难以确定,还没有统一界定标准。Pfeffer(1994)最早认为有 16 项,后来又修改成 7 项,Delery 和 Doty 则认为 7 项中只有 3 项才能称为最佳实践。人们对这个问题一直存在争论。

二、基于权变理论的实证研究

权变论认为没有所谓最优的 HRM 模式,HRM 对企业绩效的作用会受到两种因素影响,一是 HRM 与外部战略等变量的垂直匹配程度,二是 HRM 内部各职能之间互补和相互支持程度,即水平匹配度。为此,它首先假设 HRM 与企业战略越匹配,企业的财务绩效水平就会越高。其次假设 HRM 职能之间匹配程度越高,HRM 对企业绩效的影响可能越大。为此,在分析 HRM 对企业结果性的财务绩效作用时必须首先分析企业战略,保证 HRM 与战略的匹配,然后再确保 HRM 内部的协调。这方面的实证研究有影响的学者是 Arthur(1994)、Snell 和 Youndt(1995、1996)、MacDuffie(1995)及 Delery 和 Doty(1996)。Arthur(1994)研究表明投入型的 HRM 实践系统与更高的生产率及更高的财务绩效水平联系在一起。Snell 和 Youndt(1995)将 HRM 分为 3 种类型,分别是行为型、产出型和投入型,提出 HRM 对企业绩效的影响因素有管理人员对员工行为与结果之间的因果关系认识和对期望绩效标准认识的清晰程度,在将企业规模、技术和战略追求作为控制变量的基础之上,通过分层回归的方法得出的结论是:当企业采取行为控制型的模式时,且模式管理者对因果关系有着清晰认识时,企业的财务绩效水平较高。应用产出导向型模式对企业的绩效没有直接或间接的影响。Youndt(1996)的后续研究表明制造战略对 HRM 和企业绩效有调节作用。MacDuffie(1995)以制造业企业的样本,通过考察几个国家的汽车制造业中的 HRM 对企业绩效的影响,研究表明,高水平的人力资源实践与更高的生产率、质量和财务绩效联系在一起。Delery 和 Doty(1996)的研究显著验证:人力资源实践与财务绩效之间的相关性会受到企业战略的影响。到目前为止,权变理论较好地得到了验证,特别是战略类型对于 SHRM 的实践影响。

三、基于形态(configuration)理论的实证研究

形态理论(Wright 和 McMahan,1992)所关心的是多个自变量与一个应变量之间的关系,它提出对于每类企业都存在一种理想的 HRM 模式,在特定战略下,如果企业 HRM 系统与理想的 HRM 模式越相仿,那么企业的绩效水平就越高。Delery 和 Doty 以银行业和信贷员岗位为样本,对此理论假设进行了验证,可惜他们的实证研究没有支持这个假设,也

就是说,形态理论的有效性没有得到验证。到目前为止,在 SHRM 理论的经验研究文献当中,形态理论得到的验证最少,这是因为有两个难以解决的关键问题,一是如何界定理想的 HRM 系统,二是如何测度企业实际的 HRM 与理想的 HRM 相仿程度,因为 HRM 实践项目众多,它要涉及空间上的距离。

四、HRM 与企业绩效研究述评

无论是基于哪种理论的实证研究,在研究过程中都存在一定的问题,主要是概念、方法、变量选择等问题。

1. 研究概念的模糊

实证研究的前提是概念和变量测量应非常清晰,但在 HRM 对企业绩效影响的实证研究中却存在较大问题。Guest 于 1984 年就指出多数研究没能对 SHRM 或 HRM 进行过界定,例如他们很少对传统的人事管理、技术性的 HRM 与 SHRM 进行区别,所以很难确定他们验证的是人事管理,还是 HRM,抑或是 SHRM 对企业绩效的影响。同时,研究中彼此对 HRM 具体数量和内涵的描述都有巨大差异。所以,从表面看,学者们研究的主题都是 HRM 对企业绩效的影响,但研究的变量界定和过程却千差万别,所以效度难以肯定。同时,在实证研究中还有几个非常重要的概念也一直没有开发出合适的变量去衡量,比如 SHRM 的垂直与水平匹配,究竟如何去定义和界定它们,这一直是个难题。还有不同的学者对绩效的理解也不同,有学者用服务质量、员工流动率去衡量绩效,有学者用员工销售额衡量,导致从表面看,研究的都是 HRM 对企业绩效有影响,但实际上结论有巨大区别。这也导致在部分学者看来,研究虽然很热闹,但仍然不能肯定 HRM 对企业绩效有确切影响。

2. 研究方法问题

先前的研究基本上都存在相关性与因果性不分及验证方法的问题,前述所有的实证研究应用的基本都是分层回归分析技术,但这只能判断两者之间的相关性,而相关性不代表因果性,这是一个共识,所以,尽管结果表明这两者正相关,但不能肯定这两者之间就具有驱动性的因果关系,它不能解决实证研究中的悖论:是采用这些 HRM 实践导致企业高绩效,还是高绩效的企业更倾向于采用 HRM。另外,从研究数据性质来看,多数学者所采用的数据是同一时点数据,而 Huselid(1997)指出,当前 SHRM 的效率是前期人力资源实践的结果,而且可能并不能反映在企业绩效当中。也就是说,HRM 与企业绩效之间应当有时滞,这个时滞决定了数据应当是纵贯数据,而不是截面数据。

3. 研究的控制变量选择问题

HRM 只是影响企业绩效的一个因子,企业生命周期、规模、技术创新能力等因素都会在很大程度上影响企业绩效,为此,识别 HRM 对企业绩效的影响必须在分析过程中加入控制变量,以识别它们对绩效的影响。而到目前为止,对控制变量选择的原则还没有形成,不同学者选择的控制变量差异性很大。Huselid 研究选择了企业规模、企业资本集中度、工会覆盖率、产业集中度、产业成长速度、研发密集度、产业平均利润水平等诸多变量,研究表明,HRM 一个标准差的提升,企业可以降低 7.05% 的员工流动率。Lchniowski 则选择了 25 个控制变量,直接导致他的研究与 Huselid 有巨大差异。这个问题也是未来研究的重点。

尽管探讨 HRM 对企业绩效影响的研究越来越多,也取得了较多的成果,但这些研究还有较多问题,比如 HRM 概念模糊,没有一个有力的诠释 HRM 对企业绩效作用的理论逻辑框架,研究方法尚不成熟……这些都是未来 SHRM 研究的重点问题。

练 习 题

一、**单选题**(第 1—15 题,请在所给的四个选项中选择最恰当的一项)

1. 社会人假设是由( )提出的。

 A. 泰罗　　　　B. 法约尔　　　　C. 梅奥　　　　D. 麦格雷戈

2. 没有法治,强调"人治"思想的是管理发展阶段中的( )。

 A. 经验管理阶段　　　　　　　B. 科学管理阶段

 C. 人际关系阶段　　　　　　　D. 行为管理阶段

3. 马斯洛的需求层次理论认为人的最高层次的需要是( )。

 A. 生理需要　　　　　　　　　B. 安全需要

 C. 自我实现的需要　　　　　　D. 尊重需要

4. 公平理论是由( )提出的。

 A. 亚当斯　　　B. 弗洛姆　　　C. 赫茨伯格　　　D. 马斯洛

5. 人力资本投资最主要和最常见的内容是( )。

 A. 健康投资　　B. 教育投资　　C. 迁移流动投资　　D. 保健投资

6. 如果人力资源得不到及时和适当的利用,个体所拥有人力资源的作用就会随着时间的流逝而降低甚至丧失,这体现了人力资源的( )。

 A. 能动性　　　B. 再生性　　　C. 持续性　　　D. 时效性

7. 人们的工作动机不只在于经济利益,更重要的是工作中的各种社会关系,这种人性假设理论是( )。

 A. 经济人假设　　　　　　　　B. 社会人假设

 C. 自我实现人假设　　　　　　D. 复杂人假设

8. 人力资源是( )。

 A. 一个国家和地区的人口总和

 B. 具有特定的知识技能和专长的人才

 C. 具有现实劳动能力,并参加社会就业的劳动者

 D. 一定时间、一定空间地域内的人口总体所具有劳动能力的总和

9. 人力资源的( ),凸显出它与其他资源要素的不同。

 A. 时效性　　　B. 连续性　　　C. 能动性　　　D. 内耗性

10. 人力资源管理的最终目的是( )。

A. 节约用人成本,降低企业的运营费用

B. 维持并改进员工素质

C. 通过发挥人的主观能动性,实现企业的最终目标

D. 最大化实现企业的利润,增强企业的市场竞争地位

11. 下列选项属于传统人事管理特点的是(　　)。

A. 执行层的管理地位

B. 视员工为第一资源管理视角

C. 管理活动重视培训开发

D. 将员工看成能增值的经济资源

12. 下列不是现代人力资源管理特征的选项是(　　)。

A. 以"事"为管理重心

B. 将"人"作为一切管理活动的核心

C. 管理活动着眼于对人力资源的开发与利用

D. 以人为本

13. 下列不属于企业常用的人力资源管理指标的选项是(　　)。

A. 劳动生产率　　B. 人工费用率　　C. 员工流动率　　D. 新产品开发率

14. 下列不属于复杂人假设的主要内容的选项是(　　)。

A. 人的需要和动机是多种多样的

B. 人在同一时间内可以有多种需要和动机

C. 人是可变的

D. 人们工作的动机更大程度上在于工作中所形成的复杂社会关系

15. "当一个人做出了成绩并得到报酬之后,他不仅关心自己所得的报酬的绝对量,而且也关心自己所得报酬的相对量"是(　　)的主要观点。

A. 行为改造理论　　B. 双因素理论　　C. 公平理论　　D. 期望理论

二、名词解释

16. 人力资源

17. 马斯洛需要层次理论

18. 人力资本

三、简答题

19. 简述人力资源相较于物质资源的特点。

20. 简述赫茨伯格的双因素理论。

四、案例分析题(第21—22题)

微软研究院的人才管理方式

作为世界上最著名的计算机软件公司,微软研究院在人力资源管理方面有很多独到之处,现摘录几点如下:

1. 引导,但不控制

微软研究院研究的项目、细节、方法、成败,都由研究员自己决定。对于细节,领导层可以提出自己的意见,但决定权在研究员手中。研究员在研发过程中会得到领导层的全力支持,即使领导层并不认同他们的决定。

2. 自由、真诚、平等

微软研究院不允许官僚作风、傲慢作风和明争暗斗的存在,鼓励不同资历和级别的员工互信、互助,每一位员工都能够对任何人说出他的想法。就算是批评、争论,也是在互信、互助、建设性的前提下开展的。

3. 员工的满足

很多人可能认为待遇是员工最大的需求。当然,良好的待遇是重要的,但对于一个研究员来说,更重要的是能够有足够的资源来专门从事研究,能够得到学术界的认可,并能有机会将技术成功地转化为产品。

4. 发掘人才

找出有杰出成就的领导者。这些领导者,有些是著名的专家,但有时候最有能力的人不一定是最有名的人。许多计算机界的杰出成就,经常是由一批幕后的研究英雄创造的。无论是台前的名教授,还是幕后的研究英雄,只要他们申请工作,微软都会花很多的时间去理解他们的工作,并游说他们考虑到微软研究院工作。

找出最有潜力的人。在中国,因为信息技术起步较晚,所以,现阶段杰出的成果和世界级的领导者比如美国要少得多。但是,基于中国年轻人(如应届硕士或博士生)的聪明才智、基础和创造力,微软专门成立了中国研究院,在中国寻找专家,寻找潜力。

5. 吸引、留住人才

很多人认为,雇用人才的关键是待遇。更多的人认为,微软来到中国可以"高薪收买人才"。微软认为,每一个人都应该得到适当的待遇,但是除了提供有竞争性的(但是合理的)的待遇之外,微软更重视研究的环境。所以,微软认为,如果只是用高的待遇,或许可以吸引到一些人,但只有具备特别吸引人的环境,才能吸引到并且长期留住最佳的人才。在微软的三个研究院中,人才流失率不到3%(美国硅谷的人才流失率在12%左右)。人们在微软的最大感触是,每一个人都特别快乐,特别热爱和珍惜他的工作。

问题:

21. 微软研究院在人力资源管理方面的独到之处的核心是什么?

22. 如果你是微软研究院中国分部的人力资源主管,你将会在哪些方面加强人力资源开发与管理工作?

五、思考题

23. 人力资源管理经历了哪几个阶段?请分别阐述各阶段的主要特点。

24. 你认为我国现阶段多数企业的人力资源管理处在什么阶段?

25. 人力资源管理的未来发展趋势是什么?

第二章 工作分析

第一节 工作分析概述

一、工作分析的概念

1. 工作

狭义的工作是指在一段时间内为达到某一目的而进行的活动,即任务;或者说,狭义的工作是个人所从事的一系列专门任务的总和。广义的工作是指个人在组织里所承担的全部角色的总和,包括其职业发展通道。

工作是组织最基本的活动单元,也是最小的结构单元,它是组织中最小的相对独立体。

2. 工作分析

工作分析是工作信息提取的情报手段,它提供有关工作的全面信息,以便对组织进行有效的管理。

二、工作分析关注的内容

1. 工作的输出特征

即一项工作的最终结果表现形式,比如产品和劳务等。

2. 工作的输入特征

指为了获得上述结果,应当输入的所有影响工作完成的内容,包括物质、信息、规范和条件等。

3. 工作的转换特征

指一项工作的输入是如何转换为输出的,其转换的程序、技术和方法是怎么样的,在转换过程中,人的活动、行为和联系有哪些。转换特征是界定工作方式的基础。

4. 工作的关联特征

指该工作在组织中的位置、工作的责任和权力分别是什么,对人的体力和智力分别有什么要求。关联特征是界定工作关系和任职资格的基础。

三、工作分析系统的类别

E.J.麦考密克在1976年提出了几个区分不同类别工作分析系统的维度:描述工作的语言或要素、工作信息提取和获得的形式、工作信息的来源、搜集数据的方法。其中,根据工作分析的描述语言或要素这个维度的不同,可以把工作分析系统区分为工作(任务)导向型的工作分析系统和人员(工作者)导向型的工作分析系统。

工作导向型的工作分析系统主要适用于那些劳动过程是常规的、可见的,劳动结果易于衡量的工作。一般来说,该系统侧重于分析提供产品和服务所需要的任务与行为。

人员导向型的工作分析系统主要适用于那些需要创造性、开拓性,工作弹性大,工作规律小,不易从外面分析把握的工作。一般来说,该系统强调完成工作任务和行为所需的个体的知识、经验、技术、能力、天赋和性格等。

四、工作分析的信息来源

1. 职位分类资料

通用职位描述、职业数据,以及其他的政府与行业公开的资料。

2. 公司文件

企业规章制度、已有的工作描述、工作合同,以及其他书面材料。

3. 人员信息

目标岗位的直接上级、同事、客户,以及在组织中相关的其他人员都是工作分析信息的重要来源。

工作分析信息来源的渠道非常多,在选取信息来源的时候,其原则是坚持或保证信息的客观性和可靠性。也就是说,工作分析信息的提取不能选自利益的直接相关者。例如,不能向具体的工作执行人员提取劳动负荷方面的信息,不能向销售人员询问顾客满意度,因为他们有夸大其词的可能,影响提取信息的客观性和真实性。

五、工作分析的结果

1. 工作描述

认为雇员每日的工作会被总结归纳,一组任务的集合就是一项工作,而对这些任务组合应该被如何完成的描述就是工作描述。

工作描述与岗位描述常常被同时使用。岗位描述通常是针对豁免员工,比如公司的中高层经理以及专业人员;日常工作的员工更多的是使用工作描述。

工作描述主要包括6个方面:工作识别项目、工作概要、工作职责、工作输出、工作权限与相互关系、工作环境。

(1) 工作识别项目

用以区分该工作与组织中的其他工作,工作识别项目包括工作名称、工作地点、工作关系(权力链)、其他识别标志(编码、薪资等级等)。

(2) 工作概要

对工作内容的简单概括,通常是一句话,一般以动词开头。

(3) 工作职责

工作的职能和责任。与工作概要相比,也是以动词开头,但是工作职责提供的是关于工作细节的描述,应该包括所有主要职能及其具体要求。

(4) 工作输出

工作职责所对应的结果和完成程度。

(5) 工作权限和相互关系

组织中每项工作内容完成时,各岗位相互之间的权责分配情况及各部门之间的相互合作与通知关系。

(6) 工作环境

工作的物理环境和心理环境。在一般情况下,我们讨论的是工作的物理环境。

2. 任职资格分析

任职资格是对于任职者应该具有的个人特质要求,其中包括特定的技术、能力、知识、身体素质要求,教育背景,工作经验,个人品格和行为态度等。

任职资格常常分为两个层级,第一个层级是较为概括的分类,比如个体必备的技能、经验等;第二个层级是个体的兴趣、价值观、工作态度。

在任职资格的确定中,我们必须关注两个关键点:

其一,任职资格关注的应该是工作或者岗位,而非任职者本身。例如,某个任职资格要求"能够经常举起100磅以上的重物",而不是要求任职者"必须很强壮"。

其二,任职资格水平的确定是履行工作职责的最低要求,而不是理想要求或期望要求(胜任特征)。

六、工作分析结果的应用

工作分析形成的工作说明书是人力资源管理和组织管理的基础性文件。一份完整的工作说明书可以具体应用于以下方面:

1. 员工招聘

工作说明书可以用于人员招聘、甄选、雇佣、配置等员工就业的各个方面。

2. 培训与员工发展

工作说明书能够列出工作所需的知识、技术、能力与行为态度,以及与提高绩效相关的关键工作行为等。

3. 人力资源规划

工作说明书对于员工升迁路线、组织发展路线,以及职位空缺是通过外部劳动力市场补充还是内部升迁补充有重要的应用价值。

4. 绩效评估

工作说明书在绩效评估中最直接的应用是绩效标准的确认。

5. 工作评价与薪酬管理

工作说明书中的信息是工作评价与薪酬管理的重要依据。

6. 职业生涯设计

从工作说明书中可以提取出不同层级的职位之间在教育、技术、能力等方面的相似性和联系,从而制定职业生涯发展路线。

7. 工作设计

工作说明书可以用来核对工作设计流程,确认角色分派、工作系统的优化程度等。

8. 员工安全

工作说明书将危险或有害的工作条件标识出来,并且制定了相关的安全标准。

9. 组织结构设计

工作说明书可以成为组织结构变革重组的辅助工具。

10. 权限责任与相互关系

工作说明书实际上已经界定了工作的责权范围、工作的基本目标以及组织内部关系。

11. 操作备忘录

新员工可以借助工作说明书更快地熟悉岗位规则与操作流程。

12. 劳资关系

工作说明书可以作为管理层与员工之间对于工作的基本契约。

第二节 工作分析的地位与作用

一、工作分析在人力资源管理系统中的地位与作用

当我们以工作分析为基础完成了对岗位的工作描述之后,我们就已经建立起了整个人力资源管理的基础。工作分析在人力资源管理系统中的地位与作用具体体现在以下方面:

1. 人力资源规划

人力资源规划的核心过程之一就是对现有工作进行一次盘点。目前所掌握的工作描述为我们进行内部岗位的盘点提供了基础的、必要的、详细的信息,包括为什么组织需要这类岗位、工作岗位的内部汇报关系、目前岗位的数目以及岗位是否空缺等。工作分析所提供的信息也是进行生产力分析和组织重组的一个重要考虑因素。

2. 人员招聘和录用

挑选合适的应聘者配置到其相应的岗位,前提是必须知道此类岗位所需的知识、经验、技能等究竟应该达到何种水平。工作分析为工作描述提供了基础,以便让我们了解怎样获得以及通过哪些途径可以获得合适的员工来填补职位空缺。人员聘用既可以从内部晋升,也可以从外部招聘。值得注意的是,内部晋升或职务轮换也需要工作分析提供的信息来对员工进行判断并做出相应的决策。

3. 薪酬福利

工作分析在薪酬决策过程中是非常有用的,承担高难度工作的员工理应获得更高的薪酬福利。因此,我们可以通过工作分析看到哪些工作承担更多的任务、更多的责任,对于从事这些工作的员工,就应该给予更多的薪酬福利。

4. 培训和开发

工作分析对工作包含了哪些内容进行了定义,这样,当主管在向新员工介绍工作时,就不用费劲了。此外,工作描述所反映的信息可以帮助雇主预见未来该工作可能会发生哪些变化,这样雇主就可以根据预见来安排培训,以便让员工为未来职业发展做好准备。

5. 绩效评估

如果我们把雇主期望员工达成的目标和员工实际达成的目标进行比较,就可以看出员工的绩效水平和实际能力。很多组织都遵循按业绩支付工资的原则,这就意味着工资反映的是员工工作业绩的好坏,而非其职位的高低。为了实施这种管理思路,以业绩为基础来进行比较是非常必要的。业绩标准让员工明白,通过其所从事的工作,其所能获得的会是什么。越来越清晰的绩效评估和实际的业绩标准减少了员工在绩效评估过程中的沟通障碍。

第三节 工作分析的方法

一、职务分析问卷(PAQ)法

1. PAQ 概述

职务分析问卷(position analysis questionnaire,简称 PAQ)是由麦考密克(McCormick)在 20 世纪 50 年代创建的,它是一种结构化的工作分析问卷。PAQ 最早被用于各种文秘工作、手工工作的核对清单,经过十几年的研究,最终形成了包括 194 项具体内容的"职务分析问卷",被公认为是一种标准的工作分析工具。它的特点是同时考虑员工与工作两个变量要素,并将各种工作所需的基础技能与行为分别以一种标准化的方式展现出来。PAQ 创建的初衷是为了开发一种普遍适用的并且能够量化的工作分析方法,以便量化与衡量工作的价值和任职资格,改变传统的以主观为主的工作评价方法和员工挑选方法。

PAQ 问卷共有 194 个工作因素,其中包括 187 个工作元素或特征的问题、7 个有关工资报酬的问题。PAQ 问卷需要由熟悉该工作的分析人员来填写,共包括 6 个方面、31 个维度:

① 信息来源(即指员工在进行工作时获取资料的来源及方法)。

② 思考过程(即如何去推理、决策、计划及处理资料)。

③ 工作产出(即员工该完成哪些体能活动,使用哪些工作器材)。

④ 人际关系(与本身工作有关人员的关系如何)。

⑤ 工作背景(包括实体性工作与社交性工作)。

⑥ 其他特性(其他有关工作的活动、条件与特征)。

由于 PAQ 试图分析所有的工作,所以 PAQ 所涵盖的要素非常多。一般它可以分为两种结构:一种是 A 样式,它包括 189 个要素,其具体内容和维度分别如表 2-1、表 2-2 所示;另一种是 B 样式,它包括 194 个要素,其具体内容和维度分别如表 2-3、表 2-4 所示。

表 2-1 职务分析问卷样式 A 的结构

项目	描述	工作要素	题目数量
信息来源	任职者使用的信息来源是什么?包含哪些感觉和感性能力?	书面材料	35
思考过程	工作中包含哪些判断、推理、决策、信息加工等思考过程?	编码/译码	14
工作产出	任职者运用的明显体力活动是什么?需要哪些工具、仪器设备?	键盘的使用	49
人际关系	任职者在工作中的人际活动和职务关系是什么?	交谈	36
工作背景	任职者在什么样的物理和社会条件下工作?工作所伴随的社会心理状况是什么?	高温作业	19
其他特征	与工作相关的其他活动、条件或特征是什么?	从事重复性活动	41

表 2-2 职务分析问卷样式 A 的维度与子维度

维度	子维度
信息来源	工作信息来源;鉴别和感性活动
思考过程	决策与推理;信息加工;运用已获得的信息
工作产出	物理设备的使用;整体手工活动;一般身体活动
人际关系	交流;各种人际关系;个人接触的类型;监督与协调
工作背景	物理和社会工作条件;心理和社会因素
其他特征	工作时间表;发薪办法;着装;工作要求;责任

表 2-3 职务分析问卷样式 B 的结构

类别	说明	工作要素举例
信息来源	任职者在哪里?怎样获得工作时所使用的信息?	数据材料的使用
思考过程	工作中包含哪些推理、决策、计划和信息处理活动?	决策水平
工作产出	任职者在工作中从事何种体力活动?应用哪些工具和设备?	设备的控制
人际关系	任职者在工作过程中与其他任职者的关系?	代码交流
工作背景	任职者的工作在何种物理和社会背景下进行?	空气污染程度
其他特征	和工作相关的却又不属于上述任何类别的活动、条件或特征还有哪些?	着装

表 2-4 职务分析问卷样式 B 的维度与子维度

维度	子维度
信息来源	工作信息来源;感觉和知觉活动;推测过程
思考过程	决策、推理、计划、安排;信息加工;运用已获得的信息
工作产出	工作时物理设备的使用;手工活动;全身活动;运用体力的水平;身体定位和姿势;操作和协调活动
人际关系	交流;各种人际关系;个人接触的数量;个人接触的类型;监督与协调
工作背景	物理工作条件;工作危险程度;心理和社会因素
其他特征	着装;资格许可;工作时间表;工作要素;工作要求;责任;工作结构;职务的关键性;工资和收入

不管是 A 样式还是 B 样式,PAQ 都是由工作要素问题所构成,表 2-5 就是 PAQ 部分工作要素的示例。

表 2-5 PAQ 职务分析问卷表(部分)

信息输入

1. 资料投入

1.1 工作资料来源

1.1.1 肉眼可及的工作资料来源:

——书面资料(书、报告、笔记、短文、工作指令等)。

——数量性资料(所有涉及数量或金额的资料,包括图、科目、规格、数字、表格等)。

——图片资料(例如草图、蓝图、地图、照片及 X 光胶片、电视图片等)。

——铸模及有关工具(模板、型板、铸具等大凡必须依样使用者皆可成为资料来源,但不包括上面第 3 项所示的器具)。

——指示器(拨号盘、度规、信号灯、雷达、计速器等)。

——测度计(尺、弯脚规等用来收集实体的测试资料,但并不含上面第 5 项所示的器具)。

——机具(工具、设备、机械及其他在作业时所用的机械性器具)。

——在制原料(零件、原料等,凡是可经修饰、加工处理者皆可充当资料来源)。

——非在制原料(未经加工转化或增饰过程的原料、零件,凡正受检验、处理、包装、配售、选品的原料,亦可充当资料来源)。

——自然特征(风景、原野、地质、植物、气候等可以观察到的自然景观皆可充当资料来源)。

——人为的环境特征(房屋建筑、水坝、公路、桥梁、船坞、铁道及其他人工或刻意改造的户内外措施,但不包含上面第 7 项所述的设备、机械等)。

在应用 PAQ 时,工作分析人员要用 6 个标准对每个工作元素进行衡量,根据主观判断给出评分:

信息使用度(U)、耗费时间(T)、适用性(A)、对工作的重要程度(I)、发生的可能性(P)、特殊计分(S)。

而且每个等级量表都包括6个级别,例如,对工作重要性的量表由下列评价点组成:
N(0) = 不使用;(1) = 很小;(2) = 低;(3) = 平均;(4) = 高;(5) = 非常高

2. PAQ法的实施流程

一般来说,应用PAQ进行工作分析的整个过程要经过以下几个步骤来完成:准备阶段、调查阶段、分析阶段和完成阶段,如图2-1所示:

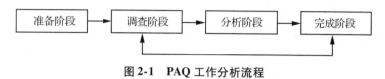

图2-1 PAQ工作分析流程

(1) 准备阶段

准备阶段主要完成以下几项任务:

- 确定工作分析的目的与用途。也就是说,明确PAQ到底用来干什么、要解决什么问题。工作分析的目的不同,PAQ所要收集的信息和使用的方法也不同。例如,利用PAQ分析得到的数据可以用于工作分类,也可以进行绩效评价,不同的目的对PAQ数据处理的要求不同。

- 成立工作分析小组,赢得组织的支持。为了保证工作分析的顺利进行,在准备阶段还要成立一个工作分析小组,从人员上为这项工作的开展做好准备。工作分析小组成员一般由以下三类人员组成:一是企业的高层领导;二是工作分析人员,主要由人力资源管理专业人员和熟悉本部门情况的人员组成;三是外部的专家或顾问,他们具有丰富的经验和专门的技术,可以防止工作分析过程出现偏差,有利于工作分析结果的客观性和科学性。

- 对工作分析人员进行培训。为了保证工作分析的效果,还要由外部的专家或顾问对本企业参加工作分析小组的人员进行业务上的培训。培训内容首先是熟悉工作分析本身,了解PAQ问卷的内容与操作步骤;然后是培训分析人员掌握收集数据的技巧,尤其是如何倾听任职人员的描述等。通常在熟悉理论知识之后,正规的培训都会带领分析人员尝试用PAQ分析某个职位,然后就实际操作过程中遇到的问题进行讨论,以加深分析人员的理解,提高分析人员的操作能力,纠正分析人员的误差,并统一所有分析人员对PAQ项目及评价尺度的认识。

- 其他必要的准备工作。例如,由各部门抽调参加工作分析小组的人员,部门经理应对这些人员的工作进行适当的调整,以保证他们有充足的时间这项工作;在企业内部对这项工作进行宣传,消除员工不必要的误解和紧张。

(2) 调查阶段

调查阶段需要完成的任务主要有以下几项:

- 制定工作分析的时间进度表,以保证这项工作能够按部就班地进行。
- 根据工作分析的目的,选择搜集工作内容及相关信息的方法。
- 搜集工作的背景资料,这些资料包括公司组织结构图、工作流程图及国家的职位分类标准,如果可能的话,还应当找来以前保留的工作分析资料。

- 搜集职位的相关信息。在完成以上工作之后，就可以正式开始搜集某职位的相关信息了。一般来说，工作分析中需要搜集的信息主要有以下几类：

① 工作活动，包括承担该工作所必需的、与该工作有关的活动和过程；活动的记录；进行工作所运用的程序；个人在工作中的权利和义务等。

② 工作中人的活动，包括人的行为，比如身体行动及工作中的沟通；作业方法分析中使用的基本动作；工作对人的要求，比如精力的消耗、体力的消耗等。

③ 在工作中所使用的机器、工具、设备以及工作辅助用品。

④ 与工作有关的有形和无形因素，包括完成工作所涉及或运用的知识；工作中所要加工处理的材料，所生产的产品或提供的服务。

⑤ 工作绩效的信息，比如完成工作所耗费的时间、所需要投入的成本及工作中出现的误差等。

⑥ 工作的背景条件，包括个人时间、工作的地点、工作的物理条件等。

⑦ 工作对人的要求，包括个人特征、所需要的教育与培训水平、工作的经验等。

上述工作信息，一般可以从以下几个渠道来获得：工作执行者本人、管理监督者、顾客、分析专家、职业名称辞典以及以往的工作分析资料。

（3）分析阶段

在搜集完与职位相关的信息之后，就要进入工作分析的下一阶段，即分析阶段。在分析阶段需要进行以下几项工作：

- 整理资料。将搜集到的信息按照工作说明书的各项要求进行归类管理，看是否有遗漏的项目，如果有的话，则要返回到上一个步骤，继续进行调查工作。

- 审查资料。资料进行归类整理以后，工作分析小组的成员要一起对所获工作信息的准确性进行审查。

- 分析资料。如果搜集的资料既没有遗漏，也没有错误，那么接下来就要对这些资料进行深入的分析，也就是要归纳总结工作分析的必要材料和要素，解释各个职位的关键因素。在分析的过程中，一般要遵循以下几项基本原则：

① 对工作活动是分析而不是罗列。工作分析是反映某个职位上的工作情况，但不是一种简单的、直接的反映，而是要经过一定的加工。

② 工作分析针对的是职位而不是人。正如前文所述，工作分析并不关心任职者的任何情况，它只关心职位的情况，目前的任职者被涉及的原因，仅仅只是他通常最了解情况。

③ 分析要以当前的工作为依据。工作分析的任务是为了获取某一特定时间内的职位情况，因此应当以目前的工作现状为基础进行分析，而不能把自己或别人对这一职位的工作设想加到工作分析中去。

（4）完成阶段

这是利用PAQ进行工作分析的最后一个阶段，这一阶段的任务是：

编写工作说明书。根据对资料的分析，首先按照一定的格式编写工作说明书的初稿；然后反馈给相关的人员进行核实；最后形成工作说明书的定稿。

对整个工作分析构成进行总结,找出其中成功的经验和存在的问题,以便今后更好地进行工作分析。

将工作分析的结果运用于人力资源管理及企业管理的相关方面,真正发挥工作分析的作用。

3. PAQ 法在工作评价中的应用

研究表明,与其他的工作分析系统相比,PAQ 法应用得最广泛、最有效的领域是工作评价。对于一份特定的工作,只要得到 PAQ 各个维度的分值,就能利用一套公式换算成工作评价的点值,进而得到该工作的薪资额。

如 Jeanneret P. R. (1980)选择了 29 个小时工、10 个一般职位和 26 个管理职位作为样本,用 PAQ 分别对它们进行了分析评价,并将得出的分值分别转化为工作评价点值。通过与现实情况相比,可以看出分析结果都准确地反映了所分析工作之间的相对价值。表 2-6 列出 9 个代表性的工作分析结果。

表 2-6 利用 PAQ 得到的工作评价结果

	工作名称	利用 PAQ 得到的工作评价点值
小时工	保洁员	308
	机械操作员	370
	初级维修员	539
一般职位	办公室服务员	295
	打字员	381
	客户服务代表	452
管理职位	值班主管	611
	维修主管	694
	控制间主管	781

资料来源:The jobanalysis handbook for business,industry,and government. Edited by Sidney Gael,1988:840.

4. PAQ 法评价

(1) 优点

① 同时考虑员工与工作两个变量,并将各种工作所需要的基础技能与基础行为分别以一种标准化的方式罗列出来,从而为人事调查、制定薪酬标准等提供了一种标准化的工具。

② 大多数工作皆可由 5 个基本尺度加以描绘,因此,PAQ 可以将工作划分为不同的等级。

③ 由于 PAQ 可得到每一类或每一组工作的技能数值与等级,因此还可以用 PAQ 法来进行工作评估与人员选拔,为员工的任用提供决策依据。

④ PAQ 无须经过修改就可用于不同组织或不同的工作,使得各组织间的工作分析比较更加容易,这种比较使得工作分析更加准确与合理。

(2) 缺点

PAQ 的不足主要表现在以下两个方面:第一,阿维·伯格勒的研究指出,由于 PAQ 没有对某一职务的特殊工作活动进行描述,因此,该职务的共同行为就使各任务之间的差异变得模糊了。第二,PAQ 的可读性差,具备大学及以上学历者才能够理解其各个项目,任职者和主管人员如果没有受过 10 到 12 年以上的教育就难以使用这种工作分析法。PAQ 的具体不足主要表现如下:

① PAQ 题量非常大,所以耗费时间长。

② 对 PAQ 填写人员要求比较高,一般由受到过专业训练的工作分析人员来填写。

③ PAQ 对工作活动的描述过于抽象,对具体工作的安排缺乏指导意义。由于严格的标准化和它的通用化的特点,所以对于实际工作中特定的、具体的任务活动而言,并不适用。

④ PAQ 不适用于工作描述和再设计,因为其工作分析只是评价,所以对工作绩效的改善意义不大。

尽管如此,PAQ 法仍是劳动心理学领域中使用最广泛、最受欢迎的工作分析方法之一。

二、工作要素法(JEM)

1. JEM 简介

德国心理学家冯特指出,在没有熟悉最简单的事务之前,我们不可能进一步了解到更复杂的现象。基于这一基本原则,美国人事管理事务处的 E. S. 普里默夫研究开发出了一种典型的开放式的人员导向型工作分析系统——工作要素法(job element method,简称 JEM)。

JEM 是一种着重研究工作本身,并对组成该工作的各种要素及成功完成该工作所需人员特征进行分析研究的人员导向型工作分析系统。JEM 的主要目的是确定对成功完成特定领域的工作有显著作用的行为及采取此行为的依据。在通常情况下,JEM 的分析对象不是某一具体的工作岗位,而是某一类具有相似特征的工作。对工作要素进行分析的人员通常是主题专家小组,由专家级任职者或者任职者的上级组成(subject matter expects,简称 SMEs)。

通常,JEM 所涉及的工作要素包括如下几类:① 知识:专业知识、外语水平等;② 技术:计算机运用、驾驶技术等;③ 能力:口头表达能力、判断能力、管理能力等;④ 工作习惯:对工作的热爱程度、承担超负荷工作的意愿、工作时间规律性等;⑤ 个性特征:自信、主动、独立、外向等。

值得注意的是,只是那些对完成所研究工作有重要影响作用的要素才被列入 JEM 的考虑范畴,而不是考虑所有与工作相关的要素。这也是 JEM 与 PAQ 法的区别之处。

2. 实施步骤

(1) 搜集工作要素

在搜集影响目标工作实现的工作要素时,首先要有主题专家小组成员采用头脑风暴法,列举出对目标工作有显著影响的要素,并对这些工作要素进行反复的推敲。工作要素的提出应该根据完成目标工作所需的知识、技术、能力、个性特征,每个被提到的要素都应和该目标工作相联系。在实际应用中,可以借鉴 PAQ 的 6 个维度进行思考,以求全面和准确地搜集工作要素。

(2) 对工作要素进行整理

对主题专家小组成员们搜集来的工作要素资料进行归类和筛选。在实际的操作过程中,可以采用类属分析的方法,将相同或相近的工作要素分门别类地整合在一起,赋予每一个类别相应的名称,并分别根据某一类别所包含的工作要素的内容和特点对该类别进行明确的界定与解释。在这一步骤结束时,工作分析人员将得到一个工作分析要素类属清单。

(3) 划分工作分析维度

在实现对工作要素资料初步归类和筛选之后,可以采用焦点小组的方法对工作分析的维度与子维度进行最终的划分。组成焦点小组的工作分析人员有主题专家小组成员和熟悉所分析工作的非主题专家小组成员,一般为 6 人。小组的每个成员分别根据自己的标准,对工作要素类属清单中的要素进行评估。在这个过程中,焦点小组成员所要评估的工作要素是已经被打乱的,同时也不区分维度和子维度的一个个独立要素。

小组成员在独立地对这些要素进行评估后,再一起运用焦点小组讨论的方法,将各要素分别归类到不同的工作分析维度之下,从而最终得到目标工作的工作分析一级维度和子维度。

在对工作要素进行评估时,主要从四个方面考虑:

① 评估最低要求(B:barely acceptable workers):勉强合格的员工具备该要素的程度。

② 评估优秀员工的要求(S:to pick out superior worker):该要素在挑选优秀员工过程中的重要性。

③ 评估问题或麻烦出现的可能性(T:trouble likely if not considered):忽略该要素所引起的问题或麻烦出现的可能性。

④ 评估实际可行性(P:practical to expect in the applicants):该要素的实际可行性。

(4) 确定最终工作要素,并做出相应的解释和界定

汇总评估结果,对汇总结果进行数据处理。

3. 小结

(1) 优点

① JEM 工作分析系统的开放性程度高,可以根据特定工作提取个性化的工作要素,并能够比较准确、全面地提取影响某类工作绩效水平的工作要素。

② 与其他工作分析系统相比较,JEM 的操作方法和数值的标准转化过程具有一定的客观性。

③ JEM 在人员招聘过程中的人员甄选以及确定培训需求方面具有很高的应用价值。JEM 分析结果中的选拔性最低要求要素为人员甄选提供了可靠的依据;同时,其得出的培训要素为企业确定员工培训需求找到了重要的来源。

(2) 缺点

① 工作要素的确定,依赖于工作分析人员的总结。由于工作分析人员对工作的看法不同,导致大量工作要素的出现,而其中有些工作要素对目标工作来说并不重要,或者只是一些几乎适用于所有工作的要素。在正常的情况下,这些要素最终往往会被剔除掉,这无疑会导致许多无用工作的出现,浪费时间和人力。

② 对搜集到的信息进行评分的过程比较复杂,需要 JEM 分析专家强有力的指导与控制。作为一项完整的工作分析系统,JEM 在信息搜集与整理的过程中,会涉及很多不确定的因素,这势必有赖于焦点小组成员的共同讨论,有赖于 JEM 专家的指导与过程控制。

③ 焦点小组成员在进行工作要素评价时,容易倾向于肯定回答。这主要是因为焦点小组成员所进行的工作要素评价只是出于主观判断,并没有客观标准作为基础。这样一来,所得出的工作分析结果如果数量太多,便难以突出重点。

三、临界特质分析系统(TTAS)法

1. TTAS 介绍

临界特质分析系统(threshold traits analysis system,简称 TTAS)是完全以个人特质为导向的工作分析系统。它可以提供标准化的信息以辨别人们为基本完成和高效完成某类工作分别至少需要具备的品质或特征,TTAS 称这些品质或特征为临界特质(表 2-7)。

表 2-7　TTAS 特质指标

工作范畴	工作职能	特质因素	描述
身体特质 (Physical)	体力	1. 力量	能举、拉和推较重的物体
		2. 耐力	能长时间持续地耗费体力
	身体活动性	3. 敏捷性	反应迅速、灵巧,协调性好
	感官	4. 视力	具有较好的视觉
		5. 听力	能够辨别各种声音
智力特质 (Mental)	感知能力	6. 感觉、知觉	能观察、辨别细微的事物
		7. 注意力	在精力不集中时仍能观察细致入微
		8. 记忆力	能持久记忆所需要的信息
	信息处理能力	9. 理解力	能理解口头和书面表达的各种信息
		10. 解决问题的能力	能演绎和分析各种抽象信息
		11. 创造性	能产生新的想法或开发新的事物

续表

工作范畴	工作职能	特质因素	描述
学识特质（Learned）	数学能力	12. 计算能力	能解决与数学有关的问题
	交流	13. 口头表达能力	口头表达清楚、简练
		14. 书面表达能力	书面表达清楚、简练
	行动力	15. 计划性	能合理安排活动日程
		16. 决策能力	能果断选择行动方案
	信息与技能的应用	17. 专业知识	能处理各种专业信息
		18. 专业技能	能进行一系列复杂的专业活动
动机特征（Motivational）	适应能力	19. 适应变化的能力	能自我调整、适应变化
		20. 适应重复	能忍受重复性的活动
		21. 应对压力的能力	能承担关键性、压力大的任务
		22. 对孤独的适应能力	能独立工作或忍受较少的人际关系
		23. 对恶劣环境的适应能力	能在严寒酷暑或嘈杂的环境中工作
		24. 对危险的适应能力	能在危险的环境下工作
	控制能力	25. 独立性	能在较少的指导下工作
		26. 毅力	能坚持一项工作任务直到完成
		27. 主动性	主动工作并能承担责任
		28. 诚实	遵守常规的道德与规范
		29. 激情	有适当的上进心
社交特质（Social）	人际交往	30. 仪表	衣着容貌达到适当的标准
		31. 忍耐力	在紧张的气氛下能与人和睦相处
		32. 影响力	能影响别人
		33. 合作力	能适应团队工作

在对特质进行评价时，需要用到三类评价维度：

（1）等级

等级描述的是特定特质的复杂度要求或强度要求。

（2）实用性

实用性是针对等级评价而言，即对某工作而言，要求任职者达到该工作需要的等级是否具有可行性。如果预计10%以上的求职者能达到评定的特质等级，则被认为这一评定是实用的。

（3）权重

权重表示的是与目标工作相关的特质对工作绩效的影响程度。权重对于甄选计划、评价不同工作的相对价值设计培训需求及分析计划等都具有重要的参考价值。

2. 实施步骤

TTAS 注重对关键工作的选择。所谓关键工作,是指绝大多数初学者或者较低层次的员工都希望在一段时间内也可以达到的工作岗位。TTAS 采用职业矩阵的方法对工作进行挑选。职业矩阵通过两维指标对工作进行分类,这两维指标是工作组和工作复杂程度及责任大小。

利用职业矩阵可以区分哪些是关键岗位,然后,根据 TTAS 技术进行工作的分析。完整的临界特质分析系统包括三种技术:临界特质分析(threshold traits analysis,简称 TTA)、工作要求和任务分析(demand and task analysis,简称 DATA)、技术能力分析(technical competence analysis,简称 TCA)。其中,TTA 是本系统的主要部分,起到核心的作用。

在进行临界特质分析时,要由直接主管、其他主题专家组成员或任职者评价上述 33 种特质的相关性、等级、实用性,也就是说,评价在该工作岗位上可接受(优秀)的绩效水平与哪些特质相关、需要达到哪种等级、这种要求是否符合实际等。需要注意的是后天特征,比如受教育程度和经验等,并不在 TTA 的特质名单中。

(1) 选择分析团队成员

临界特质分析是由一组分析人员完成。这个分析团队包括一名主持人及至少 5 名分析人员,如果分析人员少于 5 位,分析结果的信度将大打折扣。

(2) 培训分析团队成员

培训时,应提供给每位分析人员有关操作的书面材料,书面材料需要包括每种特质的定义与等级界定、已完成的 TTA 卡。另外,组织他们实际分析一份其熟悉的、与正式分析无关的工作,比如棒球运动员等。

(3) 完成 TTA 卡

临界特质分析开始于 TTA 卡的填写。该卡分为三步完成:

第一步,通过评定每个特质的重要性和独特性,分别评定它们与工作的相关性。重要性表示某一特质对工作绩效的影响程度;独特性表示该工作的可雇用群体(包括该工作的任职人员和求职人员)之中,有多大比重的人具有这种特质。

第二步,确定需要达到哪一等级的各相关特质,才能达到可接受的绩效水平。"可接受的绩效水平"指能够使任职者得到绩效工资的绩效水平。

第三步,确定任职者需要达到哪一等级的特质水平,才能取得优秀的绩效。"优秀绩效"指能够使任职者达到有晋升或加薪机会的绩效水平。

(4) 整理并总结 TTA 卡

在分析人员完成 TTA 卡的填写后,剩下的内容由主持人来完成。主持人首先要检查 TTA 卡是否存在错误。在对所有分析人员的 TTA 卡进行处理后,主持人需要将处理结果通过电脑进行汇总,得到最终的特质分析结果。

(5) 小结

TTA、DATA 和 TCA 组成了一套完整的工作分析系统,但是同时使用三种技术进行每个工作的分析或严格按照上述顺序操作,这是不具有可行性的。因此,可以通过考虑如下因素,选择具体的技术和操作顺序,如企业环境、目标工作的特点、工作分析的目标等。例如,对于低层次的工作岗位,通常就不需要进行 TCA 的分析;而对于经理层以上的工作岗位,DATA 可能并不适用。

TTA 是整个 TTAS 分析系统的核心,当任职者参与 TTA 的分析时,TTA 完全可以作为一个独立的分析系统进行操作。当使用 TTA 技术时,使用者应该借鉴其他两种技术的可取之处,以提高 TTAS 分析结果的准确性。

3. 评价

当 TTAS 法被正确应用于现实的人力资源管理时,它的价值就会显现出来。在西方,TTAS 的要素被广泛运用于各种类型的企业中,比如银行、保险公司、零售企业、制造型企业、公共服务型企业以及政府部门中。同时,这种工作分析系统也被用来分析各种类型的职位,比如管理者、一线主管、工程师、技术人员、生产人员、销售人员等。实践证明,TTAS 的分析结果为企业带来了一定的效益。但是与其他分析系统一样,TTAS 法本身也存在着一些缺陷:

(1) 实用性不强

许多人力资源从业人员指出,TTAS 法的引进和实施需要企业提供大量的人力和财力。而且,在 TTAS 法被成功引入之后,要想充分发挥 TTAS 法的作用还需要持续地监测与不断地对系统进行完善。

(2) 过于精确

部分人力资源管理者认为 TTAS 法的分析结果限制了他们的自由,即修改工作分析结果的自由。

(3) 过于复杂

TTAS 法的技术背景、系统内部的逻辑性及它所依据的理念都超出了大部分人力资源专家和一线管理者的能力范围。

四、职能工作分析法(FJA)

1. 简介

职能工作分析法(functional job analysis,简称 FJA),其主要分析方向集中于工作本身,是一种以工作为导向的工作分析方法。职能工作分析法以工作者应发挥的职能为核心,对工作的每一项任务要求进行详细分析,对工作内容的描述非常全面具体,一般能覆盖工作所能包括的全部内容的 85% 以上。

为了有效获取信息,工作分析者有必要掌握职能工作分析法的一些要点:

(1) 工作描述语言的控制

工作者要完成什么以及通过什么行为来完成。

(2) 工作者职能等级的划分依据

所有工作都涉及工作者与数据、人、事三者的关系(表 2-8),所以将工作者职能分为数据职能、人员职能和事务职能。

(3) 完整意义的工作者

同时拥有通用技能、特定工作技能和适应性技能的工作者。

(4) 工作系统

由工作者、工作组织和工作本身组成。

(5) 任务

作为工作的子系统和基本的描述单元。

(6) SMEs 作为基本信息来源的重要性

通过 SMEs 确保基本信息的信度和效度。

表 2-8　FJA 职能等级表

等级	数据		人		事	
	号码	描述	号码	描述	号码	描述
高	6	综合	7	顾问	4A	精确操作
	5A	创新	6	谈判	4B	装配
	5B	协调	5	管理	4C	操作控制 2
中等	4	分析	4A	咨询	3A	熟练操作
	3A	计划	4B	指导	3B	操作控制 1
	3B	编辑	4C	处理	3C	开动－控制
			3A	教导	3D	发动
			3B	劝导		
			3C	转向		
低	2	抄写	2	信息转换	2A	机械维护 2
	1	比较	1A	指令协调	2B	机械维护 1
			1B	服务	1A	处理
					1B	移走

2. FJA 的程序

(1) 回顾现有的工作信息

FJA 工作分析者必须首先熟悉 SMEs 的语言（行话）。每一份工作都有其独特的语言，因为其处在特定的组织文化和技术环境中，必然带有特殊的烙印。这个步骤通常要花费 13 天，这主要取决于可得的信息量以及时间的压力。

(2) 安排同 SMEs 的小组会谈

这个过程通常要持续 12 天，选择的 SMEs 要尽可能广泛地代表工作任职者。

(3) 分发欢迎信

自我介绍后，FJA 工作分析者应当向与会者分发一封欢迎信，以解释小组会谈的目的。

(4) 确定 FJA 任务描述的方向

FJA 工作分析者应事先准备好三张演示图,第一张显示任务的结果;第二张显示一个简单任务的例子;第三张显示一个难度和复杂程度均中等的任务的例子。这个过程会花费 20~30 分钟。

(5) 列出工作的产出

通常 FJA 工作结果很少超过 10 条,多数情况是 56 条。一般来说,大约要 15 分钟。

(6) 列出任务

让 SMEs 从任何一个工作结果着手,请他们开始描述通过完成哪些任务才能得到这个工作结果,形成任务库。

(7) 推敲任务库

对上述任务信息即任务库进行推敲。

(8) 产生绩效标准

SMEs 完成了任务库之后,就要列出为了圆满完成某项任务的任职者需要具备的素质。通常情况下还要标出哪些素质是比较重要的,哪些素质是最为关键的。

(9) 编辑任务库

FJA 工作分析者对信息进行整理,斟酌用词,完成对任务库的最后编辑。

3. 小结

FJA 非常清楚地阐述了组织内部关于工作与人的一些理论:必须对工作者"做什么"和"需要做什么"做基本的区分;FJA 工作者在工作范围内所做的主要是处理信息、人和物之间的关系;与处理各种关系相适应的职能都遵从由易到难的等级和顺序;三个等级序列提供两个衡量指标——复杂性水平和参与比例。职能等级反映了工作者处理各种关系时的自主决策空间的大小。

FJA 的不足之处在于其操作比较复杂,难以把握。

五、任务清单分析系统(TIA)法

(一) 简介

任务清单分析系统(task inventory analysis,简称 TIA)是一种典型的工作导向型工作分析系统,一般由两个子系统构成:一是用于搜集工作、学习的系统的方法和技术;二是与信息搜集方法相匹配的,用于分析、综合和报告工作信息的计算机应用程序。

在任务清单分析法中,搜集工作信息的方法实际上是使用一种高度结构化的调查问卷。该调查问卷一般包括两大部分:一是背景信息;二是任务清单。

背景信息部分包括两类问题:传记性问题与清单性问题。传记性问题是指那些可以帮助分析者对调查对象进行分类的信息,比如姓名、性别、职位序列号等。清单性问题是为了更加广泛深入地了解有关工作方面的背景信息而设计的问题,它为调查对象提供了一套包括问题和答案选项的清单,清单的内容包括所用的工具、设备,对工作各方面的态度等。

任务清单部分其实就是把工作任务按照职责或其他标准以一定顺序排列起来,然后由任职者根据自己工作的实际情况对这些工作任务进行选择、评价等,最终理顺并形成该工作的工作内容。

工作任务清单分析法调查的对象一般是某一职业领域的任职者及其直接管理者。其中,任职者填写背景信息部分,同时在任务清单中选择符合他所做工作的任务项目并给予评价(相对时间花费、重要程度等);任职者的直接管理者通常提供有关工作任务特征的信息,如任务的难度、对工作绩效的影响等。

(二) 任务清单分析法的实施步骤

1. 构建任务清单

任务清单的构建方式有很多种,可以来自对所研究工作的观察或工作日志;也可以来自另外的任务清单,比如某部门的任务清单或某工作组的任务清单;还可以借助于SMEs进行任务描述。

2. 利用任务清单搜集信息

在利用任务清单搜集信息的过程中,需要注意以下四个方面信息:

(1) 调查范围与对象的确定

第一种方案:选取两个以上行业的多家企业的人力资源部的专职工作人员。

第二种方案:选取一个行业的多家企业的人力资源部的专职工作人员。

第三种方案:选取一家企业的人力资源部的专职工作人员。

(2) 调查方式的选择

如果是集体调查,即把被调查者集中到一起同时进行调查,那么就可以由调查者本人发放、回收问卷;如果是单独调查,即由被调查者本人选择应答的时间和地点,那么最好通过正式的组织渠道发放、回收问卷。

(3) 选择适当的信息源

一般而言,有关工作执行与否的信息、时间花费的信息最好由工作执行者本人来提供;而其他一些任务评价信息,比如工作的重要程度、困难程度、工作失误所造成后果的严重程度等信息,最好由本工作领域经验丰富的管理者来提供,或至少参考这类管理者的意见。

(4) 填写任务清单的一般步骤

第一步,被调查者以填空或选择的方式回答背景信息部分的所有问题。

第二步,被调查者阅读任务清单上的所有描述,并在属于其正常工作范围内的任务描述旁边做标记。

第三步,被调查者在一张空白纸上写出没有被包含在任务清单中但属于其正常工作范围内的所有任务描述。

第四步,被调查者重新回到任务清单起点,逐一对其所选定的任务进行评价。

3. 分析任务清单所搜集到的信息

任务清单系统搜集的信息,绝大部分是量化的,是可以运用计算机程序进行统计分析的。较为成熟的任务清单系统都有自己的应用软件,比如 TIA 通常用 CODAP 系统进行分析。如果无法获取专门的分析软件,可以借助一些普遍应用的软件,比如社会科学统计程序 SPSS、EXCEL 等进行统计分析。

4. 利用任务清单编制工作说明书

利用任务清单系统对工作进行分析,分析结果是典型的工作说明书,包括工作描述和工作规范两部分。

利用任务清单编制工作规范之前,要进行"任务-知识、技术、能力矩阵"研究,即把任务与一些可能需要的 KSAs(知识、技术、能力及其他个人特质)组成矩阵,用数值表明两者之间的相关程度。

(三) 评价

1. 优点

① 信息可靠性较高,适用于确定相关的工作职责、工作内容、工作关系和劳动强度等方面的信息。

② 所需费用较少。

③ 难度较小,容易为任职者接受。

2. 缺点

① 对"任务"的定义难以把握。

② 使用范围较小,只适用于循环周期短、内容比较稳定、变化较小的工作。

③ 整理信息的工作量大,归纳工作比较烦琐。

④ 任职者在填写时,容易受到当时工作的影响,通常会遗漏其他时间进行的而且比较重要的工作任务。

第四节　工作分析的新发展

一、管理人员职位描述问卷(MPDQ)法

(一) MPDQ 介绍

管理人员职位描述问卷(management position description questionnaire,简称 MPDQ)是专门针对管理人员而设计的工作分析系统,是一种结构化的、工作导向型的问卷。MPDQ 法是所有工作分析系统中最具有针对性的一种工作分析方法。

研究证明,MPDQ 问卷能够提供关于管理职位的多种信息:工作行为、工作联系、工作范围、决策过程、素质要求及上下级之间的汇报关系等。MPDQ 问卷的分析结果将形成多种报告形式,从而应用到工作描述、工作比较、工作评价、管理人员开发、绩效评价、甄选或晋升以及工作设计等人力资源管理职能。

1. MPDQ 的系统模型

MPDQ 是一套系统性的职位分析法,主要包括 3 个功能板块:信息输入板块、信息分析板块、信息输出板块。信息输入板块,即管理人员职位描述问卷的主体部分,包括 15 个部分、274 项工作行为,它由管理职位任职者填写,主要用于搜集该职位的相关信息。信息分析板块,是指根据人力资源管理各功能板块要求开发设计 3 种主要管理工作评价维度,通过这些维度对搜集到的该职位的信息进行评价。信息输出板块,是指管理职位分析问卷的信息运用部分,在相关统计分析的基础上,生成 8 种运用于不同人力资源功能板块的信息分析报告。

(1) 信息输入板块

作为管理人员职位描述问卷的主体部分,其内容和题目数量如表 2-9 所示。

表 2-9 MPDQ 问卷结构

MPDQ 问卷内容	题目数量	
	描述工作行为的题目数	其他内容的题目数
1. 一般信息	0	16
2. 决策	22	5
3. 计划与组织	27	0
4. 行政	21	0
5. 控制	17	0
6. 督导	24	0
7. 咨询与创新	20	0
8. 联系	16	0
9. 写作	18	0
10. 表现力	21	0
11. 监控商业指标	19	0
12. 综合评定	10	0
13. 知识、技术与能力	0	31
14. 组织层级结构图	0	0
15. 评论	0	7
总计	215	59

(2) 信息分析板块

① 管理工作要素。管理工作要素是一组描述工作内容的因素,根据不同职位工作内容的异同,区分管理工作因素,可以使工作描述更容易。管理工作要素包括决策、计划与组织、行政、控制、咨询与创新、协作、表现力、监控商业指标等。

② 管理绩效要素。管理绩效要素是指为了评价管理工作的绩效而应选取的工作要素,也就是说,通过这些要素对管理工作的绩效进行评价有助于发展和提高管理业绩。能

够作为管理绩效的要素必须可以区分管理绩效优秀者和绩效平平者。管理绩效要素包括工作管理、商业计划、解决问题与制定决策、沟通技巧、客户及公众关系、人力资源开发、人力资源管理、组织支持、专业知识等。

③ 工作评价要素。工作评价要素是用来评价管理者工作相对价值的维度,即用来衡量某一管理工作(职位)相对其他工作(职位)而言对组织的贡献度有多大。工作评价要素包括制定决策、解决问题的能力、组织影响力、人力资源管理职能、知识和经验及技能等。

(3) 信息输出板块

人力资源管理决策需要相应的信息支持,而 MPDQ 问卷所呈现的工作分析系统作为一种比较成熟的管理人员工作分析工具,则有助于工作信息的搜集。利用 MPDQ 问卷对工作进行分析,最终可以形成 8 份工作报告,包括管理职位描述报告,管理工作描述,个体职位价值报告,团体工作价值报告,个体职位任职资格报告,团体工作任职资格报告,团体比较报告,与职位对应的绩效评价表。

3. 评价

(1) 优点

① 适用于不同组织内管理层级以上的职位的分析,具有很强的针对性。

② 为培养管理人才指明了培训方向,也为正确评估管理工作提供了依据。

③ 为管理工作的分类和确定管理职业发展的路径提供了依据。

④ 为管理人员的薪酬设计、选拔程序以及提炼绩效考核指标奠定了基础。

(2) 缺点

① 由于管理工作的复杂性,难以深入分析所有类型的管理工作。

② 成本较高,投入较大。

二、团队工作分析

1. 团队概述

团队的定义在国际上还没有一致的说法,但是一个团队至少应该具有 3 个属性:由多数人组成,工作相互关联,有共同的目标。

团队和工作群体相比,存在着本质上的不同,因为团队不仅要求个体承担相应的责任,而且还要求成员承担共同的责任。团队更加依赖于共同的讨论、争辩和决定,而且也更依赖于共享信息和最佳时间标准。团队依靠全体成员的共同努力可以产生积极的协同效应,这也使得团队的绩效水平可能高于优秀团队中单个成员的绩效总和。

一般来说,团队工作主要涉及 3 个关键要素:团队的功能、工作设计、团队的 KSAo(知识、技术、能力及其他个人特质)。团队的功能完整地描述了一个团队需要做什么,即团队的目标和任务及完成目标所需具备的功能;团队的工作设计从工作的角度探索出一系列有助于提高团队效能的各种基本元素及如何实现团队工作效能最大化;团队的 KSAo 则是研究什么样的人适合成为团队成员,即团队成员需要具备什么样的知识、技术和能力。团队工作的这三个关键要素相互关联、相互补充,共同为团队工作分析所需的描述因素提供依据和来源。

2. 基于MAP系统进行团队工作分析

MAP(the multiphase analysis of performance,简称MAP)系统就是一种基于团队培训内容而设计的团队工作分析方法。其基本思想是从团队的使命或目标开始,然后到人们为了达到目标所需完成的职能,再到为了完成职能所需完成的任务,一旦确定任务,就可以用来决定培训的内容。

MAP分析系统具有4个模块,即描述因素(D)、数据搜集方法(C)、数据源(S)和分析单位(A)(表2-10)。

表2-10 MAP法工作分析模块

描述因素(D)	数据搜集方法(C)
1. 组织哲学和结构	1. 观察
2. 许可证和其他政府制度要求	2. 个体访谈
3. 责任	3. 小组访谈
4. 职业标准	4. 技术性会议
5. 工作环境	5. 问卷
6. 产品和服务	6. 日志
7. 机器、工具、辅助设备和器材	7. 基于设备的方法
8. 工作绩效指标	8. 记录回顾
9. 个人工作要求	9. 文献回顾
10. 基本动作	10. 研究设备设计说明
11. 工作者活动	11. 参与工作
12. 工作活动	
13. 工作者特征要求	
14. 未来变化	
15. 关键事件	
数据源(S)	分析单位(A)
1. 工作分析者	1. 职责
2. 任职者上级	2. 任务
3. 高级执行官	3. 活动
4. 任职者	4. 基本动作
5. 技术专家	5. 工作维度
6. 组织层培训专家	6. 工作者特征要求
7. 客户	7. 适用于工作单位的量表
8. 其他组织单位	8. 适用于工作者特征要求的量表
9. 书写文件	9. 定量的VS定性的

MAP系统的模块只是为团队的工作分析提供了通用的分析板块,但是具体团队的分析工作还需要建立在一系列可行的要素上,这些要素的设计是依据培训类型而确定的。

通常情况下,这些可行的要素所依据的原则有3个:第一,培训是应用于个体还是整个团队;第二,培训主要是为了人际关系的改善还是为了产品或服务的产出(技术层面);第三,团队是否成熟,即团队是否具有完成特定任务的经验。

3. 小结

随着知识经济和组织扁平化的日益盛行,团队已经逐渐成为组织活动的重要组织单元。关于团队的研究非常多,通过对团队基本理论及团队工作关键要素的学习,可以很好地进行工作分析,必须明确的是,团队不同于单个成员的工作单元。

MAP系统的运作具有4个模块,或者可以说是4个步骤:第一,描述因素主要是确定团队的使命和目标及团队的其他重要因素;第二,在此基础上,通过个体访谈、小组访谈、技术性会议等方式向任职者、任职者上级、专家等搜集资料;第三,搜集的数据源包括所搜集团队的相关信息、制定团队的任务清单以及团队的KSAs;第四,通过单位分析,评级团队任务清单和KSAs的有效性及准确性。总体而言,MAP系统实现了3个转变:职位分析转向角色分析、角色内分析转向角色间分析、个人任职资格分析转向团队素质结构分析。

三、O＊NET系统介绍

O＊NET(occupational information network)是由美国劳工部组织开发的工作分析系统,它的前身是美国劳工部组织开发的职业名称词典(dictionary of occupational titles,简称DOT)(简称"职业大辞典")。

(一) O＊NET内容模型

O＊NET内容模型围绕6个系列的要素建立,包括任职要求、经验要求、工作特性、职业要求、职业特定要求、职业特征。其中,前3个要素侧重工作分析中的工作者层面,后3个要素强调工作分析中的工作层面。这种工作分析的方法通常关注员工所做的事情,表现为工作职责描述。

1. 任职要求

任职要求旨在描述与工作相关的个人特征,这些特征可以随着经验增加而得到发展,并且对于履行多项工作职责有所帮助。

(1) 基本能力和综合能力

帮助员工获得具体的职位知识和从事多种活动的能力,比如说服技能在销售和管理活动中都有用。

(2) 知识

是与某个领域或专业相关的信息,比如艺术或音乐。

(3) 教育

指普通教育而非专门的职业教育。某种意义上,教育代表了基本能力和综合能力的集合。

2. 经验要求

经验要求包括专门的职业培训、工作经验的积累及各类职业资格的培训。经验要求与教育要素的区别在于,教育要素所指的是普通的人力资本开发活动,得到的是可以应用于广泛的工作需要的能力;而经验要求通常应用于特定的职位与工作职责。

3. 工作特性

工作特性包括一系列要素。这一系列要素关注那些成功完成工作所需的具有持久性的个人特征。

(1) 能力

持久性的能力特征,相对于基本能力和知识而言,持久性的能力特征较少受到经验发展的影响。

(2) 职业价值观和兴趣

关注的不是一个人能否从事某项工作,而是其是否愿意从事这项工作。

(3) 工作风格

工作风格和职业价值观有一定的重叠,区分两者最简单的方法是,工作风格是工作中最常出现的行为表现,而职业价值观和兴趣考虑的是与个人满意度相关的工作来源。

4. 职业要求

(1) 一般性行为特征

宽泛层面上描述工作职责,便于这些工作职责得以应用于多个职业,比如用电脑交流。

(2) 工作情景

关注工作必须在什么样的条件下完成。

(3) 组织情景

其基本思想是,组织的许多特征会影响工作完成的方式。

5. 职业特定要求

职业特定要求关注职业的工作方面,并且都是在一般性行为特征下面的细分要素。

6. 职业特征

这一系列要素还未直接加入 O*NET 中。现在,O*NET 通过链接到其他包含此类信息的数据库来实现这方面的功能。

(二) O*NET 的数据搜集

O*NET 的数据搜集项目是整个 O*NET 开发过程中的关键一步,是一个复杂的完整系统。正式的数据搜集依据以下 3 个步骤进行:

① 随机抽取某个企业样本,前提是供分析的每个企业样本都有目标职位设置。

② 从所抽取的企业样本的目标职位中,随机抽取一个员工样本,向这些员工发放四份标准化问卷搜集数据。

③ 得到员工填答的问卷数据后,职位分析专家使用这些问卷信息来填写第五份问卷,这份问卷主要聚焦于能力。

【专题阅读】 关于工作设计对员工绩效影响的研究

知识是组织竞争优势的重要源泉(Grant,1996[1];Foss & Pedersen,2002[2]),为此,应积极促进内部员工的知识共享,将个人知识转化为团队或组织知识,提升组织绩效(Argote,2000;Kogut & Zander,1992;Hurley & Hult,1998)。但知识共享困境理论指出,组织内部成员间的知识共享并不会自动自发地产生,因为组织内部成员与他人进行知识共享会有两个方面的担心:一是组织内部成员如果将诀窍性知识与他人分享,会使其工作优势因被模仿而受到削弱,甚至可能会培植一个对自己构成威胁的竞争对手,因而其不愿分享知识;二是由于组织内部不存在知识交易的市场机制,组织内部成员主动将知识贡献出来与他人分享后也无法直接获得对方有形的或无形的回报,因而其不愿与他人共享知识。为此,组织需要通过各种管理措施去促进内部成员间的知识共享。研究表明,工作轮换(王端旭,2004[3];Wang,2009[4])、工作自主性(Clercq,Rius,2007[5])等工作设计行为都会影响到员工间的知识共享行为,这是因为它们可以影响到员工间的相互依赖性、交往频率和信息。[6] 但当前探讨工作设计对员工间知识共享影响的研究并不多,为此,本研究以Hackman和Oldman(1975[7]、1987[8])两位学者提出的工作特征模型为切入点,以中国组织员工为样本,探讨工作设计对员工间知识共享的影响,期望有助于更好地理解工作设计、知识共享与员工绩效之间的关系。

一、理论回顾和研究假设

知识共享是指通过向别人提供工作信息和窍门,与他人合作解决问题,开发新思想,执行政策或程序。[9] Hooff和Ridder则认为知识分享行为是个体相互交换自己的外显和内隐

---

[1] Grant, Robert M. Toward a Knowledge-Based Theory of the Firm[J]. Strategic Management Journal, 1996(17):109–122.

[2] Foss N. J., Pedersen T. Transferring Knowledge in MNCs: The Role of Sources of Subsidiary Knowledge and Organizational Context[J]. Journal of International Management, 2002,8(1):49–67.

[3] 王端旭. 工作轮换与企业内部隐性知识转移[J]. 科学学研究, 2004,22(4):395–398.

[4] Sheng Wang., Raymond A. Noe. Knowledge Sharing: A Review and Directions for Future Research[J]. Human Resource Manangement Review, 2009(10):1–17.

[5] Dirk De Clercq., Imanol Belausteguigoitia Rius. Organizational Commitment in Mexican Small and Medium-Sized Firms: the Role of Work Status, Organizational Climate, and Entrepreneurial Orientation[J]. Journal of Small Business Management, 2007,45(4):467–490.

[6] Elizabeth F. Cabrera, Angel Cabrera. Fostering Knowledge Sharing Through People Management Practices[J]. International Journal of Human Resource Management, 2005,16(5):720–735.

[7] Hackman J. R., Oldham G. R. The Development of the Job Diagnostic Survey[J]. Journal of Applied Psychology, 1975(60):159–170.

[8] Hackman J. R. The Design of Work Team[M]. In J. W. Lorsch(ed.). Hand book of Organizational Behavior. Prentice Hall. 1987:315–342.

[9] Cummings, J. N. Work Groups, Structural Diversity, and Knowledge Sharing in a Global Organization[J]. Management Science, 2004,50(3):352–364.

知识,并且共同创造新知识的过程。① 当然也有学者将知识分享界定为:内部成员将自身所拥有的内隐或外显知识,通过书面语言、口头语言或示范等方式与他人分享,并使其他同事不仅能够知晓,还能重复使用知识的过程。② 知识共享事实上是知识所有者与他人分享自己的知识,将知识从个体拥有向群体拥有的转变过程。对于内部成员个体而言,知识共享包括两个方面的行为:一是向别人传递知识,即知识贡献;二是接受别人的知识,即知识获取。内部成员间的知识共享对于组织而言具备3个方面的重要意义:一是组织内个体、团队和部门间的知识流动,可以有效利用已有的实践经验和知识,降低重复性的"试错"成本;二是通过将个体知识转化为团队和组织知识,可以减少因员工"跳槽"而导致的知识资源流失;三是有助于组织资源的累积,在时间和实践检验过程中,帮助企业逐步形成独特的战略性资源。因此,知识共享是个体知识转化为组织战略资源的重要路径。③

当然,知识共享不仅会对组织竞争优势产生有益的影响,对组织内部员工工作绩效的提升也有积极影响。这种影响可以通过3条路径得以实现:第一,组织内部员工通过向他人传授知识,员工间沟通频度的增加不仅会开拓员工新的思维,而且还会提高员工间的人际信任,这些都有助于员工绩效水平的提升;第二,员工在向他人传授知识的同时,也可以获得同样的回报,他也会学习到他人的经验和技术;第三,共享的知识得到组织和同事的认可后,会增加员工的自我效能感,这不仅有助于他提出更新的想法,而且也有助于提高员工个人工作的自信,促进工作效率的提升。④ 所以,知识共享可以促进组织成员一起工作,鼓励员工自觉自愿地将个人知识贡献出来,在组织内部与他人进行隐性与显性知识的交流,这不仅有助于提高员工个体的知识存量,而且还可以启发雇员新思维,增强个体学习能力。据此,本研究提出假设1:

H1:知识共享与员工工作绩效正相关。

工作设计的主要流派有工作特征模型和社会技术理论(Pasmore,1988)。这两种理论都认同工作设计对工作满意度和绩效有积极影响,当然,最有影响力的工作设计模型还是由Hackman和Oldham提出的工作特征模型(job characteristics model,简称JCM)。JCM是对Taylor传统工作设计简单化的一种背叛,它源自赫茨伯格的双因素理论,认为工作本身对员工具有内在的激励作用。JCM认为具备内在激励作用的工作应当具备5项核心特征:技能多样性、任务同一性、任务重要性、工作自主性和工作反馈。技能多样性是指工作任务需要员工应用多种技术和能力的程度;任务同一性是指员工完成的工作是部分的还是整体的;任务重要性是指员工的工作对自己、组织或他人的工作或生活的影响程度;工作自主性是指员工可以自由地决定工作进度和方式的程度;工作反馈是指员工能够迅速得

---

① Hooff B. V., Ridder J. A. Knowledge Sharing in Context the Influence of Organizational Commitment, Communication Climate and CMC Use on Knowledge Sharing[J]. Journal of Knowledge Management, 2004, 8(6):117 – 130.
② Lin Z. S., Xiao S. Y., He H. Q. Relationship Among Organizational Support, Knowledge Sharing and Citizenship Behaviors Based on the Perspective of Social Exchange Theory: Viewpoint of Trust and Relationship (in Chinese)[J]. Journal of Human Resource Management, 2005, 5(1):77 – 110.
③ 谢荷锋,马庆仁. 组织氛围对员工非正式知识分享的影响[J]. 科学学研究, 2007, 25(2):306 – 311.
④ 路琳,梁学玲. 知识共享在人际互动与创新之间的中介作用研究[J]. 南开管理评论, 2009, 12(1)118 – 123.

到工作绩效或他本人的信息反馈程度,反馈既可以由上级或同事提供,也可以由组织外部人员提供。

JCM 的 5 个核心维度可以给雇员带来 3 个方面的关键心理体验:第一,员工工作的意义、价值和感知;第二,对工作产出的责任程度;第三,他所做工作的知识和理解程度。这些关键的心理状态会激发员工的内在激励水平,对提升员工工作积极性、工作满意度和降低员工离职倾向等方面都具有积极影响。① 基于 JCM 模型的工作设计对工作绩效的积极影响已得到部分实证研究的支持(Idaszak & Drasgow,1987②),Fried(1991)在综合多项研究的基础上应用元分析方法研究,发现基于 JCM 的工作设计与工作绩效之间的相关系数为 0.18。③ 我国学者张一弛(2005)应用中国样本数据证明基于 JCM 的工作设计同样可以提高员工的工作满意度、组织承诺,并降低员工离职倾向。④ 据此,本研究提出假设 2:

H2:工作设计与雇员工作绩效正相关。

尽管员工间知识共享对组织和员工绩效有重要意义,但组织内个体间的知识共享行为并不会自动自发而生,企业管理者需要采取各种措施激励组织成员主动地把个人知识和工作经验转化成组织财富,只有这样才能实现组织知识的不断创新,保持组织竞争优势。⑤ 为此,组织必须设计有效的知识共享激励机制,比如设计包括经济性(如薪酬、奖励等)和非经济性动机(比如交往动机、认知、利他主义)的激励机制去促进员工间的知识共享。⑥ 从赫茨伯格的双因素理论来看,工作本身是一种激发员工工作积极性的内在非经济性动机,它也应当具备激励员工知识共享的功效,为此,可以推断通过工作设计也会促进员工间的知识共享。工作设计对员工知识共享的影响很早就被学者们所认知,比如 Lawrence 和 Lorsch(1967)指出,如果工作设计过度专业化,个体认知水平会局限在某个领域,这会妨碍员工间的知识共享,所以员工间的工作得有一定的重叠(Nonaka,1994⑦)。Foss 等人的研究表明,工作特征会影响员工知识共享的内在、外在和内摄动机⑧,但他们并没有就工作设计对员工知识共享影响的内在机理和结果进行深入探究。我们有必要辨析工作设计对员工知识共享的影响。

我们可分别从各个维度来分析工作设计对员工知识共享的影响:第一,如果岗位对员

---

① Hackman J. R., Oldham G. R. The Development of the Job Diagnostic Survey[J]. Journal of Applied Psychology, 1975(60):159 – 170.

② Idaszak, J. R., Drasgow, F. A Revision of the Job Diagnostic Survey:Elimination of a measurement Artifact[J]. Journal of Applied Psychology, 1987,72(1):69 – 74.

③ Fried, Y. Meta-analytic Comparison of the Job Diagnostic Survey and Job Characteristic Inventory as Correlate of Work Satisfaction and Performance[J]. Journal of Applied Psychology, 1991(76):690 – 697.

④ 张一弛,刘鹏,尹劲桦,等. 工作特征模型:一项基于中国样本的检验[J]. 经济科学,2005(4):117 – 125.

⑤ Yang J. T. Knowledge Sharing:Investigating Appropriate Leadership Roles and Collaborative Culture[J]. Tourism Management, 2007(28):530 – 543.

⑥ 文鹏,廖建桥. 国外知识共享动机研究述评[J]. 科学学与科学技术管理,2008(11):92 – 96.

⑦ Nonaka, Ikujiro. A Dynamic Theory of Organizational Knowledge Creation[J]. Organization Science, 1994(5):14 – 37.

⑧ Nicolai J. Foss., Dana B. Minbaeva, Torben Pedersen. Encouraging Knowledge Sharing Among Employees:How Job Design Matters[J]. Human Resource Management, 2009, 48(6):871 – 893.

工技能多样性的要求越高，工作对员工的知识水平诉求就越高，员工从他人处获取知识以便更好地完成工作的动力就会越强，员工知识获取的意愿和程度就会越高。第二，任务同一性也可以激发员工知识共享的内在动机，一旦员工认识到他的工作是整体的，而不是零星的，那么他感知的责任性会增强，员工会更多地获取知识以将工作做得更好。第三，任务重要性则可以激发员工的亲社会行为，因为任务重要性可以给员工带来更多的意义与价值体验，他会寻找更加有效的方法去完成他的工作，所以他更愿意与别人共享工作理念和经验。第四，工作自主性对知识共享的影响更是显著，Cabrera（2006）认为有两种理由认为工作自主性可以促进员工的知识共享行为。第一个理由是工作自主性意味着员工缺乏精确的指导和流程，所以他们必须从别人那里寻找更加有效或创造性的方法去完成工作，为此，他们会积极地向同事请教，这有助于提升员工的知识获取动力。第二个理由是工作自主性会提高员工的学习倾向。Morrison（2005）研究表明，在先进制造环境下，员工工作中的自主性提升往往会伴随着学习行为的增多，而学习行为的增加可以促进员工间的分享知识和经验的能力，进而提升员工的创造性和工作积极性。① 这个结论已得到 Parker、Wall 和 Jackson（1997）等人实证研究的支持。② 第五，当雇员按某种方式做事且工作绩效会受到令人愉快的外部评价时，他对工作的流程和产出之间的因果关系可能会有更好的认识，这也有助于他明晰工作的不足，进而去努力获取知识，与他人进行知识共享。

基于 JCM 各个维度对员工知识共享产生的可能影响，Foss（2009）指出，工作自主性有助于提升员工知识共享的内在激励水平，任务同一性有助于提高个体知识共享的内摄（introjection）激励水平，而工作反馈则可以提升员工知识共享的外在激励水平。这 3 种类型的激励会综合促进组织内员工间知识共享的动机和行为。事实上，工作设计对组织内员工间知识共享的影响可用激励理论与社会网络理论来解释，这是因为 JCM 不仅对员工认知水平提出了要求，而且也为员工创造了应用新知识、新技术的机遇，而且强调员工个人的成长和发展的需求（Vansteenkiste, 2004③）。在此情况下，员工有着更强烈的知识获取动机，更愿意与他人进行知识共享，促进个体的发展。这个观点已被 Cabrera（2006）和 Lin（2007）等人所证明，他们的研究表明，个人成长的内在需求可以提升员工知识共享行为。此外，工作设计也会影响到员工间的相互依赖性、交往频率和信息流，它能够为员工创造一个互动开放的空间，在组织内部培育一个鼓励员工知识共享的社会网络。④ 工作设计对员工间知识共享的影响已得到部分实证研究的支持。Noe 等人（2003）研究发现，围绕团队

---

① David Morrison, John Cordery, Antonian Girardi. Job design, Opportunities for Skill Utilization, and Intrinsic Job Satisfaction[J]. European Journal of Work and Organizational Psychology, 2005, 14(1): 59－79.

② Angel Cabrera, Willian C. Collins, Jesus F. Salgado. Determinants of Individual Engagement in Knowledge Sharing[J]. International Journal of Human Resource Management, 2006, 17(2): 245－264.

③ Vansteenkiste M., Simons J., Lens W. Motivating Persistence, Deep Level Learning and Achievement: The Synergistic Role of Intrinsic-goal Content Autonomy Supportive Context[J]. Journal of Personality and Social Psychology, 2004(87): 246～260.

④ Elizabeth F., Cabrera, Angel Cabrera. Fostering Knowledge Sharing Through People Management Practices[J]. International Journal of Human Resource Management, 2005, 16(5): 720－735.

的工作设计可以给予员工更多的机会进行近距离接触并协同工作,这可以鼓励员工进行知识共享。Minbaeva(2005)证明,增加员工工作自主性的弹性工作安排可以有效促进员工间的知识转移。[1] 祁红梅和黄瑞华(2008)研究表明,工作任务本身(包含工作复杂性、工作压力、工作职责、信息科技的使用程度等)对员工知识共享内在动机的激发有积极影响。[2] 据此,本研究提出假设3:

H3:工作设计与员工知识共享之间正相关。

上述研究表明,工作设计、知识共享对员工绩效都有积极影响,而工作设计对知识共享又有积极影响。综合上述假设,可将工作特征对员工绩效的影响机理用图2-2 表示:

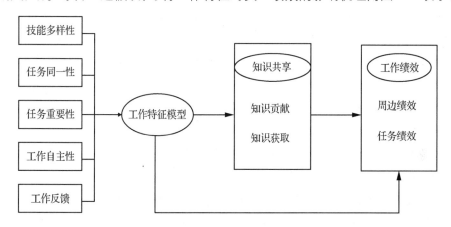

图2-2　工作特征对员工绩效的影响机理

附件一:

工作任务特性调查问卷

下面这些问题与你目前所从事的工作特点有关,请就每一道题根据实际情况进行选择,对每一道题目都请你做出两次评定,第一次是针对目前工作的实际情况进行选择;第二次是按你所期望的情况进行选择。

针对每一个问题,都按照以下5个等级进行评定

"5"代表很大程度或具备很多这种特性;"4"代表较大程度或具备较多这种特性;"3"代表中等水平;"2"代表较小程度或具备较少这种特性;"1"代表很小程度或具备很少这种特性。

① 你的职位在多大程度上能让你每天都从事很多不同的工作,工作经常发生变化吗?

实际情况(　　),期望情况(　　)。

② 在完成自己的工作时,你有多大程度的自主权?

实际情况(　　),期望情况(　　)。

---

[1] Minbaeva D. B. HRM Practices and MNC Knowledge Transfer[J]. Personnel Review, 2005, 34(1):125-144.
[2] 祁红梅,黄瑞华.影响知识转移绩效的组织情境因素及动机机制实证研究[J].研究与发展管理.2008,20(2):58-63.

③ 要是别人不对你说,你能在多大程度上判断自己的工作做得怎么样?
实际情况(　　),期望情况(　　)。

④ 在多大程度上,你觉得自己只是一部分机器上的一个小零件?
实际情况(　　),期望情况(　　)。

⑤ 在多大程度上,你的工作是别人干完后,你才接着干下去的?
实际情况(　　),期望情况(　　)。

⑥ 在你的职位上,工作有多大程度的多样性?
实际情况(　　),期望情况(　　)。

⑦ 在工作时,你能在多大程度上不依靠领导而独立行事?
实际情况(　　),期望情况(　　)。

⑧ 看到工作结果,你能很清楚地了解你的工作干得怎么样吗?
实际情况(　　),期望情况(　　)。

⑨ 你的工作对整个工作单位的重要性有多大?
实际情况(　　),期望情况(　　)。

⑩ 在多大程度上你能看到工作任务从头到尾完成的全过程?
实际情况(　　),期望情况(　　)。

⑪ 在多大程度上,你的职位要求你整天重复做同一种工作?
实际情况(　　),期望情况(　　)。

⑫ 你有多大的自由可以决定自己用什么样的方式来进行工作?
实际情况(　　),期望情况(　　)。

⑬ 工作本身能在多大程度上告诉你做得好坏?
实际情况(　　),期望情况(　　)。

⑭ 你在多大程度上能感到自己是在为单位做出有意义的贡献?
实际情况(　　),期望情况(　　)。

⑮ 你从事的工作在多大程度上是别人做过的?
实际情况(　　),期望情况(　　)。

各个题目在5个关键工作任务特性维度上的分布以及各个工作任务特性维度的计分公式如下:

技能多样性——题① + 题⑥ - 题⑪ + 6
任务同一性——题⑩ - 题⑤ - 题⑯ + 12
任务重要性——题⑨ + 题⑭ - 题④ + 6
工作自主性——题② + 题⑦ + 题⑫
工作反馈——题③ + 题⑧ + 题⑬

附件二：

JEM 工作分析方法示例

JEM 工作要素分析说明书

小组成员：易彦知、孙梦圆、曹婧萱、万松艳、田永瑜、简亦清①。

一、中层管理人员工作要素

首先通过小组成员的分析得到关于中层管理人员这类工作的工作要素清单(表2-11)。

表 2-11　工作要素清单表

专业知识、专业技术、应对困难和挫折的能力、记忆能力、适应变化的能力、排遣孤独的能力、平抑不满的能力、主动性、勇气、组织能力、理论转化能力、抽象思维能力、判断能力、逻辑思维能力、成就动机高、信息接受能力、快速思维能力、决策能力、亲和力、创造力、敏感性、健康的体魄、良好的个人形象、独立性、团队合作性、毅力、自信、责任感、预先计划、果断、理解能力、创新精神、承担超负荷工作的能力、学习能力、分析能力、多方面考虑问题的能力、区分主要与次要的能力、心理控制能力、口头表达能力、书面表达能力、时间管理能力、外语运用、计算机运用、调查研究能力、有效的沟通能力、高学历、应对高压力工作的能力、谦虚、多任务协调能力、冒险意识强、社交能力、推理力、忍耐力、注重工作细节、领导力、管理能力、抗压能力、面对突发事件的公关能力、监督下属员工的能力、处理人际关系的能力。

在工作分析要素清单的基础上，对工作要素清单进行初步的分类，从中提取一些共同的属性，并赋予这些共同属性相应的名称。通过对工作要素清单的分类整理，提炼出来的维度是较强的心理调节能力、突出的智力、鲜明的个性特征、特定的工作习惯、工作所需的知识与能力、身体素质与形象要求(表2-12)。

表 2-12　工作要素类属清单表

维度	较强的心理调节能力	突出的智力	鲜明的个性特征	特定的工作习惯	工作所需的知识与技能	身体素质与形象要求
界定	有效完成管理工作所需的心理素质和能力	有效完成管理工作所需的智力	有效完成管理工作所需的个性特征	有效完成管理工作的行为习惯	有效完成管理工作所需的知识与技能	有效完成管理工作的所需的身体素质特征
子维度	应对困难和挫折的能力、排遣孤独的能力、平抑不满的能力、心理控制能力、抗压能力	记忆能力、适应变化的能力、组织能力、抽象思维能力、判断能力、逻辑思维能力、成就动机高、信息接受能力、快速思维能力、决策能力、创造力、敏感性、预先计划的能力、理解能力、社交能力、推理力	创新精神、勇气、亲和力、独立性、毅力、自信、责任感、果断、谦虚、冒险意识强、忍耐力、团队合作性	承担超负荷工作的能力、多方面考虑问题的能力、区分主要与次要的能力、应对高压力工作的能力、多任务协调能力、注重工作细节	专业知识、专业技术、口头表达能力、书面表达能力、高学历、时间管理能力、外语运用能力、计算机运用能力、调查研究能力、有效的沟通能力、理论转化能力、领导力、分析能力、管理能力(计划、组织、协调、控制、激励)监督下属员工的能力、处理人际关系的能力、面对突发事件的公关能力	健康的体魄、良好的个人形象

---

① 这一部分为编者指导学生所做的小组作业，引用前得到了她们的许可，在此表示感谢。

二、工作要素分析评估结果

使用 JEM 要素评估表对上述工作要素类属清单中的工作要素进行评估(表 2-13),得出中层管理人员的工作分析维度(E)、子维度(S)、最低要求要素(SC)、选拔性最低要求要素(RS)、培训要素(TS)及剔除因素(表 2-14、表 2-15)。

表 2-13 工作要素分析评估结果表

要素	B	S	P	IT	TV	TR
应对困难和挫折的能力	50%	83%	67%	56%	92	50
排遣孤独的能力	33%	58%	67%	39%	52	31
平抑不满的能力	33%	83%	58%	47%	92	53
心理控制能力	42%	75%	58%	44%	75	50
抗压能力	58%	75%	67%	50%	69	39
记忆能力	75%	83%	67%	58%	81	44
适应变化的能力	25%	75%	50%	44%	92	61
组织能力	83%	92%	58%	61%	92	53
抽象思维能力	17%	67%	67%	36%	63	36
判断能力	50%	83%	75%	67%	110	50
逻辑思维能力	50%	67%	83%	56%	69	33
成就动机高	25%	67%	58%	39%	69	42
信息接受能力	67%	67%	83%	61%	69	28
快速思维能力	75%	75%	67%	42%	40	31
决策能力	83%	92%	50%	56%	87	58
创造力	33%	75%	67%	53%	92	44
敏感性	25%	83%	58%	44%	92	53
预先计划的能力	42%	92%	58%	58%	115	69
理解能力	58%	83%	83%	69%	104	44
社交能力	42%	83%	67%	58%	104	56
推理力	25%	83%	58%	47%	98	56
亲和力	33%	83%	58%	50%	98	56
独立性	25%	92%	67%	56%	85	56
毅力	25%	83%	67%	53%	74	50
自信	42%	92%	67%	58%	80	53
责任感	83%	92%	58%	58%	87	50
果断	33%	75%	67%	53%	92	50
创新精神	17%	92%	58%	53%	121	67
勇气	33%	83%	58%	47%	92	53

续表

要素	B	S	P	IT	TV	TR
谦虚	42%	83%	67%	56%	98	47
冒险意识强	8%	67%	67%	44%	87	47
忍耐力	42%	75%	67%	53%	87	42
团队合作性	42%	92%	50%	56%	115	72
承担超负荷工作的能力	75%	92%	58%	56%	87	50
多方面考虑问题的能力	83%	92%	67%	64%	92	50
区分主要与次要的能力	25%	100%	58%	58%	133	72
应付高压力工作的能力	25%	100%	58%	64%	144	78
多任务协调能力	25%	100%	58%	67%	150	81
注重工作细节	75%	83%	67%	61%	87	42
专业知识	67%	83%	92%	78%	110	39
专业技术	75%	100%	83%	83%	133	47
口头表达能力	58%	83%	75%	64%	98	44
书面表达能力	50%	83%	83%	72%	115	44
高学历	17%	75%	83%	56%	98	36
时间管理能力	17%	92%	58%	56%	127	69
外语运用能力	25%	83%	75%	58%	110	44
计算机运用能力	33%	75%	67%	50%	87	42
调查研究能力	25%	67%	67%	44%	75	42
有效的沟通能力	83%	92%	58%	61%	92	53
理论转化能力	25%	83%	67%	53%	104	56
领导力	83%	100%	50%	56%	92	61
分析能力	42%	92%	67%	64%	121	64
管理能力（计划、组织、协调、控制、激励）	33%	92%	58%	56%	115	69
监督下属员工的能力	17%	83%	58%	53%	115	64
处理人际关系的能力	50%	83%	58%	56%	98	61
面对突发事件的公关能力	83%	75%	67%	53%	58	33
健康的体魄	50%	67%	75%	56%	75	39
良好的个人形象	58%	58%	75%	50%	52	33

表 2-14　工作要素分析结果表

分类	要素
工作分析维度(E)	较强的心理调节能力、突出的智力、鲜明的个性特征、特定的工作习惯、工作所需的知识和技能、身体素质与形象要求、预先计划的能力、理解能力、社交能力、创新精神、团队合作性、区分主要与次要的能力、应对高压力工作的能力、多任务协调能力、专业知识、专业技术、书面表达能力、时间管理能力、外语运用能力、理论转化能力、分析能力、管理能力(计划、组织、协调、控制、激励)、监督下属员工
工作分析子维度(S)	应对困难和挫折的能力、抗压能力、记忆能力、组织能力、判断能力、逻辑思维能力、信息接受能力、想象力、决策能力、创造力、预先计划的能力、理解能力、社交能力、亲和力、独立性、毅力、自信、责任感、果断、创新精神、谦虚、忍耐力、团队合作性、承担超负荷工作的能力、多方面考虑问题的能力、区分主要与次要的能力、应付高压力工作的能力、多任务协调能力、注重工作细节、专业知识、专业技术、口头表达能力、书面表达能力、高学历、时间管理能力、外语运用能力、计算机运用能力、有效的沟通能力、理论转化能力、领导力、分析能力、管理能力(计划、组织、协调、控制、激励)、监督下属员工的能力、处理人际关系的能力、面对突发事件的公关能力、健康的体魄、良好的个人形象
培训要素(TS)	应对高压力工作的能力、多任务协调能力
最低要求要素(SC)	判断能力、逻辑思维能力、信息接受能力、专业知识、专业技术
选拔性最低要求要素(RS)	判断能力、逻辑思维能力、信息接受能力、专业知识、专业技术
剔除因素	排遣孤独的能力、平抑不满的能力、心理控制能力、适应变化的能力、抽象思维能力、成就动机高、快速思维能力、敏感性、推理力、勇气、冒险意识强、调查研究能力

表 2-15　工作要素分析子维度划分表

维度	子维度
较强的心理调节能力	应对困难和挫折的能力、抗压能力
突出的智力	记忆能力、组织能力、判断能力、逻辑思维能力、信息接受能力、决策能力、创造力
鲜明的个性特征	亲和力、独立性、毅力、自信、责任感、果断、谦虚、忍耐力、团队合作性
特定的工作习惯	承担超负荷的工作、多方面考虑问题的能力、注重工作细节
工作所需的知识和技能(通用)	口头表达能力、高学历、计算机运用、有效的沟通能力、领导力、分析能力、处理人际关系、面对突发事件的公关能力
身体素质与形象要求	健康的体魄、良好的个人形象
管理能力(计划、组织、协调、控制、激励)	预先计划、社交能力、团队合作性、多任务协调能力、监督下属员工
理解能力	(未列出)

续表

维度	子维度
创新精神	（未列出）
区分主要与次要的能力	（未列出）
应对高压力工作的能力	（未列出）
专业知识	（未列出）
专业技术	（未列出）
书面表达能力	（未列出）
时间管理能力	（未列出）
外语运用	（未列出）
理论转化	（未列出）
分析能力	（未列出）

附件三：

工作要素分析评估

工作要素评估详表如表2-16所示。

表2-16 工作要素评估详表

工作名称： 　　　　评估者名称与编号： 　　　　日期：

要素	对于勉强接受员工（B） + 都具备 ✓ 一些具备 0 几乎无人具备	对于挑选优秀员工（S） + 都具备 ✓ 一些具备 0 几乎无人具备	如果不考虑它（T） + 都具备 ✓ 一些具备 0 几乎无人具备	实际中,如果提出该要求,我们可以(P) + 都具备 ✓ 一些具备 0 几乎无人具备
应对困难和挫折的能力				
排遣孤独的能力				
平抑不满的能力				
心理控制能力				
抗压能力				
记忆能力				
适应变化的能力				
组织能力				
抽象能力				
判断能力				
逻辑思维能力				
成就动机高				
信息接受能力				
快速思维能力				

续表

要素	对于勉强接受员工（B） + 都具备 ✓ 一些具备 0 几乎无人具备	对于挑选优秀员工（S） + 都具备 ✓ 一些具备 0 几乎无人具备	如果不考虑它（T） + 都具备 ✓ 一些具备 0 几乎无人具备	实际中，如果提出该要求，我们可以（P） + 都具备 ✓ 一些具备 0 几乎无人具备
决策能力				
创造力				
敏感性				
预先计划能力				
理解能力				
社交能力				
推理力				
亲和力				
独立性				
毅力				
自信				
责任感				
果断				
创新精神				
勇气				
谦虚				
冒险意识强				
忍耐力				
团队合作性				
承担超负荷工作的能力				
多方面考虑问题的能力				
区分主要与次要的能力				
应付高压力工作的能力				
多任务协调能力				
注重工作细节				
专业知识				
专业技术				
口头表达能力				
书面表达能力				
高学历				

续表

要素	对于勉强接受员工（B） + 都具备 ✓ 一些具备 0 几乎无人具备	对于挑选优秀员工（S） + 都具备 ✓ 一些具备 0 几乎无人具备	如果不考虑它（T） + 都具备 ✓ 一些具备 0 几乎无人具备	实际中，如果提出该要求，我们可以（P） + 都具备 ✓ 一些具备 0 几乎无人具备
时间管理能力				
外语运用能力				
计算机运用能力				
调查研究能力				
有效的沟通能力				
理论转化能力				
领导力				
分析能力				
管理能力（计划、组织、协调、控制、激励）				
监督下属员工的能力				
处理人际关系的能力				
面对突发事件的公关能力				
健康的体魄				
良好的个人形象				

其中，"+"=2，"✓"=1，"0"=0（具体数值及过程请看表2-17）。

根据规则与转换，表2-17即为专家小组评估结果的具体数值汇总。

表2-17 专家小组对工作要素的评估结果

A成员				B成员				C成员				D成员				E成员				F成员			
B	S	T	P	B	S	T	P	B	S	T	P	B	S	T	P	B	S	T	P	B	S	T	P
1	2	0	2	1	2	1	1	1	2	1	1	1	2	1	1	0	1	2	1	1	2	2	1
1	2	0	2	1	1	0	1	1	0	0	1	0	2	2	1	0	1	2	1	1	1	1	1
1	2	0	2	1	1	0	1	1	1	1	0	2	1	1	0	2	2	2	1	2	1	0
1	2	0	1	1	1	0	1	1	1	1	0	2	1	1	0	1	2	1	2	2	1
1	2	0	2	1	1	1	1	1	1	1	0	2	1	1	0	1	2	1	2	1	1
0	2	0	1	0	1	2	1	1	1	1	0	2	1	1	0	1	2	1	1	1	1
0	2	0	2	1	2	2	1	1	2	2	0	2	1	1	0	1	2	1	1	2	1
0	2	0	2	0	1	0	1	1	0	1	0	2	0	1	0	1	2	1	1	1	1
1	2	1	2	1	2	1	1	1	1	1	1	2	2	1	1	2	1	2	1

续表

	A 成员				B 成员				C 成员				D 成员				E 成员				F 成员			
B	S	T	P	B	S	T	P	B	S	T	P	B	S	T	P	B	S	T	P	B	S	T	P
0	2	0	2	1	2	1	1	2	0	2	2	1	2	1	2	1	1	2	2	1	1	1	1
1	2	1	2	0	1	0	1	1	1	1	1	0	2	0	1	0	1	1	1	1	1	1	1
2	2	0	2	1	1	1	1	2	0	2	2	1	2	2	2	1	1	2	1	1	2	1	2
1	2	0	1	1	1	1	1	2	0	1	2	0	2	0	1	0	2	1	2	1	2	1	1
0	2	0	1	1	2	2	1	1	2	2	1	0	2	1	1	1	1	2	1	1	2	2	1
1	2	0	1	0	1	0	1	1	1	1	1	1	2	2	2	0	2	2	2	1	1	1	1
1	2	0	1	0	1	0	1	1	1	1	1	0	2	0	1	0	2	1	2	1	2	2	1
0	2	1	1	1	2	2	1	1	2	1	1	1	2	1	1	1	1	2	2	1	2	2	1
1	2	0	2	1	2	2	1	2	0	2	2	1	2	1	2	1	2	2	2	1	2	2	1
1	2	1	2	1	2	1	1	1	1	2	1	1	2	1	1	1	0	1	2	1	2	2	1
1	2	1	1	0	1	0	1	1	1	1	1	1	2	1	1	0	2	1	2	0	2	1	1
1	2	1	2	0	1	0	1	1	1	1	1	0	2	1	1	0	1	2	1	1	2	1	1
0	2	0	2	1	2	0	1	1	1	1	1	0	2	1	1	0	2	2	1	1	2	1	2
0	2	0	2	0	1	0	1	1	1	1	1	1	2	1	1	0	1	2	1	1	2	2	1
1	2	0	2	2	2	2	1	1	1	1	1	1	2	2	1	0	2	1	1	1	2	2	1
1	2	0	2	1	1	1	1	1	1	1	1	0	2	1	1	0	2	2	1	1	2	2	1
1	2	0	2	0	1	0	1	0	2	1	0	0	2	1	1	0	2	2	1	1	2	2	2
1	2	1	2	1	1	0	1	1	1	1	1	0	2	0	1	0	2	22	1	1	2	1	1
1	2	1	2	1	1	0	1	1	1	1	1	1	2	1	1	0	2	2	1	1	2	1	1
0	2	0	2	0	1	0	1	1	1	1	1	0	2	1	1	0	1	2	2	0	1	1	1
1	2	0	2	1	1	1	1	1	1	1	1	1	2	1	1	0	1	2	1	1	2	1	2
1	2	0	1	1	2	2	1	1	2	2	1	1	2	2	1	0	1	1	1	1	2	2	1
1	2	0	1	1	2	1	1	1	1	1	0	0	2	1	1	0	2	2	1	1	2	2	1
0	2	0	2	1	2	1	1	2	1	1	0	1	2	1	1	0	2	2	0	2	1		
0	2	0	1	0	2	1	1	2	1	1	1	2	1	1	0	2	2	1	1	2	2	1	
0	2	0	1	1	2	2	1	1	2	1	1	0	2	1	1	0	2	2	0	2	2	1	
0	2	0	1	1	2	2	1	1	2	2	1	0	2	2	1	0	2	2	0	2	1		
1	2	0	2	0	1	1	1	1	1	1	0	2	2	1	0	2	2	2	1	2	2		
1	2	1	2	2	2	2	2	0	2	2	1	2	2	1	22	1	2	1	2	2	2		
1	2	0	2	2	2	2	2	2	2	2	2	1	2	2	1	2	2	1	2	2	2		
1	2	1	2	1	1	1	1	2	1	2	2	1	2	1	1	1	2	1	1	1	2	2	2

续表

A成员				B成员				C成员				D成员				E成员				F成员			
B	S	T	P	B	S	T	P	B	S	T	P	B	S	T	P	B	S	T	P	B	S	T	P
1	2	1	2	1	1	1	1	2	1	1	2	1	2	2	1	1	2	2	0	0	2	2	2
0	2	0	2	0	1	0	1	2	1	1	2	0	1	1	0	0	2	2	2	0	2	0	2
0	2	0	1	1	2	1	1	1	1	1	1	0	2	1	0	0	2	2	2	0	2	2	1
0	2	0	1	1	1	0	1	1	1	1	1	0	2	1	0	0	2	2	2	1	2	1	2
0	2	0	1	1	1	0	1	1	1	1	1	1	1	1	1	1	2	1	1	1	2	1	2
0	2	0	1	1	1	1	1	1	1	1	0	1	0	1	0	0	1	2	2	1	2	1	1
1	2	1	1	1	1	1	1	2	2	1	0	2	1	1	0	2	2	1	1	2	2	1	
0	2	0	1	1	0	1	1	1	1	0	1	1	0	1	0	1	2	2	1	1	2	1	1
0	2	0	1	1	2	2	1	1	2	2	1	0	2	0	1	1	2	2	1	0	2	2	1
1	2	0	1	1	2	2	1	1	2	2	1	0	2	1	0	1	1	2	1	1	2	2	1
1	2	0	1	1	2	1	1	2	2	1	0	2	1	1	0	2	2	1	1	2	2	1	
0	2	0	1	1	1	1	1	1	1	1	0	2	1	1	0	2	2	2	0	2	2	1	
1	2	1	1	2	1	1	1	1	1	1	1	1	1	1	1	2	1	1	2	2	1		
1	2	0	1	1	2	1	1	1	1	0	2	1	0			1	2	0	2	2	2		
2	2	2	2	1	1	0	1	2	0	2	2	0	1	2	1	0	2	1	2	1	2	1	1
2	2	2	2	1	1	1	1	2	0	1	2	1	1	1	1	0	1	2	2	1	2	1	1

练 习 题

一、**单选题**（请在所给的四个选项中选择最恰当的一项）

1．JCM和工作设计的理论基础是（　　）。
　A．科学管理原理　　　　　　　B．双因素理论
　C．组织设计理论　　　　　　　D．人际关系理论

2．在选择工作信息收集方法时需要考虑的首要因素是（　　）。
　A．工作信息的来源　　　　　　B．分析岗位的特征
　C．工作分析的目的　　　　　　D．实际条件的限制

3．完整的临界特质分析系统技术中不包括（　　）。
　A．临界特质分析　　　　　　　B．工作要求和任务分析
　C．技术能力分析　　　　　　　D．工作环境分析

4．职位描述的核心内容不包括（　　）。
　A．工作标识　　　B．工作职责　　　C．工作关系　　　D．工作权限

5. 工作分析的( )原则是指工作分析活动需要各级管理人员与员工的广泛参与，尤其需要高层管理者加以重视，业务部门大力配合才得以成功。
   A. 动态原则　　　B. 经济原则　　　C. 参与原则　　　D. 岗位原则

6. 下列不属于工作分析相关信息来源类型的是( )。
   A. 电视报道　　　B. 公司文件　　　C. 人员信息　　　D. 职位分类资料

7. 以下不属于工作设计要求的是( )。
   A. 提高组织效率　　　　　　　　　B. 满足员工的需求
   C. 责任体系分担　　　　　　　　　D. 符合组织的总目标

8. 工作说明书中职责常用的定量化信息不包括( )。
   A. 各职责所花费的时间百分比　　　B. 各职责的任职者
   C. 各职责的复杂程度　　　　　　　D. 各职责的重要性排序

9. 研究者通过对工作分析资料以及有关特质的资料进行因素分析，得出了三大类特质维度，下列选项中不属于这三类特质维度的是( )。
   A. 身体技能　　　　　　　　　　　B. 认知能力
   C. 个性或动机因素　　　　　　　　D. 兴趣和喜好

10. MPDQ 系统模型主要板块不包括( )。
    A. 信息分析　　　B. 信息输入　　　C. 信息输出　　　D. 信息关联

11. 职能工作分析方法(FJA)的核心是( )。
    A. 工作描述语言的控制　　　　　　B. 工作职能等级的划分
    C. 分析工作者的职能　　　　　　　D. 工作系统的分析

12. 任务清单分析系统(TIA)中收集工作信息的途径一般是( )。
    A. 工作人员访谈　　　　　　　　　B. 参与式观察
    C. 结构化调查问卷　　　　　　　　D. 工程实验

13. 工作分析中主要解决"为什么进行工作分析"和"怎样进行工作分析"两个方面的问题阶段( )。
    A. 准备阶段　　　B. 调查阶段　　　C. 分析阶段　　　D. 结果形成阶段

14. ( )是美国普渡大学的研究员麦考密克等人研究出的一套数量化的工作说明法。
    A. 功能性职务分析(FJA)法　　　　B. 职务分析调查问卷(PAQ)法
    C. 职业分析问卷(OAQ)法　　　　　D. HP 工作设计方法

15. ( )是专门针对管理人员而设计的工作分析系统，是所有工作分析系统中最有针对性的一种系统。
    A. 管理人员职务描述问卷　　　　　B. 管理人员职位描述问卷
    C. 管理人员任务描述问卷　　　　　D. 管理人员职责描述问卷

二、名词解释

16. 人员(工作者)导向型的工作分析系统

17. 工作设计
18. 工作评价要素

三、简答题

19. 简单谈谈团队工作主要涉及的三个关键要素及其彼此之间的关系。
20. 简述管理人员职务描述问卷(MPDQ)的优缺点。

四、案例分析题(第21—22题)

如何消除工作分析中员工的恐惧心理

Dean 进入某公司后有点找不到北。有事,A 部门说"归 B 部门管",可 B 部门称不知道,让他找 C 部门。Dean 觉得有必要对岗位和责任进行梳理,建议 HR 部门进行工作分析。HR 经理却摇摇头告诉他,员工对工作分析发怵,不予配合,此项工作很难进行。这种现象出现的原因何在呢?

症状1:准备不充分。

人力资源专员小 V 接到指示,公司将在这个月开展工作分析。人力资源部的每个成员自然成为工作分析小组成员,小 V 要负责销售部门各个岗位的工作分析。他决定先从普通的销售员开始,从下往上分析,把销售经理放在最后。

事实上,普通员工的态度并没有小 V 预期的那样配合。"工作分析? 干吗用的? 你们人力资源部还真是吃饱了没事干。"资历深厚的员工直接质疑小 V。"哦,是不是要裁人啦? 怎么突然要分析工作了呢?"胆小的员工支支吾吾,疑心重重。"真抱歉,手头忙,等过一阵再谈吧。"态度冷淡不配合的员工更不在少数。一周下来,小 V 精疲力竭,却收获寥寥。

思考:你认为员工为何对小 V 的工作或质疑或冷淡? 小 V 应该怎么办?

症状2:事后大地震。

人力资源经理 Luna,刚从某外企跳槽到一家民营企业,她发现该企业管理有些混乱,员工职责不清,工作流程也不科学。她希望进行工作分析,重新安排组织架构。一听说是外企的管理做法,老板马上点头答应,还很配合地进行了一番宣传和动员。

Luna 和工作分析小组的成员积极筹备一番后开始行动。不料,员工的反应和态度出乎意料地不配合。"我们部门可是最忙的部门了,我一个人就要干3个人的活。""我每天都要加班到9点以后才回去,你们可别再给我加工作量了。"

多方了解之后,Luna 才知道,她的前任也做过工作分析。不但做了工作分析,还立即根据分析结果进行了大调整。既裁减了大量的人员、精简了部分岗位,还对员工的工作量做了调整,几乎每个人都被分配到更多的活儿。有了前车之鉴,大家忙不迭地夸大自己的工作量,生怕工作分析把自己"分析掉了"。

思考:你认为 Luna 的前任在进行工作分析时为什么会出现以上问题? 你认为现在 Luna 应如何做?

症状3:问题大而无当。

"请你谈谈你这份工作对公司的价值。"听到这样的问题,Carol 愣住了,她该怎么回答呢? 当然要说价值很大啦;怎么大呢? 思索了半天,她也不知道该如何回答,只能说"我的工作是公司正常运转不可缺少的一个环节",不过,连她自己也在心里暗想,这回答还真是废话。

不仅仅是 Carol,还有不少员工都在面谈中遭遇这样的"宏观"问题。原本以为既然是工作分析嘛,人力资源部的工作人员就应该在了解情况后对每个人的工作做个评价;谁知道,他们一上来就让员工谈自己所做工作的价值。这下可把大伙儿难住了,说高了,一听就是空话;自谦一下,不等于让人家来炒鱿鱼?只好统一口径,简单几句话就把进行工作分析的人打发走了。

问题:

21. 你认为在进行工作分析的面谈环节中,Carol 等员工为什么会出现这样的情况?
22. 如果你是某公司人力资源部门的工作人员,你会怎么开展工作分析?

五、思考题

23. 如何理解工作分析在人力资源管理系统和工作系统中的地位与作用?
24. 工作分析有哪些方法?
25. 工作分析有何新的发展方向?

第三章 人力资源战略与规划

彼得·德鲁克曾经说过,企业只有一项真正的资源,那就是人。现代经济发展的实践也充分表明,人力资源的开发和利用对企业的发展起着决定性的作用。人力资源管理的重要性在于它的战略地位,而其战略地位的保障则是人力资源战略和规划的制定与实施。在企业内外部环境日益复杂、市场竞争日趋激烈的情况下,有效的人力资源战略和规划有助于减少未来的不确定性,预防组织的臃肿,使人力资源配置达到最优化。

第一节 人力资源战略

在不断变化的国际竞争环境中,要使企业战略得到有效实施并充分保持其竞争优势,主要取决于企业人力资源战略的成功制定与实施。人力资源战略是为管理变化而制订的一种方向性的行动计划,它将企业管理的思想与行动联系起来,确定如何以战略为核心通过合理、一致的组织管理方式进行人力资源管理,研究管理人员如何更加有效地实施人才引进、人员配置、薪酬管理、绩效管理等人力资源管理的各个环节。

一、人力资源战略的内涵

(一)战略简述

战略原本作为军事术语,是对战争和军事活动的全局谋划与指导。随着时代的发展,战略思想逐渐被应用于社会、政治和经济活动等各个领域。美国经济学家切斯特·巴纳德(Chester I. Barnard)最早在企业经济理论中引入了战略思想,在其代表作《经理的职能》(1938)一书运用了战略思想来研究物质、精神、个人和社会等几个方面的因素对企业的影响及其彼此之间的相互作用。

20世纪中后期,世界范围内掀起了研究战略管理的高潮,各国企业非常重视战略管理的作用。但在企业管理范畴中,对于什么是战略,目前尚无统一的定义,不同的学者与经理人员给战略赋予不同的含义。在众多关于战略的定义中,管理大师亨利·明茨伯格(Henry Mintzberg)对于战略定义有着独特的认识。在《战略历程:纵览战略管理学派》一书中,明茨伯格与布鲁斯·阿尔斯特兰德(Bruce Ahlstrand)、约瑟夫·蓝佩尔(Joseph Lampel)一起将战略管理理论划分为设计学派、计划学派、定位学派、企业家学派、认知学派、学习学派、权力学派、文化学派、环境学派及结构学派这10个学派。其后又有两个战略理论学派——核心能力学派和战略资源学派在20世纪90年代异军突起。根据各流派的观点,可以从以下几个方面来理解战略。

1. 作为计划的战略

这是最传统的对战略内涵的理解。战略要解决的主要问题是组织的长远发展与短期目标实现的有机结合。从这个定义出发,战略具有两个基本特征:战略制定要在组织经营活动之前;战略要寻找确定实现组织目标的手段。正如阿尔弗雷德·D.钱德勒(Alfred D. Chandler)在《战略与结构》一书中所说的:战略是企业长期基本目标的确定及为贯彻这些目标所必须采纳的行动方针和资源配备。

2. 作为问题解决的战略

在管理学界,"问题"指的是现在状态与期望状态之间的差距,"解决问题"就是缩小这一差距的过程。从计划角度制定的战略更多地关注组织发展的未来,它侧重于解决问题的战略制定,更多的是对组织现实状态的考虑。在特定环境下,组织将战略作为威胁和战胜竞争对手的一种具体手段,制定战略要充分考虑行业内外竞争对手可能的变革,抢占有利于组织发展的先机。

3. 作为定位的战略

该视角来自美国著名战略学家迈克尔·波特(Michael Porter)的观点,他认为战略是差异化的选择与定位。20世纪80年代,波特明确指出企业在制定战略时必须将企业与所处的环境相联系,企业在制定战略的过程中不仅要分析企业所处行业的结构,也要对企业在行业内的相对竞争地位进行分析,以大大减少企业之间由于程序化的产业结构分析带来的定位趋同,降低企业之间竞争强度。因此,战略应当确定组织在环境中的位置,包括对企业所处行业的结构和企业在行业中竞争地位的分析。

4. 作为观念的战略

战略体现了人们对客观世界固有的认识方式,体现了决策者对组织的变革,这种变革的精髓是一种与众不同的、能和组织成员共享的、能转化为共同行动的观念。这里所强调的战略是一种抽象的概念,它存在于需要战略的人们的头脑之中,体现于战略家们对客观世界固有的认识方式。

战略作为一项重大的决策,其选择的正确与否直接关系到组织的成败或兴衰。如果对于组织的未来发展没有长期清晰的谋划,对组织的未来形式缺乏实际有效的指导方针,那么组织在面临不断发展的经济、技术模式急剧冲击时,就容易迷失自我,最终会因失去生存的条件而消亡。从根本上说,战略本身也是一个属于计划范畴内的概念,但战略组织未来发展方向的远景规划,更侧重于规定组织的长远发展方向。战略制定有利于近期经营计划目标与远期目标相互整合,将总体战略目标与局部战术目标统一,从而充分利用组织的各种资源,并提高工作效率。

(二) 人力资源战略的含义

企业竞争中,企业的一切经营决策的制定与执行都需要有人的参与,人才是企业的核心资源。不论什么企业,都应该至少拥有人力、财力、物力三种资源,物力资源和财力资源是企业的有形资源,具有一定的有限性。而人力资源作为一种无形资源,是一种无限可再生资源,企业通过教育、培训、开发等活动增加或提升人力资源的数量及质量,以维持企业的正常经营和自主创新及可持续发展。随着经济全球化进程的加快,企业的生存和发展越发依赖于人力资源的战略性作用,人力资源战略在企业管理中的战略价值日益上升。人力资源战略要解决的问题不是某个岗位或级别上的人才选用问题,而是组织或企业依据既有的中长期发展目标,建立管理团队,从总体上规划人力资源供给的目标,出台相应的实施方案和措施,并有计划地逐步加以贯彻和实施。

1958年,工业关系与社会学家怀特·巴克(E. Wight Bakke)在其《人力资源功能》一书中,首次将人力资源作为管理的普通职能进行了讨论。到了20世纪70年代中期,"人力资源管理"一词已经为企业和学术界熟知,战略性人力资源管理的思想差不多和其同时产生。Walker于1978年在其文章《将人力资源规划与战略规划联系起来》中,初步提出将战略规划与人力资源规划联系起来的思想。1981年,Devama和Fombrum及Tichy在文章《人力资源管理:一个战略观》中深刻分析了企业战略与人力资源的关系。自此,有关"人力资源战略"(Human Resource Strategy,简称HRS)和"战略性人力资源管理"(Strategic Human Resource Management,简称SHRM)的研究蓬勃发展,是组织中关于"人"的管理的一种新视野。

美国人力资源管理学者舒勒(R. Schuler)和沃克(J. Walker)认为,人力资源战略是"程序和活动的集合,它通过人力资源部门和直线管理部门的努力来实现企业战略目标,并以此来提高企业目前和未来的绩效及维持企业竞争优势"[①]。美国HRM学者Schulerc(1992)认为,战略性人力资源管理是程序和活动的集合,它通过人力资源部门和直线管理部门的努力来实现企业的战略目标,并以此来提高企业目前和未来的绩效并维持企业的竞争优势。国内学者赵曙明则把战略性的人力资源管理定义为,企业根据内部和外部环境的分析,确定企业目标,从而制定出企业的人力资源管理目标,进而通过各种人力资源职能活动实现企业目标和人力资源目标的过程。学者文跃然基于对企业战略的定义思路,从目标+手段、问题+方案、"双核"、竞争优势以及系统匹配这5个角度分别对人力资源战略进行了定义。

简单来说,人力资源战略,就是从战略的角度研究人力资源管理的各个系统,是区别于传统人力资源管理的一种管理方法。尽管目前对于人力资源战略的定义还没有一个公认的界定,但从战略的一般含义并结合人力资源的特性来看,人力资源战略是适应企业内外部环境的、基于提升人力资源核心竞争力的、企业人力资源管理的策略和规划,它是在企业

---

① Schuler,R. & Walker,J.:Human resource strategy focusingoniss ues and action[J]. Orgnazizational Dynamics, 1990 (1):5-19.

总体战略指导下制定的企业人力资源发展战略,包括企业人力资源管理的使命和价值观,人力资源发展的目标、方向、方针与政策等,对企业人力资源管理活动具有重要的指导作用,同时也是实现企业战略的有效保障。

二、人力资源战略的功能

随着市场竞争的日益激烈,人力资源战略在企业获得和保持竞争优势的过程中正发挥着越来越大的作用。现代企业的人力资源战略旨在通过建立人力资源开发机制和人力资源管理机制来保证企业获得并保持竞争优势。人力资源战略的作用主要体现在以下几个方面。

(一) 扩展企业人力资本

人力资本是企业人力资源的全部价值,它是通过对人投资而形成的存在于人体中并能带来未来收益的,以知识、技能及健康等因素体现的价值。战略性人力资源管理的目标就是要不断增加人力资本。企业人力资本的短缺将直接影响企业的市场竞争力。

作为企业战略的一部分,人力资源战略就是要提高企业人力资源的质量,尤其要开发企业未来发展所需要的各种能力。通过人力资源培训和开发,缩短直至消除企业员工现有技能与企业发展所需技能之间的差距。人力资源战略实施主要就是通过内部的人力资源管理活动,为员工提供更多的成长机会,为员工提供职业生涯设计,从而使员工在不断地潜能开发中与企业获得同步发展。

(二) 推动企业战略的顺利实现

人力资源战略属于职能战略,它是指人力资源管理者站在组织的全局角度、整体角度,从组织长远的、根本的利益出发,通过周密而科学的论证,所设计的具有方向性、指导性、可操作性的人力资源管理与开发的谋划、方针、原则、行动计划和谋略。[①] 人力资源战略既是坐标,它为人力资源相关的各项职能活动的展开提供明确的方向;它又是一种黏合剂,将人力资源的管理与企业战略的实施联系在一起。

企业的战略要想得到有效贯彻执行,离不开人力资源管理体系的支撑。企业的战略目标必须分解为更具体的目标体系,并且采取有效的资源保障和配置,通过有效的激励和约束,才能得到最终实现。从企业的外部环境、内部氛围、人力资源部门职能管理、任务完成等层面来看,战略性的人力资源管理对企业战略目标的实现有重要的影响。人力资源战略可以帮助企业根据市场环境的变化和人力资源开发与管理自身的发展,建立适合企业特点的人力资源开发与管理的方法,比如,根据市场变化趋势,确定人力资源的长远供需计划。再如,根据员工期望,建立与时代相适应的激励机制,有针对性地对员工进行开发与培训,引导资源的合理分配,避免资源浪费或不合理配置,提高员工的素质与能力,适应科学技术发展的要求。同时,人力资源战略可以帮助企业改进人力资源开发与管理的方法,确保企

---

① 汪玉弟.企业战略与 HR 规划[M].上海:华东理工大学出版社,2008:46.

业人力资源的数量、素质、能力、结构和状态等都与企业的战略要求相一致,使企业人力资源开发与管理采用的方法更具有指导意义。

(三) 凝聚企业文化

企业文化的作用越来越多地受到学者和企业家的重视。约翰·P.科特在《企业文化与经营绩效》一书中认为,企业文化作为企业的理念和员工的行为方式,是企业绩效的关键影响因素。对企业来说,不存在正确的企业文化,只有合适的企业文化。由于企业面临的环境是不断变化的,企业也必须不断调整以适应环境的变化,因此,企业文化不是一成不变的,它需要不断地变革以帮助企业获得独特的竞争优势。Elizabeth F. Cabrera 和 Jaime Bonache 于 1999 年在 Human Resource Planning 上发表了一篇名为"An Expert HR System for Aligning Organizational Culture and Strategy"①的文章,文中提出,一个组织可以通过两个过程来得到战略性文化:一是认真地规划人力资源实践,这些实践能够鼓励那些战略所需要的行为;二是通过选拔那些具有可以强化组织文化和价值观的人。战略性的人力资源管理可以改变和固化企业文化。

在实际中,企业通常采用几种战略并形成不同文化的混合体,因此,在制定人力资源战略的时候,应当辨识主要战略和强势文化,形成相应的人力资源战略。

(四) 获取企业持续竞争优势

从长远来看,为了在日益激烈的市场竞争中立于不败之地,企业必须获取和维持相对于其他竞争者的某种优势,这也正是企业战略的重要目标所在。人力资源战略作为企业战略的重要组成部分,它的每一项具体的实践活动都会影响到企业竞争优势的获得。

人力资源战略的核心之一是为了培育和发展企业竞争优势的重要源泉——核心竞争力,这种核心竞争力是企业内部的知识集合,包括全体员工的知识和能力、技术系统、管理系统和价值规范等方面。企业的员工能够通过自身的智慧和勤奋提升公司实力,同时员工也能够实现自我价值,这样的企业就能有较强的竞争力,也就能获得长期的生存和发展。通过人力资源战略的实施所获得的竞争优势比通过其他手段所获得的竞争优势更为持久。

三、人力资源战略的类型

企业在对内部资源和外部环境分析的基础上,可以根据自身的发展目标制定适宜的人力资源战略。人力资源战略对企业的人力资源管理活动起着指导作用,促使人力资源管理活动的各部分之间相互配合并形成有效整体,推动企业各项工作的有序开展。因此,不同的人力资源战略从不同方面影响着人力资源管理活动的方方面面。

(一) 人力资源战略和企业战略

经过学者们多年的研究与实践探索,目前对人力资源战略类型的划分主要集中在几种

---

① Elizabeth F. Cabrera & Jaime Bonache. An Expert HR System for Aligning Organizational Culture and Strategy[J]. Human Resource Planning, 1999,22(1):51-60.

有代表性的。例如,根据企业对各种人才重视程度的不同,美国人力资源专家舒勒(1989)将人力资源战略分成累积型、效用型和协助型3种类型;美国康乃尔大学根据组织在人力资源战略管理中的角色不同,将人力资源战略分为投资战略、吸引战略和参与战略;史戴斯和顿菲则根据企业变革程度的不同将人力资源战略划分为家长式、发展式、任务式、转型式4种类型。虽然人们对人力资源战略类型的划分不尽相同,但不论采取什么样的人力资源战略,都要与组织发展需要相匹配,与企业战略协调一致。因此,在企业战略制定与实施的过程中,正确地选择与企业战略相适应的人力资源战略,对改善企业的内外部环境、获得持续竞争能力,将产生至关重要的影响。

根据不同标准可以将企业战略划分为不同的类型,其中以美国著名战略学家迈克尔·波特提出的基本竞争战略使用得最为广泛,认为企业的基本战略可以归纳为3种具有内部一致性的战略:成本领先战略、差异化战略和集中战略。成本领先战略是指企业在提供相同的产品或服务时,其成本或费用明显低于行业平均水平或主要竞争对手的竞争战略;差异化战略是指企业通过向用户提供与众不同的产品或服务,以获取竞争优势的战略;集中战略是指企业在某个较狭窄的领域内,选择实施低成本战略或差异化战略,或是两者兼而有之的竞争战略。人力资源战略与企业竞争发展战略之间的协调和配合是获得竞争优势、实现企业战略目标的关键。根据波特提出的3种基本竞争战略,戈梅斯·梅西亚(Gomez Mejia)等人提出了与之相对应的3种人力资源战略(表3-1)。

表3-1 人力资源战略与企业战略的匹配

企业战略	人力资源战略
成本领先战略	有效率的生产 明确的工作说明书 详尽的工作规则 强调具有技术上的资格证明和技能 强调与工作有关的培训 强调以工作为基础的薪酬 用绩效评估作为控制机制
差异化战略	强调创新和弹性 工作类别广 松散的工作规划 外部招聘 团队为基础的训练 强调以个人为基础的薪酬 用绩效评估作为员工发展的工具
集中战略	综合上述两种人力资源战略

当企业采用成本领先战略时,主要依靠产品(服务)的低成本取得竞争优势,企业为保持持续竞争优势,必须严格控制成本并加强预算。与之相适应,企业所推行的人力资源战

略强调的是高效性、低成本市场、结构程序合理有序,以此减少竞争中的不确定性,同时要加强对创新的推动鼓励。

当企业采取差异化竞争战略时,其关键在于通过创造产品(服务)的独特性以获得创新优势。采用该战略的企业一般具有较强的营销能力,关注产品(服务)的设计与研发,产品质量优异。人力资源战略要与此相协调,强调组织的不断创新并具有一定的变革弹性,培训和考评以团队为基础,实行差别化的薪酬策略。

当企业采取集中战略时,即在某一领域实施专门化战略,相应地,其所推行的竞争战略和人力资源战略综合了上述成本领先战略与差异化竞争战略两种方式的特点。

(二) 组织生命周期与人力资源战略

近来对组织生命周期的研究表明,组织发展有4个主要阶段:创业阶段、集体化阶段、规范化阶段、精细阶段,是每个组织从产生、发展到成熟和最终消亡必然经历的4个阶段(表3-2)。由于每个阶段组织所具备的功能及其面临的内外部环境的不同,各阶段呈现出自身的特点,同时从组织整体的生命周期来看,各阶段实际上是连续的自然过程。人力资源战略的制定与实施必须遵循组织的生命周期,明确不同发展阶段的特点,保持组织的生命力并实现持续发展。

表3-2 生命周期4个阶段上的组织特点

特点	创业阶段	集体化阶段	规范化阶段	精细阶段
	非官僚制	前官僚制	官僚制	强官僚制
结构	非规范,个人表现	基本上非规范,有某些程序	规范性程序,劳动分工和增加新的专业化	官僚中的团队工作,小公司思维
产品或服务	单一产品或服务	有主要产品或服务	产品或服务线有差别	广泛性、改变产品和部门
奖励与控制系统	个人、家长式	个人服务于成功	非人际交流或规范化的系统	吸引并留住关键人才
创新	由管理者承担	由雇员和管理人员承担	由独立的创新团体承担	由机构化的研发部门承担
目标	生存	成长	内部稳定、扩大市场	名誉、完备的组织
高层管理方式	个人制、企业主制	激励忠诚、指明方向	控制性委派	团队方法、抨击官僚制

资料来源:(美)达夫特.组织理论与设计精要[M].李维安,等,译.北京:机械工业出版社,2003:111.

1. 创业阶段

当一个组织产生时,规模较小,具有非规范化、非官僚制和个人主导的特性。组织的知名度较低但灵活性极佳,创立者即管理者,各项活动的展开以创立者为核心,组织规章制度和文化处于散乱形成时期,人治色彩浓厚。组织的发展壮大始于某一产品或服务得到市场的认可。

根据这一阶段组织特点，人力资源战略必须注意由于组织处于初创期，缺乏知名度和实力，组织所需人员数量不多但要求质量较高，能够独自担当某一方面的工作。人力资源管理工作量不大但缺乏实际经验，选拔高素质的人才关系着组织未来的发展。同时必须注意吸引和招纳适应组织发展需求的关键人才，培养核心人才，制定鼓励人才发挥才智的激励措施，完善组织制度，加速组织发展。

2. **集体化阶段**

如果创业初期运行良好，组织将获得良好的成长性和竞争性，并开始提出明确的目标和方向，从而过渡到集体化阶段。这一阶段的组织规模不断扩大，创业者的个人作用开始弱化，规章制度不断建立和健全，组织文化开始形成，所提供的产品或服务不断扩展并快速增长，对各种资源的需求加大。发展战略的核心是如何使组织获得持续、快速、稳定的发展。

在这一阶段，组织对人力资源数量的需求不断增长，对人员素质有更高的要求，需要更加有效率的规范化管理来促进组织的发展。人力资源战略的重点是确保组织对人力资源数量和质量的需要，建立规范的人力资源管理体系，在帮助组织发展的同时不断加强人力资源管理部门自身的建设。

3. **规范化阶段**

规范化阶段的组织，灵活性和可控性达到平衡，是发展状态的最佳时期。组织制度和组织结构发展完善并能充分发挥作用，内部稳定性不断提高，市场进一步扩大，产品或服务得到改进和完善，开始形成稳定的组织形象。组织对未来的判断能力增强，并能承受增长带来的压力，化解危机。

组织进入规范化阶段，其发展方向有3个：一是经过短暂的繁荣进入衰退阶段，这是任何组织不愿出现的情况；二是组织领导者始终保持清醒头脑，不断调整组织各部分，尽可能延长成熟期；三是组织积极稳妥地推进内部变革，以此作为组织新的发展平台，并进入新一轮增长期。在这一阶段，如何使成熟期延长并力争使组织进入新的成长期，是组织发展战略的关键。因此，其人力资源战略的主要关注点是激发创新意识，推动组织变革，吸引并留住具有创新意识和能力的人员，保持组织活力。由于组织在该阶段推动创新与变革，必然会触动许多组织人员特别是关键人才的利益，因此，实施人力资源战略的关键是处理好组织稳定获利与持续创新之间的平衡。

4. **精细阶段**

这是组织生命周期的最后阶段，组织已失去活力，内部缺乏创造性，组织市场占有率下降，产品竞争力减弱，危机开始出现，组织战略管理的核心是寻求组织重整和再造，使组织获得新生。

为应对组织发展战略变化的需要，这一时期人力资源战略的重点是妥善裁剪冗余人员，严格控制人工成本，提高组织运行效率。同时，调整人事政策，吸引并留住关键人才，为组织变革、需求重生创造条件。

第二节　人力资源规划

任何资源,尤其是稀缺资源,都需要有系统的规划,使得资源的数量、质量符合组织要求,并及时满足组织需求,确保组织业务运转和战略目标的实现。人力资源是一种关键的组织资源,更应得到系统的规划,确保组织的人力资源在数量上、质量上、结构上都符合组织的需求,从而促进组织的发展。

一、人力资源规划的含义

人力资源规划从产生至今,已有几十年的历史。人力资源规划的萌芽产生于19世纪末,20世纪中期得到初步发展。早年的人力资源规划在内容和形式上都比较简单,强调的只是对人力资源的供给和需求的预测,或只是单一的人力资源配置活动,没有形成系统化、专门化的职能。发展至今,人力资源规划经过广泛的应用和深入研究后,越来越多的研究者和实践者认识到人力资源规划与组织战略整合的必要性和紧迫性,人力资源规划全面地与战略接轨,并日益得到企业、公共部门、非营利组织的重视。

在过去几十年的发展历程中,很多学者都对人力资源规划的内涵进行了阐述,他们的阐述都有自己的原则、趋向和研究框架。Stainer 在1971年是这样阐释人力资源规划的:人力资源规划是为了维持和提高组织的能力,通过对战略的发展和推进,在一个可以预见的未来时期内,始终增强员工个体对组织目标的贡献,从而最终实现组织目标。Walker(1980)认为,人力资源规划是在变化的环境下分析组织的人力资源需求,并且开展相应的工作以满足这样的需求的过程,他倾向于把人力资源规划看作一个持续的过程。Bennison 和 Casson(1984)也强调人力资源规划是一个过程而不是一个结果,人力资源规划能够让规划者与他们的管理团队综合考虑不同的问题和持续变化的外部环境。还有学者认为,人力资源规划是一种战略规划,着眼于为未来的企业生产经营活动预先储备人力,持续和系统地分析企业在不断变化的条件下对人力资源的需求,并开发和制定出与企业组织长期效益相适应的人事政策的过程。

从以上各种定义与概念可以看出,人力资源规划的含义是在不断变化和发展着的。本书认为,人力资源规划(human resource planning,简称HRP)是指根据企业的发展规划,通过对企业未来人力资源的需求和供给状况的分析与估计,对职务编制、人员配置、教育培训、人力资源管理政策、招聘和选拔等内容进行的人力资源部门的职能性规划。人力资源规划可以分为两种类型:一种是广义的人力资源规划,它是指对企业人力资源管理各项职能的全盘规划;一种是狭义的人力资源规划,它是指对企业未来的人员需求和供给进行预测,并采取措施缩小这两者之间差距的一个过程。

人力资源规划是人力资源战略整体框架中的一部分,与人力资源战略的其他职能如招聘与选拔、薪酬考核等是紧密相关的。人力资源规划是一个依据人力资源战略对组织所需人力资源进行调整、配置和补充的过程,在此过程中,必须有人力资源管理其他系统的支持和配合,才能保证人力资源规划的系统推进和有序运行(图3-1)。人力资源战略决定了人力资源规划的方针、重点和基本政策,决定了人力资源数量、结构和素质要求。人力资源规划是运作人力资源管理系统的前提,是人力资源管理各子系统重大关系决策的依据。未来,人力资源规划不仅是企业发展战略的重要组成部分,也是企业各项人力资源管理工作的依据。

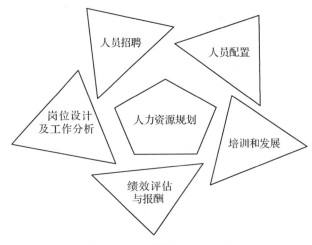

图3-1 人力资源规划的系统推进

二、人力资源规划的内容

1. 人力资源规划层次

人力资源规划包括两个层次,即总体规划与各项业务计划。人力资源的总体规划是有关计划期内人力资源开发利用的总目标、总政策、总的实施步骤及预算安排。各项业务计划包括配备计划、退休解聘计划、补充计划、使用计划、培训开发计划、职业计划、绩效与薪酬福利计划、劳动关系计划。

配备计划是指中长期内不同职务、部门或工作类型的人员的分布状况;退休解聘计划是指因各种原因离职的人员情况及所在岗位情况;补充计划是指需要补充人员的岗位、数量和对人员的要求;使用计划是指人员晋升政策和时间,轮换工作的岗位情况、人员情况、轮换时间;培训开发计划是指有关培训对象、目的、内容、时间、地点、培训师资等;职业计划是指骨干人员的使用和培养方案;绩效与薪酬福利计划是指有关个人及部门的绩效标准、衡量方法、薪酬结构、工资总额、工资关系、福利项目以及绩效与薪酬的对应关系等;劳动关系计划是指减少和预防劳动争议,改进劳动关系的目标和措施。

2. 人力资源规划的期限

人力资源规划期限是短期(1年)、中期(3~5年),还是长期(5~10年),一般来说,要与公司总体规模相一致。它主要取决于公司所处环境的确定性、稳定性及对人力素质的要求。通常,经营环境不确定、不稳定,或人力素质要求低,从而随时可以从劳动力市场上补充时,可以以短期规划为主;相反,若经营环境相对确定和稳定,对人力素质要求较高,从劳动力市场上补充比较困难时,就应当制定中长期规划。人力资源规划期限与经营环境的关系如表3-3所示。

表3-3 人力资源规划期限与经营环境的关系

短期规划—不确定/不稳定	长期规划—确定/稳定
出现许多新的竞争者	处于很强的竞争地位
社会、经济、技术条件飞速变化	渐进的社会、政治、技术变化
不稳定的产品或服务需求	稳定的产品或服务需求
组织规模较小	很有效的管理信息系统
恶化的管理实践	强有力的管理实践

三、人力资源规划的流程

公司要有一套科学的人力资源规划,就必须遵循编制人力资源规划的程序与方法。人力资源规划的制定有下列7个步骤:收集分析有关信息资料,预测人力资源需求,预测人力资源供给,确定人员净需求,确定人力资源规划的目标,人力资源方案的制订,对人力资源计划的审核与评估(图3-2)。

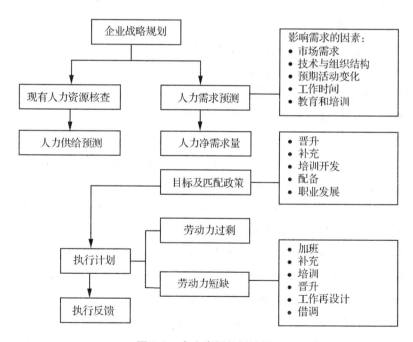

图3-2 人力资源规划流程

1. 收集分析有关信息资料

收集分析有关信息资料是人力资源规划的基础,对人力资源规划工作影响很大。与人力资源规划有关的信息资料包括企业的经营战略和目标、组织结构的检查与分析、职务说明书、核查现有人力资源(现有人力资源的数量、质量、结构及分布状况等)。

2. 预测人力资源需求

它主要是根据公司发展战略规划和本公司的内外条件选择恰当的预测技术,对人力需求的结构和数量进行预测。人力资源需求预测分为现实人力资源需求预测、未来人力资源需求预测和未来流失人力资源需求预测3部分。其具体步骤如下:

① 根据职务分析的结果,来确定职务编制和人员配置。
② 进行人力资源盘点,统计出人员的缺编、超编及是否符合职务资格要求。
③ 将上述统计结论与部门管理者进行讨论,修正统计结论。
④ 将该统计结论确定为现实人力资源需求。
⑤ 根据企业发展规划,确定各部门的工作量。
⑥ 根据工作量的增长情况,确定各部门还需增加的职位及人数,并汇总。
⑦ 将该统计结论确定为未来人力资源需求。
⑧ 对预测期内退休的人员进行统计。
⑨ 根据历史数据,对未来可能发生的离职情况进行预测。
⑩ 将上述⑧和⑨两项的统计与预测结果进行汇总,得出未来流失人力资源需求。
⑪ 将现实人力资源需求、未来人力资源需求和未来流失人力资源需求汇总,即得到企业整体人力资源需求预测。

3. 预测人力资源供给

供给预测包括两方面:一是内部人员拥有量预测,即根据现有人力资源及其未来变动情况,预测出规划期内各时间点上的人员拥有量;二是外部供给量预测,即确定在规划期内各时间点上可以从企业外部获得的各类人员的数量。一般情况下,内部人员拥有量是比较透明的,预测的准确度较高;而外部人力资源的供给则有较高的不确定性。公司在进行人力资源供给预测时应把重点放在内部人员拥有量的预测上,外部供给量的预测对象则应侧重于关键人员,比如各类高级人员、技术骨干人员等。其具体步骤如下:

① 进行人力资源盘点,了解公司员工现状。
② 分析公司的职位调整政策和员工调整历史数据,统计出员工调整的比例。
③ 向各部门经理了解可能出现的人事调整情况。
④ 将上述②和③的情况汇总,得出企业内部人力资源供给预测。
⑤ 分析影响外部人力资源供给的地域性因素,包括公司所在地的人力资源整体现状、有效人力资源的供给现状、公司能够提供的各种福利对人才的吸引程度。
⑥ 分析影响外部人力资源供给的全国性因素,包括全国相关专业的大学生毕业人数及就业情况,国家关于就业的法规和政策,本行业在全国范围内的人才供需状况,全国范围内从业人员的薪酬水平和差异。
⑦ 根据上述⑤和⑥的分析,得出公司外部人力资源供给预测。
⑧ 将企业内部人力资源供给预测和企业外部人力资源供给预测汇总,得出企业人力资源供给预测。

4. 确定人员净需求

人员需求和供给预测完成后,就可以将公司的人力资源需求的预测数与同期内公司内部可供给的人力资源数进行对比分析。从比较分析中可测出各类人员的净需求数。这个净需求数如果是正的,则表明公司需要招聘新的员工或对现有的员工进行有针对性的培训;如果这个需求数是负的,则表明公司这方面的人员是过剩的,应精简或对人员进行调配。这个净需求既包括人员数量,又包括人员结构、人员标准,即既要确定需要多少人,又要确定需要什么样的人,数量和标准需要对应起来(表3-4)。

表3-4 人力资源净需求评估

	人员状况	第一年	第二年	第三年	……
需求	① 年初人力资源需求量				
	② 预测年内增加的需求				
	③ 年末总需求				
供给	④ 年初拥有人数				
	⑤ 招聘人数				
	⑥ 人员损耗				
	其中:退休				
	调出或升迁				
	辞职				
	辞退或其他				
	⑦ 年底拥有人数				
净需求	⑧ 不足或盈余				
	⑨ 新进人员损耗总计				
	⑩ 本年度人力资源净需求				

5. 确定人力资源规划的目标

人力资源规划的目标是随着公司所处的环境、公司战略、组织结构与员工工作行为的变化而不断改变的。可以依据公司的战略规划、年度计划,在摸清公司的人力资源需求与供给的情况下,制定公司的人力资源规划目标。具体包括有关计划期内人力资源开发利用的总目标、总政策、总的实施步骤及预算安排。

6. 人力资源方案的制订

包括制订配备计划、退休解聘计划、补充计划、使用计划、培训开发计划、职业计划、绩效与薪酬福利计划、劳动关系计划。这些计划中既要有指导性、原则性的政策,又要有可操作性的具体措施。

7. 对人力资源计划的审核与评估

人力资源管理人员可以通过审核和评估,调整有关人力资源方面的项目及其预算。公司成立人力资源管理委员会。人力资源管理委员会由公司总经理、人力资源部经理、财务部经理以及若干专家和员工代表组成。该委员会的重要职责是负责定期检查各项人力资源政策的执行情况,并对政策的修订提出修改意见。

8. 审核评估的方法

可以采用目标对照审核法,即以原先制定的目标为标准逐项审核评估,也可广泛收集并分析研究有关数据,比如管理人员、专业技术人员、行政事务人员、营销人员之间的配备比例,在某一时期内各种人员的变动、跳槽、旷工、迟到,报酬和福利,工伤与抱怨等方面的情况等。通过定期与非定期的人力资源计划审核工作,能及时引起公司高层领导的高度重视,使有关政策和措施得以及时改进并落实,有利于调动员工的积极性,提高人力资源管理工作的效益。

第三节 人力资源规划方法

詹斯·沃克曾经在《人力资源计划:90年代的模式》一文中,对人力资源规划的发展趋势做了科学的分析。沃克认为,人力资源规划正朝着灵活、高效、实用、短期等方向发展。具体的趋势为:① 为了保证企业人力资源规划的实用性和有效性,人力资源计划应更加注重对关键环节的阐述;② 对于人力资源规划中的长期计划而言,也倾向于将规划中的关键环节明确化、细致化,并将它们提炼成具体的可执行的规划,最好明确计划的责任和要求,同时,应该有相应的评估策略;③ 由于人力资源市场和企业发展的变化周期增快,企业更倾向于编写年度人力资源规划和短期规划;④ 企业的人力资源规划将会更加注重关键环节的数据分析和量化评估,并且将明确地限定人力资源规划的范围。鉴于HRP量化管理的发展方向,本节内容将主要介绍人力资源规划需求和供给的预测方法。

一、人力资源供给预测方法

(一) 人力资源供给预测

人力资源供给预测包括组织内部供给预测和外部供给预测。

人力资源供给预测的典型步骤如下:

步骤一,预测内部人力资源供给。

步骤二,预测外部人力资源供给。

步骤三,将组织内部人力资源供给预测数据和组织外部人力资源供给预测数据汇总,得出组织人力资源供给总体数据。

利用组织内外部信息预测人力资源供给。比较人力资源需求和供给,参照其他情况,区分人力资源潜力,平衡供求,进而确定行动纲领。人力资源供给预测中常用的两种技术是替代规划和继任规划:替代规划可用"人力资源供给替代图"表示;继任规划可用"人力资源供给继任图"表示(表3-5)。

表 3-5　人力资源供给预测技术比较

变量	替代规划	继任规划
预测时间	0~12个月	12~36个月
人选	能得到的最佳候选人	最有发展潜力的候选人
任职层次	指定的优先替代人选	直至空缺出现才有可能
规划重点	公司或职能部门内部职位的垂直分布线	潜在职位开发；某一方面能力很强的候选人
发展性行动计划	通常不是正式的,只是一个现状报告	通常很广泛,专门计划和为每个人设定目标
灵活性	计划结构的灵活性有限,但实际中的决策具有很大的灵活性	计划通常具有灵活性,倾向于促进发展和考虑可能的替代选择
应用时现实基础	每个管理者的最佳判断建立在个人的观察和经验之上	计划是和多个管理者讨论的结果
对候选人的评估	在一定时期内对候选人的在职表现进行观测,识别其能力,通过考查方能晋升	对候选人不同工作任务中的业绩进行多方评估；早期职业的考察和扩展

(二) 人力资源供给预测技术

企业内部人力资源供给是企业人力资源供给的重要来源。影响企业内部人力资源供给的因素主要有员工流失情况(如离职、退休、辞退等)和内部流动情况(如晋升、降职、调换等)。企业内部人力资源供给预测的方法主要有4种。

1. 管理人员接替模型

对于管理人员供给的预测,最简单有效的方法就是设计管理人员接替模型。比如加拿大安大略省交通部共有雇员 10 300 名(管理人员 2 600 人,工会会员 7 700 人),其人力资源规划是对 1 300 个中层、高层管理职位制订接任计划,他们将工作分成 5 种主要职能和 8 种次要职能,后备人员在每年鉴评后由主管确定该年度是否提升,形成如图3-3所示的人员接替模型。

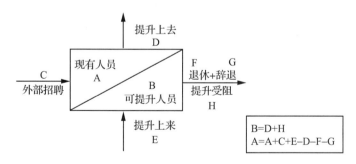

图3-3　管理人员接替模型

2. 马尔科夫模型

又称转换概率矩阵分析法,它使用的基本工具是人员变动矩阵,该矩阵描述的是企业中员工流入、流出和内部流动的整体状况。

马尔科夫预测模型是用来预测具有等时间间隔（一般为一年）的时刻点上各类人员的分布状况。它根据企业以往各类人员之间流动的概率来推断未来各类人员数量的分布。该方法的前提是：企业内部人员的转移是有规律的，且其转移率有一定的规律。马尔科夫法的关键是确定转移率。

$$N_i(t) = N_j(t-1) \times P_{ji} + R_i(t)$$
$$j = 1$$

i, j——$1, 2, 3, 4 \cdots\cdots$。

k, t——$1, 2, 3, 4$；$N_i(t)$ 是在时刻 t 时，i 类人员的数目。P_{ji} 是人员从 j 类向 i 类转移的转移率；$R_i(t)$ 是时间 $(t-1, t)$ 内 i 类人员所补充的数量（表3-6）。

k——职务分类数。

表3-6　马尔科夫模型的向量表达形式

向量	意义
$N(t) = [N_{(1)}, N_{(2)}, N_{(3)}, N_{(4)} \cdots\cdots]$	时刻 t 时人数的行向量
$R(t) = [R_{(1)}, R_{(2)}, R_{(3)}, R_{(4)} \cdots\cdots]$	时刻 $(t-1, t)$ 时间内 i 类人数的行向量
$P = \begin{Bmatrix} P_{11} & P_{12} & P_{13} & \cdots & P_{1k} \\ P_{21} & P_{22} & P_{23} & \cdots & P_{2k} \\ \cdots & \cdots & \cdots & \cdots & \cdots \\ P_{k1} & P_{k2} & P_{k3} & \cdots & P_{k4} \end{Bmatrix}$	各类人员间的转移矩阵

上式可以写成 $N(t) = N(t-1) \times P + R(t)$。

表3-7所示的某家销售公司在2003年1月—2006年1月间的人员变动情况，是用比例来表示的。从表中可以看出，公司的区域经理到2006年1月有75%在岗，有25%离职。同理，由表中数据也可以看出其他职位的人员变动情况。

表3-7　某销售公司人员变动情况（2003.1—2006.1）

职位名称	2003年1月—2006年1月					
	区域经理	分公司经理	经营部经理	业务主管	业务员	离开公司
区域经理	75%					25%
分公司经理	5%	75%	5%			15%
经营部经理		4.2%	90%			5.8%
业务主管			2.7%	73%		24.3%
业务员				2.8%	81%	16.2%

假设2007年与2006年相比，公司的市场规模、经营策略等方面没有太多的变化，根据表3-7提供的2006年初始人数就可以预测2007年1月人员供给量（表3-8）。

表 3-8　预计 2007 年 1 月人员供给量

职位名称	2006 年期初人数	2007 年 1 月人数					
		区域经理	分公司经理	经营部经理	业务主管	业务员	离开公司
区域经理	4	3	—	—	—	—	1
分公司经理	20	1	15	1	—	—	3
经营部经理	96	—	4	86	—	—	6
业务主管	264	—	—	7	193	—	64
业务员	1 258	—	—	—	35	1 019	204
预计人员内部供给	—	4	19	94	228	1 019	—
外部供给(外部招聘)	—	0	1	2	36	239	—

根据预测,各类人员的内部供给量就是表 3-8 中倒数第二行的数据,而表 3-8 中最后一行的数据表示必须从外部招聘的各类人员数量。

3. 继任卡法

所谓继任卡法就是运用继任卡来分析和设计管理人才的供应状态。一张典型的继任卡如图 3-4 所示。

A			
B			
C	D		E
C1	1	D1	B1	A1
C2	2	D2	B2	A2
C3	3	D3	B3	A3
CE	紧急继任者		DE	BE

图 3-4　继任卡法示例图

其中 A 填入现任者晋升的可能性,用不同颜色表示不同等级:甲(红色)表示应该立即晋升;乙(黑色)表示随时可以晋升;丙(绿色)表示在 1～3 年内可以晋升;丁(黄色)表示在 3～5 年内可以晋升。

其中 B 填入现任者的职务;C 填入现任者的年龄(只是为了考虑何时退休之用);D 填入现任者姓名;E 填入现任者任职年限。

另外,1、2、3 分别代表三位继任者。其中 C1、C2、C3 分别填入三位继任者的年龄,D1、D2、D3 分别填入三位继任者的姓名,B1、B2、B3 分别填入三位继任者的现任职务,A1、A2、A3 分别填入三位继任者晋升的可能性。

一张典型的继任卡应用方式如图 3-5 所示。

继任卡法

乙			
	销售副总经理		
50岁	吴大伟		5年
45岁	1	周志新 销售部经理	乙
41岁	2	朱仁明 市场部经理	丙
36岁	3	陈晓东 销售助理	丙
45岁	紧急继任者	周志新 销售部经理	

乙			
	销售部经理		
45岁	周志新		7年
36岁	1	陈晓东 销售助理	乙
40岁	2	林 明 东区经理	乙
38岁	3	叶晓萍 西区经理	丙
42岁	紧急继任者	陈晓东 销售助理	

丙			
	市场部经理		
41岁	朱仁明		4年
42岁	1	贺 春 市场助理	
35岁	2	苏伟国 广告经理	丙
32岁	3	季四海 品牌经理	丙
36岁	紧急继任者	贺 春 市场助理	

图 3-5 继任卡应用方式示意图

4. 人力资源信息系统

人力资源信息系统是对有关人力资源的信息进行收集、保存、分析和报告的过程,是企业人力资源管理的基础性工作。对于小型企业而言,人力资源的档案管理和继任卡系统是比较可行的;对于大中型企业,则必须建立起计算机化和网络化的信息系统。人力资源信息系统的功能主要是为企业制定人力资源规划和进行人事决策提供信息支持。

人力资源信息系统的内容包括:① 有关企业发展战略、经营目标和经营计划的信息;② 企业外部人力资源供求信息;③ 企业内部人力资源信息,包括员工的身体状况、知识技能、工作经历和经验、心理状况、绩效状况、教育培训状况、职业抱负及调职意愿等;内部信息还包括企业人力资源的整体状况,比如人力资源数量、结构等;④ 有关职务分析的信息,包括职务规范和职务说明书等;⑤ 国家及当地政府颁布的有关人事劳动管理方面的政策法规等。

二、人力资源需求预测方法

(一)人力资源需求预测的内容

人力资源需求预测是指企业对未来某段时间内人力资源需求的总量、专业结构、学历层次结构、专业技术职务结构与能力结构以及年龄结构等进行事前估计。人力资源需求预测主要包括以下 5 个方面:员工数量、员工结构、员工费用、员工技能、员工流动性(含员工招聘、人才流失和冗员淘汰)。其内容具体如图 3-6 所示。

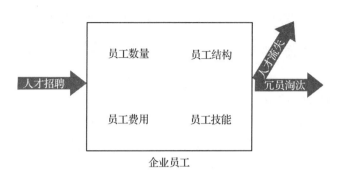

图 3-6　员工需求分析维度图

（二）人力资源需求预测的流程

人力资源需求预测分为现实人力资源需求、未来人力资源需求和未来流失人力资源需求预测 3 部分，具体步骤如下：

① 根据职务分析的结果，来确定职务编制和人员配置。

② 进行人力资源盘点，统计出人员的缺编、超编及是否符合职务资格要求。

③ 与部门管理者讨论上述统计结论，修正统计结论。

④ 上述统计结论为现实人力资源需求。

⑤ 根据企业发展规划，确定各部门的工作量。

⑥ 根据工作量的增长情况，确定各部门还需增加的职务及人数，并汇总。

⑦ 上述统计结论为未来人力资源需求。

⑧ 对预测期内退休的人员进行统计。

⑨ 根据历史数据，对未来可能发生的离职情况进行预测。

⑩ 将上述⑧和⑨的统计与预测结果进行汇总，得出未来流失人力资源需求。

⑪ 将现实人力资源需求、未来人力资源需求和未来流失人力资源需求汇总，即得企业整体人力资源需求预测。

（三）人力资源需求预测方法

1. 转换比例法

转换比例法是要计算未来的经营活动所需要的各种员工的数量。人力资源预测中的转换比例是：首先根据企业经营活动规模或企业生产任务估计组织所需要的一线生产人员的数量，然后根据这一数量来分别估计秘书、财务人员和人力资源管理人员等辅助人员的数量。企业经营活动规模的估计方法是：经营活动 = 人力资源的数量 × 人均生产率。例如，销售收入 = 销售员的数量 × 每位销售员的销售额；产出水平 = 生产的小时数 × 单位小时产量；运行成本 = 员工的数量 × 每位员工的人工成本；等等。计算公式如下：

$$计划期内需要的员工数量 = \frac{目前的业务量 + 计划期业务的增长量}{目前人均业务量 \times (1 + 人均生产率的增长)}$$

例如，某洗衣机生产公司在 2006 年的产量为 10 000 台，基层生产员工为 200 人，在 2007 年计划增产 5 000 台，估计生产率增长 20%。假设该公司福利良好，基层生产人员暂不流失,那么,在2007年该公司至少应招聘多少名基层生产人员?

解:2007年该公司需要基层生产人员数 $= \dfrac{10\ 000 + 5\ 000}{\dfrac{10\ 000}{200} \times (1 + 20\%)} = 250$

需要增加人数:250 - 200 = 50 名。

必须指出的是,这种预测方法存在两个缺陷:一是进行估计时需要对计划期的业务增长量、目前人均业务量和生产率的增长进行精确的估计;二是这种方法只考虑了员工需求的总量,没有分别说明其中不同类别员工需求的差异。

2. 工作定额分析法

通过对作业方法和过程进行观察与详细分析(动作研究、时间研究),计算某项工作的工时定额和劳动定额,再利用可预测变动因素的修正,确定公司的员工需求。其计算公式为:

$$N = \dfrac{W}{q \times (1 + R)}$$

其中 N 表示人力资源需求量;W 表示企业计划期任务总量;q 表示企业定额标准;R 表示计划期劳动生产率变动系数,$R = R1 + R2 - R3$,其中 $R1$ 表示企业因技术进步引起的劳动生产率提高系数,$R2$ 表示因经验积累导致的生产率提高系数,$R3$ 表示由于劳动者及某些因素引起的生产率系数降低。

例如,某公司人力资源部需要预测下一季度的企业人力资源需求量,已知下一季度的企业计划期任务总量为 10 000 件产品,目前企业定额标准是 15 件/(人·月),预测由于企业技术进步使得劳动生产率提高 5%,工人经验积累导致生产率提高 6%,由于劳动者及某些因素引起的生产率降低系数为 1%,请问该公司下一季度的人力资源需求量为多少?

解:根据工作定额分析法的计算公式 $N = \dfrac{W}{q \times (1 + R)}$ 可知,其中:

N——人力资源需求量;

W——业务总量,此题中为 10 000;

q——企业定额标准,15 件/(人·月) × 3 月/季 = 45/(人·季);

R——计划期劳动生产率变动系数。

公司下一季度人力资源需求量:

$$N = \dfrac{10\ 000}{15 \times 3 \times (1 + 5\% + 6\% - 1\%)} = 202.02 \cong 203(人)$$

所以该公司下一季度的人力资源需求量为 203 人。

3. 趋势外推法

趋势外推法又称时间序列法,是定量预测技术的一种。其实质是根据人力资源历史和现有的资料随时间变化的趋势具有连续性的原理,运用数学工具对该序列加以引申,即从过去延伸到将来,从而达到对人力资源的未来发展状况进行预测的目的。其通用的回归模型可表示为:

$$Y = a + b \times t$$

其中,t 表示时间变量,因变量 Y 是指人员需求数量,具体运算可用 SPSS 软件来实现。某企业人员近几年的人员需求数据如表 3-9 所示:

表 3-9　某企业 1991—2004 年人员数量(L 为企业人员总数)

年份	1991	1992	1993	1994	1995	1996	1997
t	1	2	3	4	5	6	7
L	15 860	14 865	14 238	12 124	10 890	10 067	8 900
年份	1998	1999	2000	2001	2002	2003	2004
t	8	9	10	11	12	13	14
L	8 602	9 026	8 236	8 109	7 738	7 621	7 325

(1) 定性分析

根据近些年来的企业人力资源管理所采取的减员增效策略,可以预测出短期内该企业的人数将呈持续降低(至少持平)的发展状态。当然也不可能无限制地下降。

(2) 函数拟合

将数据输入后,选用 3 种函数对企业员工总数的趋势拟合。

对数函数:$L = b0 + b1 \times \mathrm{Ln}(t)$

双曲线:$L = b0 + b1/t$

二次函数:$L = b0 + b1 \times t + b2 \times t2$

(3) 拟合结果

其结果如表 3-10 所示。

表 3-10　某企业员工总数的变化趋势拟合表

模型	曲线拟合方法	曲线估计模型(L 为企业人员总数,t 为时间)
1	对数函数拟合	$L = 16\ 845 - 3\ 661.2 \times \mathrm{Ln}(t)$
2	双曲线拟合	$L = 7\ 926.2 + 10\ 036.5/t$
3	二次函数拟合	$L = 17\ 657.1 - 1\ 604.1 \times t + 63.871 \times t2$

(4) 模型筛选

依据表 3-10 所反映的信息,可以判断,时间序列曲线估计的 3 种模型的 F 值都大于 10,其显著度 p 都基本接近 0,这说明用这些曲线按惯例估计人数是符合要求的。也就是说,可以选用曲线做拟合。

表 3-11　三种函数的拟合效果

预测模型名称	判定系数($R2$)	F 值	Sig F	Std Error
对数函数 (logarith)	0.957 2	268.652 2	0.000 0	623.438 0
双曲线 (inverse)	0.758 00	37.578 00	0.000 01	1 483.309 00
二次函数 (quadrati)	0.979 3	259.887 0	0.000 0	453.339 0

（5）模型应用

依据表 3-11 可以知道这 3 种函数的拟合效果都较好,但这 3 个曲线中二次函数的拟合效果最好,所以可以用该模型预测人力资源总需求量。

4. 回归分析法

该方法是根据数学中的回归原理对人力资源需求进行预测。人力资源的需求水平通常总是与某个或某些因素具有高度确定的相关关系,这样就可以用数理统计的方法定量地把这种关系表示出来,从而得到一个回归方程,用此方程可以简单、方便地预测人力资源需求量。回归分析法的关键在于找出与人力资源需求高度相关的变量。此外,使用这一方法时,这些变量的历史数据必须是全面的。回归分析法有两种情况,一种是求一个变量对另外一个变量的回归问题分析,即一元回归分析;另一种是求一个变量对多个变量的回归分析,即多元回归分析。现实中,影响人力资源需求量的因素往往有多个,因此,多元回归分析法在人力资源需求预测中的应用范围是比较广泛的,但也是比较困难的,因为确定回归方程并非易事。

（1）一元回归分析

一元回归方程为:

$$Y = a + bX$$

式中,Y——应变量即要预测的变量;

　　a、b——回归系数;

　　X——自变量。

回归系数 a、b 的计算公式如下:

$$b = \frac{\sum(X_i - \overline{X})(Y_i - \overline{Y})}{\sum(X_i - \overline{X})^2}$$

$$a = \overline{Y} - b\overline{X}$$

式中,X_i——自变量第 i 期的实际值;

　　Y_i——应变量第 i 期的实际值;

　　$\overline{X}$、$\overline{Y}$——分别是 X_i、Y_i 的平均数。

假如我们了解到某宾馆的客流量和所需服务员成正相关关系,根据过去的记录得到表 3-12:

表 3-12　某宾馆 1994—1999 年客流量和所需服务员数量统计

年份	1994	1995	1996	1997	1998	1999
客流量/万	5	6	7	8	10	12
服务员数/名	40	50	50	60	70	90

根据该宾馆发展计划,年客流量将从 1999 年的 12 万人次增加到 14 万人次,那么可以预测需要服务员数量。我们用 X 代表客流量,用 Y 代表服务员数,这样就可以建立起回归预测计算(表 3-13)。

表 3-13　某宾馆 1994—1999 年客流量和所需服务员数量回归预测计算

年份	X_i	Y_i	$X_i - \bar{X}$	$Y_i - \bar{Y}$	$(X_i - \bar{X})^2$	$(X_i - \bar{X})(Y_i - \bar{Y})$
1994	5	40	-3	-20	9	60
1995	6	50	-2	-10	4	20
1996	7	50	-1	-10	1	10
1997	8	60	0	0	0	0
1998	10	70	2	10	4	20
1999	12	90	4	30	16	120
Σ	48	360	—	—	34	230

根据表 3-13 所列数据,可以得出以下结果:

$\bar{X} = \dfrac{48}{6} = 8, \bar{Y} = \dfrac{360}{6} = 60$;回归系数 $b = \dfrac{230}{34} = 6.77, a = 60 - 6.77 \times 8 = 5.84$。

因此,可以得到一元回归预测模型:
$$Y = 5.84 + 6.77X$$

用此模型可以预测,当客流量达到 14 万人次时,宾馆需要的服务员人数为:
$$Y = 5.84 + 6.77 \times 14 = 101(名)$$

(2)多元回归分析

根据所选的解释变量,采用多元回归预测法进行预测,具体计算公式如下:
$$Y = \beta_0 + \beta_1 X_1 + \beta_2 X_2 + \beta_3 X_3 + \beta_4 X_4 + \beta_5 X_5 + \mu$$

式中,Y ——人才需求;

　　β_0 ——常数项;

　　β_i ——回归系数($i = 1,2,3,4,5$);

　　X_1 ——人均 GDP(元);

　　X_2 ——第二产业占 GDP 比重;

　　X_3 ——第三产业占 GDP 比重;

　　X_4 ——从业人员(万人);

　　X_5 ——科技支出(亿元);

　　u ——随机误差。

某地 1990—2001 年内人均 GDP、第二与第三产业占 GDP 比重、从业人员及科技支出的历史数据如表 3-14 所示：

表 3-14 某地 1990—2001 年样本数据统计

年份	人均 GDP /元	二产业比重 /%	三产业比重 /%	现有人才数 /万人	从业人员 /万人	科技支出 /亿元
1990	1 634	41.60	31.30	2 432	63 909	389
1991	1 879	42.10	33.40	2 412	64 799	409
1992	2 287	43.90	34.30	2 457	65 554	421
1993	2 939	47.40	32.70	2 551	66 373	563
1994	2 923	47.90	31.90	2 658	67 199	630
1995	4 854	48.80	30.70	2 785	67 947	833
1996	5 576	49.50	30.10	2 759	68 850	899
1997	6 053	50.00	30.90	2 914	69 600	961
1998	6 307	49.30	32.10	2 918	69 957	1 177
1999	6 534	49.30	33.00	2 971	70 586	1 250
2000	6 928	50.40	33.10	2 986	71 150	1 271
2001	7 557	51.15	33.62	3 187	73 025	1 354

对变量 Y_i、X_1、X_2、X_3、X_4、X_5 取 1990—2001 年内的 12 组统计数据进行计算，这 12 组统计数据 (X_i, Y_i) 构成一个样本，显然，各样本观测值满足：

$$Y_i = \beta_0 + \beta_1 X_{1i} + \beta_2 X_{2i} + \beta_3 X_{3i} + \beta_4 X_{4i} + \beta_5 X_{5i} + \mu_i$$

式中下标 i 表示样本数据的序号。将样本数据写成矩阵形式：

$$Y = XB + \mu$$

由此可得出模型方程为：

$$Y = 12\,178.52 + 0.830\,950\,96 X_1 - 255.672\,55 X_2 - 22.107\,842 X_3 + 0.113\,502\,73 X_4 - 1.683\,124\,8 X_5 + \mu$$

在企业人力资源需求预测过程中，应用多元回归分析时，只要将方程中未来变量的具体数据代入方程中，即可得到人力需求的数据。

5. 柯布-道格拉斯函数

柯布-道格拉斯生产函数是以美国两位经济学家柯布（Charles W. Cobb）与道格拉斯（Pawl H. Douglas）的名字命名的。其公式为：

$$Q = AK^\alpha L^\beta$$

20 世纪 20 年代后期，柯布和道格拉斯对幂函数中的生产函数做了大量研究，用经验估计法得出美国在 1899—1922 年期间的生产函数为 $Q = 1.01 L^{0.75} K^{0.25}$，这表明在美国的国民收入分配中，劳动与资本的报酬为 3:1。

当劳动生产率和资本占有率已知时，就可以求出技术水平 A 及其增长速度，然后利用技术水平与人力资源的相关性,就可以求出人力资源数量的增长速度,得出企业人力资源的预测值。下面就是利用柯布-道格拉斯进行人力资源需求预测的案例。

现有某电子企业在 1989 年和 1997 年的利润、固定资产净值、流动资金余额与职工人数及专业技术人员数量的经济技术指标和 2005 年的对应规划值,如表 3-15 所示:

表 3-15　某电子企业生产要素统计和规划数据表

年度	利润/万元	固定资产余额/万元	流动资金余额/万元	职工人数/名	专业技术人员数/名
1989	5 408	1 288	475	4 227	100
1997	13 428	1 277	1 750	5 915	150
2005	25 000	2 500	4 000	7 000	?

依据柯布-道格拉斯函数,可以分别求出该企业在 1989、1997 和 2005 年的技术水平:

$$A_{1989}=1.7, A_{1997}=2.6, A_{2005}=3.6$$

经过计算,该企业技术水平从 1989 年至 1997 年年均增长 5.64%,同期的专业技术人员数量年均增长 5.2%,增长趋势基本一致。从 1997 年至 2005 年,该企业的技术水平要增长 37.9%。如果技术人员数量按照同比增长 38% 计算,则该企业在 2005 年的专业技术人员应该达到 $150 \times 1.38 = 207$(名)。

练　习　题

一、**单选题**(第 1—15 题,请在所给的四个选项中选择最恰当的一项)

1. 下列人力资源供给预测技术中,针对管理人员供给的预测最直观简单有效的是(　　)。
   A. 马尔科夫模型　　　　　　　　B. 继任卡法
   C. 管理人员接替模型　　　　　　D. 人力资源信息系统

2. 员工需求分析通常不包括对(　　)的分析。
   A. 员工数量　　　　　　　　　　B. 员工结构
   C. 员工流动性　　　　　　　　　D. 内部人才供给潜力

3. 在组织生命周期中的创业阶段一般对应的人力资源控制、奖励特征是(　　)。
   A. 任务式　　B. 个人、家长式　　C. 发展式　　D. 混合式

4. 人力资源规划中,对各项业务计划的规划一般不包括(　　)。
   A. 退休解聘计划　　　　　　　　B. 职业计划
   C. 培训开发计划　　　　　　　　D. 人力资源预算安排

5. 人力资源规划制定的步骤主要有:① 收集信息 ② 人力资源供需预测 ③ 确定人员净需求 ④ 确定人力资源规划的目标 ⑤ 人力资源方案的制订。其正确步骤是(　　)。

A. ①④②③⑤ B. ①②③④⑤ C. ④①②③⑤ D. ①②④③⑤

6. 时间序列法是( )这种人力资源需求预测方法的另一种称谓。
   A. 转换比例法   B. 工作定额分析法
   C. 趋势外推法   D. 回归分析法

7. 人力资源战略的功能不包括( )。
   A. 直接使组织获得财务优势   B. 扩展企业人力资本
   C. 凝聚企业文化   D. 获取企业持续竞争优势

8. 当企业战略为成本领先战略时,对应的人力资源战略应注意( )。
   A. 松散的工作规划   B. 强调创新和弹性
   C. 强调以工作为基础的薪酬   D. 注重外部招聘

9. 当劳动生产率和资本占有率已知时,依据技术水平和其增长速度以及与人力资源的相关性推出人力资源数量增长速度,这种人力资源需求预测方法应该是( )。
   A. 柯布-道格拉斯函数   B. 回归分析法
   C. 趋势外推法   D. 工作定额分析法

10. 科学管理思想是以( )这项假设为前提的。
    A. "经济人" B. "社会人" C. "自我实现人" D. "自然人"

11. ( )不属于系统化的人力资源战略应凸显人力资源的三个特征。
    A. 价值性   B. 服务性   C. 稀缺性   D. 难以模仿性

12. 当组织的生命周期进入规范化阶段时,人力资源战略应注重( )。
    A. 激发创新意识,推动组织变革,留住组织内创新人员
    B. 妥善裁剪冗余人员,严格控制人工成本,提高组织运行效率
    C. 确保组织对人力资源数量和质量的需要
    D. 确保人力资源战略的难以模仿性

13. 下列( )是人力资本理论的代表学者。
    A. 古德诺   B. 德鲁克   C. 泰罗   D. 舒尔茨

14. 长期人力资源规划的期限一般是( )。
    A. 六个月到一年 B. 三到五年 C. 六个月 D. 五到十年

15. 下列( )不是战略性人力资源管理的特征。
    A. 系统性   B. 匹配性   C. 恒定性   D. 动态性

二、名词解释

16. 人力资源战略
17. 人力资源规划
18. 人力资源规划层次

三、简答题

19. 请简述人力资源需求预测方法中的转换比例法。
20. 请分别简述当企业采用不同的战略时(成本领先战略、差异化竞争战略、集中战

略),应怎样设置对应的人力资源战略。

四、案例分析题(第21—22题)

张某现任和平公司人力资源部经理助理。11月中旬,公司要求人力资源部在两星期内提交一份公司明年的人力资源规划初稿,以便在12月初的公司年度计划会议上讨论。人力资源部经理将此任务交给了张某,并指出必须考虑和处理好下列关键因素:

——公司的现状。公司现有生产及维修工人850名,文秘和行政职员56名,工程技术人员40名,中层与基层管理人员38名,销售人员24名,高层管理人员10名。

——统计数字表明,近五年来,生产及维修工人的离职率为8%,文职人员离职率为4%,工程技术人员离职率为3%,中层与基层管理人员离职率为3%,销售人员离职率为6%,高层管理人员的离职率只有1%。预计明年这种现状不会有大的改变。

——按企业已定的生产发展规划,明年公司文职人员要增加10%,工程技术人员要增加6%,而生产及维修工人要增加5%,销售人员要增加15%,高层、中层和基层管理人员可以不增加。

问题:

21. 要求在上述因素的基础上为明年提出合理可行的人员补充规划,其中要分别列出现有的、可能离职的,以及必须增补的各类人员的数目。

22. 假设你是张某,你将如何制定公司的人力资源规划?

五、思考题

23. 简述人力资源战略的内涵。

24. 人力资源战略的类型有哪些?

25. 简述人力资源规划的流程。

26. 简述人力资源需求预测与供给预测的主要方法。

第四章

员工招聘与甄选

第一节 员工招聘

在激烈的市场竞争中,能否招聘到优秀的人才,成为企业成败的关键。员工招聘是企业获得发展所需要人力资源的有效方式,是企业提高人力资源管理效益的重要起点和基础,是企业提高声誉和知名度的重要手段,是企业增添新活力的重要途径。

一、员工招聘概述

(一)员工招聘的概念

企业招聘是伴随着企业雇佣关系的产生而出现的一种企业管理活动。所谓员工招聘,是指在企业战略目标的指导下,根据组织人力资源规划和工作分析的数量与质量要求,通过适当的方式和渠道,吸引或寻找具备本组织空缺岗位任职资格和条件的求职者,同时通过科学有效的选拔方法,筛选出适合的合格人才并予以聘用的科学化、规范化的过程。

(二)员工招聘的目的

招聘就是企业吸引应聘者并从中选拔、录用企业所需人才的过程。招聘的直接目的就是获取企业所需的人才,在此之外,招聘还有以下目标[①]:

1. 树立企业形象

招聘过程是企业代表与应聘者直接接触的过程,在这一过程中,负责招聘的企业代表,其工作能力、招聘过程中对企业的介绍、散发的材料、面试小组的组成、面试的程序以及招聘、拒绝什么样的人等都会成为应聘者评价该企业的依据。招聘过程既可能帮助企业树立良好形象、吸引更多的应聘者,也可能损害企业形象、使应聘者感到失望。

2. 降低受雇佣者在短期内离开公司的可能性

企业不仅要能把人招来,更要能把人留住。能否留住被雇佣者,既要靠招聘后对人员

---

① 张德,曲庆,王雪莉.人力资源管理[M].北京:中国发展出版社,2007:50-51.

的有效培养和管理,也要靠招聘过程中的有效选拔。那些认可公司的价值观,在企业中能找到适合自己兴趣与能力的岗位的应聘者,在短期内离开公司的可能性就比较小一些,而这有赖于企业在招聘过程中对应聘者的准确评价。

3. **履行企业的社会义务**

企业的社会义务之一,就是提供就业岗位,招聘正是企业履行这一社会义务的过程。

(三)员工招聘的原则

1. **能岗匹配原则**

能岗匹配原则是指企业应将具有不同能力的人放在组织内部不同的职位上,赋予不同的权力和责任,实行能力与职位的对应。能岗匹配包含两个方面的含义:一是指某个人的能力完全能胜任该岗位的要求,即所谓的人得其职;二是指对于岗位所要求的能力,这个人完全能达到,即所谓的职得其人。人的能力与岗位要求的能力完全匹配,这种匹配包含着"恰好"的概念,二者的对应使人的能力发挥得最好,岗位的工作任务也完成得最好。其核心要素是:最优的不一定是最匹配的,最匹配的才是最优的选择,即职得其人,人得其职,能岗匹配,效果最优。

2. **择优全面原则**

择优是招聘的根本目的和要求。择优就是广揽人才,选贤任能,从应聘者中选出优秀者。做出试用决策前要全面测评和考核,招聘者要根据应聘者的综合考核成绩,谨慎筛选,从而做出录用决定。为确保择优,招聘者应制定明确而具体的录用标准。

3. **效率优先原则**

效率优先原则是指力争用尽可能少的招聘成本,录取到高素质且符合企业要求的人员。

不管企业采用何种招聘方法,都是要支出一部分费用的,比如招聘人员的工资、招聘广告费用、支付给就业机构的费用、招聘成本测试费用、体检费用等。这些支出被称为招聘的直接成本。企业该如何节省招聘成本?当企业出现职位空缺时,可以利用内部晋升或熟人推荐的办法。不管采用何种方法,应聘者都要经过人事部门的考核,合格后方能任职。这样既可以保证任职人员的质量,也节约了招聘费用,同时又避免了因职位长期空缺而造成的损失。

4. **公平竞争原则**

按照法国著名管理学家法约尔的说法,公平包含两层意思——公道和善意。公道就是严格按协定、规定办事,一视同仁,不偏不倚。善意就是领导者对所有人都采取与人为善的、鼓励和帮助的态度。只有公平竞争才能使人才脱颖而出,才能吸引真正的人才,才能对人才起到鼓励的作用。招聘中的不公正情况经常容易出现,例如,不能对应聘者一视同仁,甚至对不合格的人员给予照顾,而对某类人员实行歧视。我国《劳动法》第十二条、第十三条规定:劳动者就业,不因民族、性别、宗教信仰不同而受歧视。

5. **内外平等原则**

当企业中的岗位出现人员空缺时,应当首先考虑提拔或调动原有的内部职工。从企业内部招聘员工,便于他们以自己的经验迅速适应工作,开拓新局面,既可以降低招聘成本,又可以调动员工的积极性。如果内部没有合适的人选,就应考虑从外部招聘人才。招聘工作要内部优先,实行内外兼顾的原则。

(四)员工招聘的影响因素

在现实中,招聘活动的实施受到多种因素影响,这些因素可分为内部和外部两类。

1. 外部影响因素

影响企业招聘工作的外部因素概括起来可以分为两类:一类是经济因素,另一类是法律和政策因素。经济因素包括人口和劳动力因素、劳动力市场条件因素及产品和服务市场条件因素。人口和劳动力因素直接决定着劳动力的供给状况;劳动力市场条件因素关系到劳动力达到供求平衡的快慢;产品和服务市场条件因素影响企业员工的数量与质量。法律和政府政策因素主要指劳动就业法规和社会保障法及国家的就业政策等内容。当政府购买某类产品和服务的时候,该类企业在劳动力市场上的需求也会相应地增加;另一方面,政府还可以通过就业政策和就业指导中心等机构直接影响企业的招聘工作。此外,法律和法规也是约束雇主招聘的重要因素。

2. 内部影响因素

企业的经营战略、企业和职位的要求、应聘者个人资格和偏好、招聘成本和时间是影响企业招聘的内部因素。企业要求具体包括企业所处的发展阶段、工资率等内容;职位要求则限定了招聘活动进行的地点、选择的沟通渠道及进行选拔的方法;在招聘过程中,应聘者的个人偏好与企业文化的契合度决定着一个应聘者求职的成功与否;招聘成本和时间上的限制也会影响招聘效果,招聘资金充足的企业,在招聘方法上可以有更多的选择。

二、员工招聘的流程

员工招聘和选拔工作是一个复杂、系统而又连续的程序化的操作过程,涉及组织内部各用人单位以及相关环节。所以,在招聘工作中,各部门及其管理者的协调显得十分重要。为了使招聘工作固定化、规范化,保证招聘工作的有序进行,应当严格按照一定流程组织招聘工作。员工招聘工作一般包括五个步骤:招聘决策、人员招募、人员甄选、人员录用和招聘评估。①

(一)招聘决策

招聘决策是企业在招聘工作正式开展前,在分析现有人力资源状况的基础上,对招聘工作的具体行动进行计划的过程。制订招聘计划是用人单位根据部门的发展需要以及人力资源规划的人力净需求、职务说明的具体要求,对招聘的岗位、人员数量、时间限制等因素做出详细的计划。

---

① 马新建,孙虹,李春生.人力资源管理——理论与方法[M].上海:上海人民出版社,2011:159.

(1) 招聘类型

指确定企业是应该雇佣固定员工,还是应该利用其他灵活的雇佣方式。

(2) 招聘人数

企业需要招聘的人数往往多于实际录用的人数,因为部门新应聘者可能在进入企业的短期内由于难以胜任工作、对工作缺乏兴趣或不能适应企业文化而离开。

(3) 人员招募范围

企业是采用外部招聘,还是采用内部招聘?若采用外部招聘,企业将涉足哪些劳动力市场?若采用内部招聘,是内部公开招聘、员工推荐,还是采用其他方式?

(4) 招聘标准

招聘标准就是确定录用什么样的人,其内容包括应聘者的年龄、性别、学历、工作经验、工作能力、个性品质等。

(5) 时间策略

有效的招聘策略不仅要明确招聘范围和方法,还要确定恰当的招聘时间。招聘时间一般要比有关职位空缺可能出现的时间早一些,即根据招聘计划及时确定招聘时间。在招聘的时间策略上,主要考虑各个环节的时间耗用、何时结束招聘、新员工何时到位等因素。

例如,某企业欲招聘15名员工。根据预测,招聘中每个阶段的时间占用分别为:征集简历需10天,邮寄、面谈、邀请需4天,面谈准备安排需5天,企业聘用决策需4天,接到聘用通知的候选人在7天内做出接受与否的决定,受聘者20天后到企业参加工作。这前后需耗费50天的时间,则招聘广告应至少在招聘工作结束前一个半月登出。

(6) 地点策略

选择在哪个地方进行招聘,一般要考虑潜在应聘者寻找工作的行为、企业的位置、劳动力市场状况等因素。

(7) 经费预算

考虑如何以最经济有效的成本完成招聘。为了降低招聘成本,必须做好招聘各个环节的财务预算,特别是甄选过程中的财务预算。

(8) 具体实施方案

内容包括:确定招聘工作小组的组成,制定招聘章程,考核方案和择优选聘的条件,拟定招聘简章,规定招聘工作进度,等等。

(二) 人员招募

在做出招聘决策之后,根据组织需求所确定的用人条件和标准,通过适宜的招聘渠道发布招聘信息,采用科学的招聘方法,吸引合格的应聘者,最大可能地聘用理想的职位候选人。

(三) 人员甄选

人员甄选是指组织通过一定的手段,对应聘者进行区分、评估,并最终选择哪些人被允许加入组织、哪些人将被淘汰的一个过程。它包括两个方面的内容:一是甄选的客观标准和依据,二是人员甄选技术的选择和使用。

人员的甄选过程一般分成初选和精选两个阶段。初选主要由人力资源部进行,它包括求职者背景和资格的审查以及初步面试。精选包括各种测试(心理测试、技能测试、第二次面试)、选拔决策、体检和试用。精选阶段一般由人力资源部和用人部门的负责人共同协商决策。

(四) 人员录用

这一阶段往往包括试用合同的签订、员工的初始安排、试用、初步的岗前培训、试用期评价以及做出正式聘用决策,并与新员工签订正式合同。

(五) 招聘评估

一个完整的招聘过程最后应有一个评估阶段,招聘评估是招聘过程中重要的环节之一。招聘评估包括两方面的内容:一是对招聘结果的评估,二是对录用人员的评估。

1. 招聘结果的评估

(1) 招聘成本评估

招聘成本分为招聘总成本与招聘单位成本。其中,招聘总成本的计算公式为:

$$招聘总成本 = 直接成本 + 间接成本$$

招聘的直接成本包括招聘费用、选拔费用、录用员工的家庭安置费用和工作安排费用、其他费用(如招聘人员差旅费、应聘人员招待费);招聘的间接成本包括内部提升费用、工作流动费用。

招聘单位成本的计算公式为:

$$招聘单位成本 = 招聘总成本 \div 录用人数$$

(2) 成本效用评估

成本效用评估是对招聘成本所产生效果进行的分析。其相关计算方法为:

$$总成本效用 = 录用人数 \div 招聘总成本$$

$$招聘成本效用 = 应聘人数 \div 招聘期间的费用$$

$$选拔成本效用 = 被选中人数 \div 选拔期间的费用$$

$$人员录用成本效用 = 正式录用的人数 \div 录用期间的费用$$

(3) 招聘收益-成本比

招聘收益-成本比既是一项经济评价指标,同时也是对招聘工作的有效性进行考核的一项指标。招聘收益-成本比越高,说明招聘工作越有效。

2. 录用人员评估

录用人员质量评估是在人员选拔过程中对录用人员的能力、潜力、素质等各方面进行的测评与考核的延续,其方法与测评考核的方法相似。其主要考察的变量为录用比、招聘完成比、应聘比。三者的计算方法分别为:

$$录用比 = 录用人数 \div 应聘人数 \times 100\%$$

$$招聘完成比 = 录用人数 \div 计划招聘人数 \times 100\%$$

应聘比 = 应聘人数 ÷ 计划招聘人数 × 100%

录用比越小,说明录用者的素质可能越高;当招聘完成比大于100%时,说明在数量上完成招聘任务;应聘比越大,则说明招聘信息发布的效果越好。

三、招聘渠道的选择与方法

与人力资源供给的来源相对应,企业人员的招聘渠道有两种形式:内部招聘和外部招聘。内部招聘是指通过内部晋升、工作调换、工作轮换、人员重聘等方法,从企业内部人力资源储备中选拔出合适的人员补充到空缺或新增的岗位上去的活动。而外部招聘是按照一定的标准和程序,从组织外部可能的来源寻找员工并吸引他们到组织应聘的过程。外部招聘可以弥补内部招聘的不足,可以充分利用外部候选人为组织增添新鲜血液;同时,它还是一种交流形式,组织可以借此在潜在的员工、客户和其他社会公众中树立形象。

(一)内部招聘的方法

1. 员工推荐法

员工推荐是指由本企业员工根据企业的需要推荐其熟悉的合适人员,供用人单位与人力资源部门进行选择和考核。由于推荐人对用人单位及被推荐者的情况都比较了解,使得被推荐者更容易获得企业与岗位的信息,便于决策,也使企业更容易了解被推荐者。因而,这种方法较为有效,成功的概率较大。在企业内部最常见的推荐法是主管推荐,其优点在于主管一般比较了解潜在候选人的能力,由主管提名的人选具有一定的可靠性,而且主管也会觉得其自身具有全部的决定权,满意度比较高。它的缺点在于这种推荐容易受个人因素的影响,主管们可能提拔的是自己的亲信而不是一个胜任的人选,从而影响招聘水平。有时候,主管并不希望很得力的下属被调到其他部门,因为这会影响本部门的工作实力。

2. 职位公告法

职位公告是一种向员工通报现有职位空缺的方法。如通过广播、厂报或杂志、公告栏、墙报等,将内部空缺职位信息公开发布,吸引符合条件的内部工作人员应聘,然后通过层层筛选,选拔合适的人员录用。

职位公告的目的在于企业中全部员工都了解到哪些职位空缺,需要补充人员,使员工感觉到企业在招募人员这方面的透明度与公平性,有利于提高员工的士气。内容包括职位的责任、义务、必需的任职资格、工资水平,以及其他相关信息,如公告日期和申请截止日期、申请程序、联系电话、联系地点和时间、该职位是否同时也在组织外部进行招聘、在面谈过程中应聘者是否需要演示他们的技能等。所有对此岗位感兴趣并具有此岗位任职能力的员工均可申请此岗位。

一般来说,职位公告法经常用于非管理层人员的招聘,特别适合于普通职员的招聘。其优点在于让企业内更多的人员了解到此类信息,为企业员工职业生涯的发展提供更多的机会,可以使员工脱离原来不满意的工作环境,也促使主管们更加有效地管理员工,以防本部门员工的流失。缺点在于这种方法花费的时间较长,可能导致某岗位较长时期的空缺,影响组织的正常运营,而员工也可能由于盲目地变换工作而丧失原有的工作机会。

3. 人员信息档案法

人员信息档案法是利用现有人员技术档案中的信息,挑选合适的人员进行职位匹配。随着现代信息技术的普及,许多组织的员工信息资料都已经计算机化。越来越多的组织倾向于利用人员信息档案法来进行内部招聘。人员档案信息包括了诸如员工的资格、技能、智力、经历、健康情况、教育背景和培训方面的信息,而且这些资料是经常更新的,能够全面、及时、动态地反映所有员工的最新情况。不仅能够帮助决策者获得职位申请者的相关信息,而且还可以帮助组织及时发现那些具备相应资格,但由于种种原因没有进行申请的员工。

其优点是可以在整个组织内部发掘合适的候选人,同时它也是人力资源信息系统的一部分,在组织的内部晋升中发挥重要的作用。缺点在于通常只包含一些"硬"指标信息,比如教育程度、资格证书、所掌握的语言、所接受的培训等。而一些"软"指标信息,诸如人际关系技能、判断力、品德、创造能力等往往被排除在外,这些"软"指标对于许多工作恰恰是至关重要的。

(二) 外部招聘的方法

1. 发布广告

发布广告是单位从外部招聘人员最常用的方法之一。通常的做法是在一些大众媒体上刊登出单位岗位空缺的消息,吸引对这些空缺岗位感兴趣的潜在人员前来应聘。这种招募方式速度快,信息面覆盖广,可吸引较多应聘者,也可有目的地针对某一特定群体;通过广告可使应聘者事先对企业有所了解,减少应聘者的盲目性;招聘广告留存时间较长;可附带进行企业形象和产品的宣传。但是,这种方式费用较为昂贵;初选双方不直接见面,信息容易失真;对大量求职者进行筛选要耗费招聘者的大量精力;录取成功率低。这种方法适用于招募各类人才。

2. 借助中介

随着人才流动的日益普遍,人才交流中心、职业介绍所、劳动就业服务中心等就业中介机构应运而生。这些机构承担着双重角色:既为单位择人,也为求职者择业。借助这些机构,单位与求职者均可获得大量的信息,同时也可传播各自的信息。这些机构通过定期或不定期地举行交流会,使得供需双方可以面对面地进行商谈,缩短了招聘与应聘的时间。

(1) 人才交流中心

全国的各大城市一般都有人才交流服务机构。这些机构常年为单位服务。一般都建有人才资料库,用人单位可以更方便地在资料库中查询条件相符的人员资料。通过人才交流中心选择人员,有针对性强、费用低廉等优点。

(2) 招聘洽谈会

人才交流中心或其他人才机构每年都要举办多场招聘洽谈会。在洽谈会上,单位与应聘者可以直接进行接洽和交流,节省了单位与应聘者的时间。随着人才交流市场的日益完善,洽谈会呈现出向专业化方向发展的趋势。通过参加招聘洽谈会,单位招聘人员不仅可以了解当地人力资源素质和走向,还可以了解同行业其他单位的人力资源政策和人才需求情况。由于这种方法应聘者集中,单位的选择余地较大。

(3) 猎头公司

通过传统的渠道往往很难获取高级人才和尖端人才,因此,为适应单位对高级人才的需求与高级人才的求职需求而发展起来的猎头公司,其服务的一大特点就是推荐的人才素质高。猎头公司一般都会建立自己的人才库,对人才库的管理和更新也是他们日常的工作之一,而搜寻手段和渠道则是猎头服务专业性最直接的体现。相对而言,与高素质候选人才相伴的,是昂贵的服务费,猎头公司的收费通常能达到所推荐人才年薪的25%～35%。但是,如果把单位自己招聘人才的时间成本、人才素质差异等隐性成本计算进去,猎头服务或许不失为一种经济、高效的方式。此外,猎头公司往往对单位及其人力资源需求有较详细的了解,对求职者的信息掌握得较为全面,猎头公司在供需匹配上较为慎重,因而其成功率较高。

3. 校园招聘

校园招聘是由企业单位的招聘人员通过到学校招聘、参加毕业生交流会等形式直接招募人员。对学校毕业生最常用的招募方法是每年举办的人才供需洽谈会,供需双方直接见面,双向选择。除此之外,有的单位则自己在学校单独召开招聘会,在学校中散发招聘广告等。有的则通过定向委托培养等方式直接从学校获得所需要的人才。

但是,校园招聘也有明显的不足,比如,优秀的毕业生往往都有多种应聘准备;学生刚踏入社会,缺乏实际的工作经验,工作上手慢,容易对职位产生不切实际的期望;由学校到社会的身份转换需要一个较长的磨合期,需要进行大量的培训;而毕业生一旦积累了一定的经验又容易跳槽,工作稳定性较差。

4. 网络招聘

网络招聘是随着互联网发展起来的一种新兴的招聘方式。网络招聘已成为大公司普遍使用的一种招聘手段。越来越多的求职者也喜欢到网上去搜寻工作机会。

其优点是:① 成本较低,方便快捷;选择的余地大,涉及的范围广。② 不受时间和地点的限制,在网上距离感似乎已经不复存在,无论你身处何地都不会妨碍你工作的开展。互联网不但有助于你在世界各地广招贤才,还可以在网上帮助你的公司完成应聘人员的背景调查审核,能力素质评估,以及笔试面试。互联网已经不仅仅是一个在网上发布招聘广告的媒体,而是具有多种功能的招聘服务体系。③ 使应聘者的求职申请书、简历等重要资料的存贮、分类、处理和检索更加便捷和规范。

5. 熟人推荐

通过组织的员工、客户、合作伙伴等熟人推荐人选,也是组织招聘人员的重要来源。这种方式的长处是对候选人的了解比较准确;候选人一旦被录用,顾及介绍人的关系,工作会更加努力;招聘成本低。其缺点在于可能在组织中形成裙带关系,不利于公司的各种方针、政策和管理制度的落实。

熟人推荐的方式,适用的范围比较广,既适用于一般人员招聘,也适用于企业单位专业人才的招聘。采用该方式不仅可以节约招聘成本,而且也在一定程度上保证了应聘人员的专业素质和可信任度。有些公司为了鼓励员工积极推荐人才,还专门设立推荐人才奖,以此奖励那些为企业单位推荐优秀人才的员工。

(三) 内部招聘与外部招聘的对比

内部招聘与外部招聘各有利弊,不同组织填补职位空缺的方式和习惯不尽相同,内部招聘与外部招聘是相辅相成的[①](表 4-1)。

表 4-1　内部招聘和外部招聘的比较

	利	弊
内部招聘	被聘者可以迅速开展工作 可提高被聘者的工作积极性 有利于保证选拔的正确性 可降低招聘风险和成本 有利于激励士气 可充分利用内部资源 成功的概率高 有利于维系成员对组织的忠诚	易出现僵化和行为定式,缺乏创造性 易使组织丧失活力 易造成"近亲繁殖" 易导致落选者的不满 不利于被聘者展开工作 易引起内部争斗 选择范围有限 组织中最合适的未必是职位最合适的
外部招聘	为组织注入新鲜血液 有助于突破组织原有的思维定式 有利于组织创新 人际关系单纯 有利于平息和缓和内部竞争者之间的紧张关系 方便快捷,培训费用少	被聘者需较长的"调整适用期" 对内部员工积极性造成打击 被聘者可能会对组织文化不适应 被聘者的实际合作能力与选聘时的评估能力可能存在较大差距

研究表明,内部招聘与外部招聘的结合往往会产生最佳的结果。具体的结合力度取决于组织战略、职位类别以及组织在劳动力市场上的相对地位等因素。需要强调的是,对于组织中的中高层管理人员,内部招聘与外部招聘都是行之有效的途径。在具体的选择方面并不存在标准的答案,一般来说,对于需要保持相对稳定的组织,中层管理人员更多地需要从组织内部进行提升,而在需要引入新的风格、新的竞争时,高层管理人员可以从外部引入。

---

① 钱振波.人力资源管理[M].北京:清华大学出版社,2004:138.

第二节 人员甄选

一、人员甄选概述

（一）人员甄选的概念

人员甄选是指组织通过一定的手段,对应聘者进行区分、评估,并最终选择哪些人将被允许加入组织、哪些将被淘汰的一个过程。①

对于任何组织,尤其是以人才为核心竞争力的知识型组织来说,选择合适的组织成员对于组织的生存能力、适应能力和发展能力,都将会产生至关重要的影响。因此,组织有必要在招募到大量候选人的前提下,采用审慎而适当的甄选方法,从中挑选最合适的组织成员。

（二）人员甄选的内容

候选人的任职资格和对工作的胜任程度主要取决于其所掌握的与工作相关的知识技能、个性特点、行为特征和个人价值观取向等因素。因此,人员甄选是对候选人的这几方面因素进行测量和评价。

1. 知识

知识是系统化的信息,可分为普通知识和专业知识。普通知识即常识,而专业知识是指特定职位所要求的特定的知识,比如国家公务员要掌握行政管理、国家方针政策及相关法律法规等专业知识。在人员甄选过程中,专业知识通常占主要地位。应聘者所拥有的文凭和一些专业证书可以体现他所掌握的专业知识的广度和深度。知识的掌握可分为记忆、理解和应用三个不同的层次,会应用所学的知识才是企业真正需要的。所以,人员甄选时不能仅以文凭为依据判断候选人掌握知识的程度,还应通过笔试、测试等多种方式进行考察。

2. 能力

能力是引起个体绩效差异的持久性个人心理特征,例如,是否具有良好的语言表达能力是导致教师工作绩效差异的重要原因。能力通常可以分为一般能力与特殊能力。一般能力是指在不同活动中表现出来的一些共同能力,比如记忆能力、想象能力、思维能力、操作能力等。这些能力是我们完成任何一种工作都不可缺少的。特殊能力是指在某些特殊活动中所表现出来的能力,例如,设计师需要具有良好的空间知觉能力及色彩辨别能力,管理者应具有较强的人际交往能力、分析能力等。特殊能力也就是专业技能。

3. 个性

每个人为人处世总有自己独特的风格,这就是个性的体现。个性是指人的一组相对稳

---

① 彭剑锋.人力资源管理概论[M].上海:复旦大学出版社,2011:294.

定的性格特征,这些特征决定着特定的个人在各种不同情况下的行为表现。个性与工作绩效密切相关。比如,性格急躁的人不适合做需要耐心的精细工作,而性格内向、不擅长与人打交道的人不适合做公关工作。个性特征常采用自陈式量表或投射测量方式来衡量。

4. 动力因素

员工要取得良好的工作绩效,不仅取决于其知识、能力水平,还取决于其做好这项工作的意愿是否强烈,即是否有足够的动力促使员工努力工作。员工的工作动力来自企业的激励系统,但这套系统是否起作用,最终取决于员工的需求结构。不同的个体需求结构是不相同的。在动力因素中,最重要的是价值观,即人们关于目标和信仰的观念。具有不同价值观的员工对不同企业文化的相融程度不一样,企业的激励系统对他们的作用效果也不一样。所以,企业在招聘员工时有必要对应聘者的价值观等动力因素进行鉴别测试。通常采用问卷测量的方法进行。

表 4-2 是某企业招聘测量的项目清单,包括上面提到的几方面内容。[①]

表 4-2　某企业招聘测量的项目清单

A. 技术的 KSA(知识、技术和能力)或学习 KSA 的倾向
B. 非技术的能力,如:
 · 沟通
 · 人际关系
 · 推理能力
 · 抗压能力
 · 果断
C. 工作习惯,如:
 · 自觉性
 · 动机
 · 组织公民意识
 · 首创精神
 · 自律
D. 没有动能失调行为,如:
 · 滥用物质
 · 偷窃
 · 暴力倾向
E. 工作与人的匹配,求职者:
 · 能受到组织的奖励系统的激励
 · 适应组织关于诸如承担风险和创新之类的文化
 · 享受工作的乐趣
 · 申请者的志向与公司能提供的升迁机会相吻合

---

① 劳伦斯·S. 克雷曼:人力资源管理——获取竞争优势的工具[M].北京:机械工业出版社,1999:126-150.

二、人员甄选的程序

招募阶段后的工作就是甄选。① 这一环节主要是由初步面试、评价申请表、人员素质测评、审查证明材料、背景调查以及体格检查六个工作阶段完成。在流程的第三个阶段,组织会根据招聘的职位特点,任职资格,甄选的技术、时间和费用等情况对人员素质测评所要采用的具体方法和手段进行决策。

1. 接见申请人

若申请人基本符合应征空缺岗位的资格条件,就予以登记,并发给岗位申请表。

2. 填写申请表

(1) 申请表的内容

为了取得应征者的有关资料,要求应征者填写申请表。申请表所列内容包括:

① 申请岗位名称。

② 应征者的个人基本情况包括应征者的姓名、性别、住址、电话、出生年月、籍贯、婚姻状况、家庭人口、住房情况等。

③ 学历及专业培训。包括就读或专业培训的学校名称、毕业时间、主修专业、证书或学位等。

④ 就业记录。包括就业单位名称、地址、就业岗位、工资待遇、任期、职责摘要、离职原因等。

⑤ 证明人。包括证明人姓名、工作单位、电话等。

(2) 申请表填写要求

申请表所列内容的填写要求包括:

① 必须是能测试应征者未来工作表现优劣的有关内容。

② 应当尽量避免一些与工作无关的私人问题。例如,美国的公平就业法规定,用人政策不能因种族、宗教、性别、肤色、出生国等而有差别待遇。因此岗位申请表中所列内容及确定招聘决策时要避免上述问题或谨慎处理上述问题,以淡化差异,避免有招聘歧视的嫌疑。

3. 初步面试

一般是由人力资源部门面试工作人员与应征者进行短时间的面谈,以观察和了解应征者的外表、谈吐、气质、教育水平、工作经验、技能和兴趣等。如果应征者不符合空缺岗位所需的资格条件则予以淘汰;如果大致符合,则通知其进入下一步流程。

4. 测验

通过测验,可以进一步客观地判断应聘者的能力、学识和经验,作为正确地做出招聘决策的依据。传统的测验最常用的是知识性笔试和实际操作,在现代测验中则主要采取人员素质测评的有关方法。

---

① 杨河清主编. 人力资源管理[M]. 大连:东北财经大学出版社,2006:96.

5. 深入面谈

应征者测验合格后,要由面试工作人员与应征者再进行一次深入的面谈,以观察和了解应征者的态度、进取心、适应能力、人际关系能力、应变能力以及领导能力等。如果上一步测验程序中已采用人员素质测评技术,则本程序可省略。

6. 审查背景和资格

对上述程序筛选合格的应征者,要进一步进行背景及资格的审查。这种审查的具体内容包括应聘者的品行、学历和工作经验等。审查的方法是对学历和资格的证明文件,如毕业证书、职业资格证书、专业职务资格(职称)证书等进行审核,也可以查阅人事档案,或向应征者以前的学习或工作单位进行调查。

7. 录用决策

一般情况下,人力资源部门在完成上述初选程序后,就把候选人名单交至具体用人部门,由该部门主管考虑,决定是否录用。人力资源部门可以对用人部门的选择决策提供具体资料和提出参考意见。

8. 体格检查

用人单位在决定录用应聘者以后,要对其进行体检。通过体检判断应聘者在体能方面是否符合岗位工作的要求。对体格检查合格者,则正式发出录用通知书。

9. 安排工作岗位

经过上述程序,被录用者报到后,用人单位将其安置在相应的空缺岗位上。为观察新进员工与岗位的适应程度,组织对新员工都有一定试用期,试用期长短视工作性质和工作复杂程度而定。试用期满,若经考核合格,用人单位对新进员工的工作满意,则正式给予转正和任用。

应当指出,上述程序不是绝对一成不变的。由于各组织的规模不同,招聘岗位的要求不同,所采用的甄选程序也会有所不同。

三、人员甄选的操作技术

(一)甄选方法科学性的标准

好的甄选程序的经济价值远远超过大多数人的想象。例如,美国联邦政府以能力测试来甄选初级水平的工作岗位候选人,这种做法据估计每年为政府省下超过150亿美元的经费。① 判断一个甄选程序是否科学有效,可以参考信度、效度、普遍适用性等指标。

1. 信度

信度主要是指测量结果的一致性,不会因为时间或测量者不同而有所差异。如果测量结果完全一致,结果就是非常可信的。通常信度可分为再测信度、复本信度、分半信度和评分者信度。

---

① Hunter, J. E., Hunter, R. F. Validity and utility of alternative predictors of job performance [J]. Psychological Bulletin, 1987(96):72-98.

(1) 再测信度

也称稳定性系数,是指用同一种测试方法对一组应聘者在两个不同时间进行测试的结果的一致性。一致性可用两次结果之间的相关系数来测定。其系数高低既与测试因素本身有关,也跟测试方法有关。例如,受熟练程度影响较大的测试,其再测信度就比较低,因为被测试者在第一次测试中可能记住某些测试题目的答案,从而提高了第二次测试的成绩。对于具有较高稳定性的测试内容,比如人格、基本能力倾向等,测试方法的再测信度是十分重要的。

(2) 复本信度

也称等值性系数,是指对同一应聘者使用两种对等的、内容相当的测量结果之间的一致性。例如,如果对同一应聘者使用两张内容相当的个性量表时,两次测试结果应当大致相同。

(3) 分半信度

也称内在一致性系数,是指对同一(组)应聘者进行的同一测试分为若干部分加以考察,各部分所得结果之间的一致性。这可用各部分结果之间的相关系数来判别。

(4) 评分者信度

指用不同评分者对同样对象进行评定时的一致性。例如,如果许多招聘人员在面试中使用同一种工具给一个求职者打分,他们都给候选人相同或相近的分数,则这种工具具有较高的评分者信度。

2. 效度

效度是指测试的结果和工作相关的程度,是实际测到应聘者的有关特征与想要测量的特征的符合程度。一项测试必须能够测出它想要测定的功能才算有效。效度主要有两种:效标关联度和内容效度。

效标关联度是说明测试工具用来预测将来行为的有效性。在人员选拔过程中,效标关联度是考虑选拔方法是否有效的一个常用指标,它把应聘者在选拔中得到的分数与他们被录用后的绩效分数相比较,若两者的相关性越大,说明所选的测试方法、选拔方法越有效,以后可根据此方法来评估、预测应聘者的潜力;若两者的相关性很小或不相关,说明此法在预测人员潜力上效果不大。

内容效度即测试方法能真正测出想测的内容的程度。考虑内容效度时,主要考虑所用的方法是否与想测试的特性有关,比如招聘打字员,测试其打字速度和准确性、手眼协调性和手指灵活度的操作测试的内容效度是较高的。内容效度多应用于知识测试与实际操作测试,而不适用于对能力和潜力的测试。

3. 普遍适用性

普遍适用性是指在特定背景下建立的人员甄选方法的效度同样适用于其他情况的程度。对于某个具体的组织来说,要检验一个甄选方案的效度是非常困难的,在这种情况下,效度的普遍适用性就成为效标的一种替代手段。例如,某家小保险公司拟用"乐观性测试"方法甄选保险推销员,但无法验证效标关联效度。于是,这家保险公司来到曾经验证过此项甄选方案有效性(即用"乐观性测试"方法甄选保险推销员是有效的)的另一家大保险公司,将两者的甄选结果进行比较,以作为验证。针对同样的岗位要求,根据效度的普遍适用性原理,这家保险公司可以合理地以此对保险推销员候选人进行甄选。

(二)人员甄选的方法

组织要甄选到合适的人选填补职位空缺,不仅要求在招聘和甄选过程中按照一定的程序和原则进行,而且要求借助科学的选拔方法。现代组织甄选员工的方法很多,常用的方法主要有背景调查、求职申请表、推荐信、笔试、面试、心理测试、评价中心等。

1. 背景调查

背景调查是组织在招聘中对外部求职者进行初选时最常用的方法。[①] 由于求职者在个人简历中可能提供虚假或模糊信息,因此,使用背景调查可以验证求职者所提供的信息是否属实。背景调查可以提供求职者的受教育经历或工作经历、个人品质、人际交往能力、工作能力以及过去或现在的工作单位重新雇佣申请人的意愿等信息。

2. 求职申请表

企业通常会以求职申请表作为筛选的工具,以此判断应聘者是否符合工作的最低要求,特别是初级水平的工作。应聘者在获取招聘信息后,可向招聘单位提出应聘申请。应聘申请有两种方式:一是应聘者通过信函向招聘单位提出申请;二是直接填写招聘单位的求职申请表。

(1)求职申请表的内容反映的信息

① 个人情况:姓名、年龄、性别、婚姻、住址及电话等。

② 工作经历:目前的任职单位及地址、现任职务、工资、以往工作简历及离职原因。

③ 教育与培训情况:包括最终学历、学位、所接受过的培训。

④ 生活及个人健康情况:包括家庭成员,同本企业员工有否亲属关系,健康情况(需提供医生证明)。

⑤ 其他。

(2)审查求职申请表

在审查求职申请表时,要估计背景材料的可信程度,要注意应聘者以往经历中所任职务、技能、知识与应聘岗位之间的联系,分析其离职原因、求职动机,对于频繁离职、高职低就等情况作为疑点一一列出,以便在面试中加以了解。对应聘高级职务者还须补充其他个人材料。

3. 推荐信

由于推荐信中的内容大多非常正面,与工作绩效的关联性通常并不高。[②] 然而,这并不表示所有的推荐信都无法预测求职者的工作绩效。以内容评估推荐信可以提升这种甄选

---

① 谌新民.人力资源管理概论[M].北京:清华大学出版社,2005:191.

② Muchinsky, P. M. The use of reference reports in personal selection: A review and evalution [J]. Journal of Occupational Psychology, 1979(52):287-297.

工具的效度。这种方法专注于推荐信的内容,而不是有多少肯定的话,公司评估的是推荐信中对求职者特质的描述。① 不同的工作对候选人的特质要求不同,例如,从事维护客户关系的工作需要个性开朗、乐于助人的人,从事文秘性的工作则需要注意细节的人。

不论是推荐信还是口头推荐,都要把主要内容放在应聘者所具备的核心工作胜任力上,这是以比较积极的方式来增加推荐的效度和实用性。与其要求推荐人"请说说你对这位应聘者的看法"之类比较泛泛的问题,还不如请对方讲述应聘者具备哪些与工作相关的特别技能。

4. 笔试

笔试也叫知识测试,它是最古老、最基本的人员甄选方法,是让求职者在试卷上笔答事先拟好的试题,然后由主考官根据求职者解答的正确程度予以评定成绩的一种方法。主要用于测试求职者的基本知识、专业知识、管理知识及综合分析能力、文字表达能力等素质的高低。

笔试的优点在于,一次考试能列出几十道甚至上百道试题,考试的"取样"越多,对知识、技术和能力的考查信度和效度越高;可以大规模地进行评价,花费的时间少,效率高;接受测试的求职者心理压力较小,容易发挥正常水平;成绩评定比较客观,而且可以保存求职者回答问题的真实材料。其缺点在于主考官不能直接与应聘者见面,不能全面考察求职者的工作态度、品德修养及组织管理能力、口头表达能力和操作能力等。因此,需要结合其他测试方法一起使用。

笔试最常用的方法就是行政能力测试,示例如下:

一、公共基础知识(第1—10题,请在所给的四个选项中选择最恰当的一项)

1. 2020年6月7日发布的《抗击新冠肺炎疫情的中国行动》白皮书指出,中国始终秉持(　　)理念,肩负大国担当,同其他国家并肩作战、共克时艰。

　　A. 大同世界　　　　　　　　　B. 和谐世界
　　C. 人类命运共同体　　　　　　D. 新型国际关系

2. 2020年5月27日,中国人民政治协商会议第十三届全国委员会(　　)会议在人民大会堂闭幕。

　　A. 第一次　　B. 第二次　　C. 第三次　　D. 第四次

3. 2020年5月24日,国新办举办扎实做好"六稳""六保"工作、奋力完成全年经济社会发展目标任务发布会,扎实做好"六稳"工作,全面落实"六保"工作,努力实现全年经济社会发展目标任务,要做到"六个强化",即强化就业民生、强化脱贫攻坚、强化政策对冲、强化内需支撑、强化企业帮扶、强化改革开放。其中强化(　　)是今年首要目标任务,强化脱贫攻坚是今年发展的重目标、硬任务。

---

① Aamodt M. G., Bryan D. A. & Whitcomb A. J. Predicting performance with letters of recommendation[J]. Public Personnel Managemnet, 1993(22):81-90.

A. 就业民生 　　B. 脱贫攻坚 　　C. 扩大内需 　　D. 企业帮扶

4. 下列选项中能够反映事物是相互联系规律的是(　　)。

A. 九层之台,起于垒土 　　　　　　B. 月晕而风,础润而雨

C. 高山仰止,景行行止 　　　　　　D. 行百里者半于九十

5. "(　　)"是党的思想路线,它是中国共产党认识问题、分析问题、处理问题所遵循的最根本的指导原则和思想基础。

A. 实事求是 　　　　　　　　　　　B. 阶级斗争

C. 坚持四项基本原则 　　　　　　　D. 坚持改革开放

6. 依据《中华人民共和国民法典》,对监护人的确定有争议的,由被监护人住所地的居民委员会、村民委员会或者民政部门指定监护人,若有关当事人对指定不服,可以向(　　)申请指定监护人。

A. 公安部门 　　　　　　　　　　　B. 人民检察院

C. 人民政府 　　　　　　　　　　　D. 人民法院

7. 依据《中华人民共和国民法典》,自婚姻登记机关收到离婚登记申请之日起(　　)内,任何一方不愿意离婚的,可以向婚姻登记机关撤回离婚登记申请。

A. 十日 　　B. 十五日 　　C. 二十日 　　D. 三十日

8. "寄蜉蝣于天地,渺沧海之一粟。哀吾生之须臾,羡长江之无穷。挟飞仙以遨游,抱明月而长终。知不可乎骤得,托遗响于悲风。"这是(　　)在文章中对"人事有代谢,往来成古今"的感叹。

A. 孟浩然 　　B. 苏轼 　　C. 欧阳修 　　D. 辛弃疾

9. 下列诗词中与苏州有关的是(　　)。

A. 孤帆远影碧空尽,唯见长江天际流。　　B. 商女不知亡国恨,隔江犹唱后庭花。

C. 登临送目。正故国晚秋,天气初肃。　　D. 一川烟草,满城风絮。梅子黄时雨。

10. 下列选项中既可以存储静态图像,又可以存储动态图像的是(　　)。

A. jpg 　　B. mid 　　C. gif 　　D. bmp

二、言语理解与表达(第11—25题,请根据题目要求,在四个选项中选出一个最恰当的答案)

11. _____自主创新,坚定创新信心,着力增强自主创新能力。只有自信的国家和民族,才能在通往未来的道路上行稳致远。树高叶茂,系于根深。_____是中华民族自立于世界民族之林的奋斗基点,自主创新是我们攀登世界科技高峰的必由之路。"吾心信其可行,则移山填海之难,终有成功之日;吾心信其不可行,则反掌折枝之易,亦无收效之期也。"创新从来都是九死一生,但我们必须有"亦余心之所善兮,虽九死其犹未悔"的_____。我国广大科技工作者要有强烈的创新信心和决心,既不妄自菲薄,也不妄自尊大,勇于攻坚克难、追求卓越、赢得胜利,积极抢占科技竞争和未来发展_____。填入画横线部分最恰当的一项是(　　)。

A. 矢志不移　艰苦奋斗　情怀　高地　　B. 坚持不懈　自力更生　情怀　制高点

C. 坚持不懈　艰苦奋斗　豪情高地　　　　D. 矢志不移　自力更生　豪情　制高点

12. 城市烟火气，最_____凡人心。在文明城市创建的"指挥棒"下留住"马路市场"的烟火气，不应该看成什么_____，而应当视为对城市文明的更高要求。与其说人们讨厌占道经营、马路市场、流动商贩，不如说人们讨厌的是这些经营形态对公共秩序、城市环境、食品安全的破坏。既要倡文明也要保民生，对城市管理者而言，这既是挑战，更是机遇，是_____治理水平的一次能力测试。通过合理规划开放区域和时段、解决小商小贩实际经营难题、重新制定规范性制度、强化健康卫生知识宣传等举措，把该放开的都放开，该管好的都管好，城市治理的精细化、规范化水平就能再上一个新的_____。填入画横线部分最恰当的一项是(　　)。

A. 抚　临时举措　考测　高度
B. 解　权宜之计　考测　台阶
C. 抚　权宜之计　检验　台阶
D. 解　临时举措　检验　高度

13. 法律的生长、完善，离不开其所处历史和文化的_____。民法典中新设置的"离婚冷静期"，引发不少关注和讨论，这样的"制度设计"本身就_____着中国传统文化中倡导夫妻和谐、珍视家庭价值的文化观念。此外，民法典还专门引入"优良家风"的表述，同时在商事交易与夫妻关系的平衡中更加凸显了维护家庭和睦的价值_____。类似规定从中国优秀传统文化中汲取养分，不仅体现着"中国特色"，对于世界民事领域的立法也是值得珍视的宝贵财富和经验。填入画横线部分最恰当的一项是(　　)。

A. 培养　显现　取向
B. 培养　显现　观念
C. 滋养　彰显　取向
D. 滋养　彰显　观念

14. 一段时间以来，美方一些部门机构毫无依据、不择手段地对中美正常的人文交流设置_____缩短签证期限和限制特定理工专业的留学签证，_____"中国留学生是间谍"等妖魔化言论也时常见诸报端……种种打压之举，严重损害了两国正常人员交往和两国关系的社会_____，引发对"麦卡锡主义"回潮的普遍担忧。填入画线部分最恰当的一项是(　　)。

A. 障碍　诬蔑　基础
B. 屏障　诬告　基础
C. 障碍　诬告　根基
D. 屏障　污蔑　根基

15. 立春过后，大地渐渐从沉睡中苏醒过来。冰雪融化，草木萌发，各种花开放。再过两个月，燕子翩然归来。不久，布谷鸟也来了。于是转入炎热的夏季，这是植物果实的时期。到了秋天，果实成熟，植物的叶子渐渐变黄，在秋风中簌簌地落下来。北雁南飞，活跃在田间草际的昆虫也都销声匿迹。到处呈现一片衰草连天的景象，准备迎接风雪载途的寒冬。在地球上温带和亚热带区域里，年年如是，_____。填入画横线部分最恰当的一项是(　　)。

A. 顺序孕育　循环往复
B. 次第孕育　周而复始
C. 顺序含花　周而复始
D. 次第含花　循环往复

16. 近来，美国一些政客一直在污蔑抹黑中国，_____中国疫情数据不透明，但实际上美国从一开始就揣着本"糊涂账"。斯坦福大学本月17日发布的一项抗体检测结果表明,美国感染新冠病毒的真实人数远远超过官方数据,可能高出55倍。纽约市卫生局长巴博特日前也表态支持这一观点。巴博特认为该市迄今为止的14万确诊病例没有反映真实状况,_____由于检测量仍不足,估计有将近100万的纽约人可能感染。早先美国国内对本国可能已发生大规模感染并非没有之声,但目前来看,政府并未予以应有重视。填入画横线部分最恰当的一项是(　　)。

  A. 诬称　警戒　　B. 声称　警告　　C. 诬称　警告　　D. 声称　警戒

17. 三月,走在苏州乡间的山道上,阵阵微风吹过,一股浓浓的香味扑鼻而来。这不是路边桃花的香,也不是田野油菜花的香。这是孕育了一年的柚花,被温暖的春风_____,所散发出的香。柚花的芳香,早已一缕一缕向着原野_____,向着天空升腾。填入画横线部分最恰当的一项是(　　)。

  A. 催开　弥漫　　B. 吹开　漫侵　　C. 吹开　弥漫　　D. 催开　漫侵

18. 有些花木是先长叶再开花,木棉则不然,花开时无叶,花落尽方生叶。花开得早,让木棉有了"嫣然一笑领春风"的_____;花开得火热,让木棉有了"此花若肯夸雄丽,宇内群芳孰敢春"的_____。花期过后,木棉一边吐新叶,一边结果实。等到夏天果实成熟,果壳会自动裂开,露出洁白的棉絮,随风飘散。填入画横线部分最恰当的一项是(　　)。

  A. 意境　气势　　B. 意境　士气　　C. 得意　气势　　D. 得意　士气

19. 很久以来,我对滔滔黄河如何注入大海充满了向往,那一番情景,是滔天巨浪?是长龙摆尾?或是桀骜不驯、浩浩汤汤?我一次次想象它的激越,想亲眼见到它的渴望_____。填入画横线部分最恰当的一项是(　　)。

  A. 戛然而止　　B. 接连不断　　C. 日新月异　　D. 与日俱增

20. 广大公众应_____"野味"滋补、猎奇炫耀的不健康饮食观念,坚决停止滥食野生动物的行为,不参与乱捕乱猎、非法交易野生动物的活动;在自身坚决拒绝滥食野生动物行为的同时,也要积极_____自己的亲人不要食用野生动物;积极支持_____打击违法食用和违法经营野生动物的执法活动。填入画横线部分最恰当的一项是(　　)。

  A. 摒弃　劝告　配合　　　　　　B. 摒弃　劝说　严格
  C. 抛弃　劝说　配合　　　　　　D. 抛弃　劝告　严格

21. 范成大的《四时田园杂兴》:"蝴蝶双双入菜花,日长无客到田家。"这两句写江南晚春乡村的诗,借蝴蝶入菜花的描述_____农夫农妇农事忙碌。再看文同的《早晴至报恩山寺》:"烟开远水双鸥落,日照高林一雉飞。大麦未收治圃晚,小蚕独卧斫桑稀。"上联描绘了一幅远山高林、野鸟飞翔的生动画图;下联写了春夏之交农夫农妇收麦、整菜、采桑、喂蚕,忙碌不堪的,亲切动人_____。填入画横线部分最恰当的一项是(　　)。

  A. 衬托　情景　　B. 反映　情景　　C. 衬托　影像　　D. 反映　影像

22. 针对一些美国共和党议员近日接连提出多项议案,指责中方掩盖新冠肺炎疫情,要求对中方进行调查和索赔,耿爽指出,美国少数政客为了推卸自身抗疫不力的责任,_____,诋毁抹黑中方,并且大搞政治操弄,在本应该团结抗疫的紧要关头干扰中美合作,这种行径不得人心,也无益于控制美国国内疫情。填入画横线部分最恰当的一项是(　　)。

A. 甩锅他国　　B. 无视现实　　C. 罔顾事实　　D. 丧尽天良

23. 习近平主席深刻指出:"国际社会最需要的是坚定信心、齐心协力、团结应对,全面加强国际合作,_____起战胜疫情强大合力,携手赢得这场人类同重大传染性疾病的斗争。"_____科学精神,激发团结力量,守望相助、_____,就一定能够战胜疫情,迎来人类发展更加美好的明天。填入画横线部分最恰当的一项是(　　)。

A. 凝结　尊重　同舟共济　　　　　　B. 凝聚　崇尚　同舟共济

C. 聚结　崇尚　共同奋斗　　　　　　D. 凝聚　尊重　共同奋斗

24. 据《红星新闻》报道,近日,辽宁抚顺市某高中开始要求学生购买特定品牌特定型号的监控摄像头,并且对网课的电脑设备进行了规定。随后学校发布声明,表示对上网设备不做任何要求。但仍有多位学生表示老师催促购买,甚至被老师要求写"自愿购买监控并申请老师监管"等申请书。4月24日,当地教育局回应称,没有要求学校安装监控,正在和学校联系进行处理。从涉事学校给学生家长的公开信来看,安装监控是出于监督学生学习、提高网课质量的初衷。即便真的是这样,也不能掩盖该做法的瑕疵。要求学生居家学习时,从上午7点到晚上10点半都开着摄像头,连午睡都要在监控下趴在桌子上进行,难免有泄露隐私的风险。而除了会让学生陷入"楚门的世界",这种"硬核监控"更暴露出有些教育者畸形的教育理念——要将学生置于全程监控之下,这很容易让人想起福柯说的"全景敞视主义"。人不是机器,一切行为都暴露在监控下,并不代表就能提高学生的上课质量。

网课期间,也有一些学校照搬班级教学的做法,要求所有学生每天都严格按照原先的"作息时间表"上网"打卡"。对于这种形式主义的做法,教育部一再明确要求不得强行要求学生每天上网"打卡",但部分学校依然故我。相比之下,涉事高中要求学生上网课必须安装监控,连对学生趴在桌子上午睡都要实时监控,否则就要扣除德育量化分,更是变本加厉。涉事学校要求上网课必须安装监控一事,暴露出某些人在教育理念上存在的偏差,这里面是否有违规操作与权力寻租空间,显然也需要进一步查清。教育要的是科学跟人文兼备,而不能动辄对学生采取监控思维,抑或是借机在他们身上"薅羊毛"。

适合于作为此段评论标题的是(　　)。

A. 网课装监控:监督学生未必能提高教学质量

B. 网课装监控:一次有益的尝试

C. 网课装监控:是利还是弊?

D. 网课装监控:薅学生的羊毛

25. 人的悲剧性实质,还不完全在于总想到达目的地却总不能到达目的地,而在于在走向前方、到处流浪时,又时时刻刻地惦念着正在远去和久已不见的家、家园和家乡。就如同一首歌唱到的那样:"回家的心思,总在心头。"中国古代诗歌,有许多篇幅是交给思乡之情的:"日暮乡关何处是?烟波江上使人愁。"(崔颢)"近乡情更怯,不敢问来人。"(宋之问)

"还顾望旧乡,长路漫浩浩。"(《古诗十九首》)"家在梦中何日到,春来江上几人还?"(卢纶)"不知何处吹芦管,一夜征人尽望乡。"(李益)"未老莫还乡,还乡须断肠。"(韦庄)……悲剧的不可避免在于,人无法还家;更在于,即便是还了家,依然还处在无家的感觉之中。那位崔颢,本可以凑足盘缠回家一趟,用不着那样伤感。然而,他深深地知道,他在心中想念的那个家,只是由家的温馨与安宁养育起来的一种抽象的感觉罢了。那个可遮风避雨的实在的家,并不能从心灵深处抹去他无家可归的感觉。他只能望着江上烟波,在心中体味一派苍凉。最适合用来概括上述一段话主旨的选项是(　　)。

　　A. 人会思念故乡　　　　　　　　B. 故乡情永存

　　C. 古文中的乡情　　　　　　　　D. 伴行的乡情

三、类比推理(26—35题,每道题先给出一组相关的词,请在备选答案中找出一组与之在逻辑关系最为贴近、相似或匹配的词组)

　　26. 开水:水壶(　　)

　　A. 信件:邮箱　　B. 京剧:歌曲　　C. 青蛙:沙漠　　D. 桌游:桌子

　　27. 囫囵吞枣:不求甚解(　　)

　　A. 兼听则明:偏信则暗　　　　　　B. 暗度陈仓:明修栈道

　　C. 阳春白雪:下里巴人　　　　　　D. 画蛇添足:多此一举

　　28. 大泽乡起义:吴广(　　)

　　A. 黄巢起义:刘宗敏　　　　　　　B. 天地会起义:陈近南

　　C. 三藩之乱:康熙　　　　　　　　D. 太平天国:杨秀清

　　29. 七窍生烟:气愤(　　)

　　A. 烟雨江南:朦胧　　　　　　　　B. 百口莫辩:复杂

　　C. 手舞足蹈:高兴　　　　　　　　D. 鹏程万里:遥远

　　30. 中国:熊猫(　　)

　　A. 美国:猫头鹰　　　　　　　　　B. 南非:企鹅

　　C. 澳大利亚:考拉　　　　　　　　D. 英国:狮子

　　31. 孙悟空:吴承恩(　　)

　　A. 曹雪芹:贾宝玉　　　　　　　　B. 张生:王实甫

　　C. 红娘:西厢记　　　　　　　　　D. 范晔:刘邦

　　32. 太行山:山西:河南(　　)

　　A. 恒山:湖南:湖北　　　　　　　B. 大巴山:陕西:四川

　　C. 大别山:江苏:安徽　　　　　　D. 横山:河南:安徽

　　33. 蒹葭:芦苇(　　)

　　A. 蹴鞠:足球　　B. 朝阳:北京　　C. 太学:大学　　D. 青蛙:清蟾

　　34. NBA:篮球:湖人(　　)

　　A. NHL:足球:拜仁　　　　　　　　B. CBA:排球:恒大

　　C. 西甲:足球:马竞　　　　　　　　D. 常青藤:高校:佛罗里达大学

35. 白居易之于(　　)相当于池塘生春草之于(　　)

　A. 野火烧不尽　谢安
　B. 城春草木深　谢灵运
　C. 野火烧不尽　谢灵运
　D. 城春草木深　谢安

四、定义判断(第36—50题,每道题先给出一个概念的定义,然后分别给出四种情况,请严格依据定义,从中选出一个最符合或最不符合该定义的答案)

36. "花间派",是中国晚唐的五代词派,其名得自后蜀赵崇祚所编词集《花间集》,其作者大多是蜀人,词风近似,词作内容多为歌咏旅愁闺怨、合欢离恨,局限于男女燕婉之私,因此被称为"花间词派"。根据上述定义,下列属于花间派词的选项是(　　)。

　A. 日出东南隅,照我秦氏楼。秦氏有好女,自名为罗敷。罗敷喜蚕桑,采桑城南隅。
　B. 醉里挑灯看剑,梦回吹角连营。八百里分麾下炙,五十弦翻塞外声。
　C. 怒发冲冠,凭栏处、潇潇雨歇。抬望眼,仰天长啸,壮怀激烈。
　D. 春日游,杏花吹满头。陌上谁家年少足风流?妾拟将身嫁与一生休。纵被无情弃,不能羞。

37. 倒装,是将语句中的主语、谓语、宾语、状语等颠倒顺序的一种语法现象,常常具有强调语气,在古汉语文言文和英语语句中比较常见。根据上述定义,下列选项中应用倒装手法的选项是(　　)。

　A. 四牡骓骓,六辔如琴
　B. 三岁贯汝,莫我肯顾。
　C. 一日不见,如三月兮
　D. 怅秋风、连营画角,故宫离黍

38. 单环学习,只是通过一般的学习,寻求行为和结果之间的匹配,以保证组织的正常运转。从本质上讲,单环学习可以维持组织的正常行为,但不能取得改进效果。依据上述描述,下列选项中属于单环学习的是(　　)。

　A. 我必须按要求解答此次考试题目
　B. 此次考试怎么答题最符合我当前的利益
　C. 我为什么一定要参加此次考试
　D. 出题人为什么要这样出题

39. 酸葡萄心理,是指因为自己真正的需求无法得到满足而产生挫折感时,为了解除内心的不安,编造一些"理由"自我安慰,以消除紧张、减轻压力,使自己从不满、不安等消极心理状态中解脱出来,保护自己免受伤害。依据上述描述,下列选项中属于酸葡萄心理的是(　　)。

　A. 天若有情天亦老,人间正道是沧桑
　B. "百年人生,逆境十之八九"
　C. 千磨万击还坚劲,任尔东西南北风
　D. 黄沙百战穿金甲,不破楼兰终不还

40. 员工社会化,是指新进员工在组织中发现他们角色并适应这个新环境的过程。最初员工社会化是指新员工了解规则,现在也包括让个人理解角色和组织价值观以及社会性的过程。依据上述描述,下列选项中不属于员工社会化内容的是(　　)。

　A. 为公司员工制定未来发展规划
　B. 公司组织对新员工开展上岗技能培训
　C. 公司为员工提供公司文化培训
　D. 公司帮助新员工积极拓展人际关系

41. 超限逆反效应,是指同样的情感刺激,由于其强度过大、过强,时间过久,引起逆反心理反应的现象。依据上述定义,下列选项中不属于超限逆反效应的选项是(　　)。

A. 好戏连续亦生厌　　　　　　B. 久病床前无孝子

C. 母爱过度儿生恨　　　　　　D. 天下没有不透风的墙

42. 旁观者效应,是指众多的旁观者见死不救的现象,也称为责任分散效应,即如果有许多人在场的话,帮助求助者的责任就由大家来分担,造成责任分散,每个人分担的责任很少,旁观者甚至可能连他自己的那一份责任也意识不到。依据上述定义,下列属于描述旁观者效应后果的选项是( )。

A. 大道之行,天下为公　　　　B. 我为人人,人人为我

C. 三个和尚没水喝　　　　　　D. 路见不平,拔刀相助

43. 行政指导,是国家行政机关在职权范围内,为实现所期待的行政状态,以建议、劝告等非强制措施要求有关当事人作为或不作为的活动。依据上述描述,下列选项中属于行政指导的是( )。

A. 镇政府到村里宣传文明城市创建

B. 政府正式发布在疫情期间的口罩强制价格

C. 人民银行发布利率调整的公告

D. 电视台经常发布天气预报

44. 附加值,是指在产品原有价值的基础上,通过生产过程中的有效劳动创造的新价值,即附加在产品原有价值上的新价值。根据上述定义,以下行为提高了产品附加价值的是( )。

A. 某明星为活动优胜者奖品签名

B. 雨天商贩以高于市场价的价格销售雨具

C. 某生产饮料的厂家将产品由过去的罐装变为塑料包装

D. 先生职临钱塘江日,有陈诉负绫绢二万不偿者。公呼至询之,云:"某家以制扇为业,适父死,而又自今春以来,连雨天寒,所制不售,非故负之也。"公熟视久之,曰:"姑取汝所制扇来,吾当为汝发市也。"须臾扇至,公取白团夹绢二十扇,就判笔随意作行书草圣及枯木竹石,顷刻而尽。即以付之曰:"出外速偿所负也。"其人抱扇泣谢而出。始逾府门,而好事者争以千钱取一扇,所持立尽,后至而不得者,至懊恨不胜而去。遂尽偿所逋,一郡称嗟,至有泣下者。

45. 政策工具,是指达成政策目标的手段。混合性工具兼具自愿性工具和强制性工具的特征。混合型工具在允许政府将最终决定权留给私人部门的同时,可以允许政府不同程度地介入非政府部门的决策形成过程。依据上述描述,下列选项中不属于混合性工具的是( )。

A. 信息与劝解　　B. 补贴　　C. 产权拍卖　　D. 管制

46. 公用事业,是指具有各企业、事业单位和居民共享基本特征的,服务于城市生产、流通和居民生活的各项事业的总称。依据上述描述,下列选项中不属于公用事业的是( )。

A. 市政环境卫生　　　　　　　B. 国家进行军事训练

C. 市文化体育场建设　　　　　D. 政府兴建地下铁道

47. 自然失业率,是指在没有货币因素干扰的情况下,总需求与总供给处于均衡状态下的失业率。依据上述描述,下列选项中不属于自然失业率特征的是(　　)。

　　A. 自然失业率一般等于0　　　　　　B. 自然失业率表明市场比较有效
　　C. 自然失业率是劳动力供需均衡的状态　D. 自然失业率会有波动

48. 踢猫效应,是指对弱于自己或者等级低于自己的对象发泄不满情绪,而产生的连锁反应,导致人的不满情绪和糟糕心情沿着等级和强弱组成的社会关系链条依次传递。依据上述描述,下列选项中属于描述踢猫效应的是(　　)。

　　A. 周扬莫名其妙地被心情欠佳的领导一通训斥,回家后便将怒火发泄在妻儿身上
　　B. 张华怀孕后性情大变,经常无故向老公发脾气,老公则通过玩游戏宣泄不满
　　C. 王贵因为和妻子吵架心情很糟,在和领导的谈话中态度不好、答非所问,老板很不满
　　D. 邵谦被班主任批评,心中的愤怒一直无处发泄,回家在网络中破口大骂班主任

49. 双音节语素,组成该语素的两个音节合起来才有意思,分开来没有相关意义的语素。双音节语素主要包括联绵词、外来词和专用名词。依据上述描述,下列选项中不属于联绵双音节语素的是(　　)。

　　A. 琵琶　　　B. 乒乓　　　C. 澎湃　　　D. 提溜

50. 时间知觉,是指对客观现象延续性和顺序性的感知,它的信息既来自外部,也来自内部。根据上述描述,上述选项中时间知觉信息来源于内部的是(　　)。

　　A. 太阳的升落　　　　　　B. 植物的生长
　　C. 日历　　　　　　　　　D. 记忆表象的衰退

五、数字推理运算(第51—55题,请您在四个选择项中选择最恰当的一项)

51. 8,9,18,23,30,(　　)
　　A. 33　　　B. 39　　　C. 42　　　D. 36

52. 3,4,6,12,36,(　　)
　　A. 72　　　B. 108　　　C. 216　　　D. 288

53. 1,4,14,31,55,(　　)
　　A. 56　　　B. 63　　　C. 81　　　D. 86

54. 某单位原有中级以上职称人数占职工总数的八分之五,现又有两名职工评上中级职称,中级以上职称人数占职工总数的比变为十一分之七,那么该单位原来有(　　)名职工在中级职称以下。
　　A. 60　　　B. 62　　　C. 64　　　D. 66

55. 一个班有48人,有37人做完了语文作业,数学作业有42人做完。语文和数学作业均没有做的0人,请问语文和数学作业都做完的有(　　)人。
　　A. 31　　　B. 35　　　C. 39　　　D. 44

六、资料分析题(请根据下述材料回答第56—60题)

据统计,2019年A区全年共实现地区生产总值2 070亿元,同比增长8%;公共财政预

算收入 257.2 亿元,增长 11.7%,税收占比达 93.6%,各类税收总收入超 670 亿元;进出口总额 796 亿美元,下降 0.9%(按人民币计为 4945 亿元,增长 0.3%);实际利用外资 16 亿美元、固定资产投资 612 亿元;R&D 投入占 GDP 比重达 3.35%;社会消费品零售总额 343 亿元,增长 10.5%;城镇居民人均可支配收入超 5.6 万元,增长 7.5%,发展质量持续提升。

56. 2018 年 A 区全年实现的地区 GDP 约为(　　)。
   A. 1 987 亿元　　B. 1 917 亿元　　C. 1 927 亿元　　D. 1 957 亿元

57. 2018 年 A 区财政收入占 GDP 之比约为(　　)。
   A. 12.96‰　　B. 11.92‰　　C. 12.01‰　　D. 11.02‰

58. 2019 年 A 区 R&D 投入约为(　　)亿元。
   A. 66.05　　B. 69.35　　C. 63.70　　D. 64.71

59. 2019 年 A 区公共财政收入中非税收财政收入约为(　　)亿元。
   A. 17.76　　B. 15.76　　C. 16.46　　D. 17.16

60. 2019 年 A 区固定资产投资是研究与发展投入的(　　)倍。
   A. 8.83　　B. 8.63　　C. 8.13　　D. 8.23

七、写作题(第 61 题)

61. 为了更好地弘扬时代主旋律,引导单位员工树立并践行社会主义核心价值观,你所在单位决定举办一次关于如何践行社会主义核心价值观的演讲比赛,领导让你参赛,请你撰写一篇参加比赛的演讲稿件。

要求:
(1) 内容须紧密围绕社会主义核心价值观展开,聚焦于某个主题,不要过于宽泛;
(2) 主题突出,结构合理,文采俊逸,力求创新,字数不少于 300 字。

八、申论写作题(第 62 题)

资料 1:

"现在'痕迹管理'比较普遍,但重'痕'不重'绩'、留'迹'不留'心'。"11 月 26 日,习近平总书记在中共中央政治局第十次集体学习时的讲话,切中"痕迹主义"的弊端。科学适度的痕迹管理,是检验过程真伪、提高工作质量的有效途径。然而,痕迹管理发展为"痕迹主义",显然背离了初衷,异化为形式主义、官僚主义的新变种,让基层苦不堪言。"痕迹主义"有多严重?一位基层干部说得真切:"过去一年,光领导讲话内部通报发了 100 多期,各类会议纪要发了八九十期,这还不算各种综合汇报、专题汇报、调研简报……特别是今年以来,领导开口就要有记录,座谈就要出纪要,调研就要有微信,会议就要有传达,'凡事留痕'已然成了常态。"做工作,当然会留下痕迹。但"痕"只是表象,真正重要的是实绩。正如泰戈尔有诗云:"天空没有留下鸟的痕迹,但我已飞过。"因为没有痕迹,就能说大雁没有从天空飞过吗?

进而言之,考察一个干部,其显在的痕迹、看得见的绩效固然重要,但更重要的是内在的心迹和潜绩。有一副对联流传很广泛:"百善孝为先,原心不原迹,原迹贫家无孝子;万恶淫为首,论迹不论心,论心世上无完人。"这话不完全对,但对"迹"和"心"的关系倒是说得比较辩证。对于共产党人来说，"为官一任，造福一方"，辛勤耕耘，留下政绩，于己于人都是好事。但也要有"功成不必在我"的心理准备，对那些打基础、利长远的事，尽管千辛万苦，很可能一时留不下什么痕迹，显不出什么绩效。对于上级部门来说，就不能简单地查痕迹、看绩效，而应该问口碑、看长远。

资料2：

"痕迹主义"之所以蔓延，一方面是部分党员干部仍然奉行只唯上不唯实的政绩观、权力观，唯"领导重视"而行事，将群众利益诉求抛在一边；另一方面，则是部分上级单位在工作中脱离实际、脱离群众，特别是在运用考核"指挥棒"时，没有深入基层了解情况，而是流于形式、失之空泛。"上级的工作部署原则性规定较多，执行的时候容易层层加码，最后变成层层推责。"白墨（化名）是华北某市的一位乡镇干部，除了包村之外，还负责安全、环保、企业服务等工作。白墨举例介绍，他们当地为贯彻落实"河长制"，要求所有河长每天都要巡河，同时填写巡河日志并拍照留痕，总河长每周要更新一次记录。"一条河流的水质数据在短期内变化是极其微小的，每天巡河是否过于频繁？而且河长一般是各单位一把手兼任，懂水文的很少，日志中许多表格又特别专业，有的干脆就随手填写应付了事。"白墨坦言，为避免在上级检查时被问责，干部们只能选择在"留痕"上大做文章。

除了问责压力外，激励机制的错位也成为助长"痕迹主义"的重要诱因。部分地方将留痕资料的完整性、丰富性作为重要考核指标，甚至单纯以痕迹论英雄、靠台账评优劣，形成对留痕的变相鼓励。比如，中部某省一个乡镇曾举办过"脱贫攻坚资料大比武"活动，要求各村第一书记协同包村干部、驻村工作队准备2014年以来的所有脱贫攻坚资料，到镇里进行比赛……

"'形式主义留痕'都是'官僚主义考核'给逼出来的。"河南沈丘县纪委常委徐丽说。痕迹管理本是好事，却变异成了部分基层干部应付交差和炫耀表功的手段，不仅对实际工作毫无意义，更容易助长虚假漂浮的工作作风，贻害甚大。

资料3：

"写不完的材料、填不完的表格。一些地方上级管下级，发文件、提口号、开会议、排名次，就是不见干实在的。"紧随"痕迹主义"而来的，是名目繁多的检查督察。"'一人干、三人看，还有七人在指点'，'上面千把锤，下面一根钉'，干活的苦不堪言，既承受着高负荷的工作压力，又承受着巨大的心理压力。"刘晓庄委员坦言，一些部门把责任层层往下传递，过多的检查考核让基层无所适从。反过来，为了应付来自上面的各种检查，一些基层干部成天忙于刷标语、竖板墙、搞景观，以致腾不出身子搞调研、办实事。刘晓庄委员用一首打油诗形象描述了基层干部的这种状态："加班加点写材料，没日没夜整数据，一心一意填表格，辛辛苦苦编简报。"

"痕迹主义"既迷失了干部的工作方向，又贻误事业向前发展，与造就一支忠诚、干净、担当的高素质干部队伍要求格格不入，危害不容小觑。刘晓庄委员认为，应该拿出有效管用的整治措施，及时予以制止和纠正。对此，刘晓庄委员建议从四个方面着力：一是坚持以上率下。"痕迹主义"出现在基层，但根源在上面。要从领导机关开始，上下联动抓作风、文风、会风。二是强化行动自觉。对党对人民的忠诚,关键是要把好的理念落实到具体行动,不做华而不实、劳而无功、人民不满意的事情。加强干部管理,使干部忠于职守、脚踏实地干好每一件事情。三是敢于动真碰硬。着力解决为政不勤、不公、不廉等问题,让"占着位子、顶着帽子、混着日子、摆着样子"的人"嘚瑟"不起来。四是激励担当实干。不以材料"痕迹"评短长,要以工作实绩论英雄,把严格的干部考核机制变成促进工作的科学手段。为担当者担当、为负责者负责,使广大干部在责任和使命面前心无旁骛、挺身干事。

资料4:

近年来,在安全检查、环境保护、数据分析等领域,"痕迹管理"逐渐得以应用,并显现出重要作用。保留下来的图片、文字、音频等资料,既能还原工作落实的具体情况,还可以检验决策程序的正当性、工作过程的完整性和实施结果的有效性。出现问题时,痕迹还能作为调查取证的重要参考。不过,任何事情都有其限度和边界,否则就会偏离方向、走向极端,重"痕"不重"绩"、留"迹"不留"心","痕迹管理"就会变成形式化的"痕迹主义"。

当前,"痕迹主义"在一些地方已经显现并有蔓延之势。比如,在扶贫工作中,有些地方要求扶贫干部每到贫困户家中都要与当事户主合影,并发送到扶贫工作微信群或QQ群,一些村民对此特别反感;有些地方要求扶贫干部每天都要登录扶贫App或相关网站,做到事事要登记、件件要台账,导致一些基层干部排队等电脑;有的地方还举办"脱贫攻坚资料大比武"现场比赛,通过一排排、一摞摞的材料来比拼扶贫成绩。显然,这些"填表式"帮扶、"留影式"入户都是痕迹管理异化后的"痕迹主义",其结果只能是削足适履、本末倒置。试想,检验扶贫攻坚工作成效,不是看贫困户是否增收、是否改善生产生活条件,而是武断地看扶贫工作是否留痕、留了多少痕,既偏离了其本来方向,也苦了基层干部,贻误了贫困户。

(1)结合上述材料,请你撰写一篇关于痕迹主义产生的原因、危害及对策的文章;

(2)自定题目,内容翔实,观点鲜明,结构清晰,字数不少于600字。

5. 面试

甄选面试是指由通过精心的设计的过程,通过对话与观察的方式由表及里地评判应聘是否能胜任岗位的过程。面试是在各种组织中应用得最为广泛的一种甄选方法,一项研究表明,70%的美国企业在招聘过程中使用了某种形式的面试技术或方法。

(1)面试流程

面试流程可分为3个阶段:面试准备、面试提问和结束面试。

① 面试准备。做好面试前的准备工作能够帮助招聘者更好地对应聘者做出判断,同时能够帮助应聘者形成对公司的良好印象。面试前准备的内容主要包括以下几个方面。

回顾工作说明书。对职位的描述和说明是在面试中判断一个人能够胜任该职位的依据。在回顾工作说明书的时候,更侧重了解的信息是该职位的主要职责,对任职者在知识、能力、经验、个性特点、职业兴趣趋向等方面的要求,工作中的汇报关系、环境因素、晋升和发展机会、薪酬福利等。

熟悉应聘者的个人资料。阅读应聘者的应聘材料,有助于熟悉应聘者的背景、经验和资格并将其与职位要求及工作职责相对照,对应聘者的胜任程度做出初步判断。

布置面试场地。面试的环境首先必须是安静的,这样可以在面试开始之前为应聘者创造一个可以接受的宽松气氛。其次,要注意室内光线的强度,并保持良好通风与温度。最后,不要在墙上挂分散注意力的东西。因此,选择招聘者的办公室作为面试场所是一种常见的做法。此外,一些小型的会议室也可以作为很好的面试场所。

② 面试提问的方式与类型。面试提问方式主要有3种:结构化面试、非结构化面试和混合式面试。

结构化面试是对同岗位或同类型应聘者,用同样的语气和措辞、按照同样的顺序、问同样的问题,按同样的标准评分。优点是可以对不同的应聘者的回答进行比较,信度和效度较高。缺点是这种面试不可能进行话题外的提问,限制了谈话的深度。

非结构化面试是主考官无固定题目,让应聘者自由地发言议论、抒发情感,意在观察应聘者的知识面、价值观、谈吐和风度,了解其表达能力、思维能力、判断能力和组织能力等。其优点在于主考官和应聘者在面试过程中都比较自然,应聘者回答问题时也可能更容易敞开话题。

混合式面试既有结构化面试方式也有非结构化面试方式,综合了两种方式的优点。

面试问题的类型主要有以下4种:行为性问题、开放性问题、假设性问题、探索性问题。

行为性问题即围绕关键事例和关键行为提问。行为性问题的几个关键要点是:分析目标职位要求,界定职位所需的关键性胜任特质,探询过去相关工作的行为样本,推测未来的工作行为。对过去行为样本进行描述要把握的4个要素是:情境、目标、行动和结果。

开放性问题不是让应聘者简单地回答"是"或者"否",而是要求应聘者用相对较多的语言做出回答。开放式问题一般不会给应聘者造成太大的压力,优点在于:第一,可以鼓励应聘者讲话;第二,问题的回答往往能够引发面试考官与应聘者进一步讨论;第三,可以很好地了解应聘者的语言表达能力、沟通技巧等。

假设性问题就是给应聘者提供一个与未来工作情境相关的假设情境,让应聘者回答其在这种情境下会怎么做。在应聘者的回答中,面试者可以根据其思维推理能力、价值倾向、态度、创造性、工作风格等方面做出判断。

探索性问题通常是在面试考官希望进一步挖掘某些信息时使用,一般是在其他类型的问题后面继续追问。问题通过围绕"谁""什么时候""怎样""为什么"等展开。

③ 结束面试。在面试结束之际,应留有时间回答求职者的问题。另外,面试考官要检查面试问题清单是否都有了答案。如果要核实应聘者的背景,应告诉对方;同时告诉应聘者,他有机会撤回申请或者大约多长时间会得到回音,并感谢应聘者前来面试。

(2) 面试常见错误

面试过程中经常会出现一些常见的错误,从而影响到面试的有效性。

① 首因效应。首因效应是指与陌生人初次见面时留下的印象及所产生的心理效应。首因效应在面试活动中的表现是:主考官易于被应聘者最初阶段的表现所迷惑,往往用应聘者最初阶段的表现取代其他阶段和全过程的表现。换言之,就是主考官在面试开始的几

分钟就对应聘者做出判断。

② 晕轮效应。晕轮效应是指事物某一方面的突出特点掩盖了其他方面的全面特点。在面试活动中,晕轮效应的具体表现是:应聘者在测试过程中表现出来的某一突出的特点容易引起主考官的注意,而使其他素质的表征信息被忽视。

③ 投射效应。投射效应是指在认知过程中,认知主体拿自身的兴趣爱好等去认知客体的心理趋势。

④ 关系效应。关系效应是指主考官以自我为中心,把应聘者和自己心理适应上的关系的远近亲疏作为测评依据的心理趋向,从而选择那些善于取悦于自己的应聘者。

⑤ 诱导效应。诱导效应是指在面试活动中,普通主考官易受地位或权威高的主考官认知态度的影响,左右其评价。

在面试过程中,结构化面试应用最为广泛,结构化面试的题型如下:

你好,欢迎参加今天的面试。在回答每个问题前,你可以先考虑一下,不要紧张。请仔细看题,逐题回答。在每道试题看完后,请直接回答问题。下面我们开始,请先看第一题。

第一题:

请你列举三条适合应聘岗位的理由,并谈谈你的职业生涯规划。

【测评要素】求职动机与岗位匹配。

【出题思路】通过考生对学历、特长、能力与应聘岗位匹配、职业生涯规划等方面情况的介绍,考察其求职动机与岗位匹配度。

【评分指南】

① 考生能围绕应聘岗位阐述其所具备的知识、技术和能力,证明其初步达到了应聘岗位的要求。

② 考生能从为公众服务、个性特征、离家近等方面阐述其应聘动机,显示出较强的求职动机。

③ 考生有着清晰的职业生涯规划,证明其具备长期从事应聘岗位的意愿。

考生如能从其他方面阐述,且言之有理、论证充分,考官也可酌情评分。

第二题:

你和前任领导工作配合得非常好,后来前任领导晋升调走。新任领导与前任领导风格截然不同,导致你工作很不顺手,于是你经常找前任领导去抱怨,后来此事被新任领导知道了,对你很有意见。

请问,你会怎么办?

【测评要素】人际关系协调能力。

【出题思路】通过考生处理与新任领导的关系,考查考生妥善处理组织内外关系的能力,以及正确处理上下级关系的能力。

【评分指南】

① 考生能指出作为下属,应该能够灵活地适应每位领导的工作方式与风格,而不是让

领导适应你,更不应当找人抱怨。

② 考生能深刻反思自身存在的问题,一方面,新任领导的管理风格必然有其优点,反映了领导的工作能力和水平,自己的认识可能存在问题。另一方面,应该认识到抱怨并不能解决问题,甚至会导致矛盾激化。

③ 考生能阐明在今后的工作中,不能再抱怨或再向前任领导反映问题,而应脚踏实地地认真工作,主动适应新领导的领导风格,并强化权属意识。

④ 考生能说明应加强与新领导的沟通,多观察,多请示汇报,及时反映工作中的问题,努力协助新领导做好各项工作。

考生如能从其他方面阐述自己的看法,且言之有理、论证充分,考官也可酌情评分。

第三题:

"年租30万,停业两个月,靠卖烤猪蹄啥时候能回本!"在新冠肺炎疫情之下,服务业商户普遍经营困难,希望房东减租。然而不少房东表示,商户挣钱的时候也不见他们多交房租,现在为什么要减?

对此,你怎么看?

【测评要素】综合分析能力。

【出题思路】通过考生对此现象的评价,考查考生对观点或问题进行分析和归纳,多角度思考,做出合理判断或评价的能力。

【评分指南】

① 考生能较为深入地指出针对目前商户复工复业面临的租金压力,业内人士认为,现阶段承租方和出租方之间可以说是唇亡齿寒的关系,只有相互扶持理解,才能携手走出当下困境。

② 考生能指出要加强房东、物业、商户等多方的沟通协调,通过创新运营模式、灵活调整收取租金等方式,探索问题解决之道。政府应该主动作为,采取更加切实有效的激励措施,引导房东、商户探讨双方都能接受的租金方案,鼓励房东对经营困难的商户适当延缓租金收取,为商户恢复元气争取时间。

③ 考生能指出要继续出台积极的财税金融措施为商户"供氧""输血",可以采取提升政策性担保贷款支持力度、减免、延迟缴纳税费等方式,帮助商户解决因经营停滞导致的资金周转困难;对受影响的企业进行专项补助,减少中间环节,帮助企业直接从中受益;同时,对于企业缴纳的增值税、所得税等税目暂时予以减免。

考生如能从其他方面阐述自己的看法,且言之有理、论证充分,考官也可酌情评分。

6. 心理测试

心理测试是指在控制的情境下,向应聘者提供一组标准化的刺激,以所引起的反应作为代表行为的样本,从而对其个人的行为做出评价。

(1) 能力测试

能力测试是用于测定从事某项特殊工作所具备的某种潜在能力的一种心理测试。其作用体现在什么样的职业适合某人;或为了胜任某职位,什么样的人最合适。能力测试的内容一般可以分为以下3种。

普通能力倾向测试。其主要内容有思维能力、想象能力、记忆能力、推理能力、分析能力、数学能力、空间关系判断能力、语言能力等。

特殊职业能力测试。是指那些特殊的职业或职业群的能力。测试的目的在于:测量已具备工作经验或受过有关培训的人员在某些职业领域中现有的熟练水平;选拔那些具有从事某项职业的特殊潜能,并且能在很少经过或不经过特殊培训的情况下就能从事某种职业的人才。

心理运动技能测试。主要包括两大类:一是心理运动能力,比如选择反应时间、肢体运动速度、四肢协调、手指灵活、手臂稳定、速度控制等;二是身体能力,包括动态强度、爆发力、广度灵活性、动态灵活性、身体协调性与平衡性。在人员选拔中,对这部分能力的测试一方面可以通过体检进行,另一方面可借助于各种测试仪器或工具进行。

下面是一个与情商较近的心理资本测量量表示例:

下面有一些句子,它们描述了你目前可能是如何看待自己的。请采用下面的量表判断你同意或者不同意这些描述的程度。

"1"表示"非常不同意","2"表示"不同意","3"表示"有点不同意","4"表示"有点同意","5"表示"同意","6"表示"非常同意"。

① 我相信自己能分析长远的问题,并找到解决方案。　　　　1 2 3 4 5 6
② 与管理层开会时,在陈述自己工作分内之事方面我很自信。　1 2 3 4 5 6
③ 我相信自己对公司战略的讨论有贡献。　　　　　　　　　1 2 3 4 5 6
④ 在我的工作范围内,我相信自己能够设定目标/目的。　　　1 2 3 4 5 6
⑤ 我相信自己能够与公司外部的人(比如供应商、客户等)联系,并讨论问题。

　　　　　　　　　　　　　　　　　　　　　　　　　　　1 2 3 4 5 6
⑥ 我相信自己能够向一群同事陈述信息。　　　　　　　　　1 2 3 4 5 6
⑦ 我能发现困境并想出很多办法来摆脱困境。　　　　　　　1 2 3 4 5 6
⑧ 目前,我在精力饱满地完成自己的工作目标。　　　　　　1 2 3 4 5 6
⑨ 任何问题都有很多解决的方法。　　　　　　　　　　　　1 2 3 4 5 6
⑩ 眼前,我认为自己在工作上相当成功。　　　　　　　　　1 2 3 4 5 6
⑪ 我能想出很多办法来实现我目前的工作目标。　　　　　　1 2 3 4 5 6
⑫ 目前,我正在实现我为自己设定的工作目标。　　　　　　1 2 3 4 5 6
⑬ 在工作中遇到挫折时,我很难从中恢复过来,并继续前进。(R) 1 2 3 4 5 6
⑭ 在工作中,我无论如何都会去解决遇到的难题。　　　　　1 2 3 4 5 6
⑮ 在工作中如果不得不去做,可以说,我也能独立应战。　　1 2 3 4 5 6

⑯ 我通常对工作中的压力能泰然处之。　　　　　　　　　1　2　3　4　5　6
⑰ 因为以前经历过很多磨难,所以我现在能挺过工作上的困难时期。
　　　　　　　　　　　　　　　　　　　　　　　　　1　2　3　4　5　6
⑱ 在工作中,我感觉自己能同时处理很多事情。　　　　　1　2　3　4　5　6
⑲ 在工作中,当遇到不确定的事情时,我通常期盼最好的结果。　1　2　3　4　5　6
⑳ 如果某件事情会出错,即使我明智地工作,它也会出错。(R)　1　2　3　4　5　6
㉑ 对自己的工作,我总是看到事情光明的一面。　　　　　1　2　3　4　5　6
㉒ 对我的工作未来会发生什么,我是乐观的。　　　　　　1　2　3　4　5　6
㉓ 在我目前的工作中,事情从来没有像我希望的那样发展。(R)　1　2　3　4　5　6
㉔ 工作时,我总相信"黑暗的背后就是光明,不用悲观"。　1　2　3　4　5　6

注:R 代表该题需要反向计分。

计分方法:

心理资本问卷包括自我效能、希望、韧性与乐观四个分量表,可以计算每个分量表所包括题目的总分或平均分。每个分量表包括的题目如下:

自我效能:1－6 题;希望:7－12 题;韧性:13－18 题;乐观:19－24 题①

(2) 人格测试

人格测试,也称为个性测试,包括体格与生理特质、气质、能力、动机、兴趣、价值观与社会态度测试等。测试个性有多种方法,在招聘中最常用的是自陈式量表法,其中卡特尔16因素测验被应用得最为广泛。

自陈式测量表是问卷式量表法的一种形式。问卷式量表,简单地说就是书面的"问"和"答"。问卷式量表可以分为两类:一类是自我报告量表,即自陈式量表,是由被测试者自己作答的;另一类是问卷式的评定量表,是由熟悉被测试者的人作答或对被测评者进行观察的人作答的。

大五型人格测试就是一种自陈式量表。它从外向性、宜人性、尽责性、情绪稳定性和开放性 5 个维度对人格进行测试。测试题目如下:

指导语:在下列每个数字号表中,指出你一般最想描述的点。假使态度中等,就将记号打在中点。

① 迫切的	5 4 3 2 1	冷静的
② 群居的	5 4 3 2 1	独处的
③ 爱幻想的	5 4 3 2 1	现实的
④ 礼貌的	5 4 3 2 1	粗鲁的
⑤ 整洁的	5 4 3 2 1	混乱的

---

① 弗雷德·卢森斯,等.心理资本:打造人的竞争优势[M].李超平,译.北京:中国轻工业出版社,2007:221－222.

⑥ 谨慎的	5	4	3	2	1	自信的
⑦ 乐观的	5	4	3	2	1	悲观的
⑧ 理论的	5	4	3	2	1	实践的
⑨ 大方的	5	4	3	2	1	自私的
⑩ 果断的	5	4	3	2	1	开放的
⑪ 泄气的	5	4	3	2	1	乐观的
⑫ 外显的	5	4	3	2	1	内隐的
⑬ 跟从想象的	5	4	3	2	1	服从权威的
⑭ 热情的	5	4	3	2	1	冷漠的
⑮ 自制的	5	4	3	2	1	易受干扰的
⑯ 易难堪的	5	4	3	2	1	老练的
⑰ 开朗的	5	4	3	2	1	冷淡的
⑱ 追求新奇的	5	4	3	2	1	追求常规的
⑲ 合作的	5	4	3	2	1	独立的
⑳ 喜欢秩序的	5	4	3	2	1	适应喧闹的
㉑ 易分心的	5	4	3	2	1	镇静的
㉒ 保守的	5	4	3	2	1	有思想的
㉓ 模棱两可的	5	4	3	2	1	轮廓清楚的
㉔ 信任的	5	4	3	2	1	怀疑的
㉕ 守时的	5	4	3	2	1	拖延的

（3）价值观测试

价值观及其体系是决定个人行为和态度的基础。在相同的条件下，持有不同价值观的人会采取不同的行为与态度，通过测试可以深入了解应聘者的价值取向。比如可以测试个人在工作中是否具有传统的中庸价值观。量表示例如下①：

请您根据自己的实际感受和体会，用下面18项描述对您对于为人处事时的行为进行评价和判断，并在最符合的数字上划〇。评价和判断的标准如下：

"1"表示"非常不同意"，"2"表示"不同意"，"3"表示"不好确定"，"4"表示"同意"，"5"表示"非常同意"。

① 要合理也要合情。　　　　　　　　　　　　　　　　1　2　3　4　5
② 要不偏不倚、选择适中的方案。　　　　　　　　　　1　2　3　4　5
③ 要尽可能地不冒进、不走极端。　　　　　　　　　　1　2　3　4　5

---

① 杜旌，姚菊花.中庸结构内涵及其与集体主义关系的研究[J].管理学报，2015，12(5):638-646.

④ 要取中讲和,恪守中道。　　　　　　　　　1 2 3 4 5
⑤ 要考虑周围人的想法和做法。　　　　　　　1 2 3 4 5
⑥ 要为了整体和谐来做调整。　　　　　　　　1 2 3 4 5
⑦ 要考虑各种情形保持适度。　　　　　　　　1 2 3 4 5
⑧ 要平衡(如平衡自己和环境)。　　　　　　　1 2 3 4 5
⑨ 要心态平和、不激进。　　　　　　　　　　1 2 3 4 5
⑩ 要沉稳冷静、不急不躁。　　　　　　　　　1 2 3 4 5
⑪ 要保持谨慎低调。　　　　　　　　　　　　1 2 3 4 5
⑫ 大体上过得去就可以。　　　　　　　　　　1 2 3 4 5
⑬ 中等就可以了。　　　　　　　　　　　　　1 2 3 4 5
⑭ 一般都是随大流。　　　　　　　　　　　　1 2 3 4 5
⑮ 处于普通状态就可以了。　　　　　　　　　1 2 3 4 5
⑯ 采取保守策略。　　　　　　　　　　　　　1 2 3 4 5
⑰ 要善于回避矛盾,保全自己。　　　　　　　　1 2 3 4 5
⑱ 为避免冲突,会选择妥协。　　　　　　　　　1 2 3 4 5

7. 评价中心

评价中心是近年来新兴的一种选拔高级管理人员和专业人才的人员甄选方法,它采用情境性的测评方法对被测试者的特定行为进行观察和评价。测评人员根据职位需求设置各种不同的模拟工作场景,让候选人参与,并考查他们的实际行为表现,以此作为人员甄选的依据。一般包括无领导小组讨论、公文处理、演讲、角色扮演等。

(1) 无领导小组讨论

无领导小组讨论是指由一组求职者(4~8人)组成一个临时工作小组,讨论给定的问题,并做出决策。其目的在于考察求职者的表现,尤其是看谁会从中脱颖而出,成为自发的领导者。

无领导小组讨论有自己适用的测量范围,当某职位需要应聘者具有以下几种类型的能力和个性特征时,就可以采用这种方法进行选拔。

团队工作能力:包括个人沟通能力、人际交往能力、合作精神、组织协调能力等。

问题解决能力:包括理解能力、逻辑推理能力、想象创造能力以及信息收集和提炼能力等。

求职者的个人风格:包括个人主动性、自信心、决断性和独立性等个人特质。

无领导小组讨论作为一种有效的测评工具,和其他测评工作比较起来,具有很多优点:能检测出笔试和单一面试所不能检测出的隐性的能力或胜任力;能观测到应试者之间的互动;能依据应试者的行为特征来对他们进行更加全面、合理的评价;能使应试者在相对无意识中展现自己多方面的特点;能在同一时间对竞争同一岗位的应试者的表现进行比较(横向对比);应用面比较广泛。

一份通用的无领导小组讨论的题目如下:

主考官导入语:

你好,欢迎大家参加今天的无领导小组讨论。在讨论过程中各位的地位是平等的,不能向考官提问。请你们先用3分钟时间了解讨论内容,然后每人用3分钟的时间陈述自己的意见,之后进行自由讨论。自由讨论时间共40分钟,每人每次发言不能超过2分钟,但可多次发言,然而每人发言累计时间不能超过5分钟。讨论完毕后小组需要推荐一名代表就小组讨论的意见做总结陈词,时间3分钟。

讨论时各位可以用考生序号相互称呼,题纸下有一张白纸供你讨论记录用。讨论结束后请将题纸和草稿纸都留在桌上,不得带出考场。好!现在请大家做讨论前的准备!时间为3分钟(请计时员计时)。

好,准备时间到,现在进入个人陈述时间,下面有请1号考生发言。

好!下面进入自由讨论时间,共40分钟。请开始!

自由讨论时间到,现在请推荐一名代表就小组讨论的意见做总结陈词,推举代表时间2分钟,不能举手表决。

陈述时间到,请代表进行陈述。

整个讨论到此结束,请各位成员离开考场,感谢参与,谢谢!

下面有请各位评委评分,评分期间不要相互讨论,独立评分,谢谢!

乡村治理:山长水阔知何从?

乡村振兴是中央提出的重大战略。乡村治理是乡村振兴战略的基础。2018年的两会前期,中国青年网开展了一次"两会调查"。"乡村振兴"成为当年网民关注的热点之一。

但也可以看到,部分村精英流失,部分村外来人口增加,甚至出现外来人口与本地人口所占比例"倒挂"现象,农民找不到村干部,农村人口社会结构正发生着巨大调整。乡村治理的对象也发生了新的改变:村务的内涵与外延从过去"要粮、要钱、要命",转变为土地和农房如何流转、村庄环境如何治理、集体资产以及补贴如何分配等新问题。由此带来新的治理困境,基层干部在工作中发现,"老办法不管用,新办法不会用;硬办法不能用,软办法不顶用",并由此引发诸多矛盾。在许多村民眼中,"中央领导是圣人,省里领导是好人,市里领导是忙人,县里领导是坏人,镇里领导是敌人,村里领导是仇人"。

有人认为当前乡村治理出现新问题的主要原因是人才缺乏、乡村治理理念落后、空心化问题严重、乡村干部素质不够、治理权力泛化异化,破坏了乡村治理生态等。也有人认为主要是因为,农民与土地的关系正发生历史性变化,农民与国家的关系也发生着历史性变化,农民与村社共同体的关系发生历史性变化。

问题:

你认为导致当前乡村治理困境的最重要原因是什么?可以采取什么样的对策?

讨论任务:

请你们首先用3分钟的时间进行陈述,陈述内容为当前乡村治理困境的最重要原因

(按重要性排序)、最重要的对策(按重要性排序),按考生序号轮流陈述。

在考官宣布讨论开始之后进行讨论,讨论时间为40分钟,讨论过程中不得透露个人信息,不得打断别人发言。

经过讨论,小组必须形成一个一致性的明确意见,列出大家共同认可的且按重要性排序的三个原因和三个对策。

小组选派一名代表,在讨论结束后向考官报告讨论的情况和结果。

(2) 公文处理

公文处理又叫"公文筐"测验,是评价中心技术中最常用、最具特色的工具之一(它在评价中心中使用频率为95%),它是对实际工作中管理人员掌握和分析资料、处理各种信息,以及决策活动等所做的抽象和集中。测验在假定的环境下实施,该情景模拟组织发生过的实际业务、管理环境,提供给受测人员的信息包括涉及财务、人事备忘录、市场信息、政府法令公文、客户关系等数十份材料。测验要求受测人员以管理者的身份,在规定的条件下,对各类公文进行处理,形成公文处理报告。通过应试者在规定条件下处理过程的行为表现和书面报告,评估其计划、组织、预测、决策和沟通的能力。

公文处理这一甄选工具的主要优点有:具有灵活性,可以因不同的工作特征和所要评估的能力而设计题目;可以对个体的行为进行直接的观察;将个体置于模拟的工作情境中去完成一系列工作,为每个被测试者提供了条件和机会相等的情境;它能预测使人在管理上获得成功的潜能;能多维度评价个体。

(3) 演讲

演讲是由应试者按照给定的材料组织并表达自己的观点和理由的过程。通常,应试者拿到演讲题目后有5~10分钟的准备时间。正式演讲大约控制在5分钟左右,有时演讲完毕后,主考官针对演讲内容对应试者提出疑问或质询。

演讲能迅速比较应试者的语言表达能力、思维逻辑能力、反应能力和承受压力的能力等,具有操作简单、成本较低等优点,但由于仅仅通过演讲反映出个人特质具有一定局限性,因此演讲往往和其他评价形式结合使用,比如在无领导小组讨论后,可以选派代表进行总结陈述等。

(4) 角色扮演

角色扮演是一种比较复杂的测评方法,它要求多个应试者共同参加一个管理性质的活动,每个人扮演一定的角色,模拟实际工作中的一系列活动。例如,要求多个应试者合作完成一种新产品的销售工作。这一活动要求经历前期策划、宣传、销售等一系列环节。小组成员间实行分工合作,有时还可以在同一时间安排几个小组对类似的产品展开销售竞赛活动。有效地考察应试者的实际工作能力、团队合作能力、创造思维能力、组织协调能力等,而且效度较高。

第三节　人员招聘评估

一、招聘评估的含义

招聘评估是招聘过程中必不可少的一个环节。① 招聘评估通过对录用员工的绩效、实际能力、工作潜力的评估,以及通过录用员工质量的评估,检验招聘方法的有效性,有利于招聘方法的改进。同时,招聘评估通过成本与效益核算能够掌握招聘的费用支出情况,区分哪些是应支出项目,哪些是不应支出项目,这有利于降低今后的招聘成本,有利于为组织提高招聘效益。评估招聘工作有如下标准:

(1) 有效性

评估应围绕岗位要求拟定评估项目,内容必须正确、合理,必须与工作性质相符合。例如,如果要挑选市场调查研究员,则所要评估的内容必须与营销、调查、统计和经济分析的知识有关,否则评估就是无效的。

(2) 可靠性

它是指评估结果能反映招聘活动的实际情况,评估的手段和方法能体现招聘活动的费用与效益的真实结果。

(3) 客观性

它是指评估者不受主观因素诸如成见、偏好、价值观、个性、思想、感情等的影响。评估要达到客观性,就必须在评估时找到科学的评估方法,摈除主观上的障碍,这样才能达到绝对的公平。

二、招聘评估的作用

1. 节省开支

如聘评估有利于为组织节省开支。通过成本与效益核算能够使招聘人员清楚招聘全程的费用发生情况,有利于降低今后招聘的费用。

2. 检验效果

录用员工数量的评估是检验招聘工作有效性的一个重要方面,通过数量评估,分析在数量上满足或不满足需求的原因,有利于找出各招聘环节上的薄弱之处,改进招聘工作。同时,通过录用人员数量与招聘计划数量的比较,为人力资源规划的修订提供了依据。

录用人员质量的评估是对员工的工作绩效、行为、实际能力、工作潜力的评估,它是检验招聘的工作成果与方法的有效性的另一个重要的方面。录用人员质量评估既有利于招聘方法的改进,又为员工培训、绩效评估提供了必要的信息。

---

① 李中斌,卢冰,郑文智.招聘管理[M].北京:中国社会科学出版社,2008:220-227.

3. 提高质量

信度评估与效度评估是对招聘过程中所使用的各种甄选方法的正确性与有效性进行的检验,使用信度评估和效度评估无疑会提高招聘工作的质量。

三、招聘评估的内容

招聘评估主要包括招聘成本评估、聘用人员评估和综合评估。

1. 招聘成本评估

招聘成本评估是鉴定招聘效率的一个重要指标,如果招聘成本低,聘用人员质量高,就意味着招聘效率高;反之,则意味着招聘效率低。从另一角度看,招聘成本低,聘用人数多,就意味着招聘效率高;反之,则意味着招聘效率低。招聘成本包括招募、选拔、聘用、安置及适应性培训的成本。

（1）招募成本

招募成本是为吸引和确定企业所需内外人力资源而发生的费用,主要包括招募人员的直接劳务费用和间接劳务费用。直接劳务费用是指招聘洽谈会议费、差旅费、代理费、广告费、宣传材料费、办公费、水电费等。间接劳务费用是指行政管理费、临时场地及设备使用费等。招募成本既包括在企业内部或外部招募人员的费用,又包括吸引未来可能成为企业人员的人选的费用。其计算公式为：

招募成本 = 直接劳务费用 + 直接业务费用 + 间接管理费 + 预付费用

（2）选拔成本

主要涉及以下几个方面的成本:初步口头面谈,进行人员初选;填写申请表,并汇总候选人员资料,考核成绩,调查分析评审意见,召开负责人会议讨论决策聘用方案;最后的口头面谈,与候选人讨论聘用后职位、待遇等条件;获取有关证明材料,通知候选人体检;在体检后通知录取与否。以上每一个步骤发生的选拔费用不同,其成本的计算方法也不同。

选拔面谈的时间费用 =（每人面谈前的准备时间 + 每人面谈时间）× 招聘者工资率 × 候选人数

汇总申请资料费用 =（印发每份申请表资料费 + 每人资料汇总费）× 应聘人数

考试费用 =（平均每人的材料费 + 平均每人的评分成本）× 参加考试人数 × 考试次数

测试评审费用 = 测试所需时间 ×（人事部门人员的工资率 + 各部门代表的工资率）× 次数

（本企业）体检费 = [（检查所需时间 × 检查者工资率）+ 检查所需器材、药剂费] × 检查人数

（3）聘用成本

聘用成本包括录取手续费、调动补偿费、搬迁费和旅途补助费等由聘用引起的有关费用。这些费用一般都是直接费用。其计算公式如下：

聘用成本 = 录取手续费 + 调到哪个补偿费 + 搬迁费 + 旅途补助费等

（4）安置成本

安置成本是为安置已录取职工到具体的工作岗位上时所发生的费用。计算公式如下：

安置成本＝各种安置行政管理费用＋必要装备费用＋安置人员时间损失成本

（5）适应性培训成本

适应性培训成本是指企业对上岗前的新员工在企业文化、规章制度、基本知识、基本技能等基本方面进行培训所发生的费用。其计算公式如下：

适应性培训成本＝（负责指导工作者的平均工资率×培训引起的生产率降低率＋新员工的工资率×新员工人数）×受训天数＋教育管理费＋资料费用＋培训设备折旧费用

2. **聘用人员评估**

聘用人员评估是指根据招聘计划对聘用人员的数量和质量进行评估的过程。判断招聘数量的一个明显的方法就是看职位空缺是否得到满足,雇佣率是否真正符合招聘计划的设计。衡量招聘质量是按照企业的经营指标类型来分别确定的。在短期计划中,企业可根据求职人员的数量和实际雇佣人数的比例来认定招聘质量。在长期计划中,企业可根据接受雇佣的求职者的转换率来判断招聘的质量。由于存在很多影响转换率和工作绩效的因素,所以对招聘工作质量的评估十分不易。聘用人员的数量可用以下几个数据来表示：

（1）聘用比

聘用比＝聘用人数/应聘人数×100%

（2）招聘完成比

招聘完成比＝聘用人数/计划招聘人数×100%

（3）应聘比

应聘比＝应聘人数/计划招聘人数×100%

3. **综合评估**

在实际招聘评估过程中,可以使用一些客观因素或指标来进行评估,比如不同来源申请人的招聘成本、不同来源的新员工的工作绩效或者留职率等指标。

4. **招聘工作总结**

评估工作完成之后,最后一项工作就是对招聘工作进行总结,对招聘的实施、招聘工作中的优缺点等进行仔细回顾分析,撰写招聘工作总结,并把招聘工作总结作为一项重要的资料存档,为以后的招聘工作提供参考。撰写招聘工作总结应由招聘主要负责人撰写,真实地反映招聘的全过程,明确指出成功之处和失败之处。招聘工作总结的主要内容应包括招聘计划、招聘进程、招聘结果、招聘经费、招聘评估。

练 习 题

一、**单选题**（第1—15题,请在所给的四个选项中选择最恰当的一项）

1. 下列选项中不是员工招聘原则的一项是(　　)。

　A. 能岗匹配原则　　　　　　　　B. 长期稳定原则

C. 择优全面原则　　　　　　　　　D. 效率优先原则

2. 下列选项中不是员工招聘的内部影响因素的一项是（　　）。
A. 企业的经营战略　　　　　　　　B. 职位要求
C. 国家就业政策　　　　　　　　　D. 组织招聘成本

3. 下列选项中不属于企业内部招聘渠道的一项是（　　）。
A. 熟人推荐　　　　　　　　　　　B. 职位公告
C. 人员信息档案法　　　　　　　　D. 员工推荐

4. 下列选项中属于外部招聘的可能弊端的一项是（　　）。
A. 评估能力可能存在较大差距　　　B. 易出现僵化和行为定式
C. 易引起内部斗争　　　　　　　　D. 选择范围有限

5. 下列选项中不属于人员甄选过程中的能力要素类别的一项是（　　）。
A. 形象思维　　B. 语言表达　　C. 人际交往　　D. 价值观

6. 人员甄选的最终步骤应当是（　　）。
A. 审查背景和资格　　　　　　　　B. 录用决策
C. 测验　　　　　　　　　　　　　D. 安排工作岗位

7. 招聘评估的一般标准不包括（　　）。
A. 有效性　　B. 可靠性　　C. 可重复性　　D. 客观性

8. 信度指标中用来考察测试的内在一致性的是（　　）。
A. 再测信度　　B. 复本信度　　C. 分半信度　　D. 评分者信度

9. 人员甄选时的背景调查往往不能提供人员（　　）的信息。
A. 应变能力　　　　　　　　　　　B. 教育和工作经历
C. 个人品质　　　　　　　　　　　D. 人际交往能力

10. 工作说明书一般不含的信息是（　　）。
A. 工作关系　　B. 薪酬　　C. 工作场所　　D. 工作职责

11. 面试中的常见错误里，与应聘者突出的优点关联较大的是（　　）。
A. 诱导效应　　B. 首因效应　　C. 关系效应　　D. 晕轮效应

12. 人员甄选时笔试的优点不包括（　　）。
A. 考试的"取样"较多
B. 成绩评定比较客观，而且可以保存真实材料
C. 接受测试的求职者心理压力较小
D. 能全面考察求职者的工作态度

13. 招聘完成比是指（　　）。
A. 聘用人数/应聘人数×100%　　　　B. 聘用人数/计划招聘人数×100%
C. 聘用人数/未聘用人数×100%　　　D. 应聘人数/计划招聘人数×100%

14. 招聘工作总结一般不包括对（　　）总结。
A. 组织总体战略　　B. 招聘进程　　C. 招聘结果　　D. 招聘费用

15. 面试问题的四种类型中,与"情境、目标、行动、结果"四要素直接关联的是( )。
   A. 行为性问题　　　B. 开放性问题　　　C. 假设性问题　　　D. 探索性问题

二、名词解释

16. 员工招聘
17. 招聘评估
18. 信度

三、简答题

19. 请简述人员甄选方法中评价中心大类里的公文处理法。
20. 请简述人员甄选方法中评价中心大类里的角色扮演法。

四、案例分析题（第21—25题）

欧莱雅创造性招聘之道①

欧莱雅是《财富》杂志评选出的"全球最受赞赏的50家公司"之一和"欧洲十佳雇主"之一。重视及渴求人才是欧莱雅高速发展的重要原因,欧莱雅素以推行"战略性招聘"而闻名。

从校园企划大赛到全球在线商业策略竞赛,再到校园工业大赛,欧莱雅的人力资源招聘目标直指世界各地大学的优秀学子。

校园企划大赛始于1993年,参赛者通过逼真的品牌管理与营销模式,尝试体会如何做一名真正的品牌经理。企划大赛每年举办一次,在挑选完简历后,把人员自由组合,在面试前两三天告知成员名单,让他们自己去沟通,以考验他们的团队合作精神。欧莱雅的品牌经理做入围学生的指导老师,先给参赛小组开会介绍项目,搭建出三个月的工作框架。整个过程分为市场调研、设计研发和市场可行性测试(再调研)三个阶段。欧莱雅希望通过比赛发现和招募到具有创造力的品牌经理人选。

针对营销及相关专业本科高年级学生的校园企划大赛的成功,让欧莱雅又开始尝试针对全球顶尖商学院MBA学生的全球在线商业策略竞赛。全球在线商业策略竞赛模拟一个非常逼真的商业环境,为选手提供将商业管理理念和技能付诸实践的机会,检验选手的商业管理和全方位决策才能,也为世界各地的学生搭建了互相交流和比较的良好平台。2004年,欧莱雅扩大了在线商业策略竞赛的参赛对象,允许本科生组队参赛。

欧莱雅中国创造性地开展其他内容的比赛,校园工业大赛就是一个发端于中国的项目。每年比赛都会围绕不同的工业项目,来自同一学校的理工科学生以小组为单位参加,欧莱雅公司的一名经理担任"教练",指导参赛小组进行取材、论证、规划、预算直到形成完整的实施方案。由于比赛效果良好,此项比赛已于2004年走出国门。

欧莱雅持续不断地从在校学生中寻找有潜力的人员,从高管到销售经理再到工厂设计者。欧莱雅为在校学生提供了实战平台,也为自己获取优秀人才创造了先机。

---

① 宋联可,杨东涛.高效人力资源管理案例书名　MBA提升捷径[M].北京:中国经济出版社,2009:20-21.

问题：

21．校园企划大赛、全球在线商业策略竞赛、校园工业大赛都是欧莱雅从高校选拔人才的方法，请比较这几种方法的差别。

22．为什么欧莱雅以"战略性招聘"闻名？欧莱雅招聘的独特之处在哪里？

23．为何欧莱雅青睐校园招聘？校园招聘有哪些优点？

24．欧莱雅通过全球在线商业策略竞赛招聘新员工的方式与传统招聘渠道有什么区别？创新之处在哪里？

25．欧莱雅成功举行全球在线商业策略竞赛并获得新员工，需要哪些方面的支持？

五、思考题

26．简述员工招聘的原则。

27．内部招聘与外部招聘的方法分别有哪些？

28．简述人员甄选的意义。

第五章 员工培训与开发

培训与开发是指企业通过各种形式的措施使员工具备相应的知识、技术、能力、行为和态度,以满足当前岗位或将来工作的要求,使得新进入企业的员工或企业已有的员工能够适应目前的工作环境或将来新的工作环境,满足工作对人员各个方面素质能力的要求,最终达到提升组织整体绩效的目的。

第一节 培训前的准备

员工的培训与开发是人力资源管理中的重要组成模块,也是企业提升员工技能素质,适应激烈的外部竞争环境,培养独特的企业文化,形成并保持竞争优势的重要措施之一。员工的培训和开发管理是一个十分复杂的过程,其成功实施需要得到组织层面与个人层面的共同关注和支持。在正式实施培训与开发项目前,我们需要对企业的培训需求进行详细的分析,并对项目实施的可行性进行分析,在此基础之上形成完整而详细的培训和开发计划,以指导接下来培训项目的开展。

一、分析培训需求

员工的培训与开发活动不可以漫无目的地实施,只有当企业出现了相应的需求时,才应该采取相应的培训与开发措施。

对于培训需求的分析,最有代表性的观点是 McGehee 和 Thayer 提出的对培训需求进行分析的三层次模型,分别从组织、员工和任务 3 个层面来分析组织的培训需求,这个分析模型得到了学术界的广泛认同,成为各种人力资源管理教科书中普遍使用的框架,三层次分析模型如图 5-1 表示:

图 5-1　培训需求三层次分析模型

（一）组织分析

组织分析主要是在企业层面展开的，它分析的内容包括组织的战略、组织的绩效以及组织的外部环境，通过对组织内外部情况的分析，有利于找出组织存在的不足之处及其各自产生的根源，判断培训是否是解决这些问题的有效方法，从而最终选取具有针对性的改进措施。具体而言，组织分析主要包括以下几个方面的内容：

1. 组织战略

企业的目标与发展战略是决定组织培训和开发计划最重要的因素。企业目标不同、发展战略不同，员工培训与开发的重点和方向也不同。组织培训与开发的实施必须紧紧围绕如何提升员工的各种知识、技术和能力，来满足企业战略实施的需要，促成企业战略目标的实现，是员工培训用于开发的最终目标和落脚点。表 5-1 列出了在不同的发展战略下，企业经营的重点和培训的重点。

表 5-1　不同发展战略下企业培训与开发的重点和方向

战略		经营重点	达成途径	关键点	培训重点
集中战略		·增加市场份额 ·降低运作成本 ·建立和维护市场地位	·改善产品质量 ·提高生产率 ·技术创新流程 ·产品客户化	·技能先进性 ·现有员工队伍的开发	·团队建设培训 ·跨职能培训 ·专业化培训计划 ·人际关系培训
成长战略	内部成长战略	·新市场开发 ·新产品开发 ·创新 ·合资	·现有产品营销 ·增加分销渠道 ·全球市场扩展 ·现有产品修正 ·创造新产品 ·合资扩张	·开发新的工作和任务 ·创新	·支持或促进高质量产品价值的沟通 ·文化培训 ·帮助建立鼓励创造性思考的文化 ·工作技术能力 ·管理者沟通、反馈、谈判方面的培训
	外部成长战略	·横向一体化 ·纵向一体化 ·集中多元化	·兼并在产品链条上与公司处于相同阶段的企业 ·兼并能够为公司提供原料或购买产品的企业 ·兼并其他企业	·一体化 ·人员富余 ·重组	·发现或培养被兼并企业员工的能力 ·培训系统的一体化 ·合并后企业的办事方法与程序 ·团队培训

续表

战略	经营重点	达成途径	关键点	培训重点
收缩战略	·精简规模 ·转向 ·剥离 ·清算	·降低成本 ·减少资产规模 ·获取收入 ·重新确定目标	·效率	·激励、目标设定、时间管理、压力管理等培训 ·领导能力培训 ·人际沟通培训 ·重新求职的帮助 ·工作搜寻技巧训练

资料来源:董克用.人力资源管理概论[M].北京:中国人民大学出版社,2003:300—301.

2. 组织绩效

组织绩效水平的高低是决定是否需要开展员工培训的直接因素。组织分析的第二个方面是将组织现有的实际绩效水平与设定的绩效水平或以前的标准绩效水平进行对比,找出绩效水平降低或低于标准水平的原因,并从中分析需要改进的地方,这就形成了培训的最直接的需求动因。例如,通过对组织绩效的对比,发现顾客对公司产品的满意度水平较以前下降,就要对这一现象进行分析。如果是因产品本身的质量问题导致的,那么就要加强产品生产的质量控制;如果是因为销售人员的销售策略不当引起的,就应该及时重新评估现有的营销策略并加以改进;如果是因为产品的售后服务不到位造成的,那么就应该对售后服务人员进行相应的培训。

组织的绩效考核指标除了包括数量、质量、时间、成本等量化指标外,还应该包括满意度、员工成长、企业内部流程等非量化指标,这样才能更全面地分析企业的整体绩效水平,从而有针对性地制订培训与开发计划。

3. 组织外部环境

组织的外部环境也是影响组织培训和开发计划的重要因素之一。对组织所处竞争环境的分析可以参照迈克尔·波特的竞争分析模型,从现有竞争者、潜在进入者、替代产品的威胁、顾客的讨价还价能力及上游厂商的议价能力5个方面来考虑。例如,企业如果选择进入某一新的行业,那就需要根据如何生产新的产品或提供新的服务,对员工开展相关的培训。

当国家或政府制定了新的法律法规,外部的政策环境发生变化时,组织有必要根据新的法律规范对员工进行必要的法律知识或行业标准的培训,以适应新的外部环境要求。例如,在新的劳动合同法颁布之后,企业就应该对人力资源部门的员工进行相关的知识培训,以适应新的法律规范对企业与员工劳动关系的要求。

(二) 员工分析

员工分析主要是从员工个体的视角来对培训需求进行分析,从而确定哪些人需要培训以及需要何种培训。员工分析的主要内容包括两个方面,一是对员工的绩效水平进行评估,二是根据员工职位的变动计划,开展有针对性的培训以满足新岗位对员工的要求。

第一个方面是将员工绩效水平与优秀绩效标准进行对比,找出绩效水平不高的员工并分析绩效水平不高产生的原因,以确定解决问题的培训方案。根据诺伊等人的观点,影响员工绩效水平的因素主要包括 5 个方面：个人特征、投入、产出、结果和反馈，培训计划的制订可以从这 5 个方面着手。

第二个方面是根据员工的职位变动来制订相应的培训计划。员工职位变动培训的对象分为新入职的员工、将有职位变动的员工。针对新入职的员工，企业培训的重点应该放在工作规范、企业规章制度、企业环境等方面；根据人力资源的规划，部分现有员工将会被调配到新的岗位上工作，由于不同的职位对员工的知识、技能和能力有着不同的要求，即使员工现在的工作不需要培训，也应该对为了使现有员工适应将来的工作岗位，开展相关的培训。彼得原理指出：员工总是被晋升到无法胜任的岗位。因而对将有职位晋升的员工来说，为了能更好地胜任即将到来的工作，接受更高水平的专业技能和管理技能的培训是必不可少的。

（三）任务分析

任务分析的主要对象是组织内部的各个职位，通过对职位说明书或对具体工作的分析来得出完成某一具体的工作所需的知识和技能，员工所需具备的素质及各项工作任务所需要达到的标准。任务分析和员工分析一样，也是基于员工个体的视角来分析职位本身对员工各方面能力素质的要求，它最主要的目的是确定新进入企业的员工或有职位变动的现有员工为了胜任新的工作而产生的培训需求。

任务分析可以分为以下几个步骤：

第一，根据职位说明书或工作分析，列出某一职位所需要完成的工作任务的详细清单。这需要与人力资源部门及员工所在部门的管理人员进行沟通与确认，如果所要面对的是一项新的任务，并没有详细的工作任务清单可以参考，那么培训组织人员需要对员工的工作进行现场观察、分析。

第二，对列出的工作任务进行确认。可以从任务的复杂程度、工作饱和程度、完成工作所需的时间和工作的频率等方面来进行分析，并且对每项任务所需要达到的标准做出准确的界定，尽量使用可以量化的指标。

第三，确定完成每项具体任务所需的知识、技术、能力及其他方面的要求。

二、制订培训计划

对培训需求进行了详细的分析后，接下来就将企业的现有状况和期望达到的标准进行对比，通过对企业现有的资源条件和培训的支持力量进行分析，对培训需求进行可行性论证，最后根据上述的分析制订符合企业实际情况的培训计划，确定培训的目标、内容、方法，培训人员选择及培训费用等内容。

（一）培训的可行性分析

经过培训需求的分析之后，我们对员工所需的培训内容有了初步的规划，但是还应该结合企业的实际情况来制订最终的培训计划，这需要完成两个方面工作：一是考察企业现有的环境和条件，二是寻找组织内对培训计划的支持力量。

对企业现有环境和条件的考察内容主要包括企业的整体运营情况、员工的整体素质水平、公司可供员工培训预算及场地等情况。这主要是为了进一步确定，培训项目实施的规模，是开展大规模的长期培训还是短期的针对性培训；培训方式的选择，是开展在职培训还是采用脱产培训；培训人员的选择，是采用内部人员作为培训师还是聘请外部专业的培训师；等等。其中最主要的一部分内容是确定开展培训所需要的费用预算与企业所能提供的预算的对比，以及预期能够达到的培训效果与企业期望的培训效果的对比，简而言之，就是如何通过最佳的配置，花费最小的成本来满足企业的现实培训需求。

培训项目的成功实施与来自企业各方面的支持是密不可分的，因此在培训计划的可行性分析阶段，我们要积极争取包括企业高层领导、中基层管理人员以及广大员工的积极支持，向他们说明当前企业整体层面以及员工个体层面的绩效水平，宣传进行培训的必要性以及预期的培训效果，争取获得他们的支持，在获得组织成员广泛的认同及支持的基础上，培训计划才能够顺利地制订和实施。这需要企业的培训人员做好充分的前期培训需求分析准备工作，同时要积极地开展内部宣传行动。

（二）培训计划

培训计划既是前一阶段培训需求分析以及可行性论证的阶段性成果，同时也是接下来培训项目得以开展的重要指导性文件，因此培训计划必须对培训的安排做出详细、综合的规划。培训计划的主要内容包括以下几个方面。

1. 培训目标

培训的最主要目的是促使员工胜任当前或未来的工作，最终实现企业整体绩效水平的提高。在具体确定员工的培训目标时，可以用于衡量员工培训效果的指标包括以下4个，简称"KSAO"：

K（knowledge），包括员工完成工作所需的专业知识和通用知识。例如，一名人力资源管理人员既需要掌握人力资源管理六大模块的专业知识，也需要对公司中各个部门和岗位的工作、专业知识有基本的了解，这样才能更好地完成企业的人力资源管理活动。

S（skill），同知识一样，员工培训应该掌握的技能既包括所在岗位的专业技能，也包括工作中普遍要求具备的各种技能，例如人际交往、团队合作的技能等。

A（ability），对员工能力的培训。员工胜任力模型告诉我们，真正导致一般员工与优秀员工差异的是那些难以衡量的、潜在的各种素质和能力，比如优秀员工的主动精神、对市场的敏感程度、决策能力等，这些都是员工胜任工作并取得卓越绩效的重要因素，但是这些素质和能力是难以量化或通过简单传授就能够掌握的，所以企业必须通过专门的培训来提高员工的能力。

O（others），包括员工态度、行为的培训等方面。员工培训的内容是丰富多样的，这是由于员工岗位的多样性决定的。除了以上所提到的知识、技能等方面的培训以外，在一些特殊的行业或企业的部门，比如银行柜员，企业的行政接待、售后服务等岗位，还对员工的仪态、语言、行为等方面有更高的要求，所以这些也是培训的重要方面。

2. 培训内容

培训内容是指应当给员工培训哪些东西，这是根据培训需求和培训目标，并结合企业的实际情况来具体确定的。需要强调的是，为了提高员工的培训效果，应该为接受培训的员工提供相应的教材，教材的选用可以是由培训公司提供、市场上购买或企业自身编写，其内容必须与培训内容及企业实际情况紧密结合，要有针对性。

3. 培训方式

培训方式是指对员工采取怎样的培训，通过什么样的形式可以使得员工能够更好地学习掌握培训的相关内容。其涉及的主要内容包括：选择什么样的培训形式，是在职培训还是脱产培训；选择什么人来进行培训，是选择内部培训讲师还是聘请外部的专业培训讲师；是选择全员集中培训，还是对部分员工进行单独培训；等等。

需要注意的是，培训方式的选择要由人力资源管理部门和所要培训的部门进行密切的沟通，确保得到部门领导的支持，同时还要针对各个部门的工作安排进行协调，不增加受培训员工及其所在部门的负担。

4. 其他

培训计划中其他重要的项目还包括培训的费用预算，培训场地、培训时间的安排等，这些都需要培训计划的制订者结合培训需求与企业的实际情况加以综合考虑。需要强调的是，培训项目的开展应该充分利用企业的现有资源，比如培训场地、内部经验丰富的员工等，一方面是减少培训的成本，另一方面也可在企业内部储备一些培训人员，建立起系统的内部培训制度。此外，针对企业已有的培训教材或新编写的教材，广泛听取各部门人员的意见，参考专业人员的指导，确保培训教材易学易懂，做到实用性和适用性相结合。

三、培训宣传和动员

培训宣传和动员是对即将参加培训的员工进行宣传和动员，确保受训人员做好准备，提高培训的参与度。这是整个培训项目正式实施前的重要环节，也是影响培训效果好坏的重要因素。在现实中，很多企业精心制订了详细的培训计划，也投入了大量的人力、物力、财力在培训活动上，但是收效不好，而且得不到员工的好评，其中最关键的一点往往是没有做好培训前的宣传和动员工作，没有使员工认识到培训的重要性和必要性，致使员工的参与热情不高，最终影响了培训的效果。

培训前的宣传和动员工作可以从以下几个方面入手：

（一）受训员工

培训作为一种双向行为，受训人员是影响培训效果的重要因素。作为培训的对象，受训员工的积极参与是培训成功的重要保证。对受训员工的宣传和动员工作包括以下几个方面：

① 要使受训人员明白为什么要参加培训以及培训所能带来的收益，这有助于强化他们的学习动机。

② 要使受训人员树立信心,相信自己能够掌握培训的内容。因为大部分的培训在结束时会采取考评形式对员工的受训情况进行评估,如果培训前不对员工进行适当的宣传,员工会对培训存在畏惧甚至是排斥情绪,这肯定会影响员工的学习效果。

③ 使受训人员具备参与培训学习的一些基本能力,比如认知能力、阅读能力等。

（二）部门领导

培训前宣传和动员的另一个方面是要争取受训人员所在部门领导的大力支持。员工参加培训势必占用部门工作的时间,影响部分工作的进度,影响部门的日常工作计划,所以培训项目实施前应该与受训员工所在部门领导进行沟通,协调时间安排,适当减少其工作量或者进行必要的调换,确保受训员工有充足的时间参加培训。

此外,还要将培训的重要性和预期的收益对部门领导进行说明,并促使部门为培训后的员工提供必要的环境,使员工充分应用培训所学习的新的知识、技能,为员工的行为改进提供鼓励性的、轻松的氛围。

（三）人力资源部门

培训项目的实施涉及众多部门的参与,作为培训的组织者,人力资源部门应该对整个培训的计划安排、实施过程、培训评估和可能出现的突发情况进行详细的研究、部署,确保培训活动的顺利进行。现实中很多企业培训项目的实施效果不佳,这与人力资源部门的组织不力存在密切的关联。

第二节　培训项目实施

培训项目的实施是培训管理中的重要环节,也是决定培训效果的最重要因素之一。作为培训计划的执行环节,培训项目的开展是一项非常复杂且艰巨的任务。培训活动的具体开展及实施在不同企业中也是各不相同的。

一、培训原则

（一）系统性

这是指在整个培训过程中注意不同的培训人员、培训部门、培训内容之间的协调和衔接,要确保整个培训活动的有效整合、顺畅实施。既要从公司的层面来制定、完善培训管理制度,同时也要从员工个体层面来确保培训的有效性,提高培训的效益。

这就强调培训管理的规范性,从培训计划的制订,到培训活动的实施,再到培训的评估和培训计划的改进,各个环节都要规范有序地开展；培训管理的开展应该得到包括领导层、管理人员与普通员工的广泛参与和支持,建立起从部门到个人的有效培训体系,这样才能完善培训活动的流程和制度,确保培训的有效性。

（二）差异性

培训活动的差异性是指应该根据不同的部门、不同的员工、不同的工作需求来确定培训的内容、形式、评估等，做到因地制宜，因材施教。在培训项目的实施过程中，差异性主要表现为，在前期详尽的培训需求分析的基础之上对员工采取差异性的培训方法来确保培训的有效性。例如，对生产一线员工进行的产品质量控制的培训，就应该采取职现场培训的方法，在生产一线进行现场的培训指导；针对人力资源管理人员的劳动法律知识培训，采取课堂案例教学的方法比较合适；而针对员工的人际交往能力培训，采用情景模拟的团队培训方法效果会更好。

（三）参与性

参与性主要包括3个方面的内容：一是要使员工积极参与培训活动。在培训项目开展前向员工进行必要的宣传，提高大家的参与积极性。二是培训活动要争取各级管理人员的支持。一方面要分析企业的绩效现状，强调培训的必要性；另一方面要详细说明培训的预期效果以及对提高企业绩效的作用。三是企业在员工培训后能够提供必要的条件来让员工运用在培训中所学到的知识和技能，从而真正改进工作、提高工作绩效。培训不能和实际工作相脱离，员工的培训活动是根据实际的工作情况得到的，因而在对员工的培训活动结束后，企业应该提供相应的条件或者措施来鼓励员工将在培训中所学到的知识和技能运用到实际的工作中去，这才是培训的最终目标。

（四）有效性

培训活动的最终目标是通过对员工进行知识、技术和能力的训练，最终实现公司整体绩效的提升。这需要两个方面的配合：一是在培训过程中和培训活动之后的及时反馈。培训活动中的及时反馈有助于培训活动的组织者及时调整培训的方式、日常安排等，以便员工能够更好地进行学习；培训后的反馈有利于总结培训项目实施过程中的经验和教训，同时对培训活动中的不足之处进行改进，为下一次的培训活动提供参考。二是对培训活动的结果进行全方位的评估，除了对受训员工满意度和培训知识的书面考核外，还要计算整个培训的成本和效益产出，为企业提供必要的量化指标。

二、培训方法

目前针对员工的培训与开发方法有很多种类，应该结合企业培训和员工的具体情况有针对性地进行选择，以确保培训与开发的有效性和高投入产出率。

按照不同的标准，可以将培训与开发划分为不同的类型：按照培训对象的不同，可以将培训与开发分成新员工培训和在职员工培训两大类；按照培训性质的不同，可以将培训与开发分为传授性的培训和改变性的培训两大类；按照培训内容的不同，可以将培训与开发划分为知识性培训、技能性培训和态度性培训三大类。

（一）在职培训

在职培训就是指员工不需要离开自己的工作岗位，在实际工作岗位和工作场地接受培训。这种培训方法的优点在于：培训的实用性比较好，员工可以将培训的内容直接运用于自己的实际工作中；不需要新的培训场地，一方面节约了培训成本，另一方面也减少了员工对环境的适应时间，利于员工更好地接受培训；员工可以在实际的运用过程中得到及时的反馈，提高培训的效果。但是这种培训方法也存在着固有的缺点：占用了员工日常的工作场所和时间，会影响到员工正常的工作，导致工作效率降低；原有的工作场所可能缺乏必要的培训设备，势必会影响到员工的学习效果；部分岗位的特殊性决定了不适合采用在职培训的方法，例如飞行员、高层管理人员等。在职培训的方法主要有以下几种。

1. 师徒制

又被称为"学徒培训"，主要是由经验丰富的老员工和新入职的员工确定一种比较固定的"师徒关系"，并由师傅对徒弟进行工作上的指导和帮助。这种培训方法主要适用于一些需要专业技能的岗位，比如工匠、研发人员等。这种方法的优点是，明确的师徒关系有利于新员工迅速掌握工作技能，能较快地适应公司的新工作环境，尽快地融入公司的氛围，同时也利于建立良好的人际关系。不足之处是：新员工的技能水平会受到师傅自身技能水平的制约，不利于新知识的运用和创新的开展；因为用较多时间指导徒弟的工作，这会影响到师傅的工作效率；容易形成宗派关系，可能会对企业文化的建设产生负面影响。

2. 工作轮换

是指通过调动员工职位的方式来进行培训的一种培训方法。通过在不同职位上工作，员工可以增加工作经历，广泛地了解不同的工作内容，加强跨岗位、跨部门的沟通，有利于提高工作整体性的认识。这种方法尤其适合于通用型的管理岗位，利于其在更高的层面来理解和执行公司的各项政策，但是对于技术型的员工或工作性质差异较大的岗位，这种方法不太合适。

3. 行动学习

行动学习是指给团队或工作群体一个实际工作中所面临的问题，让他们合作解决并制订一个行动计划，然后由他们负责实施这一计划的培训方法。行动学习通常以团队合作的方式展开，每个团队由6～30人构成，团队的成员可以是来自同一个部门不同岗位的员工，也可以由来自于企业不同部门的员工组成，如果有必要，还可以邀请外部客户、供应商和代理商来共同参与，模拟更贴近现实的工作情境。

这种培训方法与成人学习原理密切相关，即当培训的内容与实际工作情景越接近时，培训的效果越好。行动学习中所提出的问题是实际工作中将会面临的，这使得学员比一般模拟状态下更容易投入学习，而且学员在解决问题时运用新方法的能力也成为培训效果的重要组成部分。

（二）脱产培训

和在职培训相反，脱产培训是指员工离开自己的工作岗位参加专门的培训。这种方法的优点在于员工能够全身心地投入培训之中，能够较为系统、全面地掌握培训的知识技能等。脱产培训主要有以下几种方式：

1. 授课法

这是企业中最常见也是应用最广泛的一种培训方法,它是通过培训者讲授或演讲的方法来对学员进行培训。它的优点包括以下几个方面:首先是培训成本比较低,可以在短时间内对大批学员进行培训,同时不需要太多的培训设备。其次是可以教授大量的最新知识和技术,比实际模拟操作要节省很多时间。因此授课法历来是培训中使用最普遍的一种方法。但是这种方法的不足之处也是显而易见的:首先,这是一种单向的知识灌输,缺乏足够的对话和互动的机会,同时也缺乏必要的反馈信息。其次,单纯的知识教授缺乏实际操作的机会,培训效果会大打折扣,这对很多需要实际操作的技能型岗位不太适用。再次,讲课的内容一般较为概括和专业化,因此对受训人员的要求比较高,通常是要求具有相关专业背景或相关岗位的人员,所以不适合于跨部门或团队式的培训。因而这种方法通常应用于一般知识的培训。

2. 案例教学

案例教学法是指为参加培训的学员提供一个来自现实工作环境中的案例,让学员们自己分析案例,并和其他学员一起参加讨论,最终提出自己对问题的解决办法。案例教学法最早是美国哈佛大学在培养工商管理硕士的过程中所采用的一种教学方法。后来案例教学法被广泛应用于对管理人员和其他专业人员的培训之中。这种方法的优点在于:培训中的案例取材于现实工作中,和实际工作环境联系比较紧密,员工能够轻易理解;员工可以将在案例教学中学习到的处理问题的方法运用到实际的工作之中,有较大的实用性;对案例的分析需要学员的独立思考和分析,对培训者的依赖较少,有利于培养员工解决问题的能力。这种方法的缺点在于:案例的收集和提炼比较困难,虽然案例是取材于现实,但是原始的案例并不一定适用于教学培训,所以需要对原始的案例材料进行一定的加工;培训中的案例是经过了加工的材料,和现实所面临的问题相比,案例可能忽略掉了很多重要的情境因素,这会降低其教学效果中对员工实际处理问题能力的开发。案例教学中通常选择跨部门的员工共同学习,将员工分成几个小组来开展讨论,在考虑了员工独立思考的同时,也强调团队的沟通与合作,可以更贴近现实工作情境。

3. 角色扮演

角色扮演法是指给受训人员提供一个真实的环境,让他们在其中扮演不同的角色,承担相应角色的工作职责,并模拟解决所遇到问题的一种培训方法。在角色扮演培训结束后由培训者组织学员讨论各自对所扮演角色的看法并发表意见,这也是我们日常生活中所常说的"换位思考"。这种方法可以使得受训人员体会到所扮演角色的心理活动,有助于提高自己在日常工作中的行为和工作方式,有利于建立良好的人际关系,同时有利于新员工提前感受新的工作岗位的要求,了解新的业务环境,掌握必要的工作技能,尽快适应新的工作岗位。例如,一位即将进入客户售后服务岗位的新员工,在培训中通过扮演投诉客户的角色,感受客户在投诉过程中所面临的问题和感受,从而改进售后服务岗位的工作态度和方式。这种培训方法的缺点在于其操作实施的过程比较复杂,并且不太适用于对知识技能的培训,更多的是适用于态度和行为改变的培训。

4. 团队培训

随着当代工作对团队作用越来越多的重视,公司开始关注员工在团队中的表现。团队培训是指由来自不同部门的员工组成团队并接受培训者所安排的各项活动,既可以是小组案例讨论,也包括团队合作完成一定的任务,比如各种户外的拓展活动、团队游戏等。团队培训的主要目的是锻炼员工在团队中的沟通交流以及协作完成任务的能力,是目前非常流行的培训方法。这种方法的优点在于能够有效打破企业内部各部门之间的隔阂,利于跨部门的交流,同时能够锻炼员工团队合作能力以及应对问题的能力。但是这种培训方法需要对培训的内容有较好的设计,同时还要争取到各个部门以及员工的支持。

5. 情景模拟

情景模拟是指通过把培训对象置于模拟的现实工作环境中,让他们依据模拟现实中的情景做出及时的反应,分析并解决实际工作中可能出现的各种问题,为他们进入新的工作环境、适应新的岗位打下基础。情景模拟适用于对新入职或职位调动的员工进行培训。它的优点在于能够为学员提供接近真实工作环境的情境,便于学员更快地适应新的环境。情景模拟的方法根据不同的培训需求和侧重点的不同可以分为以下几种类型:

(1) 工作模拟法

主要针对需要进行设备操作而利用实际设备进行培训比较困难或危险的岗位,例如高级车床的操作、新飞行员培训等。这种方法通过让学员在模拟设备上进行操作来培训相关的技术知识,同时还可以及时发现培训操作中的问题,避免在实际操作中因为操作失误而造成损失。这种方法适用于生产一线或者是有较高技术要求的职位,优点是成本较低、减少风险,但是不足之处在于需要使用专业的培训设备,前期的成本投入较大。

(2) 公文筐处理法

这是一种让培训对象在规定的时间内,对给定的各类公文材料进行处理,以形成处理报告的一种培训方法。通常培训者先对受训学员设定一个情境和角色,让学员在堆满各种文件(例如备忘录、报告和电话记录等)的办公桌前,快速处理这些日常的文件和事情。受训学员需要按照重要程度与时间缓急来进行分类处理,合理安排各项事件之间的处置顺序。这种方法主要侧重于对学员的计划、组织、分析、判断、书面沟通能力的培养,一般应用于对中高层管理人员的培训。

(3) 角色扮演

角色扮演法在上文中已经详细介绍过。角色扮演是情景模拟培训中的一种方法,相类似的方法还包括"社会剧"培训方法等。

6. 网络培训

近年来,随着计算机和网络技术的发展,网络培训方法逐步在培训中应用开来。这种方法突破了传统培训方法的固有模式,打破了时间和空间对培训活动的限制,使得学员可以随时通过网络来进行培训,既方便了培训双方,又节省了大量的时间和费用,这是信息化时代培训方法的重大突破。使用这种方法需要建立良好的计算机网络系统,储备、制作大量的培训课件、教材等,对前期的基础设备投入较大。虽然网络培训在一般知识和技能培训上有较大的优势,但还有很多内容是无法通过网络培训完成的,例如设备的操作、团队交往和协作能力等,因而网络培训必须和其他培训方法配合使用,这样才能取得更好的效果。

第三节　培训效果评估

培训效果评估是培训管理中的重要环节之一,也是判断培训项目实施成功与否的重要依据。目前,很多公司意识到了员工培训的重要性,也投入了巨大的人力、物力、财力到培训之中,但是现实的培训效果往往不容乐观,很多公司只注重培训的开展和实施,对培训后的反馈、评估、改进措施缺乏重视,导致了培训项目流于形式,一旦培训结束,就又回到原来的状态,员工根本没有将培训所获得知识技能运用到现实的工作中,导致培训的产出效益率很低。本节将着重了解培训活动所带来的改变与成果,并对培训活动的效果进行评估。

一、培训效果的测量

在培训有效性评估模型中,最广为人知且应用最多的是美国学者唐纳德·柯克帕狄克于1959年提出的"四层次评估模型",也被称为"柯氏评估模型"。该模型从4个层次来对培训项目进行评估,具体包括:

(一) 反应层次

主要用来评估学员对培训课程、培训教师和培训安排的满意程度,这些信息不一定能够反映培训组织的实际效用,但是可以通过此项评估来了解学员对培训项目的喜爱与接受程度,如果评估显示大部分学员对培训内容很满意,那么说明学员们是乐于接受此次培训内容的;反之,若学员没有学习的兴趣和动机,培训的效果将会大打折扣,培训的知识和技能也很难被运用到实际的工作之中。

反应层次的评估是企业在培训结束后常用的考核方式,这种方法也比较容易实施,通常企业会在员工培训结束后让参加者填写一张培训评估表就可以了。需要注意的是,为了使反应层次的评估更有效,在设计培训评估表时需要注意以下几点:尽量采用定量的方式搜集信息,例如对满意度的评估可以采用利克特量表形式,对态度指标进行量化处理;既要考察员工对整体培训的满意度,还要对培训的分项目、培训人员、时间安排等指标进行全方位的评价;反应层次的评估需要从多个方面来进行,既要包括受训员工,还可以包括培训讲师、员工主管或受训学员的同事等,这利于获得更全面的信息。

(二) 学习层次

主要是评估学员学到了什么知识,学习或改进了哪些技能,哪些态度或行为发生了改变。这是非常重要的环节,如果员工的学习层次评估很差,那就意味着员工没有从培训中接收到足够的知识技能,可以预见员工在回到工作岗位后将很难对自己的工作有所改进。学习层面的评估主要是在培训后通过测验或者考试的形式来进行,考试合格后才给学员授予结业证书。

(三) 行为层次

行为评估侧重于考察员工在结束培训回到工作岗位后在工作中产生的变化。这主要是考察培训知识、技能和态度的迁移情况,即员工是否将在培训中学到的东西应用于实际的工作之中。行为评估在实施上存在着较多的困难,故一般企业应用得较少。这些困难包括:

(1) 学员的行为改变需要一定的环境支持

如果学员在培训结束回到自己的工作岗位后,没有适宜的环境和条件,那么他们很难将在培训中学到的新知识运用到实际的工作中,那么其行为的改变也就难以实现。

(2) 学员的行为改变难以测量

一方面,员工行为的改变有时候表现为显性的,有时候表现为隐性的,所以很难评估其行为是否改变、改变的程度如何。还有一个重要的问题是,如何来观测员工行为的改变。比如在对员工进行人际交往能力和团队合作能力的培训后,其实际行为会发生多大的改变是难以测量的。另一方面,在对员工进行培训后,员工行为的改变不一定是立竿见影的,所以在培训结束后多长时间内员工行为发生改变,这是很难评估的。

(3) 影响员工行为的因素众多

员工将培训结果应用于工作中的程度受到多种因素的影响,既包括外部的客观环境,也包括自身的内在因素,比如管理者对员工运用培训所掌握知识技能的支持态度,员工的工作状态和情绪因素等。所以很难评估在员工行为的改变过程中培训因素究竟起了多大的作用。

(四) 结果层次

这是柯氏评估模型中最重要也是现实中最难实施的评估,它用于评估培训项目给企业带来了哪些变化。培训评估的结果层面有很多指标,包括产品质量改善率、生产力提高水平、成本降低水平、销售业绩提高水平、培训的投资回报率等。但是由于种种原因,对培训结果进行评估的企业不多,一方面是因为培训师本身的原因,尤其当聘请外部培训师时,其并不知道该如何或该对哪些指标进行评估;另一方面,由于培训结果的详细信息往往比较难以收集,如果没有设计较好的指标以供考核,人们对收益是否完全由培训所导致产生疑虑。针对这一问题,培训时可以采用对照组的方式进行比较,以确定培训的效果如何。当然,在前期的培训计划制订中就应该明确培训评估的详细指标。

二、培训评估应用

培训评估的应用是指在对培训进行评估之后,根据已收集的数据和评估结果来制定相应的改进措施,以改进培训的实施和下一次培训计划的制订。根据培训项目实施的不同阶段,培训评估的应用分为以下两个方面:

（一）实时评估应用

这主要是指在培训项目实施的过程中安排阶段性的培训评估,对培训的实施情况进行分期反馈,并针对各阶段出现的问题及时进行调整,确保培训活动的有效进行。这种方法的应用主要是在培训某一阶段结束之后,对学员和培训师进行反映层面的评估,了解学员们的学习态度和接受程度掌握培训师的教授情况,分析培训实施中存在的问题和不足,并及时制定下一阶段的改进方案和措施。例如,在对公司负责招聘的人员进行相关法律知识培训时采用授课法,主要由外部讲师进行法律知识讲解,学员们反映教学过于枯燥,并且不知道如何在工作实际中运用。针对这种实时评估的情况,培训组织人员就应该和培训师沟通,可以在接下来的教学中引入案例教学或者是情景模拟的方法,以考察学员们的实际运用能力。

（二）事后评估应用

事后评估应用主要是指当所有培训项目结束后,对培训评估的结果进行分析,找出培训中的有益经验以及存在的不足,以便在下一次的培训计划制订过程中予以参照和改进。这是培训项目的事后反馈,虽然不能对本次活动予以改进,但是从培训管理的过程来看,这是今后培训活动能够高效、有序地开展的重要前提,是培训管理过程中的重要环节。

第四节　员工开发管理

相对于员工的培训管理来说,员工的开发管理是着眼于员工的潜能发掘和持续培养的各种培训活动的综合,它包括对员工的短期培训,但更强调通过一系列的人力资源措施来对员工进行长期的投资,以期实现组织中人力资本的专用性,因此员工的开发管理是一项战略性的人力资本投资。本书内容将从员工职业生涯管理和管理开发培训这两个方面进行详细介绍。

一、员工职业生涯管理

（一）职业生涯概述

职业生涯是指员工在某个职业领域内或不同职业领域内的发展过程。传统的观点认为职业生涯是指员工在某类职业中所从事过的一系列职位的集合。例如,一名人力资源工作者在公司内部往往经历从招聘助理、招聘专员、招聘主管到招聘经理等一系列的晋升发展。但是现代企业所处的激烈竞争环境使得员工很少只在一家公司工作,不同的工作变动会导致职业生涯不仅仅局限于某个工作、某个职业或某个公司。新的职业生涯的出现使得员工追求的职业目标不仅仅是外在的成功符号,而且包括获得心理上的成就感;员工不再仅仅依赖于一成不变的知识,而是不断开发新的技能;员工追求的职业是无边界的,员工可以根据自己的兴趣爱好、自身实力去选择自己的职业,而且追求的目标不仅仅是工作职务上的晋升，更在于自身成就感的需要。

企业对员工进行职业生涯管理是为了保持长期的雇佣管理，通过对员工的长期投资，形成人力资本的专用性，最终提升企业的绩效，形成并保持竞争优势。

(二) 职业生涯的管理系统

职业生涯的管理主要分为4个阶段：

1. 员工评价

这一阶段主要是帮助员工在连续的职业发展过程中确认自己的兴趣、爱好、能力倾向、行为偏好，从而为其未来的发展提供明确的指导，并由此来确定员工的发展需求。例如在华为公司员工拥有管理和技术两条发展通道，技术类员工在成为业务骨干后，根据自己的兴趣爱好和自身潜力，选择是走管理类的晋升发展通道(从基层管理者、中层管理者到高层管理者)，还是走技术类发展通道(从技术专家、资深专家到总工程师)。

员工评价通常使用一些心理测验来评估其职业兴趣、职业价值观等，以此来增强员工的职业发展意识，了解其自身的发展需求和企业发展目标的匹配程度；另一方面，通过员工评价可以了解员工的发展潜力，以便企业在今后的工作中能够有侧重地发掘、培养员工的潜力。

常用的心理测验包括库德职业兴趣调查表(KOIS)、爱德华个人爱好量表(EPPS)、梅耶斯-布里格斯人格类型测验(MBTI)等。需要注意的是，这些测验的方法只是为员工的评估提供一些参考意见，并不能仅仅根据这些测评结果就对员工下定论，员工的评估还得从其行为表现、工作业绩等多方面加以综合考核。

2. 现状检查

员工的现状检查包括两个方面的内容：一方面是企业对员工的知识、技术、能力、行为、态度、工作绩效等方面的考察；另一方面包括企业给员工提供的发展机会，以及通过对员工的评估所确定的员工的发展机会。

在大部分企业中，上述两方面的信息是通过员工的绩效考核和面谈实现的。在部分开展了专门的员工发展项目的企业中，管理人员和员工可以通过一起讨论来确定员工的职业兴趣、职业发展规划、公司提供的可能的发展机会和发展方法等问题。

3. 设定目标

职业目标的设定是企业提供的发展通道和员工的发展需求相平衡的结果。员工的职业目标设定应该与企业的发展目标相匹配，应该包括短期的和长期的职业发展目标。与此同时，管理者还应该与员工确定对应着不同的职位发展阶段员工所应该掌握的知识技术水平和能力要求。所有的内容应该在管理人员和员工的共同讨论后加以记录，成为员工职业开发计划的一部分。

4. 行动规划

在上述3个阶段结束之后，员工确定了职业发展目标和相对应的需求后，接下来所要做的事情就是选择实现职业目标的行动计划，通过某一种或者一系列方法来实现员工的发展目标。员工可以选择的方法有正规教育(包括 MBA 或 MPA 教育、进修班等)、短期培训、工作轮换、评价中心等。

二、管理开发培训

管理开发培训是一种计划和管理过程的总称,是组织为了提高整体的绩效水平,确定和持续跟踪培养高潜能员工,帮助组织内管理人员成长和提高的培训项目。有效的管理开发培训项目,可以不断地提供称职的、经过良好训练的各级管理人员,并且使新的管理人员接受组织的价值观和行为准则。除了前面的章节提及的常规培训方法外,这里还将介绍一些专门针对管理开发进行的对自我意识和管理技能提高的方法。

(一) 敏感性训练

这是一种主要用于培养管理人员的自我认识和与人相处能力的培训方法。它将一批管理人员集合起来,在培训者的指导下,经常让他们进行一种既无议事日程也无中心内容的自由讨论,讨论自己感兴趣的话题,自由发表意见,分析自己的行为和感情,并接受他人对自己的意见,以改进管理人员有关"我怎样看待别人""别人怎样看待我""我如何认识自己"的"敏感性"。这种方法通常以 8~14 人的小组进行。小组成员事先都没有经过组织,都以一个无角色设定、无组织结构的群体出现,每个成员都有很大的自由性。在讨论的过程中培训者应该予以及时的引导和协调,避免出现冷场、争执等突发情况。

这种培训方法的优点在于:能够使学员重新认识自己,使其学习新的人际交往技巧,熟悉群体交往的过程。但是这种方法也存在一定的局限性:所花费的时间较长,可能有学员对这种讨论存在心理压力与不适,员工可能出于心理防御而不愿推进讨论的深入或表明自己的真实想法。敏感性培训在组织中更多地运用于培养管理人员的跨文化意识和文化敏感性。

(二) 评价中心

评价中心是一种在领导有效性行为理论的基础上,将个人置于一系列模拟的工作环境中,对其行为进行考察的方法。这种方法在运用时首先将受训者置于一种工作情景中,然后由受过专门培训的测评人员,通常是由企业内部的高级管理人员、人力资源专家和外部专家组成,对受训者完成任务的情况和行为表现进行观察与评价。对受训者的能力和潜力进行预测,判断其是否适合担任某项工作,并对其需要进行哪一方面的进一步培训提出参考意见。

评价中心始于第一次世界大战期间,初期用于德军对军官进行评定。后来这种方法被带至美国,在参加第二次世界大战的美国军队中得到了较多的应用,当时主要是用于选拔情报人员。第二次世界大战之后,这种方法逐步被企业所采用,这些企业包括 AT&T、通用电气、IBM、福特汽车等著名公司。评价中心中采用的评价技术包括很多种,这体现了现代测评技术中强调的"多角度验证"的思想。这些评价技术包括:结构化面试、心理测验、无领导小组讨论、情景模拟等,通过运用多种评价方法有助于从多方面对受训者进行全面的测评,得到的数据也更加可信和有效。

这种方法被众多企业认为预测效度高,有较高的投入产出率,有助于对被测员工的自我认识和全面提高。但是在实践运用中,评价中心的方法也暴露出其在现代社会,尤其是在高科技企业中的测评效果不佳,与此同时,这种方法还会受到"刻板印象""首因效应"等主观心理因素的影响,从而影响了其评价结果的客观性。

(三) 初级董事会

初级董事会是将培训对象组成一个初级董事会,让他们对公司的经营策略、政策及措施进行讨论并提出意见,同时,分析公司现状和发展等问题的一种培训方法。培训的对象主要是公司的中层管理人员,也是公司未来高层管理人员的候选人。这种初级董事会一般由 10 人左右组成,成员可以就公司的组织结构、员工激励制度、公司发展战略、部门间的协调等问题进行讨论,让他们分享和积累公司董事会讨论、决策问题的经验。

这种方法的优点在于:可以从企业内部培养未来的高层管理人员;通过参考正式董事会的议事和决策过程,可以让接受培训的管理者积累必要的经验,同时因为培训对象所讨论的问题都是公司所面临的实际问题,具有很强的针对性,所以这种培训的适用性较好。但这种方法的局限性也是显而易见的:需要有公司高层的大力支持,否则这种开发培训是难以为继的;需要占用中层管理人员较多的时间,这可能会打乱他们的工作安排;在现实的公司中运用的情况不多,故缺乏足够的实践检验。

第五节 职业培训师

一、什么是职业培训师

职业培训师(professional trainer)是指专门从事职业训练的培训师、企业内部担负职业训练工作的内部培训师、以职业训练手段来引导职工成长的各级各类管理者等。职业培训师能够结合经济、技术发展和就业要求,研究开发针对新职业(工种)的培训项目,以及根据企业生产、经营需要,掌握并运用现代培训理念和手段,策划、开发培训项目,制订、实施培训计划,并从事培训咨询和培训教学活动的人员,经过正规培训,并经过考核鉴定合格取得相应的国家职业资格证书的职业培训工作者。优秀的职业培训师需要具备专门的资格认证、扎实的专业知识、较强的培训能力、独特的思想等必备条件。

二、针对职业培训师的培训分类

国内针对职业培训师的培训主要包含以下 4 类:

(1) PTT(professional trainer training)

"PTT"意为"职业培训师培训"。PTT 旨在为专职或兼职培训师、人力资源管理者、培训管理者、演讲型领导者等提供具有国内最先进理念的培训师技能技巧提升训练。

（2）TDP(trainer development programe)

"TDP"意即"师资培养计划"。为规范职业教育市场，弥补职业讲师不足的现状，同时提高国内职业讲师业务能力，人力资源和社会保障部中国就业技术指导中心联合国内培训企业共同推出了"师资培养计划"，该计划通过4~6个月的系统性学习将具备较高职业素养的从业者培养成为兼具理论知识与实操经验的合格职业讲师。

（3）TTT(training the trainer)

"TTT"意为"培训者培训"。它是主要针对已经从事培训工作的人群，课程经过翻译引入中国，按照国际职业标准教程对经理人、培训者进行全面、系统、专业的训练，帮助培训师更专业地提升管理者的领导力和影响力。

（4）ETT(enterprise trainer training)

"ETT"意即企业培训师培训，企业培训师共分三个等级，分别为：助理企业培训师（国家职业资格三级）、企业培训师（国家职业资格二级）、高级企业培训师（国家职业资格一级）。

三、职业培训师的作用

企业培训是企业人力资源开发战略的重要组成部分。企业培训已经成为提升企业核心竞争力的一条重要途径。通过培训向员工传授新技能、新方法或更加广泛的技能，使员工适应科学技术和市场的不断发展变化；另外通过培训开发来强化企业文化，使员工明确企业的发展战略和目标，对企业有更高的认同感，增强企业的凝聚力。因此，职业培训师的作用主要表现在：

① 推动员工知识与技能的提升；
② 诊断与改进员工绩效方面的问题；
③ 推进企业文化建设；
④ 开展接班人计划；
⑤ 建设核心人才库；
⑥ 建构多渠道职业发展体系；
⑦ 新员工的塑造。

第六节　培训新技术及发展趋势

一、新技术对培训的影响

指导者主导的课堂培训仍然是目前最普遍的培训方法，但随着技术的改进、技术成本的下降，新的培训技术的使用会激增，公司会选择通过平板电脑、手机和社交媒体等方式进行培训。新技术能够降低传递培训课程所耗费的成本，提高学习环境的有效性，并使得培

训有助于更好地实现公司目标。另外,新技术还可以带来以下的一些好处:

① 员工能完全控制培训的时间和地点;

② 员工可以根据自己的需求获取有关知识和访问专家系统;

③ 通过使用仿真头像生成技术、虚拟现实和仿真模拟,学习环境让员工觉得与工作环境相似;

④ 员工可以自行选择培训项目中要用的媒体(比如大纲、音频或视频媒体等);

⑤ 实现电子化培训管理(比如课程登记、测验、记录等),减少文案工作和管理活动所需的时间;

⑥ 掌握员工在培训中所取得的进步;

⑦ 在不需要员工赶到集中培训地点的情况下,使传统的培训方法(比如课堂指导、行为示范等)也能顺利得到运用。

二、培训中用到的新技术

最新的技术(包括智能手机、平板电脑和个人电脑等)使得培训可以向处于不同地点的受训员工传递——不论受训者是在办公室还是在家里,新技术还可以在不同的时间以同样的方式给处于不同地方的受训者提供相同的培训内容。当前培训新技术呈现多样化,各具特点,例如,基于计算机的培训(computer based taining)、在线学习(online learning)、网络学习(e-learning)和基于网络的培训(web-based training)是通过计算机以网络的形式进行指导和传递培训内容;社交媒体(social media)是用于创造互动交流的线上和移动技术,允许产生和交换由用户生成的内容,社交媒体包括博客、维基、社交网络(比如Facebook、MySpace和LinkedIn)、微分享网站(比如Twittet)和共享媒体(比如YouTube)等;集成学习课程集中了面对面指导和基于新技术的传递与指导方法两者的优点。具体如表5-2所示。

表5-2　培训中用到的新技术

网络学习、在线学习、基于计算机的培训(CBT)、基于网络的培训 　　通过计算机或网络传递的培训,包括有关培训主题的光盘或视频。
网络直播、网络研讨会 　　为不同地方的受训者提供基于网络直播的指导。
播客 　　通过网络将音频资料和视频资料传递给受训者。
移动学习 　　通过便携式移动设备(比如智能手机、平板电脑等)将培训内容传递给受训者。
集成学习 　　使用新技术和面对面指导(比如课堂培训、基于网络的培训等)相结合的方法将培训内容传递给受训者。
维基 　　允许使用者创造、编辑和更新内容以及分享知识的网站。

续表

远程学习	
	为其他地方的受训者提供在线培训（通过网络直播或虚拟教室），通常需要通信工具（比如聊天室、电子邮件和在线讨论等）的支持。
社交媒体	
	允许创造、更改用户生成的内容及创造互动交流的在线和移动技术，包括维基、博客、社交网络（比如 Facebook、MySpace 和 LindIn）、微分享网站（比如 Twitter）和共享媒体（比如 YouTube）等。
分享工作空间（比如 GoogleDocs 等）	
	一个网络服务器上的空间，人们可以在这里分享信息和文件。
简单信息聚合订阅	
	自动更新发送给用户的内容，而不是通过电子邮件发送。
博客（比如 WorldPress 等）	
	一个网页，在网页上作者可以发布内容，读者可以发表评论。
聊天室和讨论区	
	一个供学员交流的电子聊天室或信息板。学员可以在同一时间或者不同时间交流，协助者或指导者可以主持会话，使得交流可以按主题分组进行。
微博或微分享（比如 Twitter 等）	
	一种软件工具，可以用较短的文字、链接或多媒体，通过独立的应用程序、在线社区或社交网络实现交流。

三、新技术培训方法的选择

为了有效选择新技术培训方法，公司首先需要对各种方法进行比较。比较的方面包括学习成果、学习环境、培训成果转化、开发成本和管理成本及有效性等。学习成果包括言语信息、智力技能、认知策略，态度和运动技能。培训方法可能会影响一种或几种学习成果。对于特定的学习方法的研究发现，为了使学习更加有效，选择的指导方法必须与预期的学习成果相匹配。学习环境则包括了明确的目标、实践机会、有意义的内容、反馈互动等方面。培训成果转化是指培训内容在工作中的应用程度。开发成本和管理成本是最重要的两种成本，开发成本指与培训项目的设计有关的成本，包括购买或开发培训项目的成本；管理成本指每次使用培训方法时发生的成本，包括与顾问、指导者、资料和培训者相关的成本。对有效性的评价主要基于理论的研究和实践人员的建议（表 5-3）。

表 5-3 新技术培训方法比较

比较项目	基于网络和计算机的在线学习	基于计算机的培训（没有网络）	远程学习	智能指导	仿真模拟、游戏、虚拟现实	移动学习	社交媒体
学习成果							
语言信息	是	是	是	是	是	是	是
智力技能	是	是	是	是	是	是	否
认知策略	是	是	是	是	是	否	是

续表

比较项目	基于网络和计算机的在线学习	基于计算机的培训（没有网络）	远程学习	智能指导	仿真模拟、游戏、虚拟现实	移动学习	社交媒体
态度	可能	否	否	否	是	否	否
运动技能	否	否	否	是	是	否	否
学习环境							
明确的目标	高	高	高	高	高	高	中等
实践机会	高	高	低	高	高	低	中等
有意义的内容	高	高	中等	高	高	中等	中等
反馈互动	高	高	低	高	高	低	高
学习者与内容	高	高	中等	高	高	中等	高
学习者与指导者	中等	低	中等	高	中等	低	高
学习者之间	中等	低	中等	低	高	中等	高
培训转化	高	中等	中等	高	高	中等	高
成本							
开发成本	高	高	中等	高	高	中等	中等
管理成本	低	低	低	低	低	低	中等
有效性	高	中等	中等	?	高	?	?

一般而言，新技术培训方法要优于传统的培训方法，因为新技术培训方法允许受训者在任何时间或地点参与课程。然而，与传统的培训方法相似，如果新技术培训方法不具备互动、反馈、练习和积极的学习环境等其他特点，那么它们仍然是无效的。选择一种培训方法要综合考虑的因素包括开发费用、雇员的地理分布状况、雇员参与培训的难度以及新技术是不是公司经营战略的组成部分。很多公司经常选择将两种方法相结合的集成学习方法，而不是传统的面对面的培训方法或新技术培训方法。在以下几种情况下，管理者和培训者可以考虑使用新技术培训方法：

① 有充裕的预算和资源来开发与支持新技术的购买和使用；
② 受训者分布在不同的地区，培训过程中的交通费用相当高昂；
③ 受训者乐于采用互联网、其他网络、iPad 和智能手机等新技术；
④ 新技术的日益推广是公司的一项经营战略，新技术正被应用于产品制造或服务过程中；
⑤ 雇员的时间与培训安排发生冲突；
⑥ 现有的培训方法对实践、反馈和评估的实施时间有所限制；
⑦ 新技术的使用适应组织文化或商业战略。

四、培训未来发展趋势

技术进步可能会影响培训的未来发展以及培训对象个人的未来发展。培训与公司的发展相辅相成，相互促进。新技术使培训部门能在整个公司内部存储和共享智力资本。公司也会更加重视将培训和其他人力资源职能的整合，并强调培训对于公司经营的益处，培训部门在未来将更有可能发展同外部培训人员和其他供应商的合作伙伴关系。因此，在公司或者部门层面，可能的发展趋势如下：

① 培训将有利于公司的可持续发展；
② 新技术在培训传递中的应用将日益广泛；
③ 虚拟工作安排带来的培训需求将日益增加；
④ 公司会更加重视培训设计的速度，并关注培训的内容；
⑤ 培训部门将更加强调对智力资本的存储和应用；
⑥ 绩效支持和社交学习在培训中的应用将会增加；
⑦ 培训将更加重视绩效分析和业务能力的学习；
⑧ 培训部门将发展合作关系或者将培训外包。

对于培训者个人而言，更加高效地应用新技术的能力显得愈发重要，同时，接训者需要更加快速地设计出内容集中的培训，并使用多种方法传递培训。因此，未来对培训者开发培训的能力提出了更高的要求：

① 培训的内容和方法与员工所在地的文化相匹配；
② 在以技术为驱动力的学习环境中设计学习空间和内容；
③ 使用多媒体工具，例如音频、视频、广播和真人演示；
④ 分别为初级员工和专家型员工提供不同形式的培训；
⑤ 利用测评方法确定员工的学习方式；
⑥ 开发搜索-确认技术，以便员工在需要时能够找到相关的信息和培训；
⑦ 使学习变得更加方便，并与员工、经理、业务单元保持联系，分别确定他们所需的知识和技能，针对可以帮助他们高效完成工作的工具、流程和程序提出建议；
⑧ 开发并传递与工作相关的学习；
⑨ 了解社交网络是如何被运用于学习的、社交网络的局限性，以及社交网络对于商业的作用；
⑩ 确认工作和业务难题产生的根本原因。

练 习 题

一、单选题（第1—15题,请在所给的四个选项中选择最恰当的一项）

1. 企业培训必须服从一定的战略原则,企业的培训战略原则包括两层含义,即服从企业的发展战略和( )。
   A. 培训工作的效益原则　　　　B. 从战略角度来开展培训工作
   C. 培训工作的计划原则　　　　D. 培训工作的系统原则

2. 严格( )是保证培训质量的必要措施,也是检验培训质量的重要手段。
   A. 考勤　　　B. 挑选老师　　　C. 设计内容　　　D. 考核评估

3. 企业培训的产出不能纯粹以传统的经济核算方式来进行,因为它包括潜在的和发展的因素,另外还有( )。
   A. 战略的因素　　　　　　　　B. 社会的因素
   C. 企业竞争力的因素　　　　　D. 企业员工素质的因素

4. 员工培训是企业的一种( )行为,和其他投资一样,也要从投入产出的角度考虑受益大小及远期效益、近期效益问题。
   A. 投资　　　B. 福利　　　C. 战略　　　D. 留人

5. 在向员工提供培训之前,企业可以和员工签订培训服务协议,( )需要重点列入协议书。
   A. 培训内容和目的　　　　　　B. 部门经理人员的意见
   C. 培训后的考试成绩　　　　　D. 培训后的违约赔偿

6. 当我们起草某一具体的培训制度时,一般需要包括以下内容,即培训制度的依据、实施培训的目的、培训制度实施办法、( )和培训制度的解释与修订等。
   A. 培训制度作用的范围　　　　B. 培训制度的核准与实施
   C. 培训制度的版本说明　　　　D. 培训制度的有效时间

7. 在对培训需求信息的调查中,( )一方面让培训对象积极参与培训工作;另一方面也可以与他们建立良好的关系,对往后的执行有所帮助。
   A. 邮寄调查　　B. 面谈法　　C. 调查问卷　　D. 电话调查

8. 面谈法作为培训需求调查的主要方法之一,有两种操作办法,即( )。
   A. 正式面谈法和非正式面谈法　　B. 个别面谈法和隐私面谈法
   C. 室外面谈法和室内面谈法　　　D. 个人面谈法和集体面谈法

9. ( )是指培训者在培训对象中选出一批熟悉问题的员工为代表参加讨论,以调查培训需求信息。
   A. 面谈法　　　　　　　　　　B. 重点团队分析法
   C. 工作任务分析法　　　　　　D. 观察法

10. 对培训对象的培训需求进行分类,要求各类培训对象的培训需求有(　　)。
   A. 类似性　　　B. 差异性　　　C. 多样性　　　D. 特殊性
11. 在评估培训效果时,(　　)更适用于调查面窄、以开放式问题为主的调查。
   A. 访谈法　　　B. 问卷调查法
   C. 观察法　　　D. 电话调查法
12. 企业周末设立员工课堂,鼓励员工深造等,属于培训方法中的(　　)。
   A. 虚拟现实培训　　　　　　　B. 自我培训法
   C. 网络培训法　　　　　　　　D. 游戏法
13. 某企业开展员工培训,从而降低事故发生率并降低成本,这种培训成本属于(　　)。
   A. 认知成本　　　B. 技能成本　　　C. 绩效成本　　　D. 情感成本
14. 在培训内容中,(　　)是组织培训中的最高选择。
   A. 知识培训　　　B. 技能培训　　　C. 素质培训　　　D. 文化培训
15. 在培训评估中,心得报告与文章发表可以用来作为(　　)。
   A. 学习评估　　　B. 反应评估　　　C. 行为评估　　　D. 结果评估

二、名词解释

16. 在职培训
17. 行动学习
18. 情景模拟

三、简答题

19. 简述培训原则。
20. 简述任务分析的步骤。

四、案例分析题（第21—24题）

五月花公司的培训

五月花制造公司是美国印第安纳一家生产厨具和壁炉设备的小型企业,大约有150名工人,这个行业竞争性很强,五月花公司努力使成本保持在最低的水平上。

在过去的几个月里,公司因为产品不合格问题已经失去了3个主要客户。经过深入的调查发现次品率为12%,而同行业的平均水平为6%。总裁提米和副总经理博比在一起讨论后认为问题不是出在工程技术上,而是因为操作员工缺乏适当的质量控制培训。博比使提米相信实施一个质量控制的培训项目将会使次品率下降到一个可以接受的水平上,然后接受提米的授权,负责设计和实施这个项目。提米担心培训课程可能会引起生产进度的问题,博比强调说培训项目花费的时间不会超过8个工时,并且分解为4个单元,每个单元2个小时来进行,每周实施一个单元。

然后,博比向所有一线主管发出一个通知,要求他们检查工作记录,确定哪些员工在生产质量方面存在问题,并安排他们参加培训项目。随通知发出的还附有一份讲授课程的提纲。在培训设计方案的最后,博比为培训醒目地设定了目标:将次品率在6个月内降低到标准水平6%。

培训计划包括讲课、讨论、案例研讨和观看一些电影。在准备课程时,教员把他讲义中的很多内容印发给每个学员,以便于学员准备讨论每一章的内容。在培训过程中,学员花费了相当多的时间来讨论教材后面的案例。

由于缺少场地,培训被安排到公司的餐厅中举办,时间安排在早餐与午餐之间,这也正是餐厅的员工准备午餐和清洗早餐餐具的时候。

本来每个培训单元应该大约有50名员工参加,但是平均只有30名左右出席。在培训过程中,很多主管人员向博比强调生产的重要性。有些学员对博比抱怨说,那些真正需要在这里参加培训的人已经回车间去了。

博比认为评价这次培训的最好办法是看在培训项目结束后培训的目标是否能够达到。结果,产品的次品率在培训前后没有发生明显的变化。培训结束6个月后,次品率水平同以前一样,博比对培训非常失望,感到压力很大,他很不愿意与提米一起面对这一次的培训效果评估。

资料来源:张一弛.人力资源管理教程[M].北京:北京大学出版社,1999:155-184.

问题:

21. 培训分析的流程是什么?
22. 你认为五月花公司这一次的培训实施中存在哪些问题?
23. 为什么五月花公司这一次的培训效果不佳?
24. 假如由你负责五月花公司的培训项目,你将如何设计?

五、思考题

25. 简述员工培训需求分析的流程。
26. 培训的方法有哪些?
27. 培训效果评估的过程是什么?
28. 员工培训与开发之间有何异同?

第六章 绩效管理

员工工作的好坏、绩效的高低直接影响着企业的整体效益,因此,掌握和提高员工的工作绩效是企业人力资源管理的一个重要目标,员工绩效管理就是实现这一目标的人力资源管理实践。运用科学的标准和方法,对员工的工作绩效进行定期考核,目的不仅仅是为了规划人力资源和薪酬管理,激励和发展员工潜力,进而有助于企业达到预期目标,而且对员工个人来说,亦可加强自律性,修正个体行为,使之符合组织要求。

第一节 绩效管理概述

随着知识经济时代的到来,人力资源管理越来越成为企业获取和保持竞争优势的有效工具。而绩效管理在人力资源管理中占据核心地位,起着重要作用。因为绩效管理将企业的战略目标分解到各部门和员工,再通过对员工绩效的管理、改进和提高来实现并改进企业的整体绩效。

一、绩效的概念

"绩效"一词,也称为业绩、效绩、成效等,反映的是人们从事某一种活动所产生的成绩和成果。无论是对个体而言,还是对组织或团体而言,只要有需求、有目标,就有绩效,绩效问题始终伴随着个体或各种组织和团体。由于人们看问题的角度不同,所以对绩效的看法便会不同,总的来说,绩效就是结果。如果某些因素相对于其他因素而言,对结果有明显、直接影响的话,绩效往往就会与这些因素等同起来。改变这些因素能产生良好的结果,控制这些因素也就等于控制了绩效。

对组织而言,绩效就是任务在数量、质量及效率等方面完成的情况;对员工个人来说,绩效则是上级和同事对其工作状况的评价。企业通过对员工工作绩效的考评,获得反馈信息,便可据此制定相应的人事决策与措施,调整和改进其效能,促进企业整体效率和效益的提高。为此,了解绩效的性质对于掌握和提高员工的工作绩效具有重大意义。

二、绩效管理的概念

绩效管理本身代表着一种理念和思想,绩效管理的根本目的是为了持续改善组织和个人的绩效,最终实现企业战略目标。为改善企业绩效而进行的管理活动都可以纳入绩效管理的范畴之内。应该说绩效管理作为一种管理思想,渗透企业管理的整个过程之中,涉及企业文化、战略和规划、组织、人力资源、领导、激励、统计与控制等各个方面。比如流程再造、全面质量管理、目标管理等。因此,给绩效管理下一个统一的定义并不容易。

目前,关于绩效管理的观点有三种。

(1) 绩效管理是管理组织绩效的体系

持有这种观点的是英国的罗杰斯(Roger,1990)和布瑞德鲁普(Bredrup,1995)。这种观点将20世纪80年代和90年代出现的许多管理思想、观念和实践结合在一起,其理论核心在于确定企业的核心战略并加以实施,员工并不是绩效管理的核心。

(2) 绩效管理是管理员工绩效的体系

这种观点将绩效管理看作组织中个人工作业绩及其发展潜力的评估和奖惩。其代表人物爱恩斯沃斯(1993)、奎因(1987)、斯堪奈尔(1987)等主张将绩效管理视为一个周期,绩效考核应该是一项不断进行的活动。

(3) 绩效管理是管理组织和员工绩效的综合体系

这种观点将绩效管理看作一个综合体系,但这种观点因内部强调的侧重点不同而有所差异。考斯泰勒(1994)的模型意在加强组织绩效,但其特点是强调对员工的干预,他认为,绩效管理通过将各个员工或管理者的工作与整个工作单位的宗旨连接在一起,来支持企业或组织的整体战略目标;另一种模型认为绩效管理的中心目标是挖掘员工的潜力,提高他们的绩效,并通过将员工的个人目标与企业战略结合在一起来提高企业的绩效。

本书对于绩效管理的理解与第三种观点比较一致,即绩效管理是对各个层次的绩效进行综合管理。绩效管理作为一种管理思想,主要宗旨有两个:系统的思考和持续的改进。它强调动态的变化,强调对企业或者组织全面而系统的理解,强调学习性,强调不断的自我超越。我们认为,孤立地、片面地、静止地看待绩效管理,很容易使绩效管理掉入机械的、僵化的陷阱。绩效管理不应该简单地被认为仅仅是一个测量和评估的过程,而应该是管理者和员工之间创造互相理解的途径,在绩效管理的过程中,员工和管理者应该明白:组织要求的工作任务是什么、这项工作应该怎么去完成、到什么程度才算完成;并通过管理者和员工之间开放式的沟通来加强彼此的关系,这也是绩效管理思想不同于单纯绩效考核的重点之一。

三、绩效管理的意义

虽然员工往往对绩效管理产生抵触情绪,但我们仍然需要绩效管理,因为无论是组织、管理者还是员工,都可以从绩效管理中获益。

1. 组织需要绩效管理

从整个组织的角度来看,组织的目标被分解成部门目标和员工个人目标,组织绩效有赖于各部门绩效目标的实现,各部门绩效由员工个人绩效来支持。因此,组织必须将目标有效地分解到各部门,再分解到员工个人,并使员工和各部门都积极地向着共同的组织目标努力;组织必须监控目标实现过程中各个环节的进展情况,及时发现执行中的问题并予以解决;组织必须得到最有效的人力资源,以便高效率地完成任务,这至少需从3个方面入手:一是通过人员配备使员工充分发挥作用;二是通过加强人力资源培训与开发增强组织的整体能力;三是通过薪酬管理和建立能进能出的竞争机制提高员工的工作积极性。绩效管理可以满足上述需要。制定绩效目标,可以有效地将组织目标分解到各部门和个人;通过绩效沟通和绩效考核,可以发现目标实现中的问题并及时解决;绩效考核的结果可作为员工管理、人员配备、培训与开发、薪酬管理的依据。

2. 管理者需要绩效管理

管理者的价值并非取决于其本人做了些什么,而是取决于其下属做了些什么,即取决于员工的工作绩效如何。管理者必须通过下属来实现自己的绩效目标。绩效管理提供给管理者一个将组织目标分解到员工的机会,并且使管理者能够向员工说明其对工作的期望和工作的衡量标准,还使管理者能够对计划执行情况进行监控。

3. 员工需要绩效管理

员工在绩效管理中通常是以被管理者和被评估者的角色出现,绩效管理对他们来说常常是一件有压力的事情,往往是与不愉快的感情体验联系在一起的。但是每个员工在内心都希望了解自己的工作绩效,了解自己的工作做得怎么样,了解别人对自己的评价。因为他们希望自己的工作绩效能够得到他人的认可与尊重,同时,他们也需要了解自己有待于提高的地方,使自己的工作能力得以提高,技能得以改善。

第二节　绩效管理的过程

绩效管理的过程可以分为5个步骤:一是绩效计划,二是绩效实施,三是绩效考核,四是绩效反馈,五是绩效考核结果的应用。这5个步骤是一个循环改进的过程,它使企业的绩效得以持续提升。

一、绩效计划

绩效计划是一个确定组织对员工的绩效期望并得到员工认可的过程。绩效计划必须清晰地说明期望员工达到的结果以及为了达到该结果期望员工所表现出来的行为和技能。通常情况下,人力资源部门对监督和协调绩效管理过程负有主要责任。各职能部门的经理人员也必须积极参与,特别是要参与制订绩效计划。更重要的是,如果能让员工也参与其中,那么,员工会更容易接受绩效计划并产生认同感。绩效计划的制订是一个自下而上的目标确定过程,通过这一过程将个人目标、部门或团队目标与组织目标结合起来。因此,计划的制订也应该是一个员工全面参与管理、明确自己的职责和任务的过程,是绩效管理的重要环节。

(一) 制订绩效计划的原则

1. 战略的相关性

战略的相关性指的是工作标准与组织战略目标的相关程度。比如,如果我们制定了一个组织战略目标"保证其销售的产品中25%～30%是在过去5年内研制生产的",那么,销售人员在进行销售的时候就必须按照这一标准来指导自己的工作。

2. 可测量性

可测量性指的是工作目标清晰明了并且可以测量,可以根据具体的标准将工作绩效与所定标准相比较,从而确定工作完成得好坏。比如,我们不能将目标设定为"尽可能地扩大市场份额",这样的目标没法测量,因为我们无法定义达到什么程度才是尽可能大的市场份额;我们只能以具体的数字或比例来量化工作目标,这样才能给员工以有效的行动指南。当工作标准以专业的、可计量的语句来表述时,依照此标准对员工进行绩效考核是较为公正的。

(二) 绩效计划的内容

在绩效考核周期开始的时候,管理人员和员工必须对员工工作的目标达成一致的意见。员工的绩效目标至少应该包括以下几方面的内容:

① 在约定的考核绩效期间,员工所要达到的工作目标是什么?
② 各项工作目标的权重如何分布?
③ 如何评价工作目标的完成情况?

因为形成绩效计划的过程是一个双向沟通的过程。既然是双向沟通,也就意味着在这个过程中管理人员和员工双方都负有责任。制订绩效计划不仅仅是由管理人员向员工提出要求,也不仅仅是由员工自发地设定工作目标,而是需要管理人员与员工双方的互动和沟通。

在这个过程中,管理人员要向员工解释和说明的是:

① 组织的整体绩效目标和计划是什么?
② 为了完成整体的目标计划,组织对员工的期望是什么?
③ 员工的工作标准是什么?
④ 完成时间如何确定?

员工需要向考核人员表达以下几方面的内容:

① 自己对工作目标的认识是什么?
② 自己如何完成工作?
③ 自己对所承担工作的疑惑是什么?
④ 自己需要哪些资源和支持?

(三)绩效计划的制订步骤

绩效计划的制订步骤基本上可以分为两个阶段:准备阶段和沟通阶段。

1. 准备阶段

首先,应先准备必要的信息,这是充分沟通的条件。信息主要分为3类:第一类是关于组织的信息。为了使绩效计划能够和组织的目标结合在一起,在进行关于绩效计划制订的沟通之前,考核者和被考核员工都需要认真回顾组织的目标。关于组织的信息不应该只是高层管理人员了解就可以的,对于基层部门和员工来说,了解组织的发展战略与经营计划的信息有助于在工作中保持正确的方向和原则。一般而言,组织通过文化建设建立组织的解释系统,从而完成组织信息的传递。第二类是部门信息。部门信息是制订员工个人计划的主要来源。每一个部门的信息都是根据组织的整体目标逐渐分解而来的。第三类是个人的信息。这类信息主要包括被考核人员的工作描述和上一个考核期的评估结果。在员工的工作描述中,通常规定了员工的工作职责,工作职责是设定员工个人绩效计划的重要依据。因为员工的绩效目标通常是连续的或者是关联的,因此在制订绩效计划时,有必要回顾一下上一个考核期内的工作目标和评估结果。同时,对于上个考核期内存在的问题和有待于进一步解决的方面也需要在这个考核期内得到体现。

其次,就是沟通方式的确定和准备。一般来说,采取什么样的方式,需要考虑不同的环境因素、员工特点以及达成工作目标的特点。如果希望借助绩效计划的机会向员工做一次动员,不妨召开员工大会。如果只与部门成员有关,则可以开一次部门会议,对绩效目标和计划予以讨论,这有助于在部门成员之间达成共识,增强协调和配合。即使在考核者和被考核对象之间单独交谈,也应该考虑沟通的方式。无论采取何种方式,目的都是使考核者和被考核者对绩效目标与计划达成共识。

2. 沟通阶段

在这个阶段,管理者和员工要进行充分的交流与沟通,以便与员工就其在这个绩效周期内的工作目标和计划达成共识。在这个阶段需要注意以下几个方面:

(1) 营造良好的沟通环境

轻松愉悦的环境容易让双方从心理上得到放松,减轻沟通时的抵触和敌意。很多公司的管理者都喜欢选择咖啡馆或和员工一起进餐的时间进行沟通,这是一个很不错的想法。除了轻松的氛围之外,还要注意不可选择嘈杂的场所。有的管理者选择自己的办公室进行沟通,但在这样的环境中,谈话常会被电话或来访人员打断,沟通效果可想而知。

(2) 沟通的原则

在绩效计划的沟通过程中,管理者要将自己放在一个和员工平等的地位上来讨论问题,不能高高在上或将自己的意志强加于员工身上。我们应该将员工看作他所从事的职位方面的专家,多听取他们的意见。当然,管理者是有责任在沟通的过程中确保员工目标设定的方向和组织战略目标是一致的,同时也有责任调动员工的工作积极性,鼓励他们朝着共同的目标奋斗。

（3）沟通过程

首先需要回顾一下会谈前所准备的信息，然后在组织经营目标的基础上，每个员工需要设立自己的工作目标和关键业绩指标。所谓关键业绩指标，是指针对工作的关键产出来确定评估的指标和标准。值得注意的是，这些标准必须是具体可衡量的，并且应该有时间限制。在计划制订阶段，管理者有必要向员工承诺提供解决问题和困难的支持与帮助。绩效计划制订完了并不代表着就不需要改动了，还必须依据变化的环境和组织战略的调整来修改绩效计划。

（4）沟通形式

管理者每周或每月与每名考核员工进行一次简单的交流，让每位员工可以汇报其完成任务和工作的情况；每个员工定期进行简短的书面报告，当出现问题时，管理者根据员工的要求与其进行专门的沟通。

二、绩效实施

绩效实施过程主要包括两方面的内容，一是绩效沟通，二是绩效信息的收集与分析。绩效管理的循环从制订绩效计划开始，以绩效反馈和面谈等导入下一个绩效周期。在这个过程中，决定绩效管理方法是否有效的关键就是处于计划和评估中间的环节——持续的绩效沟通与绩效信息的收集及分析。

（一）持续的绩效沟通

持续的绩效沟通就是管理者和员工互相交流，分享有关信息的过程。这一过程讨论与交流的内容包括工作进展情况、潜在的障碍和问题、可能的解决措施以及管理者如何才能帮助员工等。它是连接计划和评估的中间环节。持续的绩效沟通可以使一个绩效周期里的每一个人（无论是管理者还是员工）都可以不断获得有关改善工作的信息，并就出现的变化情况达成新的承诺。

1. 持续绩效沟通的方式

内容和形式是一个事物的两个方面。采取何种沟通方式在很大程度上决定着沟通是否有效。我们将沟通的方式分为正式沟通和非正式沟通。管理者与员工的正式沟通又可以分为书面报告、定期面谈、管理者参与的团队会议、咨询和进展回顾。

（1）书面报告

书面报告是绩效管理中比较常用的一种正式沟通的方式。它是指员工使用文字或图表的形式向管理者报告工作的进展情况，可以是定期的，也可以是不定期的。许多管理者通过书面报告这种形式及时跟踪了解员工的工作进展情况，但也有一些管理者并未真正掌握这种方法，而只是流于形式，既不能起到实质性的作用，又浪费了大量的人力和财力，得到了一大堆束之高阁的表格或数据等。

（2）定期面谈

管理者与员工定期进行一对一的面谈是绩效沟通常用的方式。面谈前应该陈述清楚面谈的目的和重点内容,让员工了解与他工作相关的一些具体情况和临时变化。要给员工充分的时间来说明问题,必要时,管理者可以给予一定的引导和评论。面谈的最终结果是要管理者和员工之间就某一问题达成共识并找到解决方案。如果员工以一种对抗性的态度来进行这次面谈,那就意味着这次面谈是失败的,有必要在随后的时间里再面谈一次,直到达到面谈目的为止。

(3) 管理者参与的团队会议

有管理者参与的团队会议除了进行沟通外,管理者还可以借助于开会的时机向员工传递有关公司的最新战略或信息,传播企业文化精神,统一价值观,鼓舞士气,消除误会等。

(4) 咨询

有效的咨询是绩效管理的重要组成部分。在绩效管理的实践中,员工没能达到预期的绩效标准时,管理者借助咨询可以帮助员工克服工作过程中遇到的障碍。管理者在进行咨询时应做到:第一,咨询应该是及时的。必须在问题出现后立即进行咨询。第二,咨询前应做好计划,特别应该对咨询所进行的环境做好计划,应当是在安静、舒适的环境中进行。第三,咨询是双向的交流。管理者应该扮演"积极的倾听者"的角色,能使员工感受到咨询是开放的,并鼓励员工多发表自己的看法。第四,不要只集中在消极的问题上,谈到好的绩效时,应具体并说出事实依据。对不好的绩效应给予具体的改进建议。第五,要共同制订改进绩效的具体行动计划。

(5) 进展回顾

绩效进展回顾是一个直线管理过程,而不是一年一度的绩效回顾面谈。工作目标的实现对组织的成功至关重要,应该定期对其进行监测。在绩效管理过程中,人们经常进行回顾,对一些工作来讲,每季度进行一次会谈和总结是合情合理的。但对其他短期工作或新员工,应该每周或每天进行反馈。在进展回顾中,应做到:第一,进展回顾应符合业务流程和员工的工作实际;第二,将进展回顾纳入自己的工作计划;第三,不要因为其他工作繁忙而取消进展回顾;第四,进展回顾不是正式或最后的绩效回顾,进展回顾的目的是收集信息、分享信息并就实现绩效目标的进一步计划达成共识;第五,如果有必要,可以调整所设定的工作目标。

(6) 非正式沟通

在工作开展的过程中,管理者和员工不可能总是通过正式的渠道来进行沟通。无论是书面报告还是其他形式的沟通,都需要事先计划并选取合适的时间和地点。然而,事实上,在日常的工作中,随时随地都可能发生沟通:非正式的交谈、吃饭时的闲聊、郊游或聚会时的谈话等。有专家认为,就沟通对工作业绩和工作态度的影响来说,非正式的沟通或每天都进行的沟通往往比年度或半年期业绩管理评估会议时得到的反馈更重要。

(二) 绩效信息的收集和分析

绩效信息的收集和分析是一种有组织的系统收集员工工作活动和组织绩效的方法。所有的决策都需要信息,绩效管理也不例外。没有充足有效的信息,就无法掌握员工工作的进度和所遇到的问题;没有有据可查的信息,就无法对员工工作结果进行评价并提供反馈;没有准备必要的信息,就无法使整个绩效管理的循环不断进行下去并对组织产生良好影响。

1. 绩效信息的内容

并非所有的数据都需要收集和分析,也不是收集的信息越多越好。因为收集和分析信息需要大量的时间、人力和财力,如果像收藏家一样只将强烈的热情投入信息的海洋中去,反而会被湮没,以致抓不住最有价值的信息。

我们强调的主要是与绩效有关的信息,而绩效管理只是能使企业不断进步的一个环节而已,因此,收集的信息主要包括:目标和标准达到的情况、员工因工作或其他行为受到的表扬和批评情况、证明工作绩效突出或低下的具体证据、对管理者和员工找出问题成因有帮助的其他数据、管理者同员工就绩效问题进行谈话的记录。

2. 收集信息的渠道和方法

信息收集的渠道可以多元化。有员工自身的汇报和总结,有同事的共事与观察、有上级的检查和记录,也有下级的反映与评价。如果企业所有员工都具备了绩效信息反馈的意识就能够给绩效管理带来极大的帮助和支持,各种信息渠道畅通,信息客观而全面,便于管理者做出更真实客观的绩效考核,使企业的绩效管理更加有效。

信息收集的方法包括观察法、工作记录法、他人反馈法等。观察法是指上级直接观察员工在工作中的表现并将之记录下来的方法;工作记录法是指通过工作记录的方式将员工工作表现和工作结果记录下来;他人反馈法是指管理者通过其他员工的汇报、反映来了解某些员工的工作绩效情况。我们提倡各种信息收集方法的综合运用,因为单一的方法也许只能了解到员工绩效的某个或某几个方面,而不能面面俱到。信息收集方法的正确与否直接关系到信息质量的好坏,最终影响到绩效管理的有效性。

三、绩效考核

在不同的组织中,我们都在进行着绩效考核。有时候它可能只是走走过场,有时候它又变得非常重要。绩效考核是对绩效结果进行测量、评价和反馈的过程。绩效考评包括组织考核和员工考核,组织考核的结果与员工考核的结果是紧密相关的。绩效考评是绩效管理中的反馈环节,考核的目的不仅仅是为了给出一个分数,更为重要的是,通过充分的沟通,组织或员工可以进行目的性更强的绩效改进。

(一) 确定评价者

由于现代企业岗位的复杂性,仅仅凭借一个人的观察和评价很难对员工做出全面的绩效考核。就像衡量工作的标准多种多样一样,绩效考核的参与者也是多方面的。参与评估的人员可能包括上司、同事、员工自己、下属和客户等。

1. 直线上级评估

由直线上级进行评估是考核员工绩效的传统方法,这也是管理者常用的引导和监督雇员行为的方法。选择由直线上级进行考核,是因为他们通常是最熟悉员工工作及其工作状况和工作结果的人。在绝大多数情况下,直接上级是执行这项任务的最佳人选,虽然通常他们做不到这一点,因为他们往往没有足够的时间去全面观察每一位员工的工作情况。因此,上级在对员工进行评估时,必须依靠工作记录来对员工进行业绩考核。

2. 自我评估

自我评估是由员工对自己的绩效所做的评估,一般形式是员工在综合绩效考核以前就自己的绩效水平填写一份评估表。当经理人员想要提高员工在绩效评估中的参与度时,选择自我评估法是非常有效的。自我评估体系要求员工在参加评估面谈之前先完成自我评估表格。至少,这一程序给员工一个思考自身优缺点的机会,并引发员工就有关阻碍高绩效形成的原因进行讨论。当需要上级和员工一同建立未来工作目标或员工发展计划时,这种方法同样非常有效。但反对自我评估的人士认为,较之上级主管评定,员工在自我评定时会对自己更加宽容,并倾向于夸大自身的优点。基于这个原因,自我评估更适合于员工发展方面的用途而不适合于管理控制的用途。

3. 同事评估

共同工作的同级别员工参与员工绩效考核的机会正在增多。虽然来自上级的评估信息相当有价值,但是一些公司还是增加了同事评估来取代或补充那些由上级主管做出的评估。同事评估和上级评估是分别从两个不同的角度来看待某个员工的绩效的。通常,一方面,上级主管们掌握着更多有关工作要求和绩效结果的资料。而另一方面,同事则经常以一种不同的、更现实的眼光来看待某一员工的工作绩效,因为员工通常会把自己最好的一面展现给公司,但与其朝夕相处的同事可以看到他较为真实的一面。特别是在现代企业中,项目管理小组正日益发挥重要的作用,同事间的默契合作对组织绩效的形成变得越来越有价值。

4. 下属评估

下属评估这种方法不仅为大公司所采用,同样也为小公司所运用。这种方法能够使上级主管了解下属员工是如何评价自己的。在评估上级主管时,员工是很有发言权的,因为他们经常与其上司接触,并站在一个独特的角度观察上司诸多与工作有关的行为。因此,下属非常适合去评价其上司在某些方面的表现,比如领导能力、口头表达能力、团队协调能力、对下属的关注程度等。但是,对上级主管工作的某些特殊方面运用下属评估是不太恰当的,比如对计划与组织、预算、创造力、分析能力等方面的评估就不适宜用下属评估法。

5. 顾客评估

出于全面质量管理的考虑,越来越多的企业开始使用内部和外部的顾客评估法来获取员工绩效考核的信息。外部顾客评估主要被服务业用来评估其职员的工作绩效。运用外部顾客评估的公司,将顾客服务标准作为员工绩效考核的一个参考数据,其目的是想取得更客观的评估结果,得到更高效的员工,使顾客更满意,并将工作做得更好。与外部顾客评估相比,内部顾客评估包括企业内部任何得到其他员工服务支持的人。比如,经理人员得到了人力资源部门招聘和培训员工的服务支持,那么,经理人员就可以成为对人力资源部门进行评估的内部客户。不管是从管理的角度还是从发展的角度，内部客户都可以为员工绩效评估提供各类有用的信息。

6. 360度评估

工作往往具有多面性，而不同的人观察的方面也是不同的。许多公司已经将各种评估主体所得到的信息综合使用，并产生360度评估和反馈体系。正如这种方法的名称所示，360度评估为了给员工一个最公正的评估结果而尽可能地应用所有方面的信息，这些方面包括上司、同事、下属、顾客等。尽管360度考核仅仅为了发展的目的，但这种方法正逐步应用于绩效评估和其他管理用途。

（二）培训评估者

相当多的绩效考核失败的原因在于评估者的主观错误，比如评估者对被评估者的偏见或其他一些并非恶意的主观性错误，所以必须在评估者进行绩效评价之前对他们进行培训。通过制订正规的培训计划，可以纠正培训者在评定过程中经常出现的主观性错误。这种培训将最终给企业带来不少好处，特别是当被培训者有机会观察其他管理者的错误行为，积极查找自身在绩效评估过程中的错误，并经常参与相关演练以减少犯错误的可能时，培训效果更加明显。

（三）设计绩效考核指标体系

一名优秀的员工，总是希望其努力及努力的成果能被老板或主管所赏识；相反，不努力的员工则是希望能够滥竽充数，不被他人所发现。留住优秀员工，淘汰不称职的员工，对员工实施绩效考核是很有效的方法。一个良好的员工绩效考核系统，可以支撑企业持续产生高绩效，保证企业的长久发展。

四、绩效反馈

绩效反馈是绩效管理过程中的重要环节之一。它主要通过考核者与被考核者之间的沟通，就被考核者在考核周期内的绩效情况进行面谈，在肯定被考核者成绩的同时，找出其工作中的不足并加以改进。绩效反馈的目的是为了让员工了解自己在本绩效周期内的业绩是否达到所订的计划目标，行为态度是否合格，让管理者和员工双方达成对评估结果一致的看法，同时，双方共同探讨绩效未合格的原因并制订绩效改进计划。此外，管理者要向员工传达组织的期望，双方对新的绩效周期目标进行探讨，最终形成新的绩效合约。由于绩效反馈在绩效考核结束后实施，而且是考核者与被考核者之间的直接对话，因此，有效的绩效反馈对绩效管理起着至关重要的作用。

（一）绩效反馈的原则

1. 经常性原则

绩效反馈应当是经常性的，而不应当是一年一次。这样做的原因有两点：首先，管理者一旦意识到员工的绩效有问题，就有责任立即去纠正它。如果员工的绩效在某年1月时就低于标准要求，而管理人员却非要等到12月再去对绩效进行评价，那么这就意味着企业要蒙受11个月的生产率损失。其次,绩效反馈过程有效性的决定因素之一是员工对于评价结果基本认同。因此,考核者应当向员工提供经常性的绩效反馈,使他们在正式的评价过程结束之前就基本知道自己的绩效评价结果。

2. 对事不对人原则

在绩效反馈面谈中双方应该讨论和评估的是工作行为与工作绩效,也就是工作中的一些事实表现,而不是讨论员工的个性特点。员工的个性特点(比如个人气质的活泼或沉静)不能作为评估绩效的依据。但是,在谈到员工的主要优点和不足时,可以谈论员工的某些个性特征,但要注意这些个性特征必须是与工作绩效有关的。例如,一个员工个性特征中有不太喜欢与人沟通的特点,这个特点使其工作绩效因此受到影响,对这样关键性的影响绩效的个性特征还是应该指出来的。

3. 多问少讲原则

发号施令的经理很难实现从上司到"帮助者"或"伙伴"的角色转换。我们建议管理者在与员工进行绩效沟通时遵循"二八法则":80%的时间留给员工,20%的时间留给自己,而自己在这20%的时间内,可以将80%的时间用来发问,20%的时间才用来"指导""建议""发号施令",因为员工往往比经理更清楚本职工作中存在的问题。换言之,管理者在沟通中要多提好问题,引导员工自己思考和解决问题、自己评价工作进展,而不是发号施令或居高临下地告诉员工应该如何做。

4. 着眼未来原则

绩效反馈面谈中很大一部分内容是对过去的工作绩效进行回顾和评估,但这并不等于说绩效反馈面谈只集中于过去。谈论过去的目的并不是为了停留在过去,而是为了从过去的事实中总结出一些对未来发展有用的内容。因此,任何对过去绩效的讨论都应着眼于未来,其核心目的是为了制订未来发展的计划。

5. 正面引导原则

不管员工的绩效考核结果是好是坏,一定要多给员工一些鼓励,至少让员工感觉到:虽然我的绩效考核成绩不理想,但我得到了一个客观认识自己的机会,我找到了应该努力的方向,并且在我前进的过程中会得到主管人员的帮助。总之,要让员工把一种积极向上的态度带到未来工作中去。

6. 制度化原则

绩效反馈必须建立一套完善的评估、反馈制度,只有将其制度化,才能保证其能够持久地发挥作用。

(二) 绩效反馈的重要性

绩效反馈是绩效考核的最后一步,是由员工和管理人员一起回顾与讨论考评的结果,如果不将考核结果反馈给被考评的员工,考核将失去极为重要的激励、奖惩和培训的功能。因此,有效的绩效反馈对绩效管理起着至关重要的作用。

1. 绩效反馈是绩效公正的基础

由于绩效考核与被考核者的切身利益息息相关,考核结果的公正性就成为人们关心的焦点。考核过程是考核者履行职责的能动行为,考核者不可避免地会掺杂主观意志,导致考核结果的公正性不能完全依靠制度的改善来实现。绩效反馈较好地解决了这个矛盾,它不仅让被考核者成为主动因素,更赋予其一定的权利,使被考核者不但拥有知情权,更有了发言权;同时,程序化的绩效申诉有效降低了考核过程中不公正因素所带来的负面效应,在被考核者与考核者之间找到了结合点、平衡点,对整个绩效管理体系的完善起到了积极作用。

2. 绩效反馈是提高绩效的保证

绩效考核结束后,当被考核者接到考核结果通知单时,其在很大程度上并不了解考核结果的来由,这时就需要考核者就考核的全过程,特别是被考核者的绩效情况进行详细介绍,指出被考核者的优缺点,特别是考核者还需要对被考核者的绩效提出改进建议。

3. 绩效反馈是增强团队竞争力的关键

任何一个团队都存在两个目标:个体目标和团队目标。个体目标与团队目标一致,就能够促进团队的不断进步;反之,就会产生负面影响。在这两者之间,团队目标处于主导地位,个体目标处于从属地位。

(三)绩效反馈的内容

1. 通报员工当期绩效考核结果

对员工绩效结果的通报使员工明确其绩效表现在整个组织中的大致位置,激发绩效考核结果不理想的员工改进现有绩效水平的意愿。在沟通员工当期绩效考核情况时,主管要关注员工的长处,耐心倾听员工的声音,并在制定员工下一期绩效指标时进行调整。

2. 分析员工绩效差距与确定改进措施

绩效管理的目的是通过提高每一名员工的绩效水平来促进企业整体绩效水平的提高。因此,每一名主管都负有协助员工提高其绩效水平的职责。改进措施的可操作性与指导性源于对绩效差距分析的准确性。所以,每一位主管在对员工进行过程指导时要记录员工的关键行为,按类别整理,分成高绩效行为记录与低绩效行为记录。通过表扬与激励,维持与强化员工的高绩效行为,还要通过对低绩效行为的归纳与总结,准确地界定员工的绩效差距,并在绩效反馈时反馈给员工,以便其改进与提高。

3. 沟通协商下一个绩效考评周期的工作任务与目标

绩效反馈既是上一个绩效考评周期的结束,同时也是下一个绩效考评周期的开始。在考核初期,明确绩效指标是绩效管理的基本思想之一,需要各主管与员工共同制定。若各主管不参与则会导致绩效指标的方向发生偏差;若员工不参与则会导致绩效目标不明确。另外,在确定绩效指标的时候一定要紧紧围绕关键指标内容,同时要考虑员工所处的内外部环境变化,而不是僵化地将季度目标设置为年度目标的四分之一,也不是简单地在上一期目标的基础上增加几个百分点。

4. 确定与任务与目标相匹配的资源配置

绩效反馈不是简单地总结上一个绩效周期员工的表现,更重要的是要着眼于未来的绩效周期。在明确绩效任务的同时确定相应的资源配置,这对于主管与员工来说是一个双赢的过程。员工可以得到完成任务所需要的资源;主管可以积累资源消耗的历史数据,分析资源消耗背后可控成本的节约途径,还可以综合有限的资源情况,使有限的资源发挥最大的效用。

五、绩效考核结果的应用

绩效考核是绩效管理循环中的一个重要环节,不管企业针对员工采取什么样的绩效评价方法,绩效考核的最终目的都是通过对绩效考核结果的综合运用,推动员工为企业创造更大的价值。通常,我们把绩效定义为员工通过努力所达成的对企业有价值的结果,或者员工所实施的有利于企业战略目标实现的行为。员工个人绩效的高低主要取决于4个方面的因素:员工个人的知识、能力、工作动机以及机会,即员工和工作之间的匹配性以及其他外部资源的支持。企业通过对评价结果的有效运用,对以上4个方面的因素均可产生影响。针对绩效评价结果,企业可以以构建个人绩效为导向对员工实施报酬计划,合理安排工作流动和培训开发。

(一) 实施报酬计划

以个人绩效为导向的报酬计划,就是把对员工的绩效评价结果和其所获得的经济报酬紧密联系在一起,这类计划的核心在于以员工个人的绩效评价结果为依据,来确定其在企业中的报酬收入。这是企业在运用绩效评价结果时广泛采取的手段。广义的绩效计划有很多类型,在此,我们重点分析绩效加薪、绩效奖金、特殊绩效奖金认可计划这3种最为常见的制度。

绩效加薪是将员工基本薪酬的增加与其所获得的评价等级联系在一起的绩效奖励计划。员工能否得到加薪以及加薪的比例高低通常取决于两个因素:第一个因素是他在绩效评价中所获得的评价等级;第二个因素是员工的实际工资与市场工资的对照比例。当然,在实际操作中,由于很难得到真实的市场工资数据,大部分企业大体上以员工现有的基本工资额作为加薪的基数。企业在实施绩效加薪的时候,必须关注一个非常重要的问题:即绩效评价等级的分布。在许多企业里,由于绩效指标设置不科学,或者评价者的评价有误差,常常使公司80%左右的员工在年终的评价结果中获得较高的评价等级,这就引发了企业薪酬成本增大的问题。为了避免这种情况,有的企业对评价结果等级采取强制分布的方法,或者把员工个人评价结果的等级和部门的业绩结合起来。这些方法都是从总量上控制加薪的比例,从而在一定程度上避免了企业薪酬成本的无原则增加。但是,采取绩效加薪后,新增加的工资额就会变成员工下一期的基本工资,随着时间的延续,这种情况很可能会导致员工的基本工资额在缓慢积累的基础上大幅度提高,甚至会超出企业的盈利能力所能够支付的界限。因此,为了弥补绩效加薪这种制度的缺陷,越来越多的企业采取绩效奖金的方式而不是绩效加薪的方式来激励优秀员工。

绩效奖金是企业依据员工个人的绩效评价结果,确定奖金的发放标准并支付奖金的做法。绩效奖金的类型有很多种,其计算方法通常也比较简单,常用的公式是:员工实际得到的奖金 = 奖金总额 × 奖金系数。奖金总额的确定没有一个统一的方法,对于销售人员可依据销售额或销售利润来确定,对于行政支持人员可按照基本工资为基数,确定一个浮动的绩效奖金额度。奖金系数则是由员工的绩效评价结果决定的。绩效奖金和绩效加薪的不同之处在于企业支付给员工的绩效奖金不会自动累积到员工的基本工资之中,员工如果想再次获得同样的奖励,就必须像以前那样努力工作,以获得较高的评价分数。由于绩效奖金制度和企业的绩效考核周期密切相关,所以,这种制度在奖励员工方面有一定的限制,缺乏灵活性,当企业需要对那些在某方面特别优秀的员工进行奖励时,特殊绩效奖金认可计划可能是一种很好的选择。

特殊绩效奖金认可计划是在员工努力程度远远超出了工作标准的要求,为企业实现了优秀的业绩或者做出了重大贡献时,企业给予他们的一次性奖励。这种奖励可以是现金,也可以是物质奖励,还可以是荣誉称号等精神奖励。与绩效加薪和绩效奖金不同的是,特殊绩效认可计划具有非常高的灵活性,它可以对那些出乎意料的、各种各样的单项高水平绩效表现(比如开发新产品、开拓新市场)予以奖励。当然,在实施特殊绩效认可计划时,对员工绩效结果的评价往往是针对其工作中的某个具体项目,和绩效管理系统中的评价方法不完全一样。

(二) 调整工作配置

除了把绩效评价结果与员工的薪酬待遇结合起来之外,利用绩效评价结果也可以促使员工的工作流动。工作流动分为晋升、淘汰、工作轮换 3 种主要形式。工作流动的核心在于使员工本人的素质和能力能够更好地与工作相匹配。工作流动常常是和绩效评价结果联系在一起的。企业在对员工进行绩效评价时,不能只评价他目前工作业绩的好坏,还要通过对员工能力的考察,进一步确认该员工未来的潜力。而且管理者还应该明白,人与人之间所存在的绩效差异,除了与他们自身的努力有关外,还与他们所处的工作系统本身有关系,这些工作系统包括同事关系、工作本身、原材料、所提供的设备、顾客、所接受的管理和指导、所接受的监督以及外部环境条件等,这些要素在很大程度上不在员工自己的掌控之内。对那些绩效非常好的员工,企业可以通过晋升的方式给他们提供更大的舞台和机会,帮助他们获得更大的业绩;而对那些绩效不佳的员工,管理者应该认真分析其绩效不好的产生原因。如果是员工个人不努力工作、消极怠工,则可以采取淘汰的方式;如果是员工所具备的素质和能力与现有的工作任职资格不匹配,则可以考虑进行工作轮换,以观后效。

(三) 开发员工潜能

其实,企业建立绩效管理体系,除了具备区分员工绩效的优劣这一功能之外,还有一个很重要的功能,那就是通过分析绩效评价的结果来提升员工的技术和能力。培训的一个主要出发点就是员工绩效不良或者绩效低于标准要求,也就是说,当员工的现有绩效评价结果和企业对他们的期望绩效之间存在差距时,管理者就要考虑是否可以通过培训来改善员工的绩效水平。这时就需要对绩效较差的员工进行分析,如果员工仅仅是缺乏完成工作所必需的技能和知识,那么就需要对他们进行培训。因此,除了可以通过绩效评价衡量员工的工作业绩外,也可以利用绩效评价的信息来对员工能力进行开发。绩效评价系统必须能够向员工提供关于他们所存在的绩效问题以及可以被用来改善这些绩效问题的方法等方面的一些信息,其中包括使员工清楚地理解他们当前的绩效与企业对其期望绩效之间所存在的差异,帮助他们找到造成差异的原因以及制订改善绩效的行动计划。

第三节 绩效管理的方法和技术

一、关键绩效指标法(KPI)

(一)关键绩效指标法的定义

关键绩效指标(key performance indicator,简称KPI)是通过对组织内部流程的输入端、输出端的关键参数进行设置、取样、计算、分析,来衡量流程绩效的一种目标式量化管理指标,它把企业的战略目标分解为可操作的工作目标的工具,是企业绩效管理的基础。KPI可以使部门主管明确部门的主要责任,并以此为基础,明确部门人员的业绩衡量指标。建立明确的切实可行的KPI体系,是做好绩效管理的关键。关键绩效指标是用于衡量工作人员工作绩效表现的量化指标,是绩效计划的重要组成部分。

(二)关键绩效指标法的特点

1. 来自对公司战略目标的分解

首先,作为衡量各职位工作绩效的指标,关键绩效指标所体现的衡量内容最终取决于公司的战略目标。当关键绩效指标构成公司战略目标的有效组成部分或支持体系时,它所衡量的职位便以实现公司战略目标的相关部分作为自身的主要职责;如果KPI与公司战略目标脱离,则它所衡量的职位的努力方向也将与公司战略目标的实现产生分歧。其次,KPI是对公司战略目标的进一步细化和发展。公司战略目标是长期的、指导性的、概括性的,而各职位的关键绩效指标内容丰富,它们是针对职位而设置的,着眼于考核当年的工作绩效,具有可衡量性。因此,关键绩效指标是对真正驱动公司战略目标实现的具体因素发掘,是公司战略对每个职位工作绩效要求的具体体现。再次,关键绩效指标随公司战略目标的发展演变而调整。当公司战略侧重点发生转移时,关键绩效指标必须及时修正以反映公司战略新的内容。

2. 关键绩效指标是对绩效构成中可控部分的衡量

企业经营活动的效果是内因和外因综合作用的结果,这其中,内因是各职位员工可控制和影响的部分,也是关键绩效指标所衡量的部分。关键绩效指标应尽量反映员工工作的直接可控效果,剔除他人或环境造成的其他方面的影响。例如,销售量与市场份额都是衡量销售部门市场开发能力的标准,而销售量是市场总规模与市场份额相乘的结果,其中市场总规模则是不可控变量。在这种情况下,两者相比,市场份额比销售量更体现了职位绩效的核心内容,因而它更适合作为关键绩效指标。

3. 关键绩效指标是对重点经营活动的衡量

每个职位的工作内容都涉及不同的方面,高层管理人员的工作任务更复杂,但关键绩效指标只对其中对公司整体战略目标影响较大、对组织战略目标实现起到不可或缺作用的经营活动进行衡量,而不是对所有经营活动的反映。

4. 关键绩效指标是组织上下认同的指标

关键绩效指标不是由上级强行确定下发的,也不是由在岗员工自行制定的,它的制定过程是由上级与员工共同完成的,是上级与员工双方所达成的一致意见的体现。它不是以上压下的工具,而是组织中相关人员对职位工作绩效要求的共同认识。

(三)指标在绩效管理框架中的地位及构成

1. 指标体系在绩效管理框架中的地位

指标由战略而来,指标分解的过程也就是战略分解的过程。有效的指标分解过程是绩效管理系统执行公司战略的关键。所以绩效管理工作的重要组成部分就是分解绩效指标的过程。其流程见图6-1:

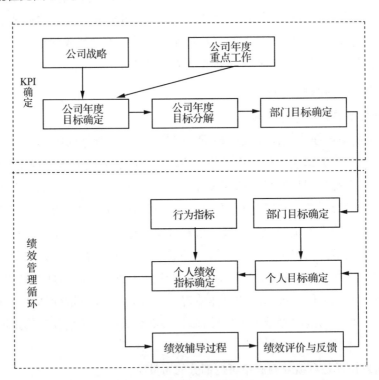

图6-1 绩效指标分解流程

由图6-1可知,一切绩效管理工作都是围绕绩效指标来进行的,绩效指标在绩效管理框架中处于核心地位。建立科学、合理的绩效指标体系是有效开展绩效考核等工作的前提。

2. 指标构成

（1）指标分类

KPI：又称关键业绩指标，指的是对组织战略目标具有重大影响的绩效指标。KPI指标的类型从时间角度来看，有年度和月度之分；从性质来看，有机械型（MO）、改进型（RO）和挑战型（CO）之分。

CPI：又称一般业绩指标，用以反映公司制度、流程和部门职能执行情况的绩效指标。

API：又称评议指标，用以反映员工工作态度和能力的绩效指标。

BPI：又称行为规范指标，是对员工响应公司道德准则的奖惩。

各项指标的构成及相互关系如图6-2所示。

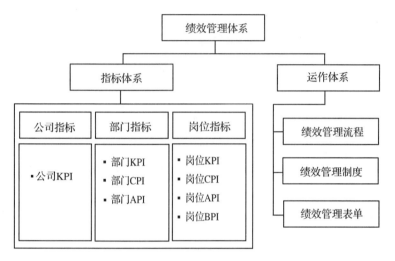

图6-2　绩效管理框架

（2）指标关系

公司层KPI直接来源于公司战略，部门KPI来源于公司战略和年度重点工作或待改进工作。部门CPI指标主要衡量履行部门基本职责的情况，部门API衡量部门对外服务态度和能力情况。岗位KPI部分来源于部门KPI，部分源于重点工作或待改进工作。岗位API衡量岗位对外服务态度和能力情况。岗位BPI评价是对员工响应公司道德准则的奖惩。3个层次指标间关系如图6-3所示。

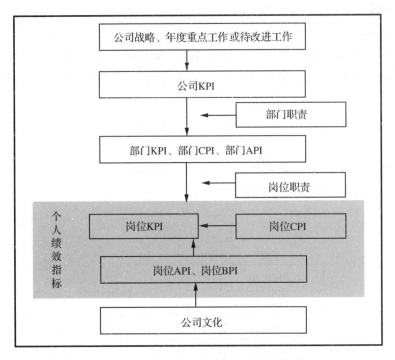

图 6-3　公司、部门和个人各绩效指标间的关系

（四）指标定义方法

1. QQTC 模型

定义指标的标准一般用 QQTC 模型,即从质量、数量、时间、成本这 4 个维度来确定标准。

（1）质量

即在规定条件下完成工作的质量,通常采用比例、评估结果、及时性、满意度、准确性、达成率、完成情况、合格率、周转次数等表示。

（2）数量

即在规定条件下完成工作的数量,一般采用个数、时数、次数、人数、额度等表示。

（3）时间

即指规定条件下完成工作的时间。通常采用完成时间、批准时间、开始时间、结束时间、最早开始时间、最迟开始时间、最早结束时间、最迟结束时间等表示。

（4）成本

即在规定条件下完成工作所耗费的成本,通常采用费用额、预算控制等表示。

2. 指标评价方法

常用绩效指标评价方法有以下几种:

（1）比例法

指按相应的比例来计算绩效指标得分的方法,比如计算公式:$A/B \times 100\%$。

(2) 非此即彼法

绩效指标所面对的最终结果只有两种可能,要么没有完成,要么完成;得分只有两种可能性,要么0分,要么满分。比如变电设备大修、改造管理的计划完成率为100%即为优,小于100%为差。

(3) 层差法

将绩效考核结果分为几个层次,每个层次对应相应的分数。

(4) 加分/减分法

是指对不占权重的绩效指标(如行为规范)实行考核的一种方法,一旦发生,即按标准进行扣分。

(5) 等级评价法

等级评价法是一种对定性指标按级别进行评价的方法,通常定性评价的等级可以划分为3级、5级、7级或9级,一般选用5级或7级,等级评价法需要实现对定性指标设置等级描述。

二、平衡计分卡(BSC)

自1993年卡普兰(Kaplan)和诺顿(Norton)将平衡计分卡(BSC)的功能延伸到企业战略执行领域之后,平衡计分卡就开始在全球范围内得到广泛接受与认同。以美国为例,有关统计数字显示,截至1997年年底,美国财富500强企业已有60%左右实施了平衡计分卡。如今平衡计分卡早已走出美国,在全球范围内得到广泛的应用,全球各个行业的企业(甚至包括一些非营利性机构)对平衡计分卡的需求每年也以成倍的速度增长。2003年,Balanced Scorecard Collaborative PtyLtd(平衡计分卡合作有限公司)的调查统计显示:在全世界范围内有73%的受访企业正在实施或计划在不久的将来实施平衡计分卡;有21%的企业对平衡计分卡保持观望态度;只有6%的企业不打算实施平衡计分卡(图6-4):

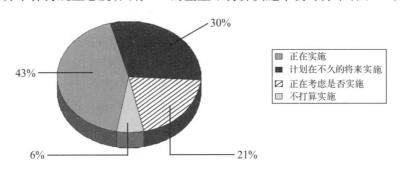

图6-4 全球范围内企业使用平衡计分卡的情况

资料来源:Balanced Scorecard Collaborative Pty Ltd. *Global BSC Trends* 2003 *Global Survey Results*

在亚太地区,特别是在中国、韩国等国家和地区平衡计分卡的应用也非常广泛,平衡计分卡得到美国乃至全球的企业的广泛认同,标志着平衡计分卡已经进入了推广与应用的时代。与此同时,在平衡计分卡推广与应用的过程中,平衡计分卡的理论体系也得到不断的丰富与完善。

（一）平衡计分卡的定义

平衡计分卡是从财务、客户、内部运营、学习与成长这4个角度,将组织的战略落实为一种可操作的衡量指标和目标值的新型绩效管理体系。设计平衡计分卡的目的就是要建立"实现战略指导"的绩效管理系统,从而保证企业战略得到有效执行。因此,人们通常称平衡计分卡是加强企业战略执行力的最有效的战略管理工具。

平衡计分卡是一个衡量、评价企业综合得分的指标体系,是一系列财务绩效衡量指标与非财务绩效衡量指标的综合体,更是一种管理方法,其注意力主要放在企业组织战略目标的实现方面。因而,卡普兰和诺顿把平衡计分卡称为"战略管理体系的基石"。

（二）平衡计分卡的应用研究

1. 先期准备工作

企业根据自己所处环境及自身拥有的资源进行战略定位,并确定战略目标,同时,在企业的各个层面进行沟通和教育,宣传企业的远景及战略目标,上下达成共识,然后从各个层面抽调管理人员和技术人员组成平衡计分卡绩效评价团队。该团队的主要职责是确定评价标准,建立评价体系,收集和处理数据,考核绩效,实施监督,接纳反馈意见,并对指标进行修正等。

2. 平衡计分卡的实施流程

① 简洁明了地确立公司的使命、愿景与战略。

② 成立实施团队,解释公司的使命、愿景与战略。

③ 在企业内部各层次展开宣传、教育、沟通。

④ 建立财务、顾客、内部运作流程、学习与成长这4类具体的指标体系及评价标准。

⑤ 数据处理。根据指标体系收集原始数据,通过专家打分分别确定各个指标的权重,并对数据进行综合处理、比较分析。

⑥ 将指标分解到企业、部门和个人,并将指标与目标进行比较,从而发现数据变动的因果关系。以部门层面的平衡计分卡作为范例,各部门把战略转化为平衡计分卡。在此过程中要注意结合各部门自身的特点,在各自的平衡计分卡中应有自己独特的目标与指标。

⑦ 预测并制订每年、每季、每月绩效衡量的具体指标,并与公司的计划和预算相结合。

⑧ 将每年的报酬奖励制度与经营绩效平衡表相结合。

⑨ 实施平衡计分卡,进行月度、季度、年度监测和反馈实施的情况。

⑩ 不断采用员工意见修正平衡计分卡指标,并改进公司战略(图6-5)。

图6-5 平衡计分卡的实施流程

3. 建立平衡计分卡的评价指标体系

正如上文所述,平衡计分卡指标体系由财务、顾客、内部运作流程、学习与成长这4个部分组成。评价指标体系的选择应该根据不同行业和企业的实际情况,以及按照企业的战略目标和愿景来制定。表6-1至表6-4详细列出了4个层面的常用评价指标。由于指标体系较多,可以把4个部分的指标进一步细分,这样便于对不同层面开展更为细致的考察。如表6-3把企业内部运作流程的指标根据价值链的不同环节再细分为第二层指标:创新过程、运作过程、售后服务过程;而这3个过程又可分为更细的具体指标,即第三层指标。这样,在计算过程中,可以分别得到创新过程、运作过程和售后服务的值,在对这些值进行横向和纵向的比较之后,可以更清晰地发现问题产生于哪个环节。

表6-1 财务指标构成

第一层指标	第二层指标	第三层指标
财务指标	盈利指标	净资产收益率
		总资产报酬率
		资本保值增值率
		销售利润率
		成本费用利润率
	资产营运	总资产周转率
		流动资产周转率、存货周转率
		应收账款周转率
		不良资产比例
	偿债能力	资产负债率
		流动比例
		速动比例
		现金流动负债比例
	增长能力	销售增长率
		资本积累率
		总资产增长率
		三年利润平均增长率
		三年资本平均增长率
		固定资产更新率

表 6-2　顾客指标构成

第一层指标	第二层指标	第三层指标
顾客指标	成本	顾客购买成本
		顾客销售成本
		顾客安装成本
		顾客售后服务成本
	质量	质量控制体系
		废品率
		退货率
	及时性	准时交货率
		产品生产周期
	顾客忠诚度	顾客回头率
		流失顾客人数
		挽留顾客成本
	吸引新顾客能力	新顾客人数
		新顾客比例
		吸引顾客成本
	市场份额	占销售总额的百分比
		占该类总产品百分比

表 6-3　企业内部运作流程指标构成

第一层指标	第二层指标	第三层指标
企业内部运作流程指标	创新过程	R&D 占总销售额的比例
		R&D 投入回报率
		新产品销售收入百分比
		研发设计周期
	运作过程	单位成本水平
		管理组织成本水平
		生产线成本
		顾客服务差错率
		业务流程顺畅水平
	售后服务过程	每次服务成本
		技术更新成本
		顾客投诉响应时间
		订货交货时间
		上门服务速度

表 6-4 学习与成长指标构成

第一层指标	第二层指标	第三层指标
学习与成长指标	员工素质	员工的知识结构
		人均脱产培训费用
		人均在岗培训费用
		年培训小时数
		员工平均年龄
	员工生产力	人均产出
		人均专利
		员工被顾客认知度
	员工忠诚度	员工流动率
		高级管理、技术人才流失率
	员工满意度	员工满意度
		员工获提升比例
		管理者的内部提升比例
	组织结构能力	评价和建立沟通机制费用
		协调各部门行动目标费用
		有效沟通评估
		团队工作有效性评估
		传达信息或接受反馈的平均时间
	信息系统	软硬件系统的投入成本
		拥有 PC 的员工比例
		软硬件系统更新周期

尤其要强调的是，不同的企业可以根据自己的具体情况选取关键性指标。比如美国首都银行(Metro Bank,N. A)根据该银行的具体情况所选取的评价指标如表 6-5 所示：

表 6-5 美国首都银行(Metro Bank,N. A)的平衡计分卡评价指标构成

财务指标	顾客指标
① 投资报酬率； ② 收入成长率； ③ 储蓄服务成本降低额； ④ 各项服务收入百分比。	① 市场占有率； ② 与顾客的关系； ③ 现有顾客保留率； ④ 顾客满意度调查。

续表

内部运作流程指标	学习与成长指标
① 各产品或地区的利润与市场占有率； ② 新产品收入占总收入比例； ③ 各种营销渠道的交易比例； ④ 顾客满意度； ⑤ 每位推销员潜在顾客接触次数； ⑥ 每位推销员的新客户收入额。	① 员工满意度； ② 每位员工的平均销售额； ③ 技术培训满意度； ④ 信息共享率； ⑤ 企业激励制度与员工个人目标相容的比例。

4. 数据处理流程

平衡计分卡的关键步骤是对数据进行综合处理。从上述指标体系可以看出，指标可以分为两种类型，第一类是定性的指标，如 Metro Bank 指标体系中"顾客指标"里的"与顾客的关系"；第二类是定量的指标，如 Metro Bank 指标体系中"财务指标"里的"投资报酬率"，这类指标应该占总指标的大多数。平衡计分卡数据的具体处理流程如图 6-6 所示：

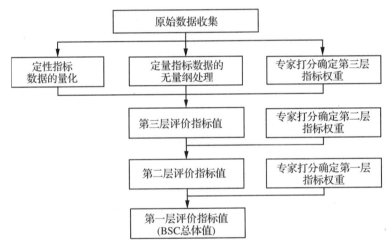

图 6-6　平衡计分卡数据处理流程

（1）定性指标数据的处理

国际通用的处理定性指标数据的方法是问卷调研法。因此，对指标体系中的定性指标数据需要设计调研问卷。为避免主观判断所引起的失误，增加定性指标数据的准确性，可采用隶属度赋值方法，将定性指标数据分成 7 个档次（很好、好、较好、一般、较差、差、很差），分别对应 7~1 分。7~1 表示不同的等级，各等级之间的差别只是对指标看法的程度不同。由于在赋值判断过程中已内含标准，所以可以直接计算评价值，用加权平均的方法对调查结果进行计算。

（2）定量指标数据的处理

对定量指标的数值按照指标的释义和公司的具体情况进行收集，对定量指标数据的收集需要不同部门的配合。由于各项定量指标数据的内容、量纲各不相同，直接综合在一起十分困难。比如说表 6-5 中 Metro Bank 的评价指标,顾客满意度的值假如是 80%,储蓄服务成本降低额却是一个较大的值,假设是 200 000MYM,两个指标间的值相差太大,并且它们的单位也不同,两者综合在一起难度较大。此外,在进行企业的横向或纵向比较时,比如对家电行业的海尔和长虹进行比较,因为一些具体的情况都不相同,致使评价值会不同程度地失真。因此,必须将这些指标进行无量纲处理,将定量指标原值转化为评价值。

(3) 确定平衡计分卡评价指标的权重

指标的权重是指该指标在本层指标中相对于其他指标的重要程度,一般以 100% 为最高值,分别对本层指标内的各项指标的重要程度进行配置。确定指标权重较为简便和合理的方法之一就是专家打分。专家的组成结构要合理,要有本企业的中高层管理人员、技术人员,也要有基层的技术和管理人员,还要有企业外的对本企业或本行业熟悉的专家,比如行业协会的成员、大学或研究机构的成员。同时,对不同的企业指标权重选择应根据不同行业、不同企业的特点进行打分。对高科技企业而言,由于其技术更新快,因而学习成长指标所占的权重就较大;对大型企业(比如美国通用公司)而言,运作流程的顺畅就显得很重要,因而该指标所占权重也相对较大;对银行等金融企业而言,财务指标事关重大,该指标的权重自然也较大。表 6-6 为美国 PIONEER 石油公司的年度奖励制度中平衡计分卡各类指标的权重。

表 6-6 美国 PIONEER 石油公司年度奖励制度中平衡计分卡各类指标的权重

指标构成	第一层指标权重	具体指标内容	第二层指标权重
财务	60%	利润与竞争者比较	18.0%
		投资者报酬率与竞争者比较	18.0%
		成本降低与计划比较	18.0%
		新市场销售成长	3.0%
		现有市场销售成长	3.0%
顾客	10%	市场占有率	2.5%
		顾客满意度调查	2.5%
		经销商满意度调查	2.5%
		经销商利润	2.5%
内部运作流程	10%	社区指数或环保指数	10.0%
学习与成长	20%	员工工作环境与满意度调查	10.0%
		员工策略性技能水准	7.0%
		策略性资讯供应情况	3.0%
总计	100%		100%

(4) 数据综合处理

在定量、定性数据值及各项指标的权重值确定了之后,就要对数据进行综合处理。数据综合处理的顺序是逆序法,即计算第三层指标值,再求第二层指标值,最后得到第一层指标值(见图6-6)。

① 第三层指标值:将上述求得的第三层定性和定量指标值与第三层对应的指标权重相乘,得到第三层指标值。

② 第二层指标值:将第三层各指标值与第二层对应的指标权重相乘,得到第二层指标值。

③ 第一层指标值(平衡计分卡总体值):将第三层各指标值与第一层对应的指标权重相乘,得到第一层指标值,即平衡计分卡的总体值。

最终得到计算结果如表6-7所示:

表6-7 平衡计分卡的计算结果

平衡计分卡总体值	第一层指标值	第一层指标权重	第二层指标值	第二层指标权重	第三层指标值	第三层指标权重
	财务					
	顾客					
	内部运作流程					
	学习与成长					

(5) 数据的比较分析

求得最终值的绝对值本身并没有多大意义,必须对这些数据进行比较。比较可分横向与纵向、内部与外部、客观与主观、短期与长期等几个层面进行,比如,企业与企业的平衡计分卡比较,企业内部的部门与部门的平衡计分卡比较,以及员工个人与员工个人的平衡计分卡比较。表6-8即从时间层面来对某企业纵向发展进行比较。比较前必须考虑比较对象的选择要具有可比性,比较标准要公开、公平、公正。

表6-8 1998—2002年某企业的平衡计分卡值及各指标比较变动情况

时间	1998年	变动(%)	1999年	变动(%)	2000年	变动(%)	2001年	变动(%)	2002年	变动(%)
平衡计分卡总体值										
财务										
顾客										
运作										
学习										

从上表各指标变动情况的数据分析中发现问题和因果关系,总结经验和教训。若哪项指标发生的正向变动较大,说明该项指标运作较好,把部门、个人绩效与薪酬体系挂钩,对不同绩效的员工或部门进行激励,并总结经验和进行推广;若哪项指标发生的反向变动较大,说明该指标运作较差,应当追本溯源,根据因果关系找到其成因,并采取相应的措施解决问题。

三、EVA 评估方法

随着后工业社会的来临,顾客的需求瞬息万变,技术创新不断加速,产品生命周期不断缩短,市场竞争日趋激烈,新的商业环境使得传统的会计衡量标准和旧的管理模式日趋落伍,企业管理面临着越来越多的挑战与冲击,适时推行新的经济管理模式变得越来越重要。因此,寻找和探索一套既行之有效又具有操作性的业绩评价体系成为企业所有者及企业经营者的重要目标。为此,一套崭新的企业业绩评估标准——经济增加值(EVA),正在国内外逐渐得到使用。EVA 首先在美国得到迅速推广。以可口可乐、AT&T 等公司为代表的一批美国公司从 20 世纪 80 年代中期开始尝试将 EVA 作为衡量业绩的指标引入公司的内部管理之中,并将 EVA 指标最大化作为公司目标。90 年代中期以后,世界一些著名的跨国公司纷纷采用 EVA 新型企业管理系统,以 EVA 指标取代传统的财务评价与管理指标,高盛、第一波士顿等投资银行以及毕马威等管理、会计咨询公司都尝试用 EVA 指标替代每股收益进行投资价值分析和管理咨询,取得了较好的成效。

(一) EVA 概念简介

EVA 是英文 economic value added 的缩写,可译为"资本所增加的经济价值""附加经济价值""经济增加值"等。EVA 指标设计的基本思路是:理性的投资者都期望自己所投出的资产获得的收益超过资产的机会成本,即获得增量受益;否则,投资者就会想方设法将已投入的资本转移到其他方面去。根据斯特恩·斯图尔特咨询公司的解释,EVA 是指企业资本收益与资本成本之间的差额。更具体地说,EVA 就是指企业税后营业净利润减去全部投资资本(债务资本和权益资本之和)成本后的差额。如果这一差额是正数,说明企业创造了价值,创造了财富;如果这一差额是负数,则表示企业发生价值损失;如果这一差额为零,则说明企业的利润仅能满足债权人和投资者预期获得的收益。

EVA 指标最重要的特点就是从股东角度重新定义企业的利润,考虑企业投入的所有资本(包括权益资本)的成本,因此它能全面衡量企业生产经营的真正盈利或创造的价值,对全面准确评价企业经济效益有重要意义。

根据 EVA 的内涵,EVA 的一般计算公式应是:

$$EVA = 税后营业净利润 - 资本总成本$$

其中,税后营业净利润等于税后净利润加上利息支出部分(如果税后净利润的计算中已扣除少数股东损益,则应加回),亦即公司的销售收入减去除利息支出以外的全部经营成本和费用(包括所得税费用)后的净值。因此,EVA 实际上是在不涉及资本结构的情况下公司经营所获得的税后利润,也即全部资本的税后投资收益,它反映了公司资产的盈利能力。资本总成本为全部投资资本(债务资本和权益资本之和)的成本,其计算公式为:

$$资本总成本 = 投资资本 \times 加权平均资本成本率$$

因此,上述 EVA 的一般计算公式也可以表示为:

$$EVA = 投资资本 \times (投资资本回报率 - 加权平均资本成本率)$$

由上述 EVA 计算公式可知,当企业的税后营业净利润超过资本总成本时,企业 EVA 大于零,表明企业的经营收入在扣除所有的成本和费用后仍然有剩余。由于这部分剩余收入归股东所有,股东价值增大;反之,当企业的税后营业净利润低于资本总成本时,企业 EVA 小于零,表明企业经营所得不足以弥补包括股权资本成本在内的成本和费用,股东价值降低。可见,EVA 与股东价值同方向变化,追求 EVA 最大化就是追求股东价值最大化。而股东价值是企业价值的重要组成部分,股东价值的增减必然会引起企业价值的增减。所以,我们可以将 EVA 引入企业的价值评估,在计算 EVA 的基础上确定企业价值。

在基于 EVA 的企业价值评估方法(以下简称 EVA 估价法)中,企业价值应为投资资本加上未来年份 EVA 的现值,即得出以下公式:

$$企业价值 = 投资资本 + 预期 EVA 的现值$$

(二)运用 EVA 进行绩效考核评估的优缺点

1. 应用 EVA 进行业绩评估的优点

① EVA 是通过对企业会计报表进行合理的调整和计算得到的,它能够对扭曲的会计信息进行调整,使税后营业净利润建立在正确、经济的基础之上。EVA 迫使管理者对经营活动中使用的所有资金都考虑成本,明确了股东权益的回报要求,促使企业降低资金占用,最大限度地有效配置资源,实现了股东财富和公司价值的最大化,而且 EVA 在评价公司业绩方面能够满足所有利益关系人对公司业绩进行评价的需要,具有清晰、公正和可靠的特征。它兼顾了各类利益相关者,主要包括管理者、债权人、员工、顾客、公司所在的社区或周围的环境,甚至还包括股东自身的长远利益。EVA 与回报率不同,它总是越多越好,其他任何业绩指标都不能产生这种效果。

② EVA 适用范围广,行业跨度大,注重企业的可持续发展,着眼于企业的长远目标。EVA 管理模式不受上市或不上市的影响,适用于股份制和非股份制企业,尤其适用于国有企业。它不仅符合企业的长远发展利益,符合知识经济时代的要求,而且也有利于加快中国企业管理的制度创新和技术进步。另外,EVA 的采用有利于进一步完善国有资本绩效评价规则。世界上最好的国有企业都关注资本的有效利用,关注资本回报的最大化。而对资本利用效率的最好量度是 EVA。

③ EVA 能防止对资产负债的过度杠杆化。EVA 奖金计划是抑制融资投机的一道防线。企业在衡量 EVA 时,所使用的资本总额包括所有重大表外资产,比如通过综合租赁或特殊融资工具获得的资产。管理者要为所有占用的资产获得足够的回报而负责,当管理者的"存储"奖金可能会由于 EVA 无法持续增长而被取消时,就能去除对资产负债表的过度杠杆化。同时,管理者会努力使目标资本结构在减少资本总成本和保持适度财务灵活性两个方面达到平衡。

④ EVA 有利于规范上市公司的经营行为,推动中国股市进一步成熟。目前中国股市还不规范,一些违规事件时有发生。采用 EVA 指标来考核股份公司的业绩,能够使经营者和股东的根本利益一致,使经营权和所有权的关系进一步协调。管理者以与股东同样的心

态去经营管理,像股东那样思考和行动,有效地遏制了内部人控制的弊端,规范了经营者或大股东的行为,解决了现代公司委托人与代理人的矛盾,减少甚至杜绝了中国股市不正常现象的发生。

⑤ EVA 机制弥补了中国许多企业薪酬制度的不足。世界著名的 EVA 专家、《财富》杂志高级编辑 A.L. 埃巴曾深刻地指出,EVA 模式取得成功的关键,就在于它将 EVA 的改善与员工业绩挂钩,建立一种独特的奖励制度,激发管理人员和员工的想象力与创造力。不得不承认,中国许多企业的薪酬制度不利于创新:企业成功了,经营者所得的回报不是特别丰厚;而一旦企业失败了,经营者所遭受的损失往往是巨大的。这就在无形中鼓励经营者采取保守的经营策略,最终导致企业技术落后、发展缓慢。EVA 机制就很好地弥补了这一经营缺陷,因为它鼓励企业管理者追求更高的 EVA,只要投资回报率高于资金机会成本,就能给管理者自己和股东带来 EVA。若要想增加薪酬奖励,就必须不断地增创 EVA,而增创 EVA 在很大程度上依赖技术进步。因此,EVA 机制有利于创新和技术进步,这对中国企业具有特殊重要的意义。

⑥ EVA 可以克服传统财务指标存在的不足。传统财务指标的计算以会计报表信息为基础,以税后净利润、每股盈余和净资产收益率等指标来考核经营者的业绩,客观上刺激了经营者粉饰利润的行为。由于这些指标在衡量企业经营业绩时没有扣除股本资本的成本,无法准确反映公司为股东创造的价值,不能体现股东要求的风险约束最低回报率,致使对资本总成本和税后营业净利润的反映存在部分失真,从而无法判断公司为股东创造价值的准确数量。而 EVA 能防止管理者进行会计操纵并更好地指导企业决策。事实证明,许多成功企业都是低利润率的企业。低利润率可能代表着良好的客户满意度、面向未来的投资,或者代表着加速资金周转、减少资金沉淀的结果。在许多情况下,低利润率并不意味着差的经营业绩。这种变化对许多现有的财务管理技能与方法提出了质疑。因此,应用 EVA 来全面地衡量经济效益有助于企业选择最佳的发展战略。

2. 应用 EVA 进行业绩评估的缺点

① EVA 让经营者甚至员工都参与股东资本收益分配的制度有悖于股份制经济的契约规定——即股东以投资行为为基础享有利益分配权,并以出资比例为限取得相应回报。另外,EVA 中涉及的债务成本显而易见,而股权成本却难以计量。通常认为股权成本是股东心理上存在的一个最低回报期望,即机会成本。

② EVA 的适用范围存在局限性。一般认为,EVA 只限用于持续经营的企业,而不适用于金融机构、周期性企业、新成立企业、风险投资公司等企业。因为金融机构有着特殊法定资本金要求,周期性企业利润波动太大,新成立企业和风险投资公司在创立初期无法为市场带来新产品且利润波动大,这些都可能引起 EVA 数值扭曲,故这些企业不适合采用 EVA。

③ EVA 没有考虑通货膨胀影响。EVA 使用资产历史成本,没有考虑通货膨胀的影响,致使 EVA 无法反映资产真实的收益水平。扭曲程度因公司资产结构、投资周期、折旧政策不同而有所差别,且不同行业受到影响的程度不一样。

④ EVA 受折旧方法选择的影响。中国的绝大多数企业采用直线法计提折旧,而采用直线法折旧时,EVA 会抑制公司成长。在新资产使用初期,由于资本基础较大,资本成本较高,EVA 偏低。随着折旧增加,资本基础逐渐变小,EVA 成比例增长。这样,有着大量新投资的公司反而比旧资产较多的公司 EVA 低。这显然不能用来比较公司的实际盈利能力。为此,必须修改折旧计划,将过去使用期间平均化的折旧方法改为年金折旧法,从而克服不平滑资本成本的影响,避免因资产处于不同使用阶段而影响 EVA 值。

⑤ EVA 受资本成本波动的影响。高层管理者可以通过业务选择、改变资本结构来改变资本成本。在不同时期,资本成本是 EVA 等式中最不稳定的变量。例如,公司在现有资产中投资,预期会创造显著经济价值。可是,几个月内,市场收益率迫使资本成本上升,新投资变成损耗价值,而不是所期望的创造价值。资本成本波动引起 EVA 波动。EVA 使那些操作层经理面临无法控制的风险。

综上所述,尽管 EVA 还存在许多不足,但由于 EVA 这种新型的公司业绩衡量指标考虑了货币时间价值和所有者投入资本的机会成本,量化了投资增值收益,比较准确地反映了公司在一定时期内为股东创造的价值,避免了高估企业利润,真实地描述了股东的财富增加状况,是对企业真实经济利润的客观评定,克服了传统经营绩效评价指标存在的缺陷,显示出了企业创造或摧毁的财富量,使经营者和股东的根本利益一致起来。

四、目标管理法(MBO)

(一)目标管理法的定义

目标管理法(MBO)最早是由著名的管理学家彼得·德鲁克在《管理的实践》一书中提出,从此管理学被开创成为一门学科。德鲁克认为企业的发展必须通过目标管理来得以实现,只有目标清晰,才能确定个人工作,以此来实现企业的效益。目标管理法体现了现代管理的哲学思想,管理是领导者与下属之间双向互动的过程。目标管理法是指依据组织预设的管理目标,对组织领导人及其员工的绩效进行检查、考核、评估的方法。

目标管理法的特点在于绩效考核人的角色从法官转换为顾问和教练,员工的身份也从消极的旁观者转换为积极的参与者,这使员工增强了满足感和工作的主动性、积极性与创造性,能够以一种更加高涨的热情投入工作,促使工作目标和绩效目标的实现。此方法用可观察、可测量的工作结果作为衡量员工工作绩效的标准,已确定的目标作为对员工考评的依据,从而使员工个人努力目标与组织目标保持一致,减少管理者将精力投入与组织目标无关的工作上的可能性。

(二)目标管理法的原则

目标管理法的原则主要包括目标的转化原则、制定原则、考核原则、实现原则以及平衡原则这 5 大原则,具体如下:

1. 目标的转化原则

目标管理的第一原则就是转化原则,即计划实施的行动应该与目标有明确的、可预期的转化关系。如果计划实施行动在一般性情况下无法达成目标,那么这些行动也无法从目标管理法的方法论中得出,因而也不属于目标管理法的范畴。

2. 目标的制定原则

目标的制定原则作为目标管理法的重要原则之一,是目标管理法的核心所在。目标的制定要与我们的期望结果相关联,避免错误的认知导致目标的制定出现问题。此外目标的制定还要重点关注其可考核性和可实现性。

3. 目标的考核原则

目标的考核原则是目标管理法的重要原则。我们所设立的所有目标,都应该是可量化、可数据化,从而可考核的。无法考核的目标只是浮于天上的乌托邦,既没有意义,又没有价值。因此,当设立目标的时候,除了关注其可实现性之外,还应该重点关注其可考核这一维度。

4. 目标的实现原则

目标的实现是目标管理法的重点之一,也是目标管理法的重要原则之一。如果说行动需要让目标可达成,那么目标的制定就需要一定的可实现性。这一条看似简单易懂,但在实际制定目标时,往往会出现目标过高或者目标过低的情况。其实,不论是目标过高还是过低,都不是目标管理法要真正实现的。因此,学会科学地制定目标,是目标管理法的重要动作之一。

5. 目标的平衡原则

在多个目标的综合管理中,平衡原则是需要关注的重点。多、快、好、省可以说是 4 个理想的目标,但是如果一味追求多、快、好,那么省是否能达成,就会出现疑问。多个目标同时进行,这在日常生活中非常普遍,要想达到最终结果的最优化,一定要关注多个目标的平衡性问题。

(三)目标管理法的实施步骤

目标管理法的实施主要体现于项目进行的全过程,因此,其与项目具体实施相互呼应,具体实施步骤如图 6-7 所示。

(1)制定目标

首先,对于目标要有明确的方向,知道如何达成期望的结果,从而才能进行目标的制定。目标的制定要紧紧与期望的结果相结合,不能偏离,也不能违背。此外,在目标的制定过程中,一定要考虑该目标是否可考核,如果不能考核,则不算是一个成功的目标制定过程。此外,目标制定也要关注实现性,不能实现的目标没有制定的意义。

(2)实现目标

目标设置之后,应该进行的就是行为的实施。对于实现目标的各项行为,在各个领域和行业中都有不同的做法。行为的实施需要关注两点:第一,关注各个行为与目标的关联性,即该行为是否可以达成或者阶段性地达成目标或分解目标,如果不能则需要判断是否要进行该动作的实施;第二,关注各个行为是否可行,即便行为可以让目标达成,但是如果该行为不可行或者付出的成本要远远高于达成目标的收益,那么就要慎重判断是否实施该行为。

(3) 信息反馈处理

当计划实施之后,在达成目标的过程中,需要实时对阶段性的信息进行反馈和处理,用以判断后续的动作该如何调整。这个动作看似简单,但往往是诸多目标管理中缺失的部分,更是很多目标管理最终失败的原因所在。目标管理不是一蹴而就的工作,更不是简单直线的逻辑关系,作为管理者应该关注阶段性的信息反馈,判断是否需要对动作进行调整,才能让目标管理真正贯穿于整个管理过程中。

(4) 检查实现结果及奖惩

当一个管理过程到了尾声,即目标已经达成或者因各种原因未能达成,我们都需要对结果进行检查,并且对于过程中出现的问题进行总结,从而对最终实现目标的程度进行考核。由于目标是可考核性的,因此我们在最后一定要对达成或者未达成的目标进行考核,找出未达成的原因所在,及时总结经验(图 6-7)。

图 6-7　目标管理法(MBO)的实施步骤

(四) 目标管理法的优缺点

1. 目标管理法的优点

目标管理法的优点主要表现在项目运行过程中员工运用自我控制取代传统的他人管理,充分发挥自身的潜能,主要表现在以下几方面:

(1) 注重员工参与

运用目标管理法的项目,其目标的制定是经过上下级之间相互协商、相互交流、相互沟通的结果,这样互通有无的工作氛围有助于消除员工与领导之间的意见分歧,减少因意见分歧带来的工作隔膜,实现上级对下级充分的信任,从而极大地提升企业员工的主观能动性和大胆创新的工作态度。

(2) 责权明确

目标管理过程是在员工相互协商的基础上完成的,这样建立的目标管理体系使得组织内部资源被充分关联在一起,同时根据指定的具体工作目标,组织内部成员在目标管理体系中的具体职责得以明确。此外,员工的个人目标和组织的整体目标相统一,更好地凝聚了团队的力量,提高了工作效率。

(3) 注重结果

因为在目标管理法的应用过程中,组织成员的责权明确,其个人目标与组织目标的一致性,促进员工在项目实施过程中,更加重视项目的实施结果,另外,组织成员在一段时间内应当实现的既定工作目标不应当以行动表现来满足,而是注重实际工作成果的取得,这也是目标管理法对于员工的考核评定的重要依据。

2. 目标管理法的缺点

尽管目标管理存在着上述诸多优点,但其自身在应用过程中还存在着些许不足。具体表现如下:

(1)原理和方法宣传不足

目标管理的理论和方法看上去比较简单,但真正在实践中把这些落到实处并不简单,无论是管理者还是员工都应当对此有清晰的认识。目标管理体系究竟是什么,如何在实际工作中发挥作用,考核评价如何开展,考核的结果如何更好地促进工作的开展……这些都需要我们平时针对目标管理法做更好的宣传。

(2)指导方针和目标理解不清楚

和其他管理方法一样,如果制定指导方针和目标时各级人员没有充分理解,那么就无法制定出切实可行的工作目标,更谈不上目标管理在实际中发挥积极作用。

(3)目标难以落实

绩效的考核是基于目标的明确。但在实际工作中,各级员工所制定的目标往往难以得到清晰地界定,这也使得日后的考核工作开展起来困难重重。

(4)缺乏长远的目标规划

目标管理体系中所制定的目标一般较为短期,往往缺乏长远的眼光,这也使得工作的展开缺乏正确的、长远的战略方针指导和规划。

(5)缺乏灵活性

目标管理体系要想在工作中发挥作用,目标就应当明确和肯定,目标应当经过细致、全面、深思熟虑的考量,不应随意变化。只有这样,目的才能更明确,才能更好地指导工作的开展。但客观上讲,随着时间的推移,未来的工作存在很大的不确定性,这些都需要我们事先设定的工作目标不断地修正,以适应当前的形势需要,而这些工作往往耗费巨大的精力,严重降低工作效率。

五、强制分布法

(一)强制分布法的定义

强制分布法也称"强制正态分布法""硬性分配法",是指在绩效评价时预先确定评价结果的等级数量以及各等级所占的比例,然后要求评价者按照被评价员工绩效的相对优劣程度将其列入其中某一等级。该方法是根据正态分布原理,即俗称的"中间大、两头小"的分布规律提出的。美国通用电气公司首席执行官杰克·韦尔奇,凭借强制分布法,绘制出了著名的"活力曲线"。他按照业绩以及潜力的不同,将员工分成A、B、C三类,即优秀员工占20%,一般员工占70%,较差员工占10%。强制分布法在理论和实践方面都面临着诸多争议,它能够有效区分不同员工的绩效水平,提高绩效考核的有效性,但同时也可能给组织带来员工士气、公平性和法律方面的问题。

(二) 强制分布法的优缺点

1. 强制分布法的优点

① 强制分布法能够有效地避免绩效管理结果出现分布误差，提高整个组织绩效考核的公平性和有效性。比如前文所述的绩效考核分布误差（包括宽大误差、居中趋势误差、严格误差）会在很大程度上影响绩效考核结果的有效性及其在员工心目中的公平性，因为这种分布误差会导致组织对高绩效员工和低绩效员工缺乏区分，从而破坏绩效管理的基础。例如，一项研究揭示出，77%的受访企业认为宽大化的考核严重危害了企业绩效考核的效度。有鉴于此，作为一种相对考核法的强制分布法能够对员工提供效度更高的绩效考核。

② 强制分布法有助于组织区分不同绩效水平的员工，并做出有针对性的人力资源管理决策。一方面，强制分布法能够使组织识别自己的优秀员工或明星员工，从而有助于组织综合调动各种资源来留住、开发及激励这批对组织做出重要贡献的人；另一方面，强制分布法能够帮助绩效一般尤其是绩效较差的员工认识到自己的绩效在组织中所处的相对位置，更加客观地看待自身存在的不足，并通过传递绩效压力促使这些员工坚持主动地改进自己的绩效水平，从而为组织做出更大的贡献。

2. 强制分布法的缺点

① 强制分布法会增加员工的不安全感，损害团队合作，造成恶性竞争。对员工的绩效结果进行强制分布就意味着总会有人排在后面，这些人不仅荣誉受损，而且可能会面临着被解雇的危险，这就使员工们不得不经常考虑自己在组织中的位置。这种不安全感还有可能会导致员工拒绝创新、拒绝调动到新的工作岗位以及承担新的工作任务，因为这些都意味着可能会出现失败或低绩效。此外，作为一种相对考核法，强制分布法实际上是在将员工与员工进行比较，员工们可能会把团队成员当作"敌人"对待，从而形成一种恶性竞争的工作环境，阻碍团队合作，最终不利于整个组织的绩效提升。

② 强制分布法存在公平性的问题。这主要是由于强制分布法通常遵循一种基于正态分布的"钟形曲线"。而在社会科学中，正态分布是建立在大量样本的基础之上的，因此，在人数较少的组织和部门中，员工绩效是否一定成正态分布或仿正态分布就很难说，在这种情况下要求每一个团队都"必须有"绩效等级较低的员工就可能会造成不公平。例如，高绩效团队中的绩效相对较低的员工很有可能比低绩效团队中绩效最好的员工实际绩效水平还要高。

③ 强制分布法可能会引起法律问题。强制分布法可能会给组织带来一定的法律风险，其中包括对特定群体产生的歧视和不利影响。例如，美国福特公司于2000年左右引入强制分布法后，公司面临大量的诉讼案件，员工认为公司的绩效考核体系既出现了差别对待，也形成了实质性的差别影响，从而造成年龄、性别和种族歧视。最后，福特公司不得不支付1 050万美元的赔偿费，而公司首席执行官和人力资源总监也因此而离职。

六、比较法

比较法是一种相对评价的方法，通过员工之间的相互比较从而得出考核结果。这类方法比较简单而且容易操作,但是对绩效考核最终目的的实现帮助不大,因为这类方法不是对员工的具体业绩和行为分别进行考核,只是靠一种整体的印象做出的评价结果。比较法的工具也有很多种,在绩效考核中,可以采用个体排序法、标杆比较法和配对比较法。

(一)简单排序法

这种方法也叫作"排队法",就是把员工按由好到差的顺序进行排列。下面通过对某公司财务部的员工进行考核的例子来具体说明如何使用这种方法。首先,把财务部员工的名单罗列出来,总共10人。然后,从罗列出来的名单中找出最差的员工A,把他的序号记作"10"。再从剩余的9个人中找出最好的员工F,把其序号记作"1"。接着再找剩下人中的最差者记作"9"……这样不断推进,直至确认对全体人员均进行了标记。这时,财务部员工的优劣顺序就排列出来了(表6-9):

表6-9 个体排序法示例

部门:财务部;员工人数:10人			
姓名	序号	姓名	序号
A	10	F	1
B	7	G	9
C	4	H	3
D	8	I	5
E	6	J	2

个体排序的方法对于小团队而言非常简单实用,评价结果也一目了然,但这种方法对员工的心理会造成很大的压力,也不利于内部合作氛围的建立。另外,值得注意的是,要将相当层级的人放在一起排序,而不要把位置或等级悬殊的放在一起比,否则,这将使比较失去意义。例如,一个有5年工作经验的老员工,其销售业绩往往比才工作半年的新员工要好,在这种情况下,对二者采用一个尺度去比较就不合理了。

(二)标杆比较法

标杆比较法又称标杆管理法、水平对比法、基准管理法等。标杆比较法是确定团队内部排序的一种简便易行的办法,就是在考核之前,先选出一名员工,以他的各方面表现为标准,对其他员工分别进行考核。

和个体排序法类似,标杆排序法也是针对每个评估要素进行排序,然后根据综合排序结果进行评定,但不同的是,排序的基础是将某名员工选为标杆。我们要先选出一个团队中比较典型的员工,这个典型员工往往不是这个团队中最优秀的,也不是最差的,然后再将其他员工与其分别进行对比,根据对比结果进行综合排序。例如,与标杆员工相比,在对应的栏目中分别打"1"(绝对优秀)、"2"(比较优秀)、"3"(相似)、"4"(比较差)、"5"(差距很大),具体如表6-10所示:

表 6-10 标杆比较法示例

标杆员工:A;考核要素:客户意识					
被考核者 比较等级	1	2	3	4	5
B					
C					
D					
E					
F					

需要注意的是,所选的标杆员工不能一成不变,这样可以激励员工努力做到更好,而不是一味纵容他们保持某些方面刚好可以的心态。不过和个体排序法类似,这种方法的刺激性比较大,会给团队造成较大的心理压力,因此,一定要注意团队导向的变化,避免发生恶性竞争。同时,更不能让标杆员工成为员工心目中的"靶子",员工比的应该是与高绩效相关的关键态度、行为和结果,而不是评出来一个"完美"的人。

(三) 配对比较法

配对比较法如表 6-11 所示。

表 6-11 配对比较法示例

就"工作质量"要素所做的考核						就"创造性"要素所做的考核					
被考核员工姓名:						被考核员工姓名:					
比较对象	A 张×	B 李×	C 王×	D 赵×	E 钱×	比较对象	A 张×	B 李×	C 王×	D 赵×	E 钱×
张×		+	+	−	−	张×		−	−	−	−
李×	−		+	+	+	李×	+		+	+	+
王×	−	+		+	−	王×	+	+		+	+
赵×	+	+	−		+	赵×	+	−	+		−
钱×	+	+	+	+		钱×	+	−	−	+	
合计	2+	4+	2+	1+	1+	合计	4+	1+	1+	2+	2+

配对比较法就是把每个员工和其他员工一一配对,分别进行两两比较,从而评定优劣的评价方法。配对比较法可以对每个员工进行评估,也可以对各个职位进行评估。配对比较法使得排序型的工作绩效考核变得更为有效。其基本做法是,将每一名员工按照所有的考核要素("工作数量""工作质量"等等)与所有其他员工进行比较,根据配对比较的结果,排列出他们的绩效名次,而不是把各被考核者笼统地排队。假定需要对 5 名员工进行工作绩效考核,那么在运用配对比较法时,首先应当列出一张像表 6-11 所示的表格来,其中要标明所有需要被考核的员工姓名以及需要考核的所有绩效要素。然后,将所有员工根据某一类要素进行配对比较,用"+"(好)和"−"(差)标明谁相对好一些、谁相对差一些。最

后将每一名员工得到的"好"的次数相加。比如,在表 6-11 中,员工张×的工作质量是最好的,而且其创造性是最强的。

配对比较法简单易行,适合于人数较少的部门,但配对比较法的缺点是,一旦下级人数过多(大于 5 人)时,比较过程就比较麻烦,因为配对比较的次数将是按$[n(n-1)]/2$(其中 n = 人数)的公式增长的。5 个下级的配比需要 10 次;10 个下级就要配比 45 次之多;如果有 20 个下级就要比较 190 次。另外,这个比较没有分别考虑各评价要素的权重,不能反映出他们之间的差距有多大,也不能反映出他们工作能力和品质的情况,比较的结果不一定是最符合公司导向的。

七、行为锚定等级评价法(BARS)

(一)行为锚定等级评价法的定义

行为锚定等级评价法(BARS)是由史密斯和肯德尔(Smith & Kendallt)于 1963 年提出的,是描述关键实践评估法和量化等级评估法的结合,即用具体行为特征的描述来表示每种行为标准的程度差异。其主要目的是,通过建立与不同绩效水平相联系的行为锚定来对绩效维度加以界定。其中,对每一种具体行为特征的说明被称为"尺度"或"锚"。不同于传统评价量表法,行为锚定等级评价法可以解释为给评估者直接提供了具体行为等级与评估标准的量表。例如优秀、满意、较差与不可接受等。其提倡者认为,行为锚定等级评价法具有更好和更公平的评估效果(表 6-12)。

表 6-12　客户服务行为锚定等级评价

△7	● 把握长远赢利观点,与客户达成伙伴关系
△6	● 关注顾客潜在需求,起到专业参谋作用
△5	● 为顾客而行动,提供超常服务
△4	● 个人承担责任,能够亲自负责
△3	● 与客户保持紧密而清晰地沟通
△2	● 能够跟进客户回应,有问必答
△1	● 被动的客户回应,拖延和含糊回答

(二)建立行为锚定等级评价法的步骤

行为锚定等级评价法的目的在于通过一个等级评价表,将关于特别优良或特别劣等绩效的叙事加以等级性量化,从而将描述性关键实践评价法和量化等级评价法的优点结合起来,通常按照以下 5 个步骤进行。

(1)进行岗位分析,获取关键事件

这一步骤首先要求对工作较为了解的人对一些优良传统绩效和劣等绩效的关键事件进行描述。

(2)建立绩效评价等级

将关键事件合并为为数不多的几个绩效要素,并对绩效要素的内容一一加以界定。一般分为 5~9 个等级。

(3) 对关键事件重新加以分配

由另外一组同样对工作比较了解的人来对原始的关键事件进行重新排列。他们需要做的是:将所有这些关键事件分别放入他们自己认为最合适的绩效要素中去。

(4) 对关键实践进行评定

第二组人会被要求对关键事件中所描述的行为进行评定,以判断他们能否有效地代表某一工作要素所要求的绩效水平。

(5) 建立最终的工作绩效评价体系

对于每一个工作绩效要素来说,都将会有一组关键事件作为其"行为锚"。

八、行为观察量表法(BOS)

(一) 行为锚定等级评价法的定义

行为观察量表法(BOS)也称行为评价法、行为观察法、行为观察量表评价法,美国人力资源专家拉萨姆和瓦克斯雷在行为锚定等级评价法与传统业绩评定表法的基础上对其不断发展和演变,于 1981 年提出了行为观察量表法。行为观察量表法是给各项评估指标标出一系列有关的有效行为,将观察到的员工的每一项工作行为同评价标准分别比较进行评分,看该行为出现的次数频率,将每一种行为上的得分相加,得出总分结果。比如:从不(1分)、偶尔(2分)、有时(3分)、经常(4分)、总是(5分)。

(二) 行为观察量表法的研制步骤

行为观察量表法包含特定工作的成功绩效所需求的一系列合乎希望的行为。运用行为观察量表,不是要先确定员工工作表现处于哪一个水平,而是要先确定员工某一行为出现的频率,然后通过给某种行为出现的频率赋值,从而计算出得分。在使用行为观察量表法时,评估者通过指出员工表现各种行为的频率来评定其工作绩效。行为观察量表的研制步骤如下:

① 将内容相似或一致的关键事件归为一组形成一个行为标准。

② 由在职员工分析人员将相似的行为指标归为一组,形成行为观察量表法中的一个考评标准。

③ 评估考评者内部一致,以判断另外一个人或另外一组是否会根据工作分析中得出的关键事件开发设计出相同的行为考评标准。

④ 检验行为观察量表法各个考评标准的相关性或内容的效度。

检验内容效度的一种方法是:在对关键事件分类前挑出 10% 的事件不参加分类,按照步骤①完成分类后,检查挑出 10% 的事件。看看这些事件所描述的行为指标是否还未出现。

检验内容效度的另一种方法是:记录随着被分类的关键事件的增加而增加的行为指标

的数目,如果在对75%的关键事件分类后90%的行为指标已经出现,那么可以认定该行为观察量表内容的效度是令人满意的。

(三)行为观察量表法的优缺点

1.行为观察量表法的优点

行为观察量表法有助于深化员工对考评工具的理解和使用。它基于系统的工作分析,是从员工对员工所做的系统的工作分析中设计开发出来的,因此,有助于员工对考评工具的理解和使用。

行为观察量表法有助于产生清晰而明确的反馈。因为它鼓励主管和下属之间就下属的优缺点分别进行有意义的讨论。因此,避免了一般化。

从考评工具区分成功与不成功员工行为的角度来看,行为观察量表法具有内容效度,考评者必须对员工做出全面的评价,而不只是强调考评他们所能回忆起来的内容。

行为观察量表法对员工的关键行为和等级标准一目了然。由于行为观察量表法明确说明了对给定工作岗位上的员工的行为要求,因此,其本身可以单独作为职位说明书或作为职位说明书的补充。

2.行为观察量表法的缺点

行为观察量表法有时不切实际,需要花费很多的时间和成本。因为每一项工作都需要一种单独的工具(不同的工作要求有不同的行为),除非一项工作有许多任职者,否则为该工作开发一个行为观察量表将不会有成本效率。

行为观察量表法过分强调行为表现,这可能忽略许多工作真正的考评要素,特别是对管理工作来说,应该更加注重实际的产出结果,而不是所采取的行为。

在组织日益趋向扁平化的今天,让管理者来观察在职人员的工作表现,这似乎不太可能,但这却是行为观察量表法所要做的。

练 习 题

一、**单选题**(第1—15题,请在所给的四个选项中选择最恰当的一项)

1.(   )是在绩效取向的薪酬制度中相对不重要的方法。
A. 对比分析法   B. 自我评估   C. 同事评估   D. 目标管理

2.在绩效管理的总结阶段,绩效诊断的主要内容有(   )方面。
A. 3个   B. 4个   C. 5个   D. 6个

3.绩效面谈的质量和效果取决于(   )。
A. 考评者和被考评者的准备程度及被考评者的临场状态
B. 双方提供的数据资料的翔实和准确程度及绩效管理制度的有效程度
C. 考评者和被考评者的准备程度及双方提供的数据资料的翔实和准确程度

D. 双方提供的数据资料的翔实和准确程度及被考评者的临场状态

4. 以下说法中错误的一项是（　　）。

A. 在工作考评中,评级人的某些特征往往会产生主观偏向,影响考评的结果

B. 工作岗位的特征往往会影响绩效考核的准确性

C. 采用图解式评价量表,可有效减小误差,使绩效评估准确

D. 评级人参与的程度对考评效果影响很大

5. 在绩效管理的（　　）,为提高人力资源管理和企业的整体管理效率,人力资源部门应当对企业绩效管理体系进行一次全面的诊断分析。

A. 实施阶段　　　B. 考评阶段　　　C. 总结阶段　　　D. 应用开发阶段

6. 绩效管理的对象是组织中的（　　）。

A. 管理者　　　　　　　　　　B. 一般员工

C. 特定部门的员工　　　　　　D. 全体员工

7. 绩效管理的最终目标是为了（　　）。

A. 确定考评者未来的薪金水平

B. 帮助员工找出提高绩效的方法

C. 制订有针对性的培训计划和培训实施方案

D. 促进企业与员工的共同提高与发展

8. 由管理者与每个员工一起确定特定的可检测的目标,并定期检查,对这些目标完成情况的绩效评估主体是（　　）。

A. 关键事件法　　　　　　　　B. 目标管理法

C. 行为锚定评价量表法　　　　D. 平衡量表法

9. 绩效标准要尽可能制定得具体,下列选项中,你认为最适合作为订单处理员的绩效标准的是（　　）。

A. 能够并且愿意处理客户的订单

B. 能够并且愿意处理客户的订单,并获得客户的认可

C. 所有客户订单必须在4个小时内处理,且保证客户满意度

D. 所有客户订单必须在4小时内处理,且正确率为98%

10. 在制订绩效管理方案时,应根据（　　）合理地进行方案设计,并对绩效管理方案进行可行性分析。

A. 绩效管理目标　　　　　　　B. 绩效管理方法

C. 绩效管理程序　　　　　　　D. 绩效管理对象

11. 360度考评方法中,对从事服务业、销售业的人员特别重要的评价方法是（　　）。

A. 客户评价　　　B. 自我评价　　　C. 上级评价　　　D. 同级评价

12. "以近代远"的绩效考评偏差属于（　　）。

A. 优先效应　　　B. 首因效应　　　C. 后继效应　　　D. 近期效应

13. 绩效评价与绩效管理相比,(　　)。
   A. 绩效评价就是绩效管理
   B. 绩效评价是绩效管理的一个关键环节
   C. 绩效管理是绩效评价的一个关键环节
   D. 绩效评价和绩效管理没有关联
14. 以下选项中,不属于绩效管理特点的是(　　)。
   A. 战略性　　　B. 协同性　　　C. 匹配性　　　D. 差异性
15. 下列选项中,属于评价主体选择的一般原则的是(　　)。
   A. 公开原则　　B. 公正原则　　C. 平等原则　　D. 知情原则

二、名词解释

16. 绩效计划
17. 关键绩效指标
18. 自我评估

三、简答题

19. 简述绩效反馈的原则。
20. 简述持续绩效沟通的方式。

四、案例分析题(第21—22题)

韦尔奇用一个形象的比喻道出了管理的真谛:"你要勤于给花草施肥浇水,如果他们茁壮成长,你会有一个美丽的花园;如果他们不成材,就把它们剪掉,这就是管理需要做的事情。"从管理一个人到管理GE近20年来,作为通用电气公司董事长兼总裁,杰克·韦尔奇通过600多次收购扩大了公司的规模,公司的总收入屡创新高。但韦尔奇认为他所做的最重要的工作是激励员工及对他们的工作表现做出正确的评估,为此,他付出了大量的时间和精力。

华尔街日报记者就员工激励问题采访了韦尔奇先生。

问:第一次从事管理工作,你是如何调动员工积极性的?

韦尔奇:我非常幸运地成为GE的一个新部门——塑料制品部的第一任经理。当我雇佣第一名员工时,我们组成了一个两人团队,我从没把自己看作老板。而后我们雇用了一个又一个新员工,大家一起去我家吃饭,一起过周末,一起参加社交活动,一起在星期六加班。我们不用备忘录来交流消息,整个部门就像一个家庭杂货店,大家共同出谋划策,而无等级之分。我想一个企业就应该这样运作。

问:现在仍像个杂货店吗?

韦尔奇:事业走向正轨,难免会出现些等级制度问题,但我们的团队精神仍在,每当我们取得一些成绩,我们都会把生产线停下来,大家一起出去庆祝。今天在GE的各个部门,这种精神仍然存在。

问:你对雇员有什么忠告?

韦尔奇:我让他们了解到在这个公司不能甘于碌碌无为,我鼓励他们勇敢地展示自己,谈出自己的看法,争取得到上司的赏识。我告诉他们:"如果 GE 不能让你改变窝囊的感觉,你就应该另谋高就。我会辞掉那些让员工产生这样心态的经理和那些不能与员工打成一片的经理。"

问:你一般花多少时间用于对雇员的业绩评估?

韦尔奇:至少一半的时间,你看(他掏出一个大笔记本,上面画满了图表,每个部门都有相关的图表,反映每个员工的情况),这是一个动态的评估,每个人都知道自己所处的位置。第一类人占10%,他们是顶尖人才;次一些的是第二类人,占15%;第三类人是中等水平的员工,占50%,他们的变动弹性最大;接下来是占15%的第四类人,需要对他们敲响警钟,督促他们上进;第五类人是最差的,占10%,我们只能辞退他们。根据业绩评估,每个员工都会知道他们处在哪一类,这样没有人会抱怨得不到赏识。

问:你的评估将决定是否给予他们股票期权作为奖励,是吗?

韦尔奇:第一类员工会得到股票期权,第二类员工中的大约90%和第三类员工中的50%会得到股票期权,第四类员工得不到奖励。图表是最好的工具,哪些人应该得到奖励,哪些人应该打道回府,一目了然。

问:你是如何调动一般员工的积极性的?

韦尔奇:让他们明白他们有上升到第一或第二类员工的可能,他们有机会选择何去何从,他们中最好的那些人才会得到股票期权的奖励。

问:事实上有多少人能得到股票期权呢?

韦尔奇:我们大约有85 000名专业员工,每年有10 000到12 000人会得到奖励,入选的员工经常变动。到目前为止,大约有29 000人获得股票期权,占总人数的三分之一。

问:你是否会给员工制定目标,来提高他们的业务能力?

韦尔奇:使员工们意识到他们有潜力不断进步比制定目标更为重要。使公司以最快的速度发展就是我们的目标,我希望员工能够发挥主动性,出谋划策,促进公司发展。如果事事都要我亲自来做,要他们何用? 一些公司与他们的雇员签约,而我不喜欢这样的方式。如果我和你签约,我就成了你的老板。那么来见我之前你会做什么呢? 你会制作50份图表向我证明你已经全力以赴了,而我一定会要求你做得更多,最后只能采取折中的办法。换一种方式,我希望你能充分发挥潜能,提出你的建议,而我会为你提供各种资源。这样你给我的将是许多建议和计划,我可能会说:"我不喜欢这个想法,但那个主意非常好。"这样的交流更有创意。

问:你是如何使你的指令顺利地向下传达的呢?

韦尔奇:每年大约有5 000人在科罗顿威尔(GE 的经理培训中心)接受培训。经过培训和平时的交往,我与下属的交流会比较有默契。

问:当你成为公司总裁的时候,你采取与前任完全不同的管理模式。你是如何让你的员工接受这种模式的?

韦尔奇:这确实不容易。但我有25%~30%的核心员工,他们给予我很大的支持。我的宗旨是:使公司不断增强竞争力,以更快的速度向全球扩展。我会不断重复我要传达的信息,直到大家都接受为止。

问:有很多人怨恨你,是吗?

韦尔奇:我讨厌被人称作"好好先生",当然每个人都希望被人喜欢。

问:在员工奖励方面,你认为物质奖励和精神鼓励哪个更重要?

韦尔奇:对一位表现出色的员工进行奖励是管理过程中一个很重要的部分。奖赏对员工而言,不应是可望而不可即的,就像鼻子碰着玻璃而穿不过去那样,我希望他们能得到他们应得的。精神鼓励和物质奖励都是必要的,两者缺一不可。我遇到过只给员工发奖章的老板,他认为多给钱是愚蠢的。我认为这大错特错,金钱和精神鼓励应双管齐下。

问:你是如何评价你的高层管理人员?你也鼓励他们相互竞争吗?

韦尔奇:我鼓励他们在工作上相互竞争,但不要有个人恩怨。我们的做法是将奖赏分为两个部分,一半奖励他在自己的业务部门的表现,另一半奖励他对整个公司发展的贡献。如果自己部门业绩很好,但对公司发展不利,则奖金为零。皮之不存,毛将焉附?

问:你认为与下属关系融洽有多重要?

韦尔奇:你可以不参与下属的社交活动,不跟他们一起打棒球、参观博物馆、出外野餐,这些都没关系。但如果你与下属在经营观念上有分歧,或对企业的文化不认同,这就有问题了,在这些方面大家必须达成共识。

问:如果你在场,员工感到不自在,你如何处理呢?

韦尔奇:这倒难住我了,我不知道他们是否会觉得不自在,公司的气氛还是比较轻松的。我们在开会时也不总是一本正经的,就拿一个星期一的会议来说,我们花了半小时谈论星期六的高尔夫循环赛,大家都很兴奋。

问:身为总裁20年,你是否会在不同的业务阶段改变你的策略呢?

韦尔奇:没有,我总是力求使公司的每项业务都做到最好。我们并不是每月都翻新花样,像进军亚洲市场、退出亚洲市场或开发互联网业务等并不改变我们的基本策略,这些只是战术变化而已。20年里公司主要完成了两件大事:第一是精简机构,取消过多的管理等级和剥离经营不利的业务;第二是不断改进奖励制度。目前我们的重点是提高质量,我们正在不断改进经营方式。

韦尔奇激励员工的经验:① 告诫员工不要甘于碌碌无为,有这样想法的员工应促其另谋高就。② 不断提高员工的队伍素质,提升好的,解雇差的。③ 通过给每个部门的员工划分等级来评估员工业绩。④ 不要给员工制定太多的目标,而要鼓励他们充分发挥潜能和创造性。⑤ 不仅要给予员工精神鼓励,还要给予其物质奖励。

韦尔奇金言——

韦尔奇期望GE人能够清清白白地获胜,要求每个GE人接受所谓的清白测试:你能在每天面对镜子反省自己的所作所为后,还感到骄傲吗?这类所作所为即使是像将公司的文具偶尔带回家使用之类的小事。韦尔奇利用所有可用媒体来传达他的思想,他说:"你无法将清白的监督建立在制度上,要通过坚持不懈、强有力的领导,不容许放纵部属、曲解法令或走旁门左道,以此来改变文化。"

杰克·韦尔奇相信："卓越和竞争力与诚实和清白是可以完全相容的；一个全球化的企业，不靠贿赂也能获胜……不论在任何情况下，只要同时拥有质量、价格和技术优势，便能赢得胜利。"

企业文化与价值观是企业管理中最模糊的领域，也是迄今为止最具挑战性的一环。它关系到如何指导组织行为，有难以言传的价值和意义。在改革企业文化方面，韦尔奇是从指挥全企业的理念对话着手的。他能够让员工思考大组织理念，让他们习惯有关自己工作的革命性思考理念。韦尔奇推行公司全面的辩论，探讨GE的价值观应该是什么，并始终坚信最好的主意经得起公开的讨论。这些方法合起来足以使理念转变成可以接受的习惯；当习惯养成时，文化也已经改变了。

目前，GE公司的每位员工都有一张"通用电气价值观"卡。卡中对领导干部的警戒有9条：痛恨官僚主义、开明、讲究速度、自信、高瞻远瞩、精力充沛、果敢地设定目标、视变化为机遇以及适应全球化。这些价值观都是GE公司进行培养的主题。也是决定公司职员晋升的最重要的评价标准。

对于21世纪的领导人，GE提出了"A级人才标准"并向各个业务部门和全球推广。这种领导人需要具有"4E"品质，即：充沛的精力（energy）；激发别人的能力（energizer）；敢于提出强硬要求——要有棱角（edge）；执行的能力（execute）——不断将远见变为实绩的能力。

问题：

21. 结合案例，谈谈韦尔奇是如何对员工的工作表现做出正确评估的。
22. GE公司的绩效管理体系有什么特点？其中目标与绩效改进是如何结合的？

五、思考题

23. 什么是绩效？什么是绩效管理？绩效管理的意义是什么？
24. 绩效管理实施的过程包括哪几个环节？
25. 沟通在绩效管理中发挥着什么样的作用？
26. 绩效评估包括哪几类？
27. 如何进行绩效反馈？
28. 绩效指标的测量方法有哪些？

第七章 薪酬管理

薪酬问题是现代企业发展的核心问题,它关系到每位员工的切身利益。一方面,薪酬作为用工成本,是企业成本控制的重点,这在劳动密集型行业中表现得尤为明显;另一方面,薪酬作为激励因素,在吸引员工、激发员工积极性、主动性和创造性等方面发挥着重要作用。如何协调上述两方面的关系,是每一位人力资源管理者,特别是薪酬管理者工作的重中之重。

第一节 薪酬概念与构成

一、薪酬的概念

（一）薪酬

对于薪酬的概念,不同的学者从不同的角度有不同的界定。

美国著名薪酬管理专家乔治·T.米尔科维奇从雇主与雇员角度界定了薪酬,他认为不仅不同国家对薪酬的内涵认识往往不同,而且社会、股东、管理者和员工等不同利益群体对薪酬的内涵认识也有很大的差别。[①] 他将薪酬界定为雇员作为雇佣关系中的一方所得到的各种货币收入,以及各种具体的服务和福利之和。

美国另一名薪酬管理专家约瑟夫·J.马尔托奇奥从奖励工具视角界定了薪酬,认为薪酬是指雇员为完成工作而得到的内在和外在的奖励。[②] 内在薪酬是雇员由于完成工作而形成的心理思维形式。外在薪酬包括货币奖励和非货币奖励。这种对薪酬的定义,更多的是将薪酬作为企业奖励员工,从而提高员工吸引、保留和奖励效果的一种手段和工具来看待。

薪酬有广义和狭义之分。狭义的薪酬是指个人获得的以工资、奖金等以金钱或实物形

---

① 乔治·T.米尔科维奇,杰里·M.纽曼.薪酬管理[M].6版.董克用,等,译.北京:中国人民大学出版社,2002:2-5.

② 约瑟夫·J.马尔托奇奥.战略薪酬:人力资源管理办法.[M].2版.北京:社会科学文献出版社,2002:3-8.

式支付的回报;广义的薪酬包括经济性报酬和非经济性报酬,经济性报酬指工资、奖金、福利待遇和假期等,即货币薪酬;非经济性报酬指个人对企业及工作本身在心理上的感受,即非货币报酬。广义薪酬的定义应用较少。

对于上述薪酬的概念我们可以这样理解:

(1) 薪酬支付的前提是雇佣关系

只有在事实雇佣关系存在的前提下,才能产生薪酬支付行为。没有雇佣关系存在,所支付的不能称为薪酬。

(2) 薪酬支付的主体是雇主

雇主在权衡企业经营状况、员工实际工作绩效、行业薪酬水平等因素的前提下,确定员工薪酬标准,支付薪酬。

(3) 薪酬支付的客体是雇员

雇员是薪酬的接受方,员工所得薪酬是由于其提供了劳动而获得的酬劳或答谢。根据舒尔茨的人力资本理论,薪酬是员工对自身进行人力资本投资的收益,这些投资包括正规教育投资、社会教育投资、在职教育投资、医疗投资、劳动力迁移投资等。

(4) 薪酬支付的内容是薪水和酬劳

根据米尔科维奇的观点,薪酬包括直接的货币收入和间接的可以用货币度量的各种具体服务与福利之和。

(二) 与薪酬相关的几个概念

1. 报酬

报酬是指员工从雇主或企业那里获得的作为个人贡献回报的他认为有价值的各种东西,可分为非货币性报酬和货币性报酬。

非货币性报酬是指对员工有相当程度的吸引力,但不是直接以货币形式表现出来的一些因素,比如社会地位、成长和发展机会、富有挑战性的工作、工作满足感、工作的自主性、特定的个人办公环境、参与决策的机会、工作地点的交通便利性等。非货币性报酬往往被称为内在报酬,对员工发自内心的心理激励,可以增强员工的工作责任感、工作满意度,降低员工的流动率、缺勤率,提高工作绩效。

货币性报酬是指员工所得到的各种货币收入和实物,包括直接报酬和间接报酬。直接报酬表现为工作、绩效奖金、利润分享、股票期权等;间接报酬表现为养老保险、医疗保险、带薪假期、住房补贴等各种福利。

报酬与广义的薪酬概念内涵相同,但不同的是报酬比薪酬更加强调员工在心理上的感知。

2. 工资

我国劳动部在《关于贯彻执行〈中华人民共和国劳动法〉若干问题的意见》中把工资定义为:劳动法中的"工资"是指用人单位依据国家有关规定或劳动合同的约定,以货币形式直接支付给本单位劳动者的劳动报酬,一般包括计时工资、计件工资、奖金、津贴和补贴、加班工资及特殊情况下支付的工资等。由此可见，工资是劳动者劳动收入的主要组成部分。

3. 薪水

按《辞海》上解释，薪水旧指俸给，意指供给打柴汲水等人员生活上的必须费用。工资和薪水的划分属于习惯上的考虑。一般而言，劳心者的收入为薪水或薪金，劳力者的收入为工资。在中国台湾地区，薪金与工资统称为薪资。在日本，工资被认为是对工厂劳动者的给予，薪金是对职员的给予。在其他西方国家，劳动者的收入传统上被分为薪水和工资，薪水的支付对象为白领，企业按时间给他们付薪，如月薪、年薪，这些人通常为管理者或者专业技术人员；而工资的支付对象为蓝领员工，他们从事体力劳动，采取小时工资制，对于法定工作时间以外的加班，企业必须支付加班薪酬。

因此，薪水和工资是报酬的两种基本表现形式，都是工作的报酬，在本质上无区别。

4. 薪资

薪资是比工资和薪金内涵更广泛的一个概念，它不仅指以货币形式支付的劳动报酬，还包括以非货币形式支付的短期报酬，比如津贴、工作津贴、物质奖励等。

二、薪酬的构成

从上述对薪酬概念的分析可以看出，非经济性报酬是总体薪酬的重要组成部分。然而，关于薪酬和薪酬管理的研究中，由于大多数员工主要关注经济性报酬部分，故我们将主要分析企业对经济性报酬的安排。经济性报酬主要包括以下内容：

（一）基本工资

它是以员工的劳动熟练程度、工作的复杂程度、责任大小、工作环境、劳动强度为依据，并考虑劳动者的工龄、学历、资历等因素，按照员工实际完成的劳动定额、工作时间或劳动消耗而计付的劳动报酬。它包括等级薪酬、岗位薪酬、结构薪酬、技能薪酬和年功薪酬等几种主要类型。在国外，基本工资往往有时薪、月薪、年薪等形式；而在中国，大多数企业提供给员工的基本工资为月薪。基本工资虽然能帮助员工避免收入风险，但它与员工的工作努力程度和劳动成果没有直接联系。

（二）绩效薪酬

绩效薪酬是根据员工的年度绩效评价结果而确定的对基础工资的增加部分，是对员工超额完成工作部分或工作绩效突出部分的奖励性报酬，旨在鼓励员工提高工作效率和工作质量。绩效薪酬与员工的业绩挂钩，通常随着员工的工作业绩变化而调整，可以是长期的，也可以是短期的。其常见的形式有绩效加薪、一次性奖金和个人特别绩效奖等。

（三）激励薪酬

激励薪酬也称可变薪酬，是企业预先将利益分享方案告知员工的方法。雇主根据员工的工作绩效进行奖励。激励薪酬可以与员工个人绩效挂钩，也可以与其所在团队及组织绩效相挂钩，分别称为个体奖励、团体奖励和组织奖励。需要注意的是激励薪酬不仅与员工的个人绩效相关，还与员工在组织中的位置相关，它通常等于两者的乘积。

激励薪酬与绩效薪酬的区别：一是在于导向的不同，激励薪酬具有未来导向，绩效薪酬是过去导向；二是在于绩效薪酬通常会加到员工的基本工资上，是对基本工作的永久性增加，而激励薪酬是一次性付给的，对劳动成本没有长期的影响。

（四）津贴和福利

福利和津贴属于附加薪酬，也叫福利薪酬。其中福利指组织为员工提供的各种物质补偿和服务形式。福利分为强制性福利和企业自愿福利，强制性福利包括社会保险、法定假日、劳动安全三块内容；企业自愿福利是指企业根据自身特点，有目的、有计划、有针对性设计的福利项目，比如补充保险、健康计划等。

津贴是对员工在非正常情况下工作所支付的额外劳动消耗和生活费以及员工身心健康所给予的补偿。其中，属于生产性质的被称为津贴，属于生活性质的被称作补贴。非正常工作环境包括高温高空作业、矿下水下作业、有毒有害环境下作业等，其具体的形式有高温补贴、子女教育津贴、住房补贴等形式。

三、薪酬功能

（一）薪酬的社会功能

国民生产总值中大约60%是以薪酬的形式体现出来的，薪酬水平的高低将直接影响到国民经济的正常运行；同时，社会的总体薪酬水平反映了该国总体社会和经济发展水平。合理的薪酬有利于满足人们的多种需求及经济社会的平等与效率的提高。薪酬的社会功能具体体现为以下几个方面：

1. 是市场劳动力价格的信号

为了保证雇佣双方的公平交易及市场的供求平衡，作为主要要素市场之一的劳动力市场是政府的主要干预场所，这体现为国家各地方政府对最低工资标准的规定。

2. 是宏观经济运行的参考因素

薪酬是企业成本的重要组成部分，同时也对区域经济发展、产品市场及国际贸易等产生重要影响。在中国劳动力市场，企业占据优势地位，劳动者处于弱势地位，为了保障员工的基本合法权益，政府必须对劳动力市场进行监管，发挥宏观调控作用。

3. 是衡量社会公平的标准

薪酬是社会成员收入的主要来源之一，是社会公平的指示器。人们通过薪酬的变动，可以发现不同社会层面、社会群体的收入变动与收入公平问题。政府通过对全社会薪酬的宏观调控，比如采取提高最低工资标准，加大对中产阶层的培育等手段，缩小社会收入差距，维护社会价值分配的公平正义。因此，薪酬差距成为衡量社会公平的标准。

4. 是财政支出的重要组成部分

政府公务员、公共管理部门相关人员的收入构成了政府财政支出的重要组成部分之一。对公务人员的薪酬管理不仅会影响到政府财政开支，而且会对私营部门产生示范效应。

（二）薪酬的企业功能

1. 控制经营成本

薪酬对于企业具有十分重要的作用,企业所支付的薪酬水平高低直接影响其在劳动力市场上的竞争能力,保持较高的薪酬水平对于吸引和留住员工无疑是有利的,但较高的薪酬水平意味着企业生产成本上的压力增加,在某种程度上对企业在产品市场上的竞争又会产生不利影响。尽管劳动力成本在不同的行业和不同企业中占据经营成本的比例不同,但对任何企业来说,薪酬成本都是一块不容忽视的成本支出。通常情况下,薪酬总额在大多数企业的总成本中占到40%～90%的比重,行业之间具有较大差异,比如,在制造业中薪酬占总成本的比重可能会低于20%,但在服务业中这一比例可能达到80%～90%。通过合理控制企业的薪酬成本,企业能够将自己的总成本降低40%～60%。由此可见,薪酬成本的可控程度相当高。

2. 提升企业经营绩效

员工及其工作状态是企业经营战略成功的基石,也是企业良好经营绩效的基本保障。薪酬对于员工行为、工作态度及工作业绩具有直接影响,不仅决定了企业可以招募到的员工数量、质量及企业的人力资本存量,还决定了现有员工受激励的状况,影响现有员工的工作效率、出勤率、组织归属感、组织承诺度,从而直接影响企业生产能力和工作效率。企业薪酬体系向员工传递着一种强烈的信号,使员工了解什么样的行为、态度及业绩是受到鼓励的,从而引导员工的工作行为、工作态度及工作业绩。因此,充分发挥薪酬的调节作用是提高和改善企业经营业绩的有效途径。

3. 塑造和强化企业文化

薪酬会对企业员工的工作行为和态度产生很强的引导作用。因此,合理而富有激励性的薪酬制度有助于企业塑造良好的企业文化,或者对已经存在的企业文化起积极的强化作用。比如以小组和团队为单位进行工资的发放,可以强化员工们的团队精神和合作意识,增强组织凝聚力,从而支持一种团队文化;反之,如果企业的薪酬政策与企业文化或价值观存在冲突,则会对企业文化和企业价值观产生消极影响。事实上,企业的文化变革往往与薪酬变革相伴发生,薪酬变革甚至作为文化变革的先导出现。

4. 支持企业变革

当前,变革已经成为企业经营过程中的一种常态。为适应这种状况,企业一方面要重新设计战略、再造流程、重建组织结构;另一方面要变革文化、建设团队以更好地满足客户的需求。总之,企业必须变得更灵活,对市场和客户的反应更加迅速。然而,这一切变革都离不开薪酬,因为薪酬可以通过作用于员工个人、工作团队和企业整体来创造出与变革相适应的内部和外部氛围,简单而有效地推动企业变革。据统计,在企业流程再造的努力中,50%～70%的计划都未达到预期的效果,其中一个重要原因就在于再造后的流程和企业的薪酬体系之间缺乏一致性。

(三) 薪酬的员工功能

1. 经济保障功能

从经济学的角度来说,薪酬实际上是劳动力的价格,其作用在于通过市场将劳动力尤其是具有一定知识、技能、经验的稀缺人才资源配置到不同的岗位上去。因此,薪酬最终表现为企业和员工之间达成的一种供求契约,企业通过员工的工作来创造市场价值,同时,企业对员工的贡献给予经济上的回报。薪酬收入对于劳动者及其家庭所起到的保障作用是其他收入保障手段无法替代的。这种保障作用体现在满足员工的吃、穿、用、住、行等方面的基本生存需要,也体现在满足员工在娱乐、教育、自我开发等方面的发展需要。

2. 心理激励功能

从心理学角度看,薪酬是劳动者个人与企业之间的一种心理契约,这种契约通过员工对于薪酬状况的感知而影响员工的工作行为、工作态度及工作效率,即产生激励作用。一般情况下,员工的需要是从低层次向高层次递进,当低层次需要得到满足后会产生更高层次的需要,员工的薪酬往往是多层次并存的。因此,企业必须注意同时满足员工的不同层次的薪酬需要。

从激励的角度看,员工薪酬需要得到满足的程度越高,则薪酬对员工的激励作用越大;反之,如果员工的薪酬得不到满足,则很可能出现消极怠工、工作效率低下、人际关系紧张、缺勤率和员工离职率上升、企业凝聚力和对员工的忠诚度下降等不良后果。因此,必须设置科学合理的薪酬制度和政策,消除员工的不满情绪。

3. 信号功能

员工把薪酬系统看成是企业对某种活动或行为的重要信号:如果企业的分配政策显示学历高工资就高,那么员工就会去继续学习,提高学历;如果企业薪酬以服务时间长短为基础,则可以培养员工的忠诚度,在一定程度上降低员工离职率;如果企业奖励为企业带来收益的诚信和创新行为,则会鼓励员工讲诚信、营造创新文化。另外,企业根据岗位的重要性不同而给予不同的报酬水平,表明企业重视不同岗位的价值等。任何一种报酬政策都会给员工提供信号,促使其向有利于自身的方向努力。

4. 价值功能

薪酬通过对员工收入的调整,对其行为进行强化,从而引导员工实施与企业目标一致的行为。薪酬反映了员工的绩效,是员工晋升的验证,也是员工身份和地位的象征。随着劳动生产率的提高,员工薪酬也不断增加,经济性收入不再是员工的唯一需要,员工对权力、地位与自我实现的需要将有可能增强。

第二节 薪酬管理理论

薪酬管理理论并不是从一开始就有完善的理论体系,它经历了从古典、近代、现代到当代的发展过程,在历史实践中,薪酬理论因不断适应时代的发展而得到了修改和完善,并逐渐形成了现有的庞大理论体系。

一、古典薪酬理论

早在 18 世纪,西方古典经济学派的代表人物威廉·配第、魁奈、杜尔格、亚当·斯密、大卫·李嘉图、约翰·斯图亚特·穆勒等人就开始了薪酬理论的研究。其中产生了不少有关工资的理论,当时比较有影响力的主要有生存工资理论及工资基金理论。

(一) 生存工资理论

生存工资理论于 18 世纪末 19 世纪初由魁奈和杜尔格等人提出并做了初步论述,此后,亚当·斯密和大卫·李嘉图等对其做了更详尽的论述,是最先形成的一种工资理论,也叫糊口工资论或工资铁律。其核心观点是工资决定于维持劳动者生计的水平。生存工资理论认为工资和其他商品一样,有自然的市场水平,工资水平就是维持劳动者生活所必需的生活水平,如果低于这个水平,劳动者的最低生活就将无法维持,资本家也会失去继续创造财富的基础。因此,最低工资水平不仅是工人维持生活的保证,也是雇主生产经营的必要条件。虽然生存工资理论作为一种初级的工资理论有着较多的不足,但作为工资理论史上的里程碑,它为最低工资的确立提供了理论基础。

(二) 工资基金理论

工资基金理论是继生存工资理论之后又一代表性的早期工资理论。该理论的代表人物有詹姆斯·穆勒、约翰·斯图亚特·穆勒等。工资基金理论认为,工资基金决定于资本中扣除了用于补偿机器设备消耗、购买原材料等生产材料耗费和利润之后的剩余,即

$$工资水平 = 工资基金/劳动者人数$$

以上两种理论属于古典经济学的工资理论,古典经济学的理论是静态的,虽然现实生活中会出现种种与之不相符的现象,但就在其理论假设的框架内,大多数理论的正确性是不容置疑的。因此,古典经济学的价值和分配理论至今仍可作为现代社会价值分配规律的理论基础。

二、近代薪酬理论

(一) 边际生产工资理论

19 世纪后期,美国经济学家约翰·贝茨·克拉克在其所著的《财富的分配》一书中提出了边际生产力分配论。他认为,劳动和资本(包括土地)各自的边际生产力决定它们各

自的产品价值,同时决定了它们各自的收入。边际生产力工资理论可以说是近代工资理论的先驱,它解释了工资的长期水平,也适用于短期工资水平的确定。

边际主义学派是以边际效用价值论为理论基础的经济学学派,主要盛行于19世纪70年代到20世纪初。其奠基者是3位几乎同时各自独立提出主观价值论的经济学家:英国的杰文斯、奥地利的门格尔和法国的瓦尔拉斯。作为现代工资理论基础的边际生产力理论,它表明了企业支付能力对工资的影响、工资变动趋势等问题,体现了劳动生产率变化的规律以及企业之间薪酬差异的影响因素,对于企业的薪酬管理具有重要意义。

(二)供求平衡价格工资理论

阿弗雷德·马歇尔认为边际生产工资理论只是从劳动力的需求方面研究了工资水平的决定作用,而没有从劳动力的供给方面反映其对工资的决定作用,因此,在其名著《经济学原理》一书中以供求均衡价格论为基础,建立起供求均衡工资论,从生产要素的需求和供给两方面来说明工资的市场决定机制。他引入边际劳动生产力理论和劳动生产成本理论,用前者来说明劳动的需求价格,用后者来说明劳动的供给价格。从需求方面看,工资取决于劳动的边际生产力或劳动的边际收益产量,厂商愿意支付的工资水平,是由劳动的边际生产力决定的;从供给方面看,薪酬取决于两个因素:一是劳动力的生产成本,及劳动者养活自己和家庭的费用,以及劳动者所需的教育、培训费用;二是劳动的负效用或闲暇效用。马歇尔认为,工资是劳动这个生产要素的均衡价格,即劳动的需求价格和供给价格相均衡的价格,工资是劳动需求与劳动供给的均衡点。

(三)集体谈判工资理论

集体谈判工资理论是工会发展的产物。所谓集体谈判,就是以工人集团即工会为一方,以雇主或雇主集团为另一方进行的劳资谈判。集体谈判工资理论认为,与其说工资决定于其他因素,不如说工资决定于劳动力市场上劳资双方的力量对比结果,它使得工资在上限与下限之间浮动。简单地讲,上限是雇主能够接受的最高工资标准,超过该标准,则雇主选择拒绝雇用或关闭企业;下限是劳动者能够接受的最低工资标准,低于该标准,劳动者将会拒绝被雇用。在工会上限和雇主下限之间有一个可以讨价还价的"未确定范围",双方也各自存在自己的坚持点即底线,当工会的底线高于雇主的底线时,双方就工资无法达成一致意见,则会导致罢工、关厂或两者同时发生。双方的坚持点(底线)受很多因素的影响,任何一种因素都会影响一方在谈判的交涉能力,并影响其底线高低。以经济因素为例,在经济不景气、失业率增加、劳动力市场供大于求的情况下,就有利于雇主降低其底线,使工资水平向下移动;反之,工会就可以提高自己的底线,使工资水平往上移动。

三、现代薪酬理论

(一)人力资本理论

人力资本理论主要包括:① 人力资源是一切资源中最主要的资源,人力资本理论是经济学的核心问题。② 在经济增长中,人力资本的作用大于物质资本的作用。人力资本投资与国民收入成正比,比物质资源增长速度快。③ 人力资本的核心是提高人口质量,教育投资是人力投资的主要部分。不应当把人力资本的再生产仅仅视为一种消费,而应视同为一种投资,这种投资的经济效益远大于物质投资的经济效益。教育是提高人力资本最基本的主要手段,所以也可以把人力投资视为教育投资问题。生产力三要素之一的人力资源显然还可以进一步分解为具有不同技术知识程度的人力资源。高技术知识程度的人力带来的产出明显高于技术知识程度低的人力。④ 教育投资应以市场供求关系为依据,以人力价格的浮动为衡量标准。

尽管以上观点并非无懈可击(譬如,人力资本理论是经济学的核心问题这一结论就值得商榷),但其基本给出了人力资本理论的框架。人力资本理论认为具有较高人力资本价值量的人,雇主愿意为其提供较好的工作和待遇,这是内在人力资本的价值表现。除去内在人力资本的影响外,外部的市场供求情况也影响着人力资本的价格。人力资本投资与人力资本需求分别从主观和客观两个方面决定着人力资本的价格,这也导致了不同人力资本价值量、不同人力资本类型的劳动者在市场上的工资差异。人力资本价值量多、需求量大的劳动者,所获得工资水平往往高于一般的劳动者。人力资本理论从资本角度科学解释了不同劳动者之间的工资差别,并成为技能工资、资历工资等能力工资的主要理论基础。

(二) 效率工资理论

效率工资是企业支付给员工比市场保留工资高得多的工资,它是一种促使员工努力工作的激励与薪酬制度。效率工资理论探究的是工资水平跟生产效率之间的关系,这是主流宏观理论为了解释刚性工资而提出的理论。效率工资理论是一种有关失业的劳动理论,其核心概念是员工的生产力与其所获得的报酬(主要是指薪资报酬,但亦能轻易地推广到非金钱报酬)呈正向关系,是为了解释非自愿性失业现象所发展出来的相关模型的通称。效率工资理论认为,在信息不完全的劳动力市场中,工资可通过逆向选择、劳动力流动效应、投篮效应、公平效应对生产率产生影响,支付给员工高于市场平均水平的工资,将有利于提高工人的劳动生产率。

效率工资理论的核心在于厂商所支付的工资水平同雇员的工作效率密切相关。而这个观点来源于新凯恩斯主义经济学家所提供的4种不同的微观解释来证明效率工资的必要性。这4种微观解释分别是:① 怠工理论,计件工资在很多种情况下不可行,一是监督费用太高,二是计量标准难以确定;通过支付超出市场平均水平的工资将会使得雇员得到激励,从而努力工作而不是怠工;② 劳动力转换理论,厂商通过提供超过市场平均水平的工资,使得劳动力的更替减少很多;③ 逆选择理论,工作表现依赖于能力,如果能力与保留工资是正相关的,支付高工资的厂商将会吸引更多有能力的求职者;④ 社会学模型,阿克洛夫认为,每个雇员的努力取决于他所在团体的工资标准。

(三) 知识资本理论

知识资本理论是基于知识资本的概念提出的,该理论认为知识资本是以高科技为主要特征、以知识为基础的,能够给企业带来利润的无形资产;人类社会的生产力开始进入新的发展阶段,知识正在取代土地、物质等传统资本,日益在生产中起着主导作用;知识资本的出现,使企业的所有制发生了变化,新型的以知识管理和知识分配为主要内容的企业制度开始出现并深刻影响未来社会的所有制结构。知识资本理论的兴起,丰富了生产资料的内涵,为认识所有制提供了新的视角,为马克思主义生产力理论增添了新的理论素材。

知识资本理论认为:① 企业资本由物质资本和知识资本构成,物质资本的所有者是企业股东,知识资本的所有者是员工。② 知识资本是无形的、有限的,但其有限性无法具体衡量。③ 知识资本的回报和增值主要依靠知识资本所有者自身的创新能力。④ 只有完成创造性工作的员工才是知识资本的所有者(即"'知'本家"),衡量知识资本所有者的唯一标准是看其是否在创造,非知识资本所有者被称为"工人"。⑤ 工人的工作过程是实施体力的过程,知识资本所有者的过程是思考的过程。⑥ 工人工作的主要目的是为了获得生存及发展的生活物质资源,知识资本所有者工作的目的除此之外还有强烈的工作成就感和自我实现的需要。⑦ 工人工作时间确定,追求待遇水平和生活的充实,比较计较个人物质利益得失,较能听从上级的工作安排,学习动机不强烈,偏向于求稳;知识资本所有者工作时间不确定,追求工作的挑战性、成就感和自我价值的实现,比较看重别人对自己创造成果的认同度,对上级安排的工作有挑剔或个人看法,学习动机强烈,偏向于张扬个性。⑧ 对知识资本所有者进行管理的目的是为了最大限度地保护与提高资本的回报和增值。⑨ 知识资本的回报管理、增值管理都有可能实现企业的跳跃式发展。⑩ 理念管理是企业知识资本增值管理的重要部分。

四、薪酬激励理论

薪酬是激发员工生产动机,调动员工积极性,提升企业生产效率最有效的工具之一。研究者从管理学和心理学角度发展了几种代表性薪酬激励理论,这些研究对提高薪酬管理在人力资源管理工作中的实效有很大的借鉴作用。主要包括马斯洛的需求层次理论、赫兹伯格的双因素论、阿尔德弗的 ERG 理论、弗鲁姆的期望理论、亚当斯的激励公平理论、麦克莱兰的成就需求理论以及波特、劳勒综合各种理论特点之后得出的综合激励模式(图 7-1)。

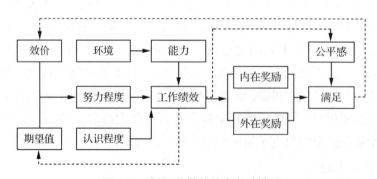

图 7-1 波特-劳勒的综合激励模型

第三节　薪酬设计流程

薪酬设计是一个系统的流程,通过前期的内部薪酬和外部薪酬调查获得关于薪酬满意度及薪酬竞争力的相关信息,然后就相应的职位分别进行工作评价,确定工资等级标准,最后进行薪酬结构的设计。薪酬设计是从企业战略、制度层面到具体技术操作的一个系统化过程(图7-2)。

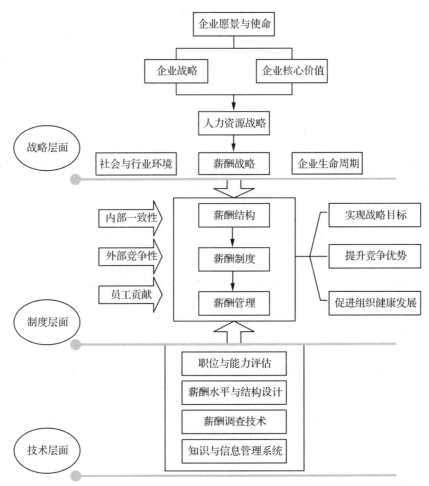

图 7-2　薪酬设计的基本框架体系

参考资料:彭剑锋.人力资源管理概论[M].第2版.上海:复旦大学出版社,2011:430.

一个规范的薪酬设计除了从战略到制度再到技术层面的系统工作以外,到底包括哪些具体的标准化步骤和操作程序呢(表7-1)?

表 7-1　薪酬设计的基本流程

薪酬设计的基本流程	主要职责
① 制定薪酬原则和策略	确定企业价值判断准则和反映企业战略需求薪酬分配策略
② 岗位设置与工作分析	绘制企业的岗位结构图,形成企业各个岗位的说明书体系
③ 职位评价	评估企业内各项工作对企业的贡献率
④ 薪酬调查	参照其他企业的薪酬设定水平进行修改、调整
⑤ 薪酬结构设计	各工作贡献率与所付薪酬间的关系,即"工作结构线"
⑥ 薪酬等级设计	合并企业内价值相近的各项工作为一个工资等级
⑦ 薪酬制度的执行、修正、调整	修正方案实施中出现的问题,依据内外部环境的变化而调整

参考资料:葛玉辉.人力资源管理[M].第3版.北京:清华大学出版社,2012:390-395.

一、薪酬设计的原则

(一) 薪酬设计的原则

薪酬设计的目的是建立合理的薪酬制度,为此,在薪酬设计中要始终坚持贯彻以下几项原则和要求:

1. 公平原则

薪酬制度设计的公平原则包括内在公平和外在公平两个方面。

内在公平指的是企业内部员工的一种心理感受,企业的薪酬制度制定以后,首先需要获得企业内部员工的认可,使大家觉得自己与企业内部其他员工相比所得的报酬是公平的。这需要薪酬管理者经常了解员工对公司薪酬的意见,采用一种透明、竞争、公平的薪酬体系,这对于激发员工的积极性具有重要作用。

外在公平指的是与同行业内其他企业特别是具有竞争力的企业相比,企业所提供的薪酬应该是具有竞争力的,以保证企业在人才市场上招聘到优秀的人才并留住公司内现有的优秀员工。这需要薪酬管理者经常进行市场薪酬调查,关注外界薪酬的变化,相对于国外的管理者比较注重正式的薪酬调查,国内管理者则较重视与同行业内其他管理者的交流,或者通过公共就业机构获取薪酬资料,这种非正式的薪酬调查方式成本低廉,但信息准确度较低。

2. 竞争原则

高薪对于人才无疑具有巨大的吸引力,但一个企业能够提供的薪酬则需要根据企业自身的财力、物力、所需人才的可获得条件而定。企业竞争力是一个综合指标,薪酬并不是唯一的影响因素,当企业具有很好的社会声誉、社会形象或在人才眼中具有很好的发展前景时,只满足外部公平性的薪酬也可以吸引到一部分优秀人才。

劳动力市场的供求状况也是遵循竞争原则进行薪酬设计时需要考虑的重要因素。我国劳动力市场总体趋势是供大于求,但就某种类型的人才来说,可能会出现供不应求的局面,比如高级管理人员、专业技术骨干等稀缺人才。反映在薪酬上,当此种人才供不应求时,他们具有较高经济型薪酬要求的同时,对其他非经济性福利要求也较多。管理者在进行薪酬设计时不能忽略了这种类型的人力资源对薪酬设计的独特要求。

3. 经济原则

企业的目的是吸引和留住人才,为此会提高自己所支付的薪酬水平,但是,一个企业受到物力、财力及市场环境的影响,所能提供的薪酬总是在一定范围内的,超过了一定范围,企业经营成本超过收益,企业就会难以为继。除了高薪以外吸引优秀人才的条件还有很多,比如宽松的组织氛围、良好的企业文化、多样化的晋升途径,若能满足优秀人才对其他方面的需求,同样可以留住优秀人才。因此,在薪酬设计时要遵循经济原则,进行人力资本核算,将人力成本控制在一个合理范围内。

4. 激励原则

外在公平和薪酬的竞争力相对应,内在公平则更多地与薪酬的激励性相对应。每个人具有的能力有差别,贡献率不一样,不同贡献率的人应该得到不同的报酬,如果不同贡献率的人得到同样的报酬,则实质上是不公平的。要真正解决内在公平的问题,就要根据员工的能力和贡献大小适当拉开其收入差距,让贡献大的人获得较高薪酬,以充分调动其积极性。同时,薪酬系统内所设计的不同形式的奖金、福利及其他激励措施,往往会给员工带来较大的激励作用。

5. 合法原则

薪酬设计当然要遵守国家法律和政策。这是最起码的要求,特别是国家有关的强制性规定,在薪酬设计时企业是不能违反的,比如国家关于最低工资标准的规定、有关员工加班的工资支付规定、法定节假日的计算等。因此,有人在对人力资源岗位进行分析时,对人力资源管理者特别是薪酬管理者的资格要求,加入了"必须接受过国家有关法律法规特别是劳动法律法规的培训"这一条。

6. 战略原则

薪酬设计除了应该遵循以上这些原则以外,还有一项原则,那就是战略原则。这一原则要求在薪酬设计的过程中,一方面要时刻关注企业的战略需求,并通过薪酬设计反映企业战略、企业文化、企业鼓励和支持的方向;另一方面要把实现企业战略转化为对员工的薪酬激励并体现在企业的薪酬设计中。

基于战略的结构化薪酬设计时要同时考虑战略、制度和技术三个层面。就战略层面而言,企业的不同价值取向决定了企业对员工的评价是以鼓励创新还是鼓励保守为主,相应地在薪酬设计上体现为给创新部门的薪酬待遇如何。就制度层面而言,这是战略层面的细化,涉及工资制度、奖金制度、股权制度等具体的制度设计和执行,在制度层面上需要注意与公司其他制度的配合与协调,促进组织内部的均衡发展。就技术层面而言,则涉及将战略层面的理念融入具体的薪酬管理工具中,设计出有效的制度,使战略、制度、技术成为一个不可分割的整体。

（二）薪酬设计的影响因素

薪酬设计事关能否在同行业中找到合适的定位，能否达到薪酬的外部竞争性和内部公平性，因此其影响因素包括了外部的影响因素和内部影响因素。其外在影响因素主要是指：① 劳动力市场的供需关系与竞争状况。竞争对手的薪酬政策和水平对企业确定自身员工薪酬的影响较大。② 地区及行业的特点与惯例。沿海与内地、基础行业与高科技行业、国有大中型企业与三资企业集中地区等之间的差异。③ 当地的生活水平。当地平均生活水平及物价等方面影响着薪酬的调整。④ 国家的有关法律法规。对于妇女、童工、残疾人的特殊保护，及特殊工种在工作环境上的特殊要求等都将影响薪酬体系的设计。其内在影响因素主要是指：① 企业的性质与内容。对于传统的劳动密集型企业而言，劳动成本在总成本中占据的比重较大，而对于技术密集型企业而言，劳动成本在总成本中的比例则相对较低，因为大量的成本需要用来购买先进的仪器和设备。② 公司经济状况与财务实力。在劳动成本增加，而产量与其他输入量不变的情况下，生产率会降低，故企业应当注意在既有的企业财务能力条件下如何平衡加薪与提高生产率的关系。③ 公司的管理哲学与企业文化。主要指企业领导对员工本性的认识与态度。认为经济刺激是员工最大的且基本是唯一追求目的的领导，与那种认为金钱绝非员工工作唯一动力的领导在薪酬政策上会有很大的差异。

二、工作分析与薪酬调查

（一）工作分析

关于工作分析前文已有详细的阐述，在此只是进行简单的描述与回顾。配合企业的组织发展计划做好岗位设置，在做好岗位设置的基础上进行科学的工作分析，这是做好薪酬设计的基础和前提，通过这一步将会产生清晰的企业岗位结构图和工作说明书体系。这一活动的主要目的在于评价各种工作岗位或职务的相似与差异，并判断这些差异是否值得用不同的薪酬来体现。

（二）职位评价

工作分析反映了企业对各个岗位和各项工作的期望及要求，但不能揭示各项工作之间的相互关系，因此要通过工作评价来对各项工作进行分析和比较，并准确评估各项工作对企业的相对价值，这是实现公平的第一步。最后得出的是以具体的金额来表示每一工作职位对本企业的相对价值，这一价值反映了企业对该工作在岗者的要求。需要指出的是，这些用来表示职务相对价值的金额，并不是职位在岗者真正的薪酬额，而是在组织内部公平的基础上得出的结论，真正的薪酬额需要在融入外部公平性后，于"薪资等级与定薪"后完成。主要的职位评价方法有职位排序法、职位分类法、因素比较法、要素计点法，以及各大公司常用的在以上几种方法的基础上发展起来的海氏评价法。

这几种方法如表7-2所示：

表7-2 主要职位评价方法

比较方法	量化程度及评价对象	
	非量化评估方法 对职位整体进行评估	量化评估方法 对职位要素进行评估
将职位与职位比较	职位排序法	因素比较法
将职位与特定标准比较	职位分类法	要素计点法

参考资料:金延平.薪酬管理[M].大连:东北财经大学出版社,2008:158.

1. 职位排序法

职位排序法就是根据一些特定的标准,例如工作的复杂程度、对组织贡献大小等,对各个职位的相对价值进行整体比较,进而将职位按照相对价值的高低排序。其优点是简单易行、省时省力;缺点是主观性较大,无法准确确定相对价值,适用于较小的企业。

职位排序法实施的程序:① 获取与职位有关的信息。与职位相关的信息是通过工作分析获得的。② 成立职位评估委员会。通常对职位的排序需要根据对各评估者的意见进行汇总整合。③ 选定参与排序的职位。当组织中的职位比较少的时候,可能就不需要进行选择,而只要直接对该组织中所有职位进行排序就好了。④ 对排序的标准达成共识。⑤ 进行比较和排序。一种是直接排序,即按照职位的说明根据排序标准从高到低或从低到高进行排序(图7-3);另一种是交替排序,也就是先从所需要排序的职位中选出相对价值最高的排在第一位,再选出相对价值最低的排在倒数第一位,然后再从所剩下的职位中选出相对最高的排在第二位,从剩下的职位中选出相对价值最低的排在倒数第二位,以此类推(表7-3)。⑥ 评估者各自检视排序的结果,对其中不合理的地方进行调整。⑦ 综合评估委员会成员排序的结果,得出最终的排序。

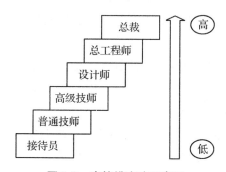

图7-3 直接排序法示意图

表7-3 交替排序法示例

排列顺序	职位价值高低程度	职位名称
1	最高	营销部部长
2	高	后勤部部长
3	较高	财务审计主管
……	……	……
3	较低	安全保证主管
2	低	行政采购主管
1	最低	总经理办公室行政秘书

2. 职位分类法

所谓职位分类法,就是通过制定出一套职位级别标准,将职位与标准进行比较,并归到各个级别中去。职位分类法好像一个有很多层次的书架,每一层都代表着一个等级,比如说把最贵的书放到最上面一层,最便宜的书放到最下面一层,而每个职位则好像是一本书,我们的目标是将这些"书"分别配送到书架的各个层次上去,这样我们就可以看到不同价值的职位分布情况。因此,首先我们需要建立一个很好的"书架",也就是职位级别的标准。如果这个标准建立得不合理,那么就可能会出现"书架"中有的层次挤满了很多"书",而有的层次则没有"书",这样挤在一起的"书"就很难区分出来(表7-4)。

职位分类法的关键是建立一个职位级别体系。建立职位级别体系包括确定等级的数量和为每一个等级分别建立定义与描述。对等级的数量没有什么固有的规定,只要根据需要设定,便于操作并能有效地区分职位即可。对每一个等级的定义和描述要依据一定的要素进行,这些要素可以根据组织的需要来选定。最后就是要将组织中的各个职位归到合适的级别中去。

职位分类法是一种便于理解和操作的职位评价方法。适用于大型组织对大量的职位进行评价。同时这种方法的灵活性较强,在组织中职位发生变化时,可以迅速地将组织中新出现的职位归到合适的类别中去。

但是,这种方法也有一定的不足,那就是对职位等级的划分和界定存在一定的难度,有一定的主观性。如果对职位级别划分得不合理,将会影响对全部职位的评价。另外,这种方法对职位的评价也是比较粗糙的,只能将某个职位归在某等级中,对各职位之间的价值的量化关系到底是怎样的也不是很清楚,因此在用到薪酬体系时会遇到一定的困难。同时职位分类法适用性有局限,即只适合那些性质大致类似、可以明确分组,且改变工作内容的可能性不大的职位。

表 7-4　某公司的职位分类系统

工作等级	各工作等级中的工作类型	等级分类定义举例
10 级	首席执行官	8 级：高级经理
9 级	副总裁	一般情况下，企业高级经理是某一个部门或方向的总体管理者、设计者、计划者和协调者，负责出台其所管辖领域内工作的总体思路及策略，规划未来业务、薪酬等相关事项，规定年度预算，管理各项激励政策及流程的制订、调整、实施、监控等。对于这些人员，除了要求其对所在领域具有相当的了解和熟练的应对之外，还要求其对企业内部相关业务也很了解，对其个人的宏观控制能力、协调能力要求较高。这些人员的职位包括高级市场经理、高级项目经理等。
8 级	高级经理	
7 级	中层经理	
6 级	专业 3 级	
5 级	专业 2 级	
	主管级职位	
4 级	专业 1 级	
	技术 3 级	
	职员/行政事务 3 级	
3 级	技术 2 级	
	职员 2 级	
2 级	技术 1 级	
	职员 1 级	
1 级	办公室一般支持性岗位	

3. 因素比较法

因素比较法是一种量化的职位评价方法，它实际上是对职位排序法的一种改进。这种方法与职位排序法的主要区别是：职位排序法是从整体的角度对职位进行比较和排序，而因素比较法则是选择多种付酬因素，按照各种因素对职位进行排序。

分析基准职位，找出一系列共同的付酬因素。这些付酬因素是能够体现出职位之间的本质区别的一些因素，例如责任、工作的复杂程度、工作压力水平、工作所需的教育水平和工作经验等方面的差别。然后将每个基准职位的工资或所赋予的分值分别配置到相应的付酬因素上（表 7-5）。

表 7-5　按付酬因素排列基准职位

职位	报酬要素				
	责任	智力	体力	技能	工作环境
焊工	2	3	1	2	1
电工	1	1	2	1	2
文秘	2	2	3	3	3

注：数字代表职位对其能力因素的要求程度，"1"代表要求最高，"3"代表要求最低。

因素比较法的突出优点之一就是可以根据在各个付酬因素上得到的评价结果计算出一个具体的付酬金额（表 7-6），这样可以更加精确地反映各职位之间的相对价值关系。一般在下列条件下因素比较法较为适用：需要一种量化方法，且愿花昂贵的费用引入一种职位评价体系;这种复杂方法的运用不会产生理解问题或雇员的接受问题,并且希望把工资结构与基准职位的相对等级或劳动力市场上通行的工资更紧密地联系起来。

表7-6 按付酬因素分配薪金

职位	付酬因素					总月薪（元）
	责任	智力	体力	技能	工作环境	
机床操作工	200(2)	150(3)	350(1)	450(2)	150(1)	1 300
技术员	350(1)	600(1)	200(2)	1 250(1)	100(2)	2 500
行政秘书	200(2)	250(2)	150(3)	400(3)	100(3)	1 100

注：括号内数字含义同表7-5。

运用因素比较法应该注意两个问题：一是付酬因素的确定要慎重,一定要选择最能代表职位间差异的因素;二是由于市场上的工资水平经常发生变化,因此要及时调整基准职位的工资水平。但是由于我国处于经济体制的转轨时期,多种薪酬体制并存;同时国内薪酬体制透明度较低,劳动力市场价格处于混沌状态,因而使用因素比较法的基础数据不足。

4. 要素计点法

要素计点,就是选取若干关键性的薪酬要素,并分别对每个要素的不同水平进行界定,同时给各个水平赋予一定的分值,这个分值也称作"点数",然后按照这些关键的薪酬要素对职位进行评价,得到每个职位的总点数,以此决定职位的薪酬水平。

要素计点法首先选择薪酬要素,并将这些薪酬要素建立起一个结构化的量表。专家委员会根据这个评定量表对各个要素上的职位进行评价,得出职位在各个要素上的分值,并汇总成总的点数,再根据总点数所处的点数区间来确定职位的级别。

要素计点法在下述情况下可能是最合适的：对准确度、工作职位资料和工资决策判断明确无误,使采用量化方法所费额外成本物有所值;排列大量的极不相同的工作职位,必然要运用一系列通用因素;不断调整工作内容,并且有可能把各工作职位最终分别归入相当数量的不同的工资级别之中。

要素计点法的主要缺点是操作过程较为复杂,而且要提前与员工充分沟通,以对要素理解达成共识。对于规模较小的企业,要素计点法的使用可能会使简单问题复杂化,可能会不如非量化的职位评价方法实用。

5. 海氏工作评价法

海氏工作评价法即海氏三要素评估,它是国际上使用最广泛的一种岗位评估方法。据统计,世界500强的企业中有1/3以上的企业在岗位评估时都采用了海氏三要素评估法。它通过三个方面对岗位的价值进行评估,并且通过较为正确的分值计算确定岗位的等级。海氏三要素评估法所指的三个要素如图7-4所示：

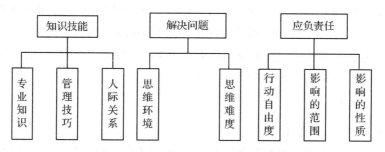

图7-4　海氏工作评价法的三要素示意图

为什么用这三个要素来评估一个岗位是科学的呢？该评估法认为，一个岗位之所以能够存在，是因为其必须承担一定的责任，即该岗位的产出。那么要取得相应的产出必须投入什么呢？即担任该岗位人员的知识和技能。那么具备一定知识和技能的员工通过什么方式来取得产出呢？是通过在岗位中解决所面对的问题，即投入知识和技能通过"解决问题"这一生产过程，来获得最终的产出即"应负责任"的（图7-5）：

图7-5　海氏工作评价法三要素的关系图

海氏评估法对所评估的岗位按照以上三个要素及相应的标准分别进行评估打分，得出每个岗位的评估分，即：

岗位评估分 = 知识技能得分 + 解决问题得分 + 应负责任得分

其中知识技能得分、应负责任得分和最后岗位评估得分都是绝对分，而解决问题的得分是相对分（百分值），经过调整后所得到的最后岗位评估得分后才是绝对分。

利用海氏评估法在分别评估三种主要付酬因素的分数时，还必须分别考虑各岗位的"形状构成"，以分别确定该因素的权重，进而据此计算出各岗位相对价值的总分，完成岗位评价活动。所谓职务的"形状构成"主要取决于知识技能和解决问题的能力这两个因素的影响力相对于岗位责任这一因素的影响力的对比与分配。从这个角度去观察，企业中的岗位可分为三种类型：

"上山"型。此岗位的应负责任比知识技能与解决问题的能力重要。比如公司总裁、销售经理、负责生产的管理岗位等。

"平路"型。知识技能和解决问题能力在此类职务中与应负责任并重，平分秋色。比如会计、人事管理岗位等。

"下山"型。此类岗位的应负职责不及知识技能与解决问题能力重要。比如科研开发、市场分析管理岗位等。

通常要由职务薪酬设计专家分析各类岗位的形状构成，并据此分别给知识技能、解决问题的能力这两因素与应负责任因素各自分配不同的权重，即分别向前两者与后者指派代表其重要性的一个百分数，两个百分数之和应恰好为100%。根据一般原则，我们粗略地确定"上山型""下山型""平路型"三组因素的权重分配分别为（40% + 60%）、（70% +

30%)、(50%+50%)。举一个简单的例子:有一个企业某个岗位的知识技能得分为941分,解决问题的能力得分为71%,应负责任得分为1 004分。而这个岗位为"上山型"岗位,即解决问题能力和应负责任的权重分别为40%和60%,那么,这个岗位的最终评估得分 = [941×(1+71%)]×40% +1 004×60% =1 246分。

(三)薪酬调查

1. 薪酬调查的含义与作用

薪酬调查指的是企业应用一系列标准、规范和专业的方法、手段,对市场上各职位进行分类、汇总和统计分析,形成能够客观反映市场薪酬现状的调查报告,从而获得企业薪酬决策所需要的各种信息,判断其所支付的薪酬状况,为企业建立薪酬体系、制定薪酬策略、进行薪酬预测提供参考的过程。企业薪酬调查是薪酬设计中的重要组成部分,包括外部市场薪酬的调查和内部薪酬满意度的调查,其重点解决的是薪酬的对外竞争力和对内公平性问题。薪酬调查报告能够帮助企业实现个性化和有针对性地设计薪酬的目的。本部分将着重探讨外部薪酬调查。

一般来说,薪酬调查主要有以下几个目的:帮助制定新员工的起点薪酬标准;帮助查找企业内部工资不合理的岗位;帮助了解同行业企业调薪时间、水平、范围等;了解当地工资水平并与本企业做比较;了解工资动态与发展潮流;等等。

2. 薪酬调查的内容

在进行薪酬调查时,有必要区分开两种不同类型的岗位:一般岗位和特殊岗位。一般岗位是那些在大多数的企业都存在的工作岗位,它们有着相对稳定的工作内容,在薪酬市场调查中很容易得到有关的薪酬信息;特殊岗位是某企业特有的工作岗位,关于特殊岗位的薪酬数据不可能轻易地通过市场调查来获得。

薪酬调查需要解决的问题是:搜集哪些数据?是仅仅搜集基本工资还是全部货币薪酬总额?是搜集企业岗位的中等薪酬水平还是最高或最低薪酬水平?企业最好的做法是:对以上所提到的数据都进行搜集,以确定企业各个方面在劳动力市场中所处的位置。

3. 薪酬调查的对象

薪酬调查的主要对象通常包括企业在劳动力市场和商品市场上的竞争对手。薪酬调查者可以向这些企业的人员(可以是普通员工)搜集有关的信息,因为他们提供的数据一般比较准确,而且这样也可以促进企业间在薪酬工作上的互通与合作。企业的薪酬调查者也可以从有关的咨询机构或者企业协会那里获得薪酬信息。另外,政府的调查统计部门、地方性的经济协会,甚至杂志、报刊等也可以提供一些有用的信息资料。

4. 调查数据的处理

假设在某次薪酬调查中,被调查的企业数一共有8家。表7-7中记录的便是对企业的某一岗位A的薪酬调查所获得的信息数据。

表 7-7　岗位 A 的薪酬调查数据

被调查的企业	甲	乙	丙	丁	戊	己	庚	辛	总和	最后平均工资
员工人数/人	8	3	6	8	12	20	13	10	80	
平均工资/元	855	867	790	820	810	780	832	778		

表中最后一列"最后平均工资"的计算,薪酬管理者可以用不同的方法计算得出。比如:

① 简单平均。

将调查得到的各平均数据进行简单的相加,然后除以总的企业数目,得出的最后结果就是 A 岗位的最后平均工资。即:

$$最后平均工资 = (855 + 867 + 790 + 820 + 810 + 780 + 832 + 778) \div 8$$
$$= 816.5(元)$$

这一方法可以比较各企业的薪酬政策。被调查的员工少的企业和被调查员工多的企业在该计算方法中所起的作用是一样的。

② 加权平均。

将工资总额按照被调查的员工的总数进行平均。其中,工资总额等于所有企业平均工资乘以所有被调查员工数所得到的数值和。在本例中:

$$工资总额 = 855 \times 8 + 867 \times 3 + 790 \times 6 + 820 \times 8 + 810 \times 12 +$$
$$780 \times 20 + 832 \times 13 + 778 \times 10 = 64657(元)$$

$$最后平均工资 = 64657 \div 80 = 808.2125(元)$$

加权平均法要根据被调查企业的不同性质进行权数上的调整,其调整方法就是对被调查企业的被调查员工的数目进行限制。

以上分析只是对一种岗位来说的,假设企业在一次调查中一共对 A、B……I、J 等 10 种岗位进行了市场调查,利用加权平均法得出的最后平均工资如表 7-8 所示:

表 7-8　薪酬调查数据

岗位	A	B	C	D	E	F	G	H	I	J
平均工资(元)	803	809	664	750	713	732	740	723	733	784

三、薪酬结构与等级设计

(一)薪酬结构设计

此方法将所有岗位的薪酬水平完全按照工资政策线确定,这样就将薪酬调查的外部信息与岗位评价的内部信息结合了起来,充分考虑了薪酬制度的内部公平性。具体的做法是,在得出了工资政策线后,将所有岗位(包括一般岗位和特殊岗位)的岗位评价得分代入工资政策线,得出各个岗位的薪酬水平(表 7-9 中的薪酬水平Ⅱ)。

表 7-9　薪酬水平的确定

岗位	岗位评价	市场调查/元	薪酬水平Ⅰ/元	薪酬水平Ⅱ/元
A	350	803	803	796.745
B	375	809	809	813.47
C	185	664	664	686.36
D	300	750	750	763.295
E	205	713	713	699.74
F	260	732	732	736.535
G	270	740	733	723.155
H	220	723	740	743.225
I	240	733	723	709.775
J	325	784	784	780.02
K(特殊)	373	—	812.162	812.132
L(特殊)	295	—	759.95	759.95

（二）薪酬等级设计

1. 薪酬等级设计

薪酬结构指薪酬的各构成项目及其所占的比例。一个合理的薪酬结构应该是既有固定薪酬部分比(如岗位工资、技能工资、工龄工资等)，又有浮动薪酬部分(比如业绩工资、奖金等)。同一企业内从事不同性质工作的员工薪酬构成项目可以有所不同。例如，对销售人员可以实行绩效工资制，薪酬构成项目主要是提成工资；而生产服务人员的工资构成中则可能主要是计件工资。

企业薪酬结构的确定主要是确定不同员工的薪酬构成项目。薪酬结构类型主要有以绩效为导向的薪酬结构(绩效薪酬制)、以岗位或职务为导向的薪酬结构(岗位薪酬制)、以技能为导向的薪酬结构(技能薪酬制度)、组合薪酬结构(混合薪酬制度)等。现代企业大多实行以岗位为导向的薪酬制度。

以岗位为导向的薪酬结构，其特点是员工的薪酬主要根据其所担任的职务(或岗位)的重要程度、任职要求的高低以及劳动环境对员工的影响等来决定。其薪酬随着职务(或岗位)的变化而变化。以岗位为导向的薪酬结构有利于激发员工的工作热忱和责任心，缺点是很难反映在同一职务(或岗位)上工作的员工因技术、能力和责任心不同而引起的贡献差别。

无论是什么薪酬结构，都要反映不同岗位之间在薪酬结构中的差别，为此要确定若干岗位等级作为薪酬等级的依据。岗位等级要以岗位评价的结果为依据，根据岗位评价得到的每个岗位的最终点数来划分等级。为了在薪酬管理中操作简便，往往将岗位评价结果接近的岗位(在同一点数区间的岗位)定为一个等级，从而划分出若干岗位等级。

为了反映在同一岗位级别上的员工在能力上的差别，企业在实际薪酬管理中往往在同一薪酬等级中划分若干个档次(图7-6)。也就是说,在确定了员工所在岗位对应的薪酬等级后,可以根据员工个人能力水平高低的不同以区分该薪酬等级的不同档次,并可以根据绩效考核结果逐年调整。但员工薪酬的变动范围一般不超过该薪酬等级的上、下限,除非员工的岗位发生变动。由于企业的岗位等级一般都是金字塔形的,即岗位级别越高,可提供的岗位越少,员工的升迁机会越少,所以为了弥补由于岗位数量少而给员工薪酬带来的损失,薪酬等级之间的薪酬标准可以重叠。

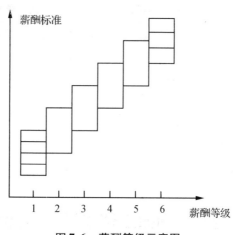

图7-6 薪酬等级示意图

2. 宽带薪酬

在现代企业中应用越来越广的薪酬等级设计方式为宽带薪酬。宽带薪酬也称薪酬宽带,它实际上是一种新型的薪酬结构设计方式,它是对传统上那种带有大量等级层次的垂直型薪酬结构的一种改进或替代。根据美国薪酬管理学会的定义,宽带型薪酬结构就是指对多个薪酬等级以及薪酬变动范围进行重新组合,从而变成只有相对较少的薪酬等级以及相应的较宽薪酬变动范围。一般来说,每个薪酬等级的最高值与最低值之间的区间变动比例要达到100%或100%以上。一种典型的宽带型薪酬结构可能只有不超过4个等级的薪酬级别,每个薪酬等级的最高值与最低值之间的区间变动比例则可能达到200%~300%。而在传统薪酬结构中,这种薪酬区间的变动比例通常只有40%~50%。

与企业传统的薪酬结构相比,宽带型薪酬结构支持扁平型组织结构,有利于企业提高效率及创造参与型、学习型企业文化,并利于保持自身组织结构的灵活性;宽带型薪酬结构以员工的绩效贡献为根据,而不是以员工个人所在职位为依据,有利于引导员工重视个人技能的增长和能力的提高;宽带型薪酬结构由于减少了薪酬等级数量,减少员工横向、向下调动的阻力及其所带来大量行政工作,有利于职位的轮换;宽带型薪酬结构是以市场为导向的,能密切配合劳动力市场上的供求变化,有利于管理人员以及人力资源专业人员的角色转变。

四、薪酬制度的实施与修正

薪酬制度一经建立,就应该严格执行,发挥其保障、激励功能。在保持相对稳定的前提下,企业还应随着经营状况和市场薪酬水平的变化对薪酬制度做相应的调整。在确定薪酬调整的比例时,要对总体薪酬水平做出准确的预算。目前,大多数企业是由财务部门在做此预算。为准确起见,最好由综合管理部门参与做此预算,因为财务部门并不清楚具体薪酬数据和人员的变动情况。综合管理部门要建好薪酬账目,并设计出一套比较合理的预算方法。在制定和实施薪酬制度的过程中,及时的沟通、必要的宣传或培训是保证薪酬制度顺利实施的成功因素(表7-10)。

表7-10 某特定的典型定期调整薪酬制度指导表

当前工资	在职务工资范围中的位置(占平均值的百分比)									
	60%以下		60%～70%		70%～80%		80%～90%		90%～100%	
加薪	周期/月	调幅/%	周期/月	调幅/%	周期/月	调幅/%	周期/月	调幅/%	周期/月	调幅/%
优秀	6～12	10～12	9～12	8～11	9～15	6～9	12～21	4～7	12～24	5
良好	6～15	8～10	9～18	6～9	12～21	4～7	12～24	5	*	*
合格	15～10	6～8	18～24	4～7	24～36	5	*	*	*	*

第四节 绩效工资设计——奖励

绩效工资设计即对员工的奖励,因为对员工的奖励是根据其绩效来确定的。企业通过分发奖金,或者将奖金拨入退休金累积,抑或分发企业股票给出色员工,以激励员工。奖励属于可变性薪酬,它与员工的工作绩效直接相关,随着员工的实际工作绩效的变化而上下浮动。大量的研究已经证实,以奖励为主要内容的可变薪酬制度有利于提高员工的绩效,因此被广泛地使用于各类型企业中。

奖励分为三种基本的类型:

1. 现金利润分享

这种体系的支付额是利润或盈利性的某些度量标准的函数。起决定作用的度量标准包括完全会计利润、经营利润、资产回报、投资回报及其他可能的回报。纯利润完全可以分享或从一个标准起开始分享。盈利性度量标准可应用于一个公司、机构、部门或其他组织实体。

2. 收益分享

经济收益的分享是伴随组织的业绩改善而产生的,通常使用的度量标准包括成本、质量、生产率、出勤率、安全性、时效性(反应灵敏度)、原料和库存利用、环境协调性、客户满意度等。这些度量标准的基础水平也许包括组织业绩的目前表现、过去表现及对目前或过去表现的改善。

3. 目标分享

当完成组织或团队的目标后,企业将支付预先确定数额的薪酬。通常确定目标所涉及的变量与收益分享所涉及的变量相同。一些计划对每个变量只设立一个目标,而其他一些计划为每个变量设立多个目标层次,其支付额逐步增加。

在实际应用中,这三种方式往往复合使用。在设计绩效工资时需要考虑奖励的单位究竟是在个人层面、团队层面,还是在企业层面。

一、个人层面的奖励制度

个人奖励制度是企业根据员工个人的生产数量和品质来决定其奖金的金额,常见形式有计件制、计效制、佣金制。

(一)计件制

这是按产出多少进行奖励的方式,包括:

1. 简单计件制

其计算公式为:

$$应得薪酬 = 完成件数 \times 每件工资率$$

此方法最大的优势在于容易为工人所理解和接受,直接将员工的薪酬与工作效率相结合,可激励员工勤奋工作。但每件工资率往往很难确定,容易引起员工的猜忌。另外,还容易导致员工一味追求数量而忽视质量,因此必须有检验制度加以配合。

2. 梅里克多级计件制(Merrick's Premium System)

这种计件制将员工薪酬分成了三个以上的等级,随着等级增高,较高等级的工资率在最低等级工资率的基础上依次递增10%。中等和低等的员工获得合理的报酬,而优等的员工则会得到额外的奖励。

$$EL = N \times RL \qquad (在标准80\%以下时)$$
$$EM = N \times RM (RM = 1.1RL) \qquad (在标准80\% \sim 100\%时)$$
$$EH = N \times RH (RH = 1.2RL) \qquad (在标准100\%以上时)$$

其中,RH、RM、RL分别表示优、中、低三个等级的工资率,依次递减10%;N代表完成的工作件数或数量;EH、EM、EL分别代表优、中、低三个等级的员工获得的收入。

3. 泰勒差别计件制

这种计件制首先要制定标准产量,然后根据员工完成标准的情况有差别地给予计件工资。

$$E = N \times RL \qquad (当完成量在标准的100\%以下时)$$
$$E = N \times RH (RH = 1.5RL) \qquad (当完成量在标准的100\%以上时)$$

其中:E代表收入,N代表完成的工作件数或数量,RL代表低工资率,RH代表高工资率,RH通常为低工资率的1.5倍。

梅里克多级计件制和泰勒差别计件制的特点在于用科学方法加以衡量,高工资率要高于单纯计件制中的标准工资,对高效率的员工有奖励作用,同时,对低效率员工改进工作也有一定刺激作用。

(二) 计效制

这是把时间作为奖励尺度,鼓励员工努力提高工作效率,节省人工和各种制造成本,主要方式有:

1. 标准工时制

这种奖励制度以节省工作时间的多少来计算应得的薪酬,当工人的生产标准要求确定后,按照员工各自节约的百分比分别给予不同比例的奖金。

2. 哈尔西 50–50 奖金

此方法的特点是工人和企业分享成本节约额,通常进行五五分账,若工人在低于标准时间内完成工作,可以获得的奖金是其节约工时的工资的一半,即:

$$E = T \times R + P(S - T)R$$

其中,E 代表收入,R 代表标准工资率,S 代表标准工作时间,T 代表实际完成时间,P 代表分成率,其通常为 1/2。

3. 罗恩制

罗恩制的奖金水平不固定,依据节约时间占标准工作时间(即过去工作时间的平均数)的百分比而定,计算公式是:

$$E = T \times R + (S - T) \div S \times R$$

其中,E 表示收入,R 代表标准工资率,S 代表标准工作时间,T 代表实际完成时间。

根据这种方法所计算的奖金,其比例可以随着节约时间的增多(即实际完成时间的减少)而提高,但平均每超额完成一个标准工时的资金额会递减,即节省时间越多,工人的奖金水平低于工作超额的幅度越大,这既避免了过度高额奖金的发出,也使低效率员工能支取计时的薪金。

(三) 佣金制

佣金经常用于销售行业。企业销售人员的薪金相当大一部分是其产品所赚得的佣金。具体形式有:

1. 单纯佣金制

其计算公式为:

$$收入 = 每件产品单价 \times 提成比例 \times 销售件数$$

对销售人员而言,单纯佣金制是一种风险较大且具有极大挑战性的制度。

2. 混合佣金制

其计算公式为:

$$收入 = 底薪 + 销售产品单价 \times 提成比例 \times 销售件数$$

3. 超额佣金制

其计算公式为:

$$收入 = (销售产品数 - 定额产品数) \times 单价 \times 提成比例$$

上述三个计算公式中,提成比例可以是固定的,也可以是累进的,即销售量越大,提成比例越高;也可以是递减的,即销售量越大,提成比例越低。提成比例的确定应考虑产品性质、顾客、地区特性、订单大小、毛利量、业务状况的变动情况。

二、团队层面的奖励制度

团队层面的奖励制度是以团队的生产或绩效为单位,奖励团队内所有成员。这里的团队可以是一个全日制的工作团队,比如某个部门;也可以是跨职能部门的兼职工作团队,比如由不同专家组成的智囊团;还可以是短期的全日制工作团队,比如为完成某个项目临时组建成的团队。当工作成果是由团队共同合作促成的,很难分别衡量每个员工的贡献,或当企业在急剧转型中,无法确定个人的工作标准时,适合采用团队奖励制度。团队奖励的类型有:

(一)斯坎伦计划

斯坎伦计划的目的是减少员工劳动力成本而不影响企业的运转,奖励主要是根据员工的薪酬(成本)与销售收入的比例,鼓励员工增加生产以降低成本,促使劳资双方均可以获得收益,其计算公式为:

$$员工奖金 = 节约成本 \times 75\% = (标准工资成本 - 实际工资成本) \times 75\%$$
$$= (商品产值 \times 工资成本占商品产值百分比 - 实际工资成本) \times 75\%$$

其中,工资成本占商品产值百分比由过去的统计资料而得。

(二)拉克计划

拉克计划在原理上与斯坎伦计划相仿,但计算方式要复杂得多。拉克计划的基本假设是工人的工资总额保持在工业生产总值的一个固定水平上。拉克主张研究公司过去几年的记录,以其中工资总额与生产价值(或净产值)的比例作为标准比例,以确定奖金的数目。

(三)现金现付制

现金现付制通常将所实现利润按预定部分分给员工,将奖金与工作表现直接挂钩,即时支付、即时奖励。需要注意的是,现金现付制要将奖金与基本工资区别开,防止员工形成奖金制度化的误解。

(四)递延式滚存制

递延式滚存制是指将利润中发给员工应得的部分转入该员工的账户,留待将来支付。这对员工跳槽形成一定的约束,但由于员工看不到眼前利益,因而会降低鼓励员工的作用。

(五)现付与递延结合制

即以现金即时支付给员工一部分应得的奖金,余下部分转入员工账户,留待将来支付,它既满足了对员工的现实激励作用,又为员工日后尤其是退休以后的生活提供了一定的保障。

由于团队工作方式的兴起,基于团队的奖励制度也日趋流行,并不断得到创新。团队薪酬的目的在于鼓励合作,在这一点上它比基于个人的奖励制度更为成功,但团队薪酬也会使得员工难以发现他们的绩效最终影响他们的薪酬而产生搭便车等现象,同时由于收入的稳定性较低也增加了员工的薪酬风险。

三、企业层面的奖励制度——利润分享和股权激励

企业层面的奖励制度多采用利润分享和股权激励的形式。当企业的利润超过某个预定的水平时,将部分利润与全体员工分享。分享的形式包括现金分红、拨作退休金和股票期权等。利润分享形式旨在鼓励努力的员工帮助企业赚取利润,加强员工对企业的投入感和提高他们继续留在企业工作的可能性。利润分享适宜用在劳资关系良好的企业、小型企业或用在行政管理人员身上。利润分享中的现金分红方式与上述的团队奖励方式大致相同,故不再赘述。下面对日益流行的股权激励制度进行介绍。

股权激励制度在国外的上市公司中使用十分普遍,我国的股份制企业也开始采用。股权激励多用于对公司高级管理层的长期激励,其出发点是要使受激励的人和企业形成一个利益共同体,减少股份公司的代理成本,并聚集一批优秀人才,实现企业的持续、快速、稳定发展。也有的企业对全体员工实行股权激励,但根据员工职位高低不同而给予的股权激励程度有差异。在实践中,股权激励通常有以下几种形式:

(一) 限制性股票

限制性股票是专门为了某一种特定计划而设计的激励制度。比如公司为了激励高管人员将更多的时间和精力投入某个或某些长期战略目标中,公司会预期该战略目标实现后,公司的股票价格应当上涨到某一目标价位,然后公司将限制性股票无偿赠予高管人员。只有当股票达到或超过目标市价时,他们才可以出售限制性股票并从中获得收益,但在限制期内他们不得随意处置股票,如果在此期间内辞职或被开除,其股票会因此被没收。

(二) 股票期权

股票期权,是指一个公司授予其员工在一定的期限内(比如 10 年),按照固定的期权价格购买一定份额的公司股票的权利。行使期权时,享有期权的员工只需支付期权价格,而不管当日股票的交易价是多少,就可得到期权项下的股票。期权价格和当日交易价之间的差额就是该员工的获利。如果该员工行使股票期权时,想立即兑现获利,则可直接卖出其期权项下的股票,得到其间的现金差额,而不必非有一个持有股票的过程。究其本质,股票期权就是一种受益权,即享受期权项下的股票因价格上涨而带来的利益的权利。股票期权不可以转让,但可继承。按期权的行权价与授权日市场价格的关系,股票期权可以分为三种:① 零值期权或评价期权,即行权价等于股票市场价;② 实值期权或折价期权,即行权价低于股票市场价;③ 虚值期权或溢价期权,即行权价高于股票市场价。

(三) 虚拟股票或股票增值权

虚拟股票计划的安排是公司给予高管一定数量的虚拟股票,对于这些股票,高管没有所有权,但是与普通股东一样享受股票价格上涨带来的收益,以及享有分红的权利。股票增值权是公司给予公司高管的一种权利:公司高管可以获得规定时间内规定数量股票价格

上升所带来的收益,但是高管对于这些股票同样没有所有权。虚拟股票和股票增值权都是在不授予高管股票的情况下将公司高管的部分收益与股价上升联系起来。两者的区别在于虚拟股票可以享受分红而股票增值权不可以。股票期权的设计原理与股票增值近似,两者的区别在于:认购股票期权时,持有人必须购入股票;而股票增值权的持有者在行权时,可以直接对股票的升值部分要求兑现,无须购买股票。

（四）延期支付计划

延期支付计划是将公司高管的部分年度奖金以及其他收入存入公司的延期支付账户,并以款项存入当日的公司股票公平市场价格折算出的股票数量作为计量单位,然后在既定的期限内（比如5年后）或公司高管退休后,以公司股票形式或依据期满时股票市值以现金方式支付给公司高管。

（五）业绩股票

业绩股票是指股票授予的数额与个人绩效挂钩,运作机制类似于限制性股票。公司确定一个股票授予的目标数额,最终得到的数额随公司或个人达到、超过或未能达到业绩目标而定。最终得到的价值取决于挣得的股票数额和当时的股票价格。

业绩股票通常与延期支付计划联系较为紧密,很多公司综合两者的特点制定混合型的股权激励计划。例如,根据业绩确定高管人员的货币或股票奖励,这些货币或奖励同时纳入延期支付计划,在既定的限期后予以支付。

（六）员工持股计划

员工持股计划(employee stock option plan,简称ESOP)又称员工持股制度,是员工所有权的一种实现形式,是企业所有者与员工分享企业所有权和未来收益权的一种制度安排。员工通过购买企业部分股票（或股权）而拥有企业的部分产权,并获得相应的管理权,实施员工持股计划的目的,是通过让员工持有本公司股票和期权而使其获得激励,这是一种长期绩效奖励计划。在实践中,员工持股计划往往是由企业内部员工出资认购本公司的部分股权,并委托员工持股会管理运作,员工持股会代表持股员工进入董事会参与表决和分红。

此外,在我国的具体情况和政策环境之下,也产生了一些有特色的股权激励计划,比如对下属公司的股权激励计划,公司高管人员收购(MBO)、直接持有发起人股份或非流通股等形式。值得注意的是,我国的股票市场和政策环境尚不成熟,以致在探索过程中出现了很多问题。然而,股票奖励制度确实能在一定程度上将员工特别是高管人员的个人利益与企业的长远利益联系起来,因此,这是股份制企业不可忽视的一种激励方式。

四、绩效工资的设计与实施

绩效工资的设计与实施可以遵循以下步骤:

（一）体系设计的准备过程

由于任何组织变革之初往往会面临很多障碍,所以其奖励体系设计与实施必须要有充分的准备,准备的过程有以下几步:

① 让管理层及其他风险承担者尽量详细地了解奖励。

② 评估奖励是否能对组织的经营状况产生积极的影响，即评估奖励是否与企业和组织战略相适应。

③ 确定奖励计划的参与者。

④ 明确小组界限。明确奖励是以公司整体业绩为基础还是以一个业务单元（部门、子公司、工作团队等）业绩为基础，抑或以个人业绩为基础。

⑤ 试行奖励计划，先在一个或几个部门试行奖励计划。

⑥ 评价组织准备的充分性。准备是否充分涉及的因素有：管理层对变革的责任感，雇员的参与，信息分享的方式，员工的信任，团队合作的范围，就业稳定性，变革的可接受性，以及经营状况。

⑦ 设计过程决策，包括选择设计小组，确立指导方针和程序，与企业内其他成员、高级经理沟通获得支持等过程。

（二）选择基本计算公式

计算公式是奖励制度的核心，因为它确立了需要改善哪些类型的业绩，这种改善为参与的雇员提供报酬。公式的选择分为以下几步：

① 回顾管理层的商业计划、发展战略、期望和设计原则。

② 确认恰当地加入奖励计划的业绩变量。变量的选择标准包括：对企业的重要性、雇员的可控性、影响的广泛性。

③ 决定基本的公式类型。基本的公式包括：现金利润分享、收益分享和目标分享。

（三）奖励计划在实施中遇到的问题

我国企业目前实行的绩效工资制——奖励主要是以个人层面为主的奖金制度，而小组层面、部门层面、团队层面和企业层面的奖励较少，利润分享计划和收益分享计划更是鲜见，这是我国企业在奖励制度设计方面的最大不足。另外，在实行奖励计划时也常常存在以下问题：

① 奖励福利化，即把奖金作为一种福利待遇支付给员工。

② 奖励平均化，即奖金人人都有，人人一样。

③ 奖励工资化，即企业将奖金的数额固定并且每月定期与工资一起支付。

④ 奖励职务化，即企业按照职务等级高低发放，而不是根据工作绩效的差异。

⑤ 奖励人情化，即奖金的支付受到人情关系的影响，比如管理者按照自己的喜好和印象鼓励下属，或由员工相互评选先进来给予奖励。表面看来由员工评选先进的办法似乎很民主，但是并不科学，有违奖励的本质。因为企业奖励的目的是用报酬激励员工的绩效，而不是考核员工相互间的关系。

第五节　基于技能的薪酬制度

除了基于绩效的工资制度外,目前也存在着基于技术和能力的薪酬制度,这种薪酬制度并非基于员工的工作结果绩效,而是基于员工在岗位上的个人技术、能力、胜任力,按照这些与工作相关的能力水平的高低来确定其薪酬水平。在具体的薪酬制度实践中,技术等级工资制便是基于技术能力的薪酬制度的典型例子。

一、基于技能的薪酬制度概况

基于技能的薪酬制度根据员工所掌握的技术水平、胜任能力等技能条件,结合工作岗位所需条件、员工技能对工作的适配度,确定员工的薪酬水平,而不是像上述绩效薪酬那样根据员工的工作结果绩效来确定薪酬。近年来,基于技能的薪酬制度正越发受到重视。这种薪酬制度从应用上更适用于研发类、技术类的人员,在注重研发与知识竞争的组织内出现得更多。

一般而言,基于技能的薪酬制度主要包括两种类型,一种是侧重于员工所掌握的与岗位工作相关的技能知识的深度,另一种则是侧重于员工所具备的胜任不同种类工作的技能和知识的广度。

基于技能的薪酬制度在现实应用方面具有一系列的优势,包括:① 这种薪酬导向将促进员工不断更新知识储备、强化工作技能的积极性,使组织具备高质量的人才队伍。② 为员工开辟了更广的职业生涯发展通道,特别是侧重技能广度的薪酬制度将帮助员工快速综合化成长,为组织发挥更大的战略价值。③ 一方面可以使组织在员工调配方面更具灵活性,从而促使组织高效发展;另一方面员工可以根据组织所需要的角色进行工作定位,而不是囿于工作岗位限制。④ 这种基于技能的薪酬制度有利于构建学习型组织,使组织内部形成相互学习、不断自我提升、创新发展的良好氛围。

当然,基于技能的薪酬制度也存在一些相对劣势,包括:① 在这样的薪酬体系下,为让员工提升工作技能,组织在培训开发方面将会产生更大的投入,有时不免会成本过高。② 在员工的技能高低评判方面,除去有直接市场统一的技能证书认可的技能指标之外,其他的技能评判难免具有内部主观性,因此在保证薪酬的公平性方面更加复杂。③ 员工的技能不一定能转化为对应的工作结果,注重技能的薪酬制度有时对组织的直接绩效提升起不到特别明显直观的帮助。

二、基于技能的薪酬制度的设计与实施

技术等级工资制一般出现在对企业内技术工人的薪酬评定中,是能力工资制的一个典型范例。它是按照工人所达到的技术等级标准确定工资等级,并按照确定的等级工资标准计付劳动报酬的一种制度。这种薪酬制度看重的是工人掌握的技术程度而非其所在岗位,

具有"对人不对岗"的色彩。

技术等级工资制一般包含三项基本内容：① 工资标准。工资标准亦称工资率，是按单位时间支付的工资数额。工资率可以按小时、日、周、月、年分别规定。② 工资等级表。工资等级表是基本内容中最重要的部分，确定了各个等级所对应的工资金额，包括了工资等级数目、工种等级线、工资等级差别。③ 技术等级标准。技术等级标准用以衡量和说明员工的技术水平的等级划分，其中还包含了工作应知、工作应会、实操工作实例。

在实际运用技术等级工资制的过程中，制定工资标准时应首先制定一级工资标准，即技术等级对应的工资等级的最低起点金额。一级工资标准是工资差别的基础，其高低也决定了每个不同等级序列的工人之间的工资差别的合理性，所以应该结合市场水平、组织特征来科学合理地制定。接下来在工资等级表的编制中则应注重每个工种所覆盖的等级，以及各等级之间的薪酬级差。

第六节　员工福利管理

员工福利制度是指企业内的所有间接报酬，包括带薪休假、员工保险、员工服务、退休计划、教育津贴和住房津贴等。这些奖励作为企业成员福利的一部分，奖给员工个人或者员工小组。员工取得的福利数额是由其年资和职级确定的。福利必须被视为总报酬的一部分，而总报酬是人力资源战略决策的重要方面之一。

从管理层的角度看，福利可对以下若干战略目标做出贡献：协助吸引员工；协助保持员工的稳定性；提高企业在员工和其他企业心目中的形象；提高员工对其职务的满意度。与员工的收入不同，福利一般不需要纳税。由于这一原因，相对于等量的现金支付，福利在某种意义上来说，对员工就具有更大的价值。但福利制度和薪酬制度一样，如果使用不当也会增加员工的流失率，减弱企业的竞争能力，因此要注意谨慎设计和运用。

一、福利的特点

（一）福利的特点

福利是企业支付给员工的间接薪酬。员工福利具有以下几个特点：① 均等性，只要履行了劳动义务的本企业员工均可以享受企业的各种福利；② 补充性，福利是对工资的补充，用以满足员工生活需要，在工资的基础上起到了保障和提高的作用；③ 集体性，员工福利的重要形式是兴办集体事业，员工主要是通过集体消费或共同使用公共物品等方式分享福利，比如职工食堂、员工俱乐部。

（二）福利与薪酬的比较

直接薪酬与福利相比，两者具有两个重要差别：一是直接薪酬一般采用货币支付和现期支付的方式，而福利一般采取货物支付和延期支付的方式；二是直接薪酬具有一定的可变性,与员工个人业绩直接相连,而福利则具有准固定成本的性质。

与直接薪酬相比,福利具有自身的独特优势:① 形式灵活多样,福利可以满足员工的不同需求;② 保健性,福利是具有保健性质的薪酬部分,有利于提高员工工作的满意度,有助于吸引新员工、保留优秀老员工,增强企业凝聚力;③ 税收优惠性,与薪酬不同的是,员工福利不用缴纳税费,可以使员工得到更多的实际收入;④ 规模效应,福利一般是由企业集体购买某些产品,具有规模效应,可以使员工节省一定的支出。

但与薪酬相比,福利也有不足之处,主要在于:① 与员工绩效分离,由于福利具有普遍性,与员工的个人绩效关系并没有太大联系,因此福利在激励员工,提高工作绩效方面的作用没有薪酬那么明显;② 难以灵活变动,员工福利具有刚性,一旦给员工提供了某种福利,就很难将其取消,这样会导致福利的不断膨胀,从而增加企业的负担。

二、福利设计的影响因素

福利并不仅仅是企业自身的事情,它还必须符合劳动力市场的标准、政府法规和工会的要求,并应按照企业的竞争策略、文化建设和员工激励的需要而制定,福利制度的设计应考虑外在和内在的因素。

(一) 外在因素

1. 劳动力市场的标准

与薪酬一样,企业在制定福利制度时,应参考劳动力市场调查的资料,并决定企业的福利水平究竟是高于或低于竞争对手,还是与竞争对手的相当。常用的参考资料包括行业内企业提供的福利范围、成本和受惠员工的比例等;而常用的比较指标则包括福利费用总成本、平均员工福利成本和福利费用在整个薪酬中的百分比等。值得一提的是,随着时代的发展,福利在总成本中所占的比例在不断地上升。

2. 政策法规

企业在制定福利政策时必须遵守《劳动法》及企业所在地的政府规定,比如对劳动保险、劳动安全保护、法定假期、产假、各项社会保险、残疾人照顾及免歧视条例等,以免触犯法律、法规,引起法律纠纷。

3. 工会咨询

有时企业需要与工会进行协商,以确定福利计划的范围和内容。

(二) 内在因素

1. 企业竞争策略

不同的竞争策略需要有不同的福利制度相配合。在企业的成长初期,致力于开创事业,应尽量减低固定的员工福利,比如退休金;企业应以直接的方法,比如员工持股计划,奖励绩效出色的员工,鼓励员工投入创业。

2. 企业文化

企业若注重关怀和照顾员工,则会为员工提供优厚的福利;企业若注重业务,便会为企业的绩效而调整福利制度。事实上，大多数企业尽量会在关怀员工和注重业务发展两者之间找一个平衡点，采用适中的福利制度。

3. 员工的需要

那些追求稳定和安全感的员工会对福利更感兴趣。员工的需要因人而异，因年龄、学历、收入和家庭状况而应有所不同。一般来说，低收入的员工喜欢薪金多于福利，高收入员工则更关心福利；年轻的员工喜欢带薪假期，年长的员工则更关心退休福利。因此，福利制度的设计应全面考虑企业员工的需要。

三、福利的类型

鉴于福利在企业生产经营中不可忽视的作用和影响，组织中的福利五花八门，不胜枚举。每个组织除了提供法律政策规定的福利以外，可以提供有利于组织和员工发展的福利项目。近几年各种各样的福利项目概括起来主要有以下几种类型：

（一）经济性福利

此类福利具体的表现形式有：给抚养子女奖学金；旅游费；培训补贴；子女教育补贴；托儿托老补助；生日礼金、结婚礼金；年终或国庆等特殊节日加薪、分工，物价补贴，商业与服务单位的消费；加班费、节假日值班费；住房补贴；交通补贴，个人交通工具购买津贴、保养费或燃料费补助等；公关饮食报销；报刊订阅补贴，专业书刊购买津贴；药费或滋补营养品报销或补助；意外工伤补偿费，伤残生活补助，死亡抚恤金等；退休金、公积金及长期服务奖金（工龄达规定年限时发给）等；支付额外困难补助金；洗澡、理发津贴，高温、取暖补贴；解雇费；海外津贴等。

（二）实物性福利

比如免费单身宿舍、夜班宿舍；免费工作餐，工作免费饮料（茶、咖啡、食品等）；企业自有文体设施（运动场地、健身房、阅览室、棋牌室等；免费电影、戏曲、表演、球赛票券等）。

（三）服务性福利

此类福利包括以下形式：家庭保健护理；保姆家庭护理；企业接送员工的免费车或廉价通勤车服务；食品集体折扣代购；免费提供计算机或其他学习设施等；全部公费医疗，定期免费检查身体及注射疫苗；职业病防护；免费订票服务；咨询性服务，包括免费的员工个人发展计划咨询、心理健康咨询、法律咨询等；保护性服务，包括平等就业权利保护（反性别、年龄等歧视）、性骚扰保护、隐私保护等；团体汽车保险、团体家庭保险、个人事故保险及其他各项保险等。

（四）优惠性福利

比如廉价公房出租或出售给本企业员工，提供购房低息或无息贷款；个人交通工具低息贷款；低价工作餐；部分公费医疗、优惠疗养等；折扣价电影、戏曲、表演、球赛票等；优惠价车、船、机票；信用储金、存款账户特惠利率、低息贷款等；优惠价提供本企业产品或服务；优惠的法律咨询等。

(五) 机会性福利

比如企业内在职或短期脱产培训;企业外公费进修(业余、部分脱产、完全脱产);带薪休假;参加俱乐部会员费;有组织的集体文体活动(晚会、舞会、郊游、野餐、体育竞赛等);企业内部提升政策、员工参与的民主化管理等;提供具有挑战性的工作机会等。

(六) 荣誉性福利

比如以本企业员工名义向大学捐助专用奖学金;授予各种引人注目的头衔等。

以上福利项目只是实际生活中各种福利项目的简单概括,实际生活中的福利项目比这更加广泛、丰富,同时,随着人们物质文化生活的不断提高和发展,新的福利项目会不断地被研究和开发出来。

四、实施福利计划应注意的问题

福利是保健因素,如果福利计划实施得不好,员工就会觉得不满意。为了满足员工对高质量生活水准的追求,现代企业福利在整个薪酬体系中所占的比重会越来越大,因此,薪酬计划的设计与操作逐步成为人们关注的话题。设计福利时要考虑以下几个问题:

(一) 福利计划与企业战略薪酬计划的匹配

企业工资总额确定以后,就要全面考虑薪酬和福利各自所占的比重,既要避免取消福利、不将福利纳入预定规划,也要避免福利无限膨胀的倾向。有关统计资料显示,西方的员工福利占薪酬的比例逐渐加大,并逐渐成为企业的沉重负担。而在我国则是另一种情景,为了改变过去那种企业"办社会"的局面,出现了员工福利全面工资化的倾向,这同样是要避免的。福利的许多积极作用是货币性报酬无法实现的,因此在设计薪酬体系时,要注意保持福利的合理比重,这个比重对不同地区不同经济性质的企业有不用的要求,需要企业根据实际情况加以确定。

(二) 将个性化与团队合作精神结合

过去我们的福利很少考虑员工的个性化需求,千篇一律,没有变化。这导致出现企业花了钱,员工却不买账的不良现象。比如,年轻的员工对个人能力提升和晋升等机会性福利需求较明显,而对实物性福利可能会看得淡一些。如果企业一视同仁,对所有员工都实施实物性福利,就必然导致一部分年轻员工的不满。而这正是我国一些传统企业容易犯的毛病,因此在实施福利计划时,一定要强化个性化的福利观念,以满足不同员工不同的福利需求。为此,一些企业提供了"自助餐式"福利计划,即企业把每个员工的年福利总额设定在一个范围内,由员工根据需要自己决定享受何种形式的福利,比如微软公司的"自助餐式"福利方案就是一个很好的例子。员工可以假设各种情况,以设计不同的福利模式。个性化福利给了员工选择的权利,但在一定程度上会冲击员工的团队合作精神,这是我们需要注意的。

(三) 福利目标与员工享受福利的协调

企业在制定福利政策时有一定的目标,而员工的福利需求在大多数情况下也是有目标的,这两个目标能否达成一致是企业能否实现企业福利目标的关键。因此,企业在实施福利计划时,要有意识地加以引导,将员工的福利需求引导到企业的福利目标上来。这就需要人力资源部门做好员工职业生涯规划的指导工作,并指导他们选择适合自身成长需要的福利。

第七节　福利的新趋势——弹性福利制

随着时代进程的推进,现今的福利制度体现出更多元、更具系统性、愈发探求创新的新趋势,其中尤为值得注意的是,目前基于人性化管理思想的弹性福利制正方兴未艾。弹性福利制(flexible benefit plan),又称自助餐式福利或柔性福利计划,是一种根据员工自我需求和偏好,在一定的开支范围内提供给员工多元的福利方式供员工自行组合选择的福利制度。这种福利制度于20世纪70年代在美国发展起来,它缘于劳动力结构的改变和员工自我意识的兴起以及人性化管理思想等。如今,已有越来越多的企业将弹性福利制运用到自身的管理实践中,更好地促进组织战略发展。

相较于传统的福利制度,弹性福利制有如下优点:

① 弹性福利制能够满足不同员工的个性化需求,能更好地契合员工发展需要。

② 弹性福利制在一定程度上有利于企业控制福利成本。由于弹性福利制是在限定金额范围内提供不同的福利模式,故而成本总金额会比单一、统一的福利措施更加少。

③ 弹性福利有利于体现组织的人性化关怀,可以有力提升组织形象,建设良好的企业氛围。

在近半个世纪的发展历程中,弹性福利制也衍生出了不同的类型,主要包括以下几类。

(一) 附加型

附加型弹性福利制是目前最普遍、最常见的弹性福利制,它是指在现有的福利项目基础上,提供附加的多元福利项目,以此提升原有的福利效益。员工在附加的福利项目中根据所需进行自由组合选择。例如,某组织原先的福利项目包含交通补助、房租津贴、带薪休假等,在施行附加型弹性福利制时,该组织可以将原有的福利项目全部保留下来作为福利的基础项目,并在此基础上增加额外的福利项目,比如人寿保险、年度健康体检等,供员工选择。

(二) 弹性支用账户

弹性支用账户是一种较特殊的弹性福利制。在这种福利机制下,员工可以每年从其税前总收入中拨出一定的金额作为自己的支用账户,并以此账户去购买组织提供的各项福利项目。该支用账户中的金额不需扣缴所得税,但如果当年度账户金额未能在当年用完,则账户余额会被企业扣去,而不能结余至下一年度。

(三)福利套餐型

福利套餐型弹性福利制即由企业推出不同福利项目的固定组合,让员工选择其一。这种弹性福利制就像餐厅内的固定组合套餐,可以为顾客提供选择套餐A、套餐B的自由,但套餐内的具体组成部分则是事先固定好的,不能随意更换。这种福利制可以减轻企业安排福利项目的难度。在具体设计时,企业可以结合组织内的员工群体特征进行针对性的设计。

(四)选高择低型

选高择低型弹性福利制一般会提供几种项目不同、程度不一的福利组合供员工进行选择,并以企业既有的固定福利计划作为参考基础。这些组合的价值或高或低,如果员工选择的福利组合比既有的固定福利计划价值高,则员工需要支付一定的费用来填补差价;如果员工选择的福利组合比既有的固定福利计划价值低,则可以要求雇主补偿其差价。

【专题阅读】 高管薪酬差距对公司绩效影响研究[①]

社会分工的优化催生了职业经理人,他们通常有着较高的职业素养和专业技能,能够帮助提升企业绩效,自这一职业出现于19世纪的西方世界后,已由产生、发展,进入了成熟阶段,西方国家普遍形成了完备的配套机制,从业者质量较高。

相比之下,我国职业经理人有关机制尚需完善,因为我国对外开放起步较晚,尚未摸索出一套体系完善、适合我国国情的相关制度。自20世纪末开始,我国"引进来"的脚步逐步加快,经济体制改革也陆续开展,我国已经意识到职业经理人对于企业和市场的重要性,于是开始借鉴西方的职业经理人制度,目前已经取得一定成果。但是企业所有者对职业经理人的理解还存在一些误区:一方面,多数企业意识到了职业经理人对提升企业绩效的作用,愿意提供较高的薪酬待遇吸引高管;但另一方面,许多企业所有者仍然认为管理者只是企业的雇员,他们希望高管能为企业创造高额绩效、高额利润,但不愿与高管分享经营成果,多数高管主要领取固定薪酬,薪酬激励制度明显不完善,自然会引起高管与企业所有者利益上的分歧,而这种分歧势必抑制高管的主动性,阻碍企业绩效的提升。

与西方国家相比,我国公司对高管的激励方式比较传统,侧重物质激励而轻精神文化激励,高管薪酬组合不科学,导致激励效果不佳,并且不同行业高管薪酬体系差异较大,在具有高风险高收益特点的行业,为了有效激励高管提升企业绩效,企业所有者往往使用高绩效高薪酬的策略激励高管提升绩效,高管薪酬总额也远高于其他行业。但这并不能代表我国大多数行业的高管薪酬激励方式,因为多数行业不注重对高管的绩效考核,高管薪酬以固定薪酬为主,长期激励薪酬(权益性薪酬)占比偏低。

高管是使企业保持竞争优势不可或缺的因素,高管引导企业文化,影响着企业未来的

[①] 此部分内容选自编者指导的人力资源管理专业学生王芩芩的论文,引用时已得到她的授权,在此表示感谢。

发展战略。优秀的高管是一种宝贵的资源,他们精明,干练,综合素质高,专业技能过硬,或许还是某一领域的专家,他们能够充分利用所有者分享的资源,根据政策和市场环境的变化,为企业抓住发展的机遇。因此,对高管的约束和激励是否有效,影响着企业的经营业绩优劣,也是企业能否实现可持续发展的关键。这里将高管定义为高级管理者,但不含董事会、监事会成员。目前,我国高管激励机制一般包括货币薪酬、股权激励、在职消费。在职消费属于隐形薪酬,即难以被直接观察和量化的薪酬福利形式。企业绩效主要是指整个企业层面确定的目标、任务的有效完成程度和盈利水平,企业绩效直接影响到企业整体战略的实现。不同企业的绩效衡量指标不同,这是因为不同企业在性质、行业、企业使命以及经营管理模式等方面存在一定差异。通常,可以使用财务指标或非财务指标衡量企业绩效。财务指标能回顾企业绩效,非财务指标则着眼于揭示企业未来的发展潜力。

一、高管持股比例与企业绩效

为了提升企业绩效,企业实行所有权与经营权分离,但实践中出现了一些弊端:第一,信息不对称。两权分离实际上使经营者掌握了大量企业内部信息,包括企业实际盈亏情况、自己是否尽职尽责,而企业所有者则无法掌握这些信息,这会使企业所有者处于不利地位,增大自身风险。第二,目标不一致。高管的目标是获得高额报酬,股东的目标是实现股东财富最大化,但股东财富最大化并不意味着高管财富最大化。第三,责任承担不匹配。委托代理合同规定,企业所有者委托高管代为经营企业,在授权范围内,代理产生的后果均由所有者承担。若高管导致企业受损,高管承担的责任有限,企业所有者则需承担一切后果。

但上述矛盾可以通过制定合理的薪酬契约得到缓解。价值最大化合同理论认为,高管薪酬合同是为了吸引并激励有才能的高管以最大化股东价值,该契约将管理者薪酬水平与企业绩效联系起来,防范高管因自利而侵害企业利益,降低代理风险。基于该思想,权益薪酬使高管也能享有一部分企业所有权,可分享经营成果,因而能有效抑制高管的短视行为,使高管做出更具前瞻性的决策。

使用权益性薪酬激励高管的做法源于资本市场较为完善的西方国家,在美国,非货币形式薪酬占据着 CEO 薪酬总额的绝大部分比例。近年来,我国股市有了很大发展,资本市场逐渐成熟,外部条件的改善使高管股权计划可以在企业实施,也使得更多学者开始关注股权激励方式的有效性。刘永丽、王凯莉认为,当管理者持股额占总薪酬的比例提高后,管理者能为公司创造更好的效益。由此推断,持股计划使高管有更强的动机关注企业的长期目标,有利于企业可持续发展。有基于此,提出假设:

H1a:高管持股比例(Pay1)的增加有利于创造较好的每股收益(EPS)。

H1b:高管持股比例(Pay1)的增加有利于提高资产收益率(ROA)。

H1c:高管持股比例(Pay1)的增加有利于提高净资产收益率(ROE)。

二、高管货币薪酬与企业绩效

基于效率工资理论,雇主给付的工资水平显著影响雇员绩效。原因有二:高工资可使企业吸收到工作能力较强的雇员,而个人能力对工作效率有正向影响;高工资增加了员工的离职成本,因此员工可能为了维持较高的工资水平而努力提升个人绩效,避免被解职。此外 Yellen 和 Akerlof(1988)进一步丰富了效率工资理论研究,提出了公平效率工资理论,指出雇员由于受到公平感的影响,会引起工作态度发生变化,而这会间接作用于其工作表现,最终表现为高绩效或低绩效水平。因此当员工的薪酬水平能够客观反映员工的工作表现时,可以较好地激励员工,反之,则会挫伤员工工作积极性。

效率工资理论同样适用于高管。在竞争激烈的劳动力市场中,使用高薪以吸引有才能的高管可能是最佳选择(虽然可能需要支付额外费用),因为高管能力与企业绩效存在正向关系;且由于高管离职的成本较高,为避免被解雇,自利的高管会优化企业资源配置,减少冗余,削减成本,因而可提升企业绩效。货币薪酬是短期激励的主要组成部分,激励效果较好,因为与长期激励相比,短期激励使高管拥有更好的"视线",即奖励形式更直观,这意味着高管的业绩与奖励之间的联系更为明显。孙宋芝、干胜道认为,提升高管货币薪酬水平可以促进企业的发展。故可猜想,货币薪酬作为我国高管薪酬体系的主要形式,可取得激励实效。有基于此,提出假设:

H2a:高管货币薪酬(Pay2)的增加促进每股收益(EPS)的递增。

H2b:高管货币薪酬(Pay2)的增加有利于提高资产收益率(ROA)。

H2c:高管货币薪酬(Pay2)的增加有利于提高净资产收益率(ROE)。

三、研究设计

因变量:每股收益(EPS)、资产收益率(ROA)、净资产收益率(ROE)。西方学者偏好使用"托宾 Q 值"评估公司经营状况,这一比例侧重评估公司的股市价值,属于市场价值指标的一种。但中国的资本市场尚不完善,所以我国上市企业绩效不应使用托宾 Q 值进行评价,因为这无法保证评估结果的准确性。因此,我们参照张金麟等的研究成果,选取财务绩效指标对企业绩效进行衡量。由于单个财务绩效指标易于被管理者操控,为保证结果的准确性,笔者综合使用三个财务绩效指标作为因变量进行数据分析。我们主要选取了每股收益(EPS)、资产收益率(ROA)和净资产收益率(ROE)作为企业绩效的衡量指标,这些指标均反映了企业的盈利能力,是以往研究较为常用的企业绩效指标。自变量:高管持股比例(Pay1)、高管货币薪酬(Pay2)。我国企业高管的薪酬组成主要包括货币薪酬形式、股权激励形式与隐形薪酬福利,由于隐形薪酬福利较难获取和量化,因此不予考虑,这里主要讨论高管持股和货币薪酬的激励意义。高管持股情况(Pay1)取各企业高管持股数与总股本数之比,即高管持股比例;高管货币薪酬(Pay2)取各企业前三名高管平均货币薪酬的对数。控制变量:企业规模(Size)、股权集中度(OC)、资产负债率(Debt)。

由于考虑到非线性关系不具备较好的指导意义,故这里仅研究变量之间的线性关系。为了检验高管薪酬能否对公司绩效产生正向作用,笔者设计了 3 个多元线性回归模型如下:

模型1. $EPS = \alpha_0 + \alpha_1 Pay1 + \alpha_2 Pay2 + \alpha_3 Scale + \alpha_4 Debt + \varepsilon$

模型2. $ROA = \beta_0 + \beta_1 Pay1 + \beta_2 Pay2 + \beta_3 Scale + \beta_4 Debt + \varepsilon$

模型3. $ROE = \gamma_0 + \gamma_1 Pay1 + \gamma_2 Pay2 + \gamma_3 Scale + \gamma_4 Debt + \varepsilon$

其中，α_0、β_0、γ_0 为常数项，α_1、α_2、α_3、α_4、β_1、β_2、β_3、β_4、γ_1、γ_2、γ_3、γ_4 为回归系数，ε 为随机扰动项。

此处所有样本均取自国泰安数据库。由于我国投资者主要关注 A 股市场，根据证监会 2012 年公布的行业划分标准，最终选取选取 2 108 家沪深 A 股上市的制造企业，并选择其 2018 年度的相关数据进行研究。此外，基于相关文献进行数据分析的一般原则，为保证结果的准确性，需要消除样本中的异常数据，因此剔除了 ST 公司和数据缺失的公司。剔除后得到有效样本共计 2 108 个，无缺失值。

从表 7-13 可以看出，Size 最大值为 11.894，最小值是 8.255，平均值是 9.583，最值与平均值之差不大，表明样本规模无显著差异；Debt 最小值为 0.022，最大值为 0.989，平均值为 0.385，显示出 2 108 家公司在负债水平上存在较大差距，一般而言，比例位于 40%～60% 较为合适，样本平均比例小于 40%，说明该行业负债风险较小，但也显示该行业对债权人资金利用不足。EPS 最小值为 −4.682，最大值为 30.114，均值为 0.435；ROA 最小值为 −0.674，最大值为 0.466，平均值为 0.044；ROE 最小值为 −12.772，最大值为 0.749，平均值为 0.057，可见 EPS、ROA 和 ROE 的均值都较小，经过计算，发现三种指标的相对极差却很大，分别是 $R_1=79.96$，$R_2=25.7$，$R_3=239.2$，说明样本公司绩效差异悬殊，存在亏损情况极端严重的企业，整体上绩效水平不佳。Pay1 最小值为 0.000，最大值为 0.823，平均值为 0.139，均值与最大值相差较大，说明样本企业高管持股情况有明显差别，并且出现了相当比例的零持股现象，高管普遍持股比例过低；Pay2 最小值是 4.916，最大值是 7.361，平均值为 5.837，值得一提的是，Pay2 是对前 3 名高管薪酬平均值取对数得到的结果，原数据显示，前 3 名高管平均薪酬最低为 8.25 万，最高平均薪酬约为 2298.67 万，最高平均薪酬约为最低平均薪酬的 279 倍，可见高管货币薪酬水平存在巨大差别。

表 7-13 2 018 家企业高管货币薪酬水平统计数据

变量	最小值	最大值	平均值	标准偏差
Size	8.255	11.894	9.583	0.516
Debt	0.022	0.989	0.385	0.183
OC	0.478	1.950	1.482	0.195
EPS	−4.682	30.114	0.435	1.016
ROA	−0.674	0.466	0.044	0.084
ROE	−12.772	0.749	0.057	0.331
Pay1	0.000	0.823	0.139	0.192
Pay2	4.916	7.361	5.837	0.285

为初步检验各变量与因变量间是否相关，对全样本做了简单相关系数分析（双尾），也即皮尔森相关系数分析。由表 7-14 可知，分析结果与假设基本一致，大部分变量通过了相关性检验，表明大多数变量与因变量存在一定相关性，且相关性质与假设基本一致，故可初步证明假设具有一定合理性。

Size 与 Debt、EPS、Pay2 存在显著的正相关关系,说明资产负债率会随着企业规模的扩大而增加,原因可能是资金周转问题,企业在扩大规模的过程中对债务资金的需求会更强。Size 对 EPS 存在显著正向影响,因为规模扩大后,企业能够集约生产,带来递增的规模效益,因而能够提高企业绩效。此外,规模的增加意味着企业的组织结构越来越复杂,对管理者资源配置与处理复杂关系的能力要求较高,一般高管薪酬与其能力、工作的复杂性成正比,所以企业规模与高管薪酬正相关。Debt 与 EPS、ROA、ROE 显著负相关($p>0.01$),说明资产负债率的增加会抑制公司绩效的提升。OC 与 EPS、ROA、ROE 显著正相关($p>0.01$),说明股权集中度提升后,大股东在一定程度上可以加强对高管行为的约束,可促使企业绩效的提高。Pay1 与 EPS、ROE 显著正相关($p>0.05$),与 ROA 显著正相关($p>0.01$),Pay2 与 EPS、ROA、ROE 均显著正相关($p>0.01$),说明高管持股比例和高管货币薪酬均与企业绩效显著正相关。

表7-14 简单相关系数分析(双尾)

	Size	Debt	OC	EPS	ROA	ROE	Pay1	Pay2
Size	1							
Debt	0.508**	1						
OC	0.051*	−0.042	1					
EPS	0.187**	−0.138**	0.166**	1				
ROA	0.014	−0.336**	0.210**	0.627**	1			
ROE	0.026	−0.182**	0.087**	0.377**	0.536**	1		
Pay1	−0.382**	−0.232**	0.017	0.053*	0.131**	0.056*	1	
Pay2	0.447**	0.126**	−0.010	0.197**	0.159**	0.080**	−0.133**	1

在进行回归分析之前,为检验模型的经济意义是否合理,并防止显著性检验失去意义,笔者对模型变量进行多重共线性检验,检验结果显示3个模型中所有变量的 VIF 均小于2,一般认为 VIF 小于10即可判定变量之间共线性程度较轻,因此,基本可以肯定此处的变量间无共线性问题,模型和假设具有意义。上述分析仅表明模型不存在多重共线性问题,为检验假设是否成立,这里需对数据做回归分析,回归结果如表7-15 所示。

1. 针对模型 1 的回归分析

由表7-15 可知,对模型1进行回归分析,得到 $F=73.694$($p=0.000$),表示模型在 0.01 的显著性水平上通过 F 检验,说明模型1是显著的。模型的拟合优度 $R_2=0.149$,说明该模型可以解释变量的程度是 14.9%。检验结果显示,Debt 与 EPS 显著负相关($p>0.01$),说明资产负债率的增加会显著降低企业绩效。Size、OC、Pay1、Pay2 均显著正向影响 EPS($p>0.01$),说明每股收益会随着企业规模、股权集中度、高管货币薪酬、高管持股比例的增加而增加。可知高管货币薪酬与高管持股比例均正向影响每股收益,分析结果支持假设 H1a、H2a。

2. 针对模型 2 的回归分析

对模型 2 进行回归分析,得出 $F=119.268(p=0.000)$,表示模型在 0.01 的显著性水平上通过 F 检验,说明模型 2 是显著的。模型的拟合优度 $R_2=0.221$,说明该模型可以解释变量的程度是 22.1%。检验结果显示,Debt 与 ROA 显著负相关($p>0.01$);Size、OC、Pay1、Pay2 均显著正向影响 ROA($p>0.01$),说明规模、股权集中度、高管货币薪酬、高管持股比例的增加均可对企业资产收益率产生正向影响。高管货币薪酬与高管持股比例对资产收益率的积极意义得到验证,因此假设 H1b、H2b 成立。

3. 针对模型 3 的回归分析

对模型 3 进行回归分析,得到 $F=28.025(p=0.000)$,表示模型在 0.01 的显著性水平上通过 F 检验,说明模型 3 是显著的。但模型的拟合优度较低,$R_2=0.062$,说明该模型可以解释变量的程度只有 6.2%。模型 3 已经通过 F 检验($p=0.000$),证明模型线性关系显著,模型基本成立,但拟合优度小,说明模型对变量的解释度不佳。检验表明,Pay1 与 ROE 显著正相关($p>0.01$),Pay2 与 ROE 显著正相关($p>0.05$),说明 Pay1 与 Pay2 分别在 0.01 和 0.05 的显著性水平上与 ROE 正相关,即高管持股比例和货币薪酬均可正向影响 ROE,但由于模型解释度不佳,发挥的影响作用不显著。但总体而言,假设 H1c、H2c 仍得到了验证(表 7-15)。

表 7-15　多元回归结果

变量	模型 1(EPS)	模型 2(ROA)	模型 3(ROE)
Debt	−1.556**	−0.194**	−0.446**
Size	0.634**	0.034**	0.095**
OC	0.711**	0.078**	0.116**
Pay1	0.652**	0.056**	0.106**
Pay2	0.378**	0.041**	0.063*
F 值	73.694**	119.268**	28.025**
R^2	0.149	0.221	0.062
adj−R^2	0.147	0.219	0.060

综观 3 个模型可知,资产负债率对 EPS、ROA、ROE 都存在较强的消极影响,这显示出负债的增加将抑制公司绩效的提升。Size、OC 均对因变量有正向影响。规模的增大使企业增加了可支配资源,其抵御风险的能力增强,并可带来递增的规模报酬,因此可以提升企业绩效;股权集中度的高低意味着大股东对公司的控制权大小,该比例越高,企业市场表现就越会影响其获利,因而大股东越可能积极参与公司会议,而且当大股东拥有更高比例的股权后,为提高公司的利润,其更可能重视对高管的激励和约束,因此股权集中度的增加有助于提高企业绩效。

前述分析表明,高管持股比例与货币薪酬的增加均会对企业绩效产生显著的正向影响。因此有充分理由接受假设 H1a、H1b、H2a、H2b、H1c、H2c,高管持股比例与货币薪酬均对企业绩效有显著正向影响。

经过前述分析,可以得出结论:① 高管持股比例提升有利于创造更好的企业绩效。高管持股正向影响企业绩效,原因有二:一是持股使高管成为企业所有者之一,促使其有更强的行为动机着眼公司的长期发展;二是高管大量持有股票这一行为,能够向外部传释放出有利信号,使投资者对该企业的未来发展预期较好,吸引他们持有较多数量的该企业股票,因而能够促进企业发展。② 高管货币薪酬的增加能推动企业绩效的提高。这与孙宋芝等、赵小克等的结论相符。相对来说,货币薪酬形式直观,接受度高,能够及时奖励高管,是短期激励的较好方式。③ 总体上高管持股比例偏低,甚至出现了零持股现象。这说明我国还未充分实施管理者股权激励计划,这可能是由于股权激励配套机制的不完善导致企业无法制定有效的股权激励体系。④ 高管薪酬水平差异大。该结论与张燕红和王学力的研究结论一致。这可能是不同企业的规模、所处行业、地区、股权结构性质等存在差异所导致的,这同时也反映出统一的高管薪酬制定标准尚未形成,自然容易使管理者产生攀比或觉得其不公平的心理,影响激励效果。

西方著名学者詹森和墨菲(Jensen and Murphy,1990)曾指出,在支付首席执行官薪酬时,重要的不是支付多少,而是支付的方式。这说明薪酬体系的设计深刻影响着对高管的激励效果。因此,为提高公司治理效果,企业所有者应更加重视对高管薪酬体系的设计,做到以相关理论研究为指导,从企业实际情况出发,制定出合理的高管薪酬体系,便可通过调动高管的工作积极性,最终实现高管与股东的共赢。

练 习 题

一、单选题(第1—15题,请在所给的四个选项中选择最恰当的一项)

1. 职位薪酬体系设计的第一步骤是(   )。
   A. 职位评价   B. 职位结构设计   C. 进行工作分析   D. 人员分配
2. 实现薪酬内部公平的手段是(   )。
   A. 工作分析   B. 绩效考核   C. 工作评价   D. 薪酬调查
3. 在职位评价的各种方法中,属于非量化评价,并采用职位与职位比较的是(   )。
   A. 排序法   B. 分类法   C. 要素记点法   D. 要素比较法
4. 某公司为高层管理人员购买住房,这属于(   )。
   A. 全员性福利   B. 特殊福利   C. 岗位津贴   D. 困难补助
5. 下列福利项目中,属于法定福利的是(   )。
   A. 收入保障计划   B. 住房公积金   C. 企业年金   D. 员工服务计划
6. 为了合理地确定企业薪酬水平的市场定位,应进行(   )。
   A. 薪酬调查   B. 岗位评价   C. 薪酬分级   D. 素质测评
7. 常见的个人奖励计划不包括(   )。
   A. 计件制   B. 计时制   C. 佣金制   D. 收益分享计划

8. 下列项目不属于社会福利的是( )。
   A. 财政补贴   B. 生活补贴   C. 公共设施   D. 养老保险
9. 薪酬的构成包括( )。
   A. 奖金、福利、股票计划   B. 工资、奖金、福利
   C. 奖金、工资、津贴   D. 工资、福利、津贴
10. 以下陈述属于交替排序法的特点的是( )。
    A. 考核对象最终都会被归入某一绩效水平区间,且各个水平分布上人数可以预知
    B. 针对单个指标——进行,人员间两两比较,对比充分
    C. 结合了行为描述与等级量化的优点,结果精确
    D. 从优劣程度最极端者开始入手,着眼于相对性进行考核
11. 影响企业整体薪酬水平的因素不包括( )。
    A. 工会的力量   B. 企业的薪酬策略
    C. 职务或岗位   D. 产品的需求弹性
12. 公司给予员工在将来某一时期内以一定价格购买一定数量公司股权的权利属于( )。
    A. 现股计划   B. 期股计划   C. 期权计划   D. 员工持股
13. 根据职位的类型或员工类型来分别制定不同的薪酬水平的是( )策略。
    A. 混合策略   B. 市场滞后策略   C. 市场跟随策略   D. 市场领先战略
14. 职位评价的实质,就是系统地确定职位之间的相对价值,从而为组织建立一个( )的过程。
    A. 组织结构   B. 职位等级结构   C. 薪酬关系结构   D. 薪酬系统结构
15. 内部公平主要是指( )。
    A. 员工薪酬与市场水平大体相当
    B. 员工薪酬在分配程序上的公正合理
    C. 员工的薪酬与自己所在部门的绩效相当
    D. 与其他岗位相比,员工的薪酬与其所在岗位工作价值大体相当

二、名词解释

16. 工作分析
17. 职位排序法
18. 薪酬调查

三、简答题

19. 薪酬管理应遵循哪些原则?
20. 员工福利有哪些特点?

四、案例分析题(第21—22题)

为什么高工资没有高效率

F公司是一家生产电信产品的公司,在创业初期,依靠一批志同道合的朋友,大家不怕

苦不怕累,从早到晚拼命干,公司发展迅速,几年之后,员工由原来的十几人发展到几百人,公司的业务收入由原来的每月10多万元发展到每月1 000多万元。企业大了,人也多了,但公司领导明显感觉到,大家的工作积极性越来越低,也越来越计较报酬。

F公司的总经理黄先生一贯注重思考和学习,为此,他特地到书店买了一些有关成功企业经营管理方面的书籍来研究,他在《松下幸之助的用人之道》一书中看到这样一段话:"经营的原则自然是希望能做到'高效率、高薪资'。效率提高了,公司才可能支付高薪资,但松下幸之助提倡'高效率、高薪资'时,却不把高效率摆在第一个努力的目标,而是借助提高薪资,来激发员工的工作意愿,以此达到高效率的目的。"黄先生想,公司发展了,确实应该考虑提高员工的待遇,这一方面是对老员工为公司辛勤工作的回报,另一方面也是吸引高素质人才加盟公司的需要。为此,F公司聘请一家知名的咨询公司为企业重新设计了一套符合公司老总要求的薪酬制度,大幅度提高了公司各类员工的薪酬水平,并对工作场所进行了全面整修,改善了各级员工的劳动环境和工作条件。

新的薪酬制度推行以后,其效果立竿见影,F公司很快就吸引了一大批有才华、有能力的人,几乎所有的员工对薪酬制度都很满意,工作十分努力,工作热情高涨,公司的精神面貌焕然一新。但这种好势头没有持续多久,员工的旧病复发,又逐渐地恢复到以前懒洋洋、慢吞吞的状态。

公司的高薪没有换来员工持续的高效率,公司领导陷入两难的困境,既苦恼又彷徨,问题的症结到底在哪儿呢?

www. xue sai. cn/souti/67BACEBC.html

问题:

21. 该公司应采取哪些措施对员工的薪酬制度进行再设计、再改进?

22. 为了持续保持员工旺盛的斗志,公司应当采取哪些配套的激励措施?

五、思考题

23. 薪酬设计的基本原则有哪些?

24. 薪酬设计的基本理论有哪些?

25. 什么是宽带薪酬模式?

第八章

员工关系管理

第一节 员工关系管理概述

一、员工关系的内涵和构成

员工关系是组织中因雇佣行为而产生的关系,是人力资源管理的一个特定领域,良好的员工关系管理是企业留住人力资源的法宝之一。

1. 员工关系的含义

员工关系又称雇员关系,与劳动关系、劳资关系相近。从狭义上看,员工关系是指组织内一系列的人力资源管理行为关系,表现为企业或管理者与其内部员工之间的关系。从广义上看,员工关系不仅指组织内部的管理者和员工之间、员工和员工之间的关系,还包括发生劳动争议后组织内部与外部的第三方调解机制。显然,员工关系的主体涉及员工(劳动者)、用人单位(也指用人单位的管理者)和第三方调解者。员工关系强调以员工为主体和出发点的企业内部关系,是从人力资源管理角度提出的一个取代劳资关系的概念,劳资关系注重个体层次上的关系和交流,员工关系这一概念注重和谐与合作精神。

员工关系的本质是双方的合作与冲突,是双方力量和权力的对比。管理方与员工以集体协议或劳动合同的形式,甚至是以一种心理契约的形式,规定相互之间的权利与义务,共同合作,进行生产。同时,由于双方的利益、目标和期望常常会出现分歧,冲突在所难免。冲突的形式,对员工来说,有罢工、旷工、怠工、抵制、辞职等;对管理方而言,有关闭工厂、惩罚或解雇等。双方选择合作还是冲突,取决于双方的力量对比。

员工关系包括了员工与管理方之间的权利、义务及其有关事项。这种关系具有两层含义:一是从法律层面双方因为签订雇佣契约而产生的权利与义务关系,亦即彼此之间的法律关系;二是社会层面双方彼此间的人际、情感甚至道义等关系,亦即双方权利与义务之外不成文的传统、习惯及默契等伦理关系。

2. 员工关系的组成

员工关系的组成主要包括:

① 组织正式和非正式的雇佣政策与实践。制定、磋商、贯彻关于集体谈判、争端处理、雇佣员工、奖励雇员的准则、体系和程序,规范雇主对待雇员的方式,保护雇佣双方的合法利益,以及雇主对雇员工作表现的期望。

② 雇员参与和沟通的政策与实践。管理者和雇员代表、雇员个人之间,管理者和团队领导或者主管之间,持续的非正式与正式的互动过程。这个过程既受正式协议的约束,也经常受到习俗、惯例以及组织长年累月所形成的人际氛围的影响。

③ 劳动关系的主要角色即政府、管理者和工会的制度与政策。劳动关系的不同角色包括雇员、雇员代表、工会干事、工会、人力资源管理者、组织管理者、主管个人、雇主协会以及政府。

④ 法律框架,以及劳动争议的调解、仲裁和诉讼机构。

⑤ 使正式体系得以运作的谈判机制、协议程序以及实践。

二、员工关系管理的内涵和内容

1. 员工关系管理的内涵和性质

广义上讲,员工关系管理包括企业各级管理人员和人力资源职能管理人员,通过制定和实施各项人力资源政策与管理行为,调节企业与员工、员工与员工之间的相互联系和影响,以实现组织目标。狭义上讲,员工关系管理主要是指企业与员工之间的沟通管理,这种沟通更多情况下采用柔性的、非强制的、激励性的手段,以提高员工满意度,实现企业目标。

员工关系管理可以释放和化解员工的埋怨、牢骚,缓解管理方与员工的关系、员工之间的矛盾,解决员工个人的困难和问题,有利于激励员工的工作热情。

员工关系管理的内涵表明其具有以下基本性质:

(1)员工关系管理是人力资源管理的一项基本职能

员工关系管理是人力资源管理的基础和核心职能之一。有效的员工关系管理不仅是人力资源管理各环节工作顺利开展强有力的保障,还是其他人力资源管理职能得以顺利进行的前提和保障。

(2)提倡从员工角度制定和实施一系列管理策略与措施

当代员工关系管理倡导劳资之间的利益和关系协调,强调运用柔性的、激励性的、非强制的方法和手段实现对员工的管理。

(3)员工关系管理需在既定的制度和规则下进行

员工关系管理既需要运用一些约束性手段来规范员工的行为,又需要通过一些激励性的管理措施来实现对组织成员的激励和保护。

2. 员工关系管理的内容

员工关系管理应该以"让员工除了把所有精力放在工作上之外没有其他后顾之忧"为最高目标,具体工作可以涉及员工的衣、食、住、行、娱乐等方面。员工关系管理包括"沟通、冲突处理、职业发展顾问等"内容,是一种"无形服务",这种服务以"公平、信任"为战略建立的基础。员工关系管理工作的重点主要是人际关系管理、劳动关系管理、沟通与交流管理、民主参与和企业文化及企业精神管理。目前,员工关系管理已成为企业主动倡导的工作。

从人力资源部门的管理职能看,员工关系管理主要有如下内容:① 劳动争议处理,员工离职面谈及手续办理,员工申诉,人事纠纷和意外事件的处理;② 员工人际关系管理,创建有利于员工建立正式人际关系的环境,引导员工建立良好的工作关系;③ 沟通管理,保证沟通渠道的畅通,引导企业员工之间进行及时双向沟通,完善员工建议制度;④ 员工情绪管理,组织员工满意度调查,谣言、怠工的预防和监测及处理,解决员工关心的问题;⑤ 企业文化建设,建设企业文化,引导员工的价值观,维护良好的企业形象;⑥ 服务与支持,为员工提供有关国家法律、企业政策、个人身心健康等方面的咨询服务,协助员工平衡工作与生活的关系;⑦ 员工关系管理培训,组织员工进行人际交往、沟通技巧等方面的培训。

此外,员工关系管理还包括工作场所的安全和健康、员工援助计划(EAP)、工会关系的融洽、危机处理等。

三、员工关系的人力资源管理方法

雇员关系的人力资源管理模式已转换成下列方式:① 提倡雇员的奉献精神——赢得雇员的"全心全意",使他们认同组织、更努力地为组织服务;② 使他们不轻易离职,以保证收回培训和发展的成本费用;③ 强调相互关系——使雇员了解管理者和雇员有着共同的利益;④ 组织各种沟通作为补充,例如团队简报、集体谈判——雇主个人或集体不是通过他们的代表,而是直接与雇员沟通;⑤ 将集体谈判变成个体合同;⑥ 重视员工参与,例如号召员工参加质量研讨小组或质量提高小组;⑦ 在质量方面持续给员工施加压力,抓好总的质量管理;⑧ 在工作安排上具有更多灵活性,包括开展培训使工人掌握多种技能,以便更有效地利用人力资源;⑨ 有时需要为"骨干"工人提供更安全的工作条件;⑩ 强调团队工作;⑪ 协调所有雇员的雇佣条款。

四、员工关系管理应注意的问题

良好的员工关系管理不仅能帮助企业赢得人才、留住人才,而且可以使企业管理和业务运作效率大幅提升。员工关系管理必须特别注意以下三点:

(1) 员工是员工关系管理的起点

共同的企业愿景和价值观是员工关系管理的基础。企业所有利益相关者的利益都是通过共同愿景的实现来达成的。企业的价值观是企业员工对事物共同的判定标准和共同的行为准则,是企业的伦理基准,是组织规范的基础。有了共同的价值观,组织成员都能够站在组织的立场对某种行为或结果做出一致的评价。因此,认同共同的企业愿景和价值观,是建设和完善企业员工关系管理体系的前提和基础。

(2) 利益关系是员工关系管理的根本

企业的核心目标在于追求经济价值,但同时要满足多种不同利益群体的需求。在市场竞争条件下,企业只有满足了员工个体的利益需求,才能抵御市场竞争,达成其核心目标。

因此，企业的目标和其所处的竞争环境是处理员工关系的根本出发点。现代企业组织的根本性质并没有改变，经济利益关系仍然是企业与员工最根本的关系，利益关系是企业处理员工关系的最大约束。

（3）心理契约是员工关系管理的核心内容

心理契约的内涵与意义在于员工的心理状态决定了其相应的行为，而员工的行为质量直接决定了其工作绩效。心理契约的主体是员工在企业中的心理状态，其基本衡量指标是工作满意度、工作参与和组织承诺。在以上3个指标中，工作满意度最为基本和重要，在一定程度上对另外两个指标有决定作用，尤其是在以经济活动为主的企业中，心理契约管理的目的就是通过良性的人力资源管理提高员工的工作满意度，进而实现员工对组织的强烈归属感和对工作的高度投入。

心理契约是由员工需求、企业激励方式、员工自我定位及相应的工作行为这4个方面的循环构建而成，并且这4个方面有着理性的互相决定关系。企业在构建心理契约时，要以自身的人力资源和需求结构为基础，用一定的激励方法和管理手段来满足对应的员工需求，促使员工以相应的工作行为作为回报，并根据员工的反应适当地调整激励方式；员工则依据个人期望和需求的满足程度，来调整自己对企业的关系定位，并因此决定自己的工作行为。沿着这种决定关系轨迹，就形成了心理契约的构建方式。这就是现代人力资源管理的心理契约循环过程，也是企业员工关系管理的核心部分。与其他管理领域一样，心理契约管理也是由制度性的规定、企业文化塑造、管理人员的工作技巧等来实现的。

第二节　员工劳动关系管理

从员工关系管理的视角来看，企业与员工之间劳动关系的确立是员工关系建立的基础。劳动合同是劳动关系确立的最为常用的法律契约形式。

一、劳动关系概述

1. 劳动关系的内涵

劳动关系，是指作为劳动力所有者的劳动者与作为生产资料所有者的企业或雇主之间，为进行生产和经营，实现劳动力和生产资料相结合而产生的社会关系。它是由雇佣行为而产生的关系。

2. 分类

根据劳动者一方主体是个人还是集体，劳动关系可以分为个体劳动关系和集体劳动关系。个体劳动关系主要指劳动者个体与雇主或企业之间的关系。在个体劳动关系中有两个主体：雇主与雇员。个体劳动关系也被称为狭义的劳动关系。集体劳动关系是作为劳动者代表的工会或劳动者选举的代表与用人单位或用人组织之间的关系。

3. 劳动关系确立的载体

劳动关系的载体是指劳动者与企业确立劳动关系、明确双方权利与义务的法律契约形式，一般通过劳动合同来体现。《劳动法》实施后，我国全面实行劳动合同制度。因此，员工关系建立的基础是特定劳动关系的确立，而个别劳动关系的缔结需要以劳动合同为载体。换而言之，劳动者与用人单位一旦签订了劳动合同，即确立了劳动关系，劳动者成为企业的雇员，企业即承担了对员工进行管理的权利和义务。个别或内部的劳动关系的协调机制在某种意义上也就部分地转换为员工关系管理的机制。

二、劳动合同管理

建立劳动关系，应当订立书面劳动合同。因此劳动合同管理是员工关系管理的基本内容之一。个别劳动关系的建立、解除和终止表现为劳动合同的订立、解除和终止。

（一）劳动合同的含义与特点

1. 劳动合同的含义

劳动合同是劳动者与用人单位确立劳动关系、明确双方权利和义务的书面协议，是劳动者与用人单位之间建立劳动关系的法律依据。《劳动法》等相关法律、法规规定，依法订立的劳动合同受国家法律保护，对订立合同的双方当事人形成约束，是处理劳动争议的证据和依据。

按照《劳动法》规定，订立劳动合同应采取书面形式。劳动合同的条款分为法定条款和协商条款。法定条款是指法律、法规规定的必须约定的条款；协商条款是根据工种岗位的不同特点，以及合同双方当事人各自的具体情况，由双方选择约定的条款。协商条款也应在法律、法规、政策的指导下商定。另外，除合同文本以外，通常双方还需要制定合同附件，在附件中进一步明确双方权利、义务的具体内容。合同附件一般为岗位协议、保密协议、厂纪厂规等形式。

2. 劳动合同的特征

劳动合同除具有合同的一般特征——当事双方的法律地位平等、订立协议的行为合法、合法的协议具有法律约束力之外，还具有自身的基本特征：

（1）劳动合同主体是特定的

劳动合同的主体是确立劳动关系的双方，其中一方必须是用人单位，另一方是具有劳动权利能力和劳动行为能力的劳动者。

（2）劳动合同是确立劳动关系的法律凭证

在市场经济条件下，劳动者有自由择业的权利。用人单位作为用工主体，与劳动者之间建立劳动关系必须订立劳动合同，合同一经订立就成为规范当事双方权利和义务的法律依据。

（3）劳动合同的内容主要以劳动法律、法规为依据

劳动法律、法规中规定了最低的劳动条件和劳动标准要求，用人单位必须遵守，用人单

位只能在法律规定的最低劳动条件和劳动标准之上使用劳动者,而不能由劳动关系当事双方自由协商降低国家规定的劳动条件和劳动标准。

(4) 劳动合同可能涉及第三方

在特定条件下,劳动合同还可能涉及第三方的物质利益,即劳动合同内容往往不仅限于当事人的权利和义务,有时还涉及劳动者的直系亲属在一定条件下享受的物质帮助,比如劳动者去世后的遗属待遇等。

（二）劳动合同的内容

劳动合同的内容,即劳动合同条款,是劳动关系的实质。它作为劳动者与用人单位就建立劳动关系协商一致的对象和结果,将双方的权利和义务具体化,劳动合同内容由法定必备条款和协商约定条款构成。

1. 劳动合同法定必备条款

（1）劳动合同期限

指劳动合同的有效时间,是判定劳动合同是否有效、何时有效的依据,劳动合同分为有固定期限合同、无固定期限合同和以完成一定工作为期限合同 3 种类型。

（2）工作内容

主要包括劳动者的工种和岗位,以及该岗位的工作要求。工作岗位一经合同明确确定,合同双方均不得随意变更,确需变更的需经双方协商一致后方可变更。

（3）劳动保护和劳动条件

劳动保护是指用人单位为防止劳动过程中的意外事故,减少职业危害,保障劳动者的生命安全和健康而采取的各项措施。劳动条件是指用人单位为劳动者从事劳动生产提供的必要条件,包括劳动保护条件和其他劳动条件。比如工作时间和休息、休假制度、劳动安全与卫生方面的设施、设备,对女员工和未成年员工的特殊保护等。

（4）劳动报酬

劳动报酬是指劳动者为用人单位劳动,由该单位根据其劳动的数量和质量,以货币形式支付的工资。劳动合同中应明确劳动者工资的标准、构成和调整方法。

（5）劳动纪律

劳动纪律也称厂纪厂规或员工守则,是指劳动者在劳动过程中必须遵守的工作秩序和规则,它是劳动者必须履行的义务,是用人单位组织生产经营活动、完成规定任务的保证条件,它包括员工行为规范、单位考勤制度、企业奖惩制度等。

（6）劳动合同终止条件

所谓劳动合同终止条件,就是劳动合同法律关系终止和撤销的条件。法定终止条件是指法律直接规定劳动合同终止的情形,一旦这种情形出现,劳动合同即告终止。比如劳动者达到法定退休年龄、劳动者被法定宣告死亡、用人单位破产或注销等。约定终止条件是指双方在法律规定的基础上,就劳动合同的终止进行的约定。

(7) 违反劳动合同的责任

这是指规定劳动合同当事双方在不履行或者不完全履行劳动合同的情况下,各自应承担责任的条款。

2. 劳动合同协商约定条款

除必备条款外,劳动合同还可以有约定条款,劳动合同的当事双方可以在国家立法规定的范围内通过协商订立约定条款作为劳动合同的附件。

通常劳动合同的约定条款有以下方面的内容。

(1) 试用期条款

劳动合同可以约定试用期。根据《劳动法》第 21 条规定,试用期最长不超过 6 个月。

(2) 保守商业秘密条款

用人单位与知悉商业秘密的劳动者可约定保密条款或签订保密协议。约定保密条款或签订保密协议的,应当对劳动者给予适当的保密经济补偿,并可与掌握商业秘密的劳动者约定在劳动合同终止前或员工提出解除劳动合同后的一定时间内(不超过 6 个月),调整其工作岗位,变更劳动合同中的相关内容。

(3) 竞业禁止条款

对于掌握商业秘密的员工,用人单位可规定在终止或解除劳动关系后的一定期限内(不超过 3 年),不得到生产同类产品或经营同类业务且有竞争关系的其他用人单位任职,也不得自己生产与原单位有竞争关系的同类产品或经营同类业务。《劳动合同法》第 23 条规定:"用人单位可以在劳动合同或者保密协议中与劳动者约定竞业限制条款,并约定在解除或者终止劳动合同后,在竞业限制期限内,按月给予劳动者经济补偿。劳动者违反竞业限制约定的,应当向用人单位支付违约金。"

(4) 违约金和赔偿金条款

签订劳动合同的当事双方可约定不履行劳动合同时应支付违约金和赔偿款。

(5) 其他条款

签订劳动合同的当事双方还可就补充保险、福利待遇等内容做出约定。

(三) 劳动合同订立和变更

1. 劳动合同的订立

劳动合同订立是指劳动者和用人单位就劳动合同的条款经过协商一致达成协议,并以书面形式明确规定双方的责任、义务和权利的法律行为。劳动合同的订立必须遵循合法原则、平等自愿原则和协商一致原则。

2. 劳动合同的变更

劳动合同的变更是指当事双方依法订立劳动合同后,对尚未履行或尚未完全履行的劳动合同,依照法律法规规定的条件和程序,对原劳动合同的内容进行修改或增减的法律行为。

涉及劳动合同的变更,一般要具备一些条件:一是订立劳动合同时所依据的法律、法规、规章制度发生变化的,应当依法变更劳动合同的相关内容;二是订立劳动合同时所依据的客观情况发生重大变化,致使劳动合同无法履行,当事人一方要求变更其相关内容的;三是用人单位发生合并或者分立等情况,原劳动合同继续有效,劳动合同由继承权利和义务的用人单位继续履行。用人单位变更名称的,应当变更劳动合同的用人单位名称。

（四）劳动合同的解除和终止

1. 劳动合同的解除

劳动合同解除,是劳动合同在期限届满之前,签订劳动合同的当事双方或单方提前终止劳动合同效力的法律行为。它既可以是当事人单方面的行为,也可以是当事人双方的行为,分为依法解除和协商解除。依法解除是指依据法律、法规或劳动合同规定可以提前终止劳动合同的情况。协商解除是指双方经协商一致而提前终止劳动合同的法律效力。

（1）双方协商解除劳动合同

《劳动法》第24条规定:"经劳动合同当事人协商一致,劳动合同可以解除。"在双方当事人协商一致的条件下,由用人单位解除劳动合同的,用人单位应支付经济补偿金;由劳动者解除劳动合同的,用人单位可不支付经济补偿金。

（2）用人单位单方面解除劳动合同

根据《劳动法》的相关规定,用人单位在以下几种情形下可以单方面解除劳动合同:一是劳动者在试用期被证明不符合录用条件的试用期解除。二是由于劳动者本身的原因造成的,即劳动者主观上有严重过失的过失性解除。这种解除不受提前通知期的限制,不受用人单位不得解除劳动合同的法律限制,且不给予经济补偿。三是劳动者主观上并无重大过错,主要是客观情况发生重大变化、劳动者身体不好或能力较差,致使劳动合同无法履行的非过失性解除。《劳动法》第26条规定解除劳动合同"应当提前三十日以书面形式通知劳动者本人"。《劳动合同法》第40条补充规定"或者额外支付劳动者一个月工资后"可以解除劳动合同。四是经济性裁员,用人单位裁减人员,在6个月内录用人员的,应当优先录用被裁减人员。经济性裁员,要提前书面通知,且受用人单位不得解除劳动合同的限制,并向劳动者支付经济补偿。另外,为了保护劳动者合法权益,防止不公正解雇,《劳动法》除规定用人单位可以解除劳动合同的情形外,还规定了用人单位不得解除劳动合同的情形。

（3）劳动者单方面解除劳动合同

《劳动法》第31条规定:"劳动者解除劳动合同,应当提前三十日以书面形式通知用人单位。""提前通知"既是劳动者单方面解除劳动合同的程序,也是解除合同的条件。

《劳动法》第32条规定:"有下列情形之一的,劳动者可以随时通知用人单位解除劳动合同:（一）在试用期内的;（二）用人单位以暴力、威胁或者非法限制人身自由的手段强迫劳动的;（三）用人单位未按照劳动合同约定支付劳动报酬或者提供劳动条件的。"

2. 劳动合同的终止

劳动合同终止,是指劳动合同期限届满或双方当事人约定的劳动合同终止条件出现,合同规定的权利、义务即行消灭的制度。

(1) 合同终止的条件

根据《劳动法》第 23 条的规定,符合下列情形之一的,劳动合同即行终止:劳动合同期限届满的,劳动合同约定的终止条件出现的,劳动者达到法定退休条件的,劳动者死亡或者被人民法院宣告死亡、宣告失踪的以及用人单位依法破产、解散的及法律和行政法规定的其他情形。

(2) 合同终止的注意事项

《劳动法》没有规定终止合同是否需要提前通知,但一般而言,终止合同应在合同期满日提出,而不是期满后一段时间才提出。一些地方根据实际情况进一步规定,若要终止劳动合同,用人单位应提前 30 日通知劳动者。而且,用人单位终止劳动合同的,应当向劳动者出具终止劳动合同的书面证明,并办理有关手续。

三、劳动争议管理

劳动争议,又称劳动纠纷或劳资纠纷,是指劳动关系的双方当事人及其代表之间关于劳动权利和履行劳动义务等方面所产生的争议或纠纷。因此,劳动争议能否得到妥善的解决,对处理企业的劳动关系无疑是至关重要的。

(一) 劳动争议的原因、常见类型和种类

1. 劳动争议的原因

劳动争议产生的原因十分复杂。主要原因如下:劳动关系双方没有订立契约合同,遇到问题时各自从自己的利益出发而引起纠纷;合同订立得过于笼统,不能具体界定双方的责、权、利而引起纠纷;契约、法规不合理或已不适应新形势,使签订合同的一方甚至双方不能接受而引发的纠纷;双方对契约的理解有差异,引起争执;一方不承认契约、法规的约束,提出无理要求从而引发纠纷。

2. 劳动争议的常见类型

在我国现阶段,常见的劳动争议主要有以下几种。

(1) 人员流动争议

比如员工要求调动工作或辞职,用人单位可能会因其是业务骨干而采用扣压档案等办法"强留",从而引起争议;有的员工找到了更好的工作单位而自动离职,甚至带走了经营或技术秘密,引发争议等。

(2) 劳动合同争议

主要是在劳动合同是否延续,以及劳动合同的解除是否合法、合理等方面存在矛盾。

(3) 劳动报酬争议

主要是指员工在工资标准、工资调整、工资支付方式及时间等方面有意见,比如员工认为没有得到应有的提薪、企业拖欠员工工资等。

(4) 劳动保护争议

比如在有害作业场所,职工就改善工作条件、提供劳动防护用品及发放有害作业津贴等与企业产生分歧。另外,女工在孕期、哺乳期的工作安排也常常会引起劳动争议。

(5) 劳动保险争议

比如员工是否能够退休、如何计算工龄确定退休工资及因工还是非因工患病、负伤、致残、死亡的争议等。

(6) 处罚争议

主要是指管理者采用惩罚手段整顿劳动纪律,而员工认为处罚事实错误、处罚不公或是上级故意打击报复等。

(7) 因签订和履行集体合同所发生的争议

在这种情况下被罚者不服往往引起争议。

3. 劳动争议的种类

劳动争议按不同的标准,通常有以下几种不同的分类。

(1) 个人劳动争议和集体劳动争议

个人劳动争议又称个别劳动争议,是指劳动者个人与其所在的用人单位发生的劳动争议。个人劳动争议的主要特点如下:第一,它是关于单个劳动关系的争议而非关于一类或团体劳动关系的争议;第二,在中国,这种争议中的职工当事人仅限于1名或两名;第三,争议必须由职工本人参加,不能由其代表参加;第四,争议的调解、仲裁和诉讼适用普通程序而不适用特别程序。

集体劳动争议又称多人劳动争议,是指3名以上劳动者基于共同的理由而与用人单位发生的劳动争议。

(2) 劳动合同争议和集体合同争议

劳动合同争议是指因确认劳动合同效力和履行劳动合同过程中发生的争议。集体合同争议是指因订立、履行集体合同发生的争议。

(3) 国内劳动争议和涉外劳动争议

国内劳动争议是指具有中国国籍的劳动者与我国境内的用人单位之间的劳动争议。中国在国外(境外)设立的机构与中国派往该机构工作人员之间,以及中国职工与外商投资企业之间所发生的劳动争议,均属于国内劳动争议。

涉外劳动争议是指当事一方或双方具有外国国籍或无国籍的劳动争议,包括中国用人单位与外籍职工之间的劳动争议。涉外劳动争议的处理应当按照国际惯例,适用雇主所在地法。

(二) 劳动争议处理

1. 劳动争议的处理程序

根据《中华人民共和国劳动法》规定,处理劳动争议分为调解、仲裁、提起诉讼3个程序。

解决劳动争议,应当根据合法、公正、及时处理的原则,依法维护劳动争议当事人的合法权益。

劳动争议发生后，当事人可以向本单位劳动争议调解委员会申请调解；调解不成，当事一方要求仲裁，可以向劳动争议仲裁委员会申请仲裁，当事一方也可以直接向劳动争议仲裁委员会申请仲裁。对仲裁裁决不服的，可以向人民法院提起诉讼。

2. 劳动争议调解

（1）劳动争议调解概念

劳动争议调解是指由劳动争议调解委员会对企业与劳动者之间发生的劳动争议，依照国家劳动法律、法规，以及依法制定的企业规章和劳动合同，在查明事实、分清是非、明确责任的基础上，通过民主协商的方式，推动双方互谅互让，达成协议，消除纷争的一种活动。劳动争议的调解具有非强制性和非严格规范性的特点。劳动争议的调解是在企业调解委员会的主持下，对争议双方进行正确引导，及时化解纠纷，阻止双方矛盾激化，缓和劳动关系，把争议解决在企业内部的一种活动。

（2）劳动争议调解机构

劳动争议调解机构为劳动争议调解委员会，它是设在企业内部和一些基层单位的调解机构。根据中国现行《劳动争议调解仲裁法》规定："在用人单位内可以设立劳动争议调解委员会。劳动争议调解委员会由职工代表和企业代表组成。劳动争议调解委员会主任由工会成员或者双方推举的人员担任。调解员应由具有一定素质和能力的成年公民担任。"职工代表由职工代表大会或者职工大会推举产生，企业代表由企业领导指定，工会代表由企业工会委员会指定。调解委员会组成人员的具体人数，由职工代表大会提出并与企业领导协商确定，企业代表人数不得超过调解委员会成员总数的1/3，调解委员会主任由工会代表担任，调解委员会的设立及其组成由职工代表与企业代表协商决定。

（3）调解案件的受理范围

由劳动争议调解委员会调解的劳动争议，必须符合以下条件：

① 必须是劳动争议。

② 必须是本企业范围内的劳动争议。

③ 必须是我国法律规定受案范围内的劳动争议。

④ 必须是争议双方自愿调解的劳动争议。

（4）劳动争议调解程序

① 申请和受理。劳动争议当事人在权利受到侵害之日起30日内以口头或书面形式向调解委员会提出申请。调解委员会在接到争议申请后，应征求对方当事人的意见，对方当事人不愿意调解的，应做好记录，在3日内以书面形式通知申请人。调解委员会应在4日内做出受理或不受理申请的决定，对不受理的，应向申请人说明理由。

② 调查和调解。调解委员会指派人员对争议事项进行调查核实，在查清事实、分清是非的基础上，依法公正地对当事人之间的劳动争议进行调解。

③ 制作调解协议书和调解意见书。调解委员会自接到申请的30日内无论调解成功与否，应该提供调解协议书或调解意见书。到期调解没有结束的，视为调解不成。达成调解协议后，一方当事人在协议约定期内不履行调解协议的，另一方当事人可以依法申请

仲裁。

3. 劳动争议仲裁

（1）劳动争议仲裁定义

劳动争议仲裁是以第三者身份出现的仲裁委员会，对所规定受理范围内的劳动争议案件，对劳动争议双方，按照劳动法和相关法规、政策，依照一定的法律程序，判断事实，裁决劳动权利和义务，从而解决劳动争议的一项法律制度。

（2）劳动争议仲裁机构

劳动争议仲裁委员会是中国目前专门的劳动争议仲裁机构。根据中国现行《劳动法》和《劳动争议调解仲裁法》规定，劳动争议仲裁委员会由劳动行政部门代表、工会代表、企业方面代表组成。劳动争议仲裁委员会下设办事机构，负责处理劳动争议方面的日常工作，并根据仲裁委员会的授权，负责管理仲裁员、组织仲裁庭。仲裁委员会在处理劳动争议时实行仲裁员、仲裁庭办案制度，即根据不同的劳动争议案件，从以一定条件任命或聘请的专职或兼职仲裁员中挑选1名或3名仲裁员组成仲裁庭，由仲裁庭代表仲裁委员会行使劳动争议的权力。

（3）劳动争议仲裁程序

劳动争议仲裁程序分为四个阶段：

提出仲裁申请和受理阶段。劳动争议的一方或双方当事人，向劳动争议仲裁机关申请，要求劳动争议仲裁委员会依法裁决，保护自己合法权益的行为。提出仲裁申请应符合以下条件：第一，申诉必须在规定的时效内。根据现行法律规定，提出劳动争议仲裁申请的一方应当自劳动争议发生之日起一年内向劳动争议仲裁委员会提出书面申请。第二，申诉人必须是与该劳动争议有直接利害关系的个人或法人。第三，必须有明确的被诉人，以及具体的申诉请求和事实根据。第四，申诉劳动争议的案件必须在受理申诉的劳动争议仲裁机关的管辖范围内。仲裁机关在收到书面材料后，必须进行认真的审查，对符合条件的劳动争议案件，仲裁机关在受理、收到申诉书后7日内，应做出是否立案审理的决定。

调查取证阶段。仲裁委员会在立案受理劳动争议后，根据有关法律规定组成仲裁庭，仲裁庭由3名仲裁员组成。仲裁庭成员应认真审查申诉、答辩材料，调查收集证据，查明争议事实。调查研究和收集证据是仲裁活动的重要阶段，是正确处理争议案件的前提和基础。调查主要是弄清争议的时间、地点、原因、经过，双方争议的焦点、证据和证据的来源。

调解阶段。劳动争议仲裁委员接受劳动争议案件必须坚持先调解后裁决的原则，促使当事人相互谅解，达成协议。经调解达成协议的，仲裁庭制作仲裁调解书，送达当事双方。一经送达，调解书即发生法律效力。先行调解是劳动争议仲裁的原则，也是一种仲裁诉讼行为。

仲裁阶段。经过调解未达成协议或者在调解书送达前一方或双方反悔的，仲裁机关应召开仲裁会议进行仲裁。仲裁裁决应在收到仲裁申请的60个工作日内做出。对仲裁裁决无异议的，当事人必须履行。

4. 劳动争议司法诉讼

诉讼程序是处理劳动争议的最后一道程序。劳动争议当事一方或双方对仲裁不服的,可以自收到仲裁裁决书之日起 15 日内向人民法院起诉;期满不起诉的,裁决书即发生法律效力,未经仲裁的劳动争议,法院将拒绝受理。一方当事人在法定期限内不起诉又不履行仲裁裁决的,另一方当事人可以申请人民法院强制执行。

人民法院是处理劳动争议的司法机关。人民法院对劳动争议案件的审理,适用《中华人民共和国民事诉讼法》规定的程序,分为起诉与受理、调查取证、调解、开庭审理这 4 个阶段。

劳动争议案件由人民法院民事审判庭审理。依据我国《民事诉讼法》的规定,人民法院适用普通程序审理的民事案件,应当在立案之日起 6 个月内审结。有特殊情况需要延长的,由本院院长批准,可以延长 6 个月;还需要延长的,应当报请上级人民法院批准。依据《民事诉讼法》,当事人若不服地方人民法院一审判决的,有权在判决书送达之日起 15 日内向上一级人民法院提起上诉。当事人不服地方人民法院一审裁定的,有权在裁定书送达之日起 10 日内向上一级人民法院提起上诉。

第三节 内部员工关系管理

员工关系管理的核心是管理者积极主动地进行内部员工关系管理。本节将依次讨论内部员工关系管理的 5 个方面:员工参与、沟通与满意度调查、纪律管理、员工申诉管理、离职管理。

一、员工参与

(一)员工参与概述

员工参与是工业化运动的核心和结果,是依据企业管理过程中的"分享管理"和"机会均等"原则发展而来的,其核心是员工有权参与涉及他们自身利益问题的决策和管理。

1. 员工参与的含义

员工参与管理在西方国家也称为工业民主化,是指允许员工对他们的工作以及工作环境施加一定影响的过程,即员工在一定范围内参与资本构成、管理决策、利润分配。员工参与有 3 个层面:一是参与企业的管理过程和管理行为,二是参与企业的经营决策,三是参与企业资本构成及其分配。参与式管理强调通过非管理职务的员工以不同方式参与组织的经营管理和决策。

2. 员工参与的目的

员工参与管理对员工和企业都是有利的,员工参与的目的主要是:

① 增进员工的独立创造性和思考能力,使所有雇员对企业及其个人的成功有强烈的

责任心。

② 提供员工自我训练的机会,为所有员工提供参与可能影响其利益的决策的机会。

③ 协助管理者集思广益,做出明智决策。帮助企业提高绩效和生产力,采纳新的工作方法来适应新技术的发展,利用所有雇员的知识和实际技能。

④ 促进劳资关系的沟通,使企业更好地满足顾客的需要,更好地适应市场的需求,并使企业以及为之工作的人获得最好的发展。

⑤ 提高员工忠诚度,提高雇员对工作的满意度。

员工参与管理最直接或间接的结果是增强员工对企业的忠诚度,提高工作热情。研究表明,对企业忠诚而且富有工作热情的员工,工作绩效较高。通过员工参与管理,可以使员工增强对企业的责任感,使其能够为企业的发展做出贡献并从中受益。

3. 实施参与管理的方法

① 就参与的成员而言,分为团体参与和个别参与。团体参与是指主管与所有部属相互讨论,每一个成员都可以表达其意见,参与整体性、创造性的决策;个别参与是指主管就有关问题分别与有关人员沟通讨论,并由部属提出建议。

② 就实施方式而言,可分为咨询监督、民主监督、劳资会议和提案制度。咨询监督,又称咨询管理,是指主管就有关问题征询员工意见,集思广益;民主监督强调任何决策均须交由团体讨论,主管居于协调、指导的立场;劳资会议是指劳资双方各以同等数目的代表参与,以定期集会的方式共同研讨有关企业发展及员工福利等问题;提案制度与意见箱制度类似,是指企业公开征求员工对工作的改进或革新建议,并予以适当奖励。

(二) 员工参与的形式

参与型管理方式本身就是一种激励手段,它赋予员工以权利和义务,其回报是管理者获得更多的支持与帮助。具体来讲,雇员参与和参加管理的主要形式有下列 7 种。

1. 员工持股计划

在现代大型股份制企业里,员工持股已经非常普遍,员工持股计划(employee stock ownership plans,简称 ESOP)的主要内容是:企业成立一个专门的员工持股信托基金会,基金会由企业全面担保,贷款认购企业的股票。企业每年按一定比例提取出工资总额的一部分,投入员工持股信托基金会,用以偿还贷款。当贷款还清后,该基金会根据员工相应的工资水平或劳动贡献大小,把股票分配到每个员工的"持股计划账户"上。员工离开企业或退休时,可将股票出卖或还给员工持股信托基金会。

员工持股计划具有对员工、管理者和企业经营者进行长期报酬激励的性质,具体而言,它主要有以下功能:一是使员工以股东身份分享公司利润,加强其对企业的认同感和归属感;二是有利于企业改善雇员关系,促进劳资关系的和谐;三是对员工具有长期激励作用;四是建立了员工与企业之间的收益共享、风险共担的利益机制。就涉及的员工范围而言,员工持股计划主要有全员持股、技术人员持股和管理人员持股 3 种类别。

20 世纪 80 年代以来,越来越多的企业开始拟定并实施员工持股计划。从资本意义上说,员工持股计划使员工成为企业的所有者,实践证明,员工持股计划的实施能够激励员工更努力、更主动地工作。

2. 质量圈

质量圈最早由美国管理学家提出设计,但由日本石川馨博士于1962年正式创立,并被日本企业广泛采用,20世纪80年代以来在其他国家的企业中得到广泛的推广,取得了很大的成就。

质量圈也叫质量改善小组、品质圈等,是指从事相关工作的志愿人员组成的小组,在训练有素的领导者领导下定时聚会讨论和提出改善工作的方法或安排。实施质量圈的目的是更多地给予工人运用其经验和知识的空间,提高工作效率和经营绩效,协助企业建立高质量的企业文化,进而提升组织的竞争能力。企业实践的发展已表明质量圈在质量的持续改进管理中具有重要作用,它不仅可以提高员工的质量意识和问题意识,改善质量管理,而且能够让员工在提供建议与解决问题的过程中获得心理满足,可以促进现场管理水平,提高士气。

质量圈的一般形式为:由在某特定工作场所的5~10名成员自愿组成一个跨部门的质量管理小组,定期举行会议,选择要解决的问题,探讨问题成因,运用系统的分析技术或集体讨论方法来解决问题,提出解决建议,然后分工合作予以实施,共同承担解决问题的责任。会议通常限制在1小时左右,一般利用业余时间或空闲时间,由管理该团队的直线管理人员或该团队推选一位成员作为协调人主持会议,每次会议确定1个质量改善主题,制定改善方案,方案实施周期一般为6个月。一般而言,管理层对建议方案的实施与否保留最终决定权。

3. 共同磋商

所谓共同磋商,是指组织为协调与员工的关系而在制定决策之前,先征求员工的意见或态度,但不需要征得员工或其代表同意的决策程序。共同磋商是最常见的一种员工参与方式,本质上是使管理者与雇员集聚在磋商委员会讨论并决定影响他们共同或各自利益的事务的一种形式,共同磋商的目的是为管理者和雇员共同研究与讨论事关双方的问题提供一种渠道。通过观点和信息的交流,达成一个双方都接受的解决办法。共同磋商提供了一种机制,使管理者能将影响雇员利益的提议传达给雇员,并使雇员能够表达其对这些改变的看法,对工作的组织方式、工作条件、人事政策、各种程序、卫生和安全的工作方式提出自己的意见。

共同磋商的作用主要体现在3个方面:一是共同磋商使双方在思想上和行动上寻求更大一致;二是共同磋商是一种合作的表现形式,也是冲突的一条转化渠道;三是共同磋商能够部分地协调员工关系。

4. 工人董事

20世纪70年代董事会制度中开始出现工人董事的概念。工人董事是指由雇员民主选举一定数量的员工代表进入公司董事会,代表员工参与决策和监督的制度。董事会中的员工代表称工人董事。工人董事有权参加董事会的各种会议,和资方代表、股东代表共同行使对企业的经营管理、财务和劳动人事等方面的决策权。

工人董事具体的职责和任务为：

① 对公司决策进行监督。

② 及时反映员工的意愿和要求。

③ 平衡与投资者、管理者的关系。

④ 能够把员工利益和公司利益结合在一起。

工人董事是工业民主运动的一部分，虽然它早在20世纪70年代的西方国家中就诞生了，但其发展并不理想。其原因一是因为工人董事具有双重职责，作为董事需要对股东负责，作为代表必须对员工负责，这使得工人董事常常处在角色冲突的境地；二是因为一些企业的决策很少通过董事会的正式会议做出，或者董事会只能签署由高级管理人员提交的计划和决策，所以一些工人董事常常被排斥在高层管理决策之外。同时，一些学者研究发现，董事会中的管理者事实上倾向于在董事会之外处理一些敏感或机密的事务，而工会成员会发现自身处于两难境地：一方面得尽量维护所有工会成员的利益，另一方面又得帮助做出也许对工人有害的管理决策。基于这些原因，工人董事必然难以发挥其对企业的影响作用，加之管理者对工人董事长期的敌视，工人董事制度难以成为企业改善与员工关系的常见制度。

5. 工作理事会

在欧洲的一些国家，工作理事会也是雇员参与管理的一种重要形式。企业的工作理事会与公司级别的磋商委员会的职能大致相同，只是名称不一样。但一些企业工作理事会成员的身份更为广泛，包括管理者、团队领导、专业技术人员、办公室职员，甚至可以覆盖企业内部每个人。欧洲国家工作理事会讨论的话题，包括企业总体的经济和财政状况，对雇员有影响的具体事项，比如迁址、关闭、合并、集体解雇以及新技术的推行等。拥有1 000名以上员工的企业必须建立理事会，而且该理事会必须是一个只包含雇员的团体，由3～30名雇员代表选举或指派雇员组成，如果不存在这样的雇员代表，那么工作理事会就由所有的雇员组成。

6. 合理化建议制度

合理化建议制度是指企业征求和处理员工对企业经营与管理建议的一种制度。合理化建议制度为员工提供了参与提高企业效益的一种手段。合理化建议得以实现的基础是企业制定了提交和评估各种点子并奖励有功人员的正式程序，对未被采纳的建议要有效地向员工解释，避免他们因建议未被采纳而感到沮丧。最常见的方式是提供意见箱、意见表格，可以由专门的人员或机构来具体负责。管理者和团队领导鼓励下属提供建议，并以海报、宣传小册子和公司内刊文章等方式来宣传该建议方案，并突出陈述合理的建议和贯彻这些建议的方式。企业应有专门的人员负责处理建议方案，将雇员的建议方案提交到有关部门或个人进行评审。管理负责处理所有的沟通事宜，必要时应向提建议的员工了解更多的细节。

7. 职工代表大会制度

职工代表大会即企业民主管理制度,是我国国有企业实行企业民主的基本形式,是员工行使民主管理权力的机构,它由民主选举的员工代表组成。职工代表大会制度,是建立以职工代表大会制度为主体的员工参与民主选举、民主决策、民主管理、民主监督,维护员工权益,协调企业内部劳资关系的维权机制。职工代表大会的工作机构是企业工会,它具有审议权、同意或否决权、决定权、监督权、选举权等职权,具体包括:审议企业生产经营重大决策,审议通过企业重大改革方案,参与决定职工集体福利大事项以及民主评议和推荐选举企业领导干部等。职工代表大会制度是企业民主管理推选情况的重要标志,职工代表大会是组织员工参加企业管理,树立员工主人翁意识,发挥员工工作积极性的有效形式。建立现代企业制度,必须进一步坚持和完善以职工代表大会为基本形式的员工民主管理制度,突出工会职能,加快民主化建设的进程,密切与员工的联系,维护员工合法权益,保护和调动员工的积极性,增强企业凝聚力、创造力和经济效益。

总之,不同国家、不同企业,员工参与管理的形式不尽相同,企业要依据自身的具体情况选择最适合于自身的员工参与管理形式。一般而言,管理者和工会的态度及力量对比,该企业过去的谈判和磋商经验,以及当前企业内部关系的氛围,对企业员工参与管理的形式起着决定作用。

二、沟通管理和满意度调查

(一) 沟通

员工关系的改善依赖于管理者与员工之间持续有效的沟通。这既有利于解决生产经营中的种种问题,又有利于加深不同群体在组织内部和外部的相互了解,加强各方对企业的认同感。

1. 沟通的内涵和作用

沟通是指管理者在组织内部通过"发出信息到接受信息再到反馈"的行动过程来完成组织目标的工作。在员工关系中,一方面存在自上而下的沟通,这类沟通是管理方向员工传达信息的过程,管理者向员工传达诸如组织中的最新指令、新颁布的规章制度、新出台的工作计划和规划等信息,其目的是向员工提供组织信息,加深其对组织的问题和管理方地位的理解;另一方面还包括由下至上的上行沟通,即员工向上级领导汇报工作进展、反映工作中遇到的问题,或提出意见和建议,由下至上的沟通对组织的日常管理和员工关系协调十分重要。

沟通的作用主要体现在:

(1) 可以提高管理效能

沟通有助于传递管理信息,有助于提高员工对企业战略的理解和执行,是适应员工队伍多元化的需要。

（2）有利于促进组织协调

沟通可以避免冲突和矛盾，可以创建和谐的人际与组织氛围，有利于构建和谐的企业文化，有利于促进跨文化管理职能。

（3）有助于改善员工关系

沟通能促进员工的行为规范、促进对员工的绩效激励、缓解员工压力和不满情绪，提高员工参与的积极性。

2. 沟通管理

沟通意味着信息交流。沟通的内容主要围绕薪酬、绩效反馈、业务运作、个人努力程度、职业目标与发展及对企业成功做出的贡献等进行交流。管理者为了实现"沟通目标"，可以从以下方面考虑如何与员工沟通。

（1）建立全方位的沟通机制

良好的沟通机制应该是多角度、双向的、多级的。全方位的沟通机制，可以形成多层次交流对话机制，保持沟通渠道的畅通。沟通的形式，可以利用企业内部互联网，利用书面文字诸如杂志、业务通讯稿、公告和布告栏等，利用口头方式诸如会议、简报小组和公共发言体系等。

（2）确定沟通时间

针对不同时期、不同员工的情况，合理确定沟通的时间和次数。比如对试用期为3个月的员工，正式沟通的次数应以3次为好。一方面可以对管理者起到随时提醒的作用，另一方面及时沟通能给新员工改正的机会。

（3）确定沟通地点

沟通要选择合适的地点，避免在公共区域，所以单位的会议室是最佳的选择。会议室往往处于中间地带，双方都会觉得公平。

（4）确定沟通主体

直接上级与员工直接对话，这使沟通具有较强的时效性和针对性。人力资源主管作为第三方，也可以参加沟通。

（5）确定沟通内容

管理者应根据不同员工在不同时期面临的问题，有针对性地确定沟通内容。

（6）注重非正式沟通

企业内部的沟通方式主要有两种：正式沟通和非正式沟通。正式沟通是通过固有的组织结构，按照规定的信息传递渠道进行的信息交流和传达。其优点是沟通效果好、易于保密、约束性强；缺点是方式刻板、沟通速度较慢、缺乏相应的反馈和互动交流。非正式沟通是指通过正式沟通渠道以外的信息交流和传达方式。它在组织结构和权利控制之外，不受管理层的控制。企业员工往往会通过非正式渠道获取和反馈大量信息。非正式沟通在员工管理中发挥着不可估量的作用。如果能够对企业内部非正式的沟通加以合理利用和引导，那么将可以帮助企业管理者获得许多无法从正式渠道获得的信息，在达成理解的同时，解决企业潜在的问题，从而最大限度地提升企业内部的凝聚力，发挥整体优势。

3. 加强企业内部沟通交流的方法①

为了实现管理者与员工之间持续有效的沟通,加深不同群体之间的了解,加强各方对企业的认同感,企业可从以下方面开展沟通与交流:及时公布公司的政策、通知;积极组织各类推广企业文化的活动;及时反馈和处理员工的投诉或建议、电话、邮件;加强对企业内部网络的管理;定期组织沟通并听取员工意见;切实做好员工辞职、离职时的面谈;定期计划和组织员工会谈;定期组织员工与高层的见面畅谈会;适时组织公司的全员大会;为员工提供咨询服务;加强管理人员的培训;及时表彰优秀员工;加强与外地分公司的联系;开展丰富多彩的文化、体育、娱乐活动;组织和开展好企业的各项福利活动;加强与员工家属的联系。

(二) 员工满意度调查

员工满意度是员工关系管理中的一项重要工作,企业应该根据需要进行员工满意度的调查与指标检测,进行动态管理。

1. 员工满意度和员工满意度调查的含义

所谓员工满意度,是指员工对在组织管理可感知的效果与其期望值比较之后的程度指标,是员工对其工作或工作经历评估的一种态度的反映,它与组织承诺、工作动机和工作投入程度等密切相关。员工满意度调查,是指运用专业方法,向员工收集意见并与员工就有关观点、想法、评价等进行交流,适时了解员工工作状态和企业管理方面的成效与不足,以改善企业管理、提高员工满意度和工作绩效的一种活动。

员工满意度从员工视角收集员工对组织经营、管理和发展等各方面的意见,并形成规范的信息收集程序和管理制度。它是一种有效的管理手段,能了解员工的态度和行为,监控企业管理成效,掌握企业发展动态,又能激发员工参与管理的积极性。提高员工满意度可以降低员工缺勤率、降低员工流动率、提高生产率。研究表明,情绪与工作绩效有很大关系,低水平的员工满意度会导致员工情绪的低迷或过分紧张,不利于工作效率的提高。因而员工满意度调查和测量已成为许多大企业管理诊断的评价标准。

2. 员工满意度调查的目的

实施员工满意度调查要达到如下 5 个目的:

(1) 诊断潜在问题

员工满意度调查可以对企业管理进行全面审核,有效地评估企业管理政策和管理行为的实施状况,及时发现企业潜在的管理危机和问题。

(2) 找出现存问题的症结

可能有多种原因导致员工管理方面出现的问题,通过员工满意度调查有助于解释产生这些问题的原因和症结所在。如果能够及时发现员工的不满,并采取有效措施,可以预防部分人才流失情况的发生。

---

① 程延园.员工关系管理[M].上海:复旦大学出版社,2008:144 – 163.

（3）评估组织变化和企业政策对员工的影响

员工满意度调查能够有效地评估组织政策和规划中的各种变化，通过变化前后的对比，管理者可以了解管理决策和变化对员工满意度的影响。

（4）促进与员工间的沟通交流

员工满意度调查是一种有效的群体沟通方式，它创造了沟通氛围，是管理者和员工之间重要的信息沟通与反馈渠道。通过满意度调查，员工能够反映对企业管理的意见和建议，管理者也可以收集员工的真实想法和需求。

（5）培养员工对企业的认同感和归属感

管理者定期实施规范的员工满意度调查，会使员工感受到企业的关怀和重视，有利于员工在民主管理的基础上树立以企业为中心的群体意识，增强员工对企业的凝聚力和归属感。

3. 员工满意度调查的内容

一般来说，应根据调查目的选择调查内容，调查的内容大致可分为表8-1所列举的6个方面：

表8-1　员工满意度调查的内容

调查内容	子项	含义
工作满意度	工作适合度	工作适合自己，符合自己的期望和爱好，能扬长避短，工作量适度，工作中的困难可以克服
	工作挑战性与成就感	工作有适度的挑战性，能在工作中体现个人价值，有发展机会，能达到自我实现的目的等
	工作安全感	工作安全有保障，无职业伤害，工作压力适当，不会影响生理和心理健康
	责权分配	适度、明确的工作分工，工作中适度授权，责权利匹配
	工作环境与条件	主要指工作的物理环境，包括工作场所干净整洁、光线充沛、温度适宜；工作所需设备和其他资源配备齐全，运行正常等
报酬满意度	薪酬水平	主要指薪酬水平及其增长在相关劳动力市场有一定的竞争力
	薪酬公平	主要指企业内部薪酬分配标准、结果及其薪酬管理具备公平性
	福利待遇	对各项保险、医疗制度以及年假等企业福利感到满意
自我发展满意度	培训开发	培训的次数、广度和深度有助于自身发展
	工作提高	能从工作中不断获得提升的机会，能够扩展社交范围和社会网络
	上级指导	遇到工作中的困难，能够及时得到上级的帮助和指导
	晋升机会	有充分、公正的晋升机会，职业生涯发展路径通畅
对领导满意度	公司领导	关爱员工，关心员工的发展，注意与员工沟通交流
	主管领导	在分配工作、管理下属、与员工之间的沟通等方面能够有效实施激励，下属能领会意图，较好地完成任务
	工作认可	努力工作能得到上级的认可和重视以及公平对待

续表

调查内容	子项	含义
人际关系满意度	同事关系	同事之间有适当的心理距离,相互了解和理解,开诚布公,有互帮互助的良性竞争氛围
	沟通方式	沟通渠道畅通,信息传播准确、高效
	尊重体面	来自工作所在的群体对个人人格的尊重及对工作价值的认可,无敌视
组织和管理认同感	组织认可	对组织的背景、历史和企业文化,以及企业在行业中的地位和影响力的认同
	参与管理	有参与管理的机会,合理化建议能得到重视
	管理满意度	包括对企业的各项规章制度的理解和认同,以及制度以外的其他管理行为的认同

资料来源:李新建. 员工关系管理[M]. 天津:南开大学出版社,2009:306-307.

(三) 员工援助计划

员工援助计划是美国19世纪70年代以来在企业界推行的帮助员工解决健康、经济和心理等方面问题的福利方案。

1. 员工援助计划的内涵

员工援助计划(employee assistance plans,简称EAP),是由组织出资为员工及其家属解决职业心理健康问题而设置的系统服务项目。

员工援助计划通过专业人员对组织进行诊断和建议,并为员工及其家属提供专业的指导、培训和咨询,旨在帮助和解决员工及其家庭成员的各种心理问题,改善组织的氛围和工作环境,最终达到提高员工工作绩效的目的。在欧美一些国家,EAP已经成为一项可以帮助员工面对任何问题的计划的总称。截至目前,90%以上的世界500强企业总部为员工提供了EAP服务。

2. 员工援助计划的内容

员工援助计划主要涉及员工生活和工作两大方面:员工个人生活方面的问题,比如健康、人际关系、家庭关系、经济问题、情感困扰、法律问题、焦虑、酗酒、药物成瘾及其他相关问题;员工工作方面的问题,比如工作要求、工作中的公平感、工作中的人际关系、家庭生活与工作平衡、面临的欺负与威吓、承受的工作压力及面临的其他相关问题。

根据国际EAP协会的指导手册(2003),EAP的核心内容包括:

① 为那些处于困境的雇员提供咨询、培训和援助,以改善其工作环境,提高雇员工作绩效,并使员工及其家人了解组织所提供的EAP服务。

② 识别与评估可能影响员工工作绩效的问题,对员工个人问题及其服务提供保密。

③ 运用建设性的面谈、激励和短期干预等方法,帮助员工处理可能影响其工作绩效的问题。

④ 为员工提供和推荐诊断、治疗方案,并提供持续的监控和跟踪服务。

⑤ 在工作组织与服务供应商之间建立和保持良好的关系,提供咨询和服务契约管理。

⑥ 为企业组织提供员工心理和行为问题的咨询与适合的医疗服务(包括但不限于酗酒、药物滥用、精神和情感紊乱等),使员工的健康保障具有实用性和可获得性。

(7) 对企业组织所提供的 EAP 服务效果进行鉴定。①

3. 员工援助计划的实施流程

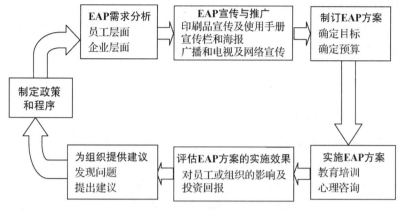

图 8-1　员工援助方案实施流程②

根据图 8-1 所示流程,完整的员工援助方案的实施步骤如下:

(1) 制定政策和程序

企业在实施员工援助计划时,首先要制定一套书面化的政策和程序,用以规范 EAP 在企业中的运作和执行。

(2) EAP 需求分析

员工援助计划的可行性和有效性以对企业准确的诊断与需求分析为基础。企业应该对本身特征和工作环境、员工自身的需求与企业本身的需求进行评估,写出 EAP 需求报告。

(3) EAP 的宣传与推广

从某种意义上说,EAP 的实施效果依靠于对它的有力宣传。EAP 的宣传形式主要包括印刷品宣传及使用手册、宣传栏和海报等,广播和电视等被广泛使用的传媒手段,网络宣传。

(4) EAP 方案的制订

在对 EAP 需求分析的基础上,进一步确定该计划在结果层面、执行层面和规范层面的预期目标和项目预算。

(5) EAP 方案的实施

在确立 EAP 方案后,需要根据企业实际情况组织实施。实施时应注意要向员工解释清楚 EAP 计划的重要意义和作用,打消他们的顾虑,并注重以预防为主。

---

① 刘亚林. EAP(员工援助计划)研究综述[J]. 经济与管理研究,2006(6):67-71.
② 李新建. 员工关系管理[M]. 天津:南开大学出版社,2011:271.

(6) 评估 EAP 方案的实施效果

实施 EAP 后,需对其实施效果进行评估。评估 EAP 的实施效果主要从 4 个方面进行:一是 EAP 的使用情况和服务满意度,二是 EAP 对员工个人的影响,三是 EAP 对组织运行的影响,四是 EAP 的投资回报率分析。

(7) 提供管理改进建议

在 EAP 的具体实施过程中,力求发现组织本身存在或潜在的问题,并细致分析其成因和解决途径,为企业改进和完善其管理体制提供建议与帮助。

三、纪律管理

1. 员工纪律管理的内涵和功能

纪律是企业为了保证正常的工作和经营秩序,而对员工的行为进行规范的一种正式规则。纪律并不意味着僵硬的规定和严格的信条,而是指正常而有秩序的活动。在组织中,良好的纪律能确保全体成员的利益,同时也能防止侵犯他人权益行为的发生。

所谓纪律管理,是指维持组织内部良好秩序的过程,即凭借奖励和惩罚措施来纠正、塑造以及强化员工行为的过程。纪律管理也是对遵守者给予保障,对违反者予以适当惩罚的过程。

纪律是一种行为规则。纪律问题的产生,经常与员工的不当行为和工作态度、管理者的不当管理方法以及组织不合理的政策与期望联系在一起。现代企业纪律管理强调"改变员工行为"的过程。根据其功能和作用,可以分为预防性纪律管理和矫正性纪律管理两类。

(1) 预防性的纪律管理

强调采用积极有效的激励方法,鼓励员工遵守劳动制度和规则,以预防违规行为的发生。其核心是鼓励员工自律和积极向上。

(2) 矫正性的纪律管理

是指当出现违规行为时,为了阻止违规行为继续发生,使员工未来的行为符合标准规范而采取的管理措施。矫正性纪律管理较为偏重惩戒,典型的矫正性措施是采取某种处罚方式如警告、降职或暂停付薪等对员工行为进行矫正,其目的是为了改造违规者。

2. 纪律管理的程序

纪律管理的程序,主要包括确立纪律管理的目标,出台工作和行为规范,确定沟通目标与规范,行为评估,修正所期望的行为等。管理者首先要确立纪律管理目标,与员工进行沟通,并据此来评价、修正员工行为。纪律管理程序的目的,在于防范问题员工,协助员工成功,从积极方面促使员工自我约束。

3. 纪律管理的技巧

管理者采取必要的纪律管理措施,必须采取合法、合理的处理方式来确保纪律法规得到切实的遵守,维持并贯彻工作场所的纪律规则。

为了实现纪律管理的目标,管理者在维持纪律制度时应遵循道格拉斯·麦格雷戈所提出的"烫炉法则",按照这个原则实施处分应具有像触摸热炉般的如下效果:

(1) 立即燃烧

"烫炉法则"具有即时性特点,其含义是对员工的错误应迅速做出处罚,才能使员工明白处罚的原因。如果不及时处理,随着时间的推移,他们会觉得自己并没有错,从而在一定程度上削弱了后来的惩罚效果。

(2) 提出警告

"烫炉法则"具有预警性特点,对不能接受的行为事先提出警告是极为重要的。当人们走近一个热炉时,火炉的热量就会警告他们,如果触摸就会被烧伤,从而使他们还有机会避免可能被烫伤。它要求管理者应使员工事先知道什么是该做的,做错了会有什么后果,就如同触及烫炉会被灼伤一般。

(3) 给予公正的惩罚

"烫炉法则"具有一致性特点,即犯同样错误的每个人,所受到的处分或惩罚应当是一致的。就像一个热炉,以同样力度、同样时长触摸火炉的每一个人,都会受到同等程度的灼伤。

(4) 不受个人情感左右的燃烧

处分应该是不受个人情感影响的,就像热炉会烧伤任何触摸它的人。

虽然热炉方式有一些优点,但它也存在不足。这种方式在惩罚发生的环境相同时,没有任何问题。然而,实际情况往往差别很大,每项惩罚都涉及很多因素。例如,企业对一名忠诚工作了20年的员工的处分,和对一名来到公司不满6周的员工的处分能一样吗?因此,往往很难做到完全公正或绝对不带个人情感处分员工。由于具体情况有较大差异,因而累进式纪律处分可能会对员工和企业都更有利。

员工违反了企业的规章制度,就必须对其实施纪律处分。纪律处分通常可采用累进式纪律处分或积极式纪律处分两种方法。

一般纪律处分是以一种累进方式实施的。累进式纪律处分是指应用逐步升级的正确的处分。累进式纪律处分的目的是激发员工自觉纠正其错误行为,把问题消灭在萌芽状态,仅应用足够的处分以修正其缺陷。典型的累进式纪律处分程序包括4个步骤。从口头警告开始,如果令人不满意的行为依旧发生,那么处分可以累进至书面警告,至无薪停职,直至开除。开除是最重的惩罚,仅作为最后的措施使用。企业一般宜用较轻形式的纪律处分来对待不严重的绩效问题。正确应用累进式纪律处分,管理者需记住3件重要的事情:① 员工一直知道他们所犯的过失。② 员工知道期望他们所做的改进。③ 员工明白若情况未发生改变,将发生什么。

尽管累进式纪律处分是纠正员工错误的最普遍的方式,但是它存在胁迫性与敌对性等缺陷。这将阻止它实现既定的目标。正是基于这些理由,部分企业使用一些被称为"积极式"或"非惩罚式"的纪律处分。积极式纪律处分以员工对其个人行为与绩效负责为前提,员工和监督者共同参与讨论及解决问题,以安排员工责任事宜。该方法注重对早期过失行为的纠正,管理方不强行做出惩罚决定,员工对解决问题承担全部责任,所有的解决与认定都是共同达到的。

积极式纪律处分强调的是给员工提醒,而不是把申斥视为改进绩效的一种方式。该项处分的实施程序分为3个步骤。第一步是员工与监督者之间的会谈,这种会谈的目的是通过讨论找到解决问题的方式,使员工口头同意改进他的绩效,监督者避免以进一步的纪律处分斥责或威胁员工。监督者可以记录这次会谈,但不会将会谈的书面记录放在员工档案中,除非该过失行为再次发生。

若第一个步骤实施之后员工未做出改进,监督者应与他进行第二次会谈,以明确缘何第一次会谈中的解决协议未起作用。在这一阶段,应给员工一个书面提醒,该记录陈述新的或原来的解决方式,确定员工有责任改进绩效,并作为继续就业的条件。当两次会谈都未能产生所预期的结果时,第三步是给员工1天做决定的假期(带薪假期)。该带薪假期的目的是让员工决定是否留下来继续为企业工作。企业为该假期付薪是表明其挽留该员工的愿望。该假期付薪也消除了员工丧失一天工资的消极影响。应指示员工次日回来做出决定,要么对改进绩效做出完全的承诺,要么离开组织。若该员工未做出承诺,可假定该员工对组织缺乏责任而解雇该员工。

不论实施累进式纪律处分还是积极式纪律处分,对管理者来说,重要的都是保存该项程序每一步的完整记录。当员工未能完成一项纪律步骤的义务,应给予其警告,并记录这个警告。这样的警告副本通常被放入员工的人事档案,如果达到它的实施目标,那么在一定时期以后,该警告就被消除;否则,它将被保留在档案中,作为日后必要的更严厉的惩罚证据。

四、员工申诉管理

申诉是员工发表意见和发泄不满的渠道之一。员工申诉制度使员工能够遵循正常途径宣泄不满情绪,化解内部紧张关系,消除劳资争议。

1. 申诉的内涵和意义

申诉,是指组织成员以口头或书面等正式方式,表示对组织或企业有关事项的不满。申诉制度为处理劳资之间的纠纷、分歧和不满提供了有序的办法。它用一种正式的、事先安排好的方式,为解决员工和企业管理之间的纠纷提供了一种良性的机制,有利于劳资双方进行协商,确保员工的问题能得到及时有效的解决。因此,企业建立员工申诉制度,具有如下意义:

(1) 提供员工依照正式程序,维护其合法权益的救济渠道

申诉程序可以被看作一种处理争议的机制。多层次的申诉程序安排,有助于双方利用一切机会达成共识、解决纷争,而不是被迫接受仲裁者的解决方案。

(2) 疏解员工情绪,改善工作氛围

申诉机制为工人提供了一种表达不满和释放压力的渠道。这种不满可以是一般意义上的不满,也可以是对具体待遇条件的不满。它不仅为工人提供了一个释放其不满的机会,而且是劳资双方进行交流的重要方式,并为工作场所出现的管理问题提供了重要的信息来源,这对于较低层次的管理和监督者提高管理水平具有重要意义。

(3)审视人力资源管理制度与规章的合理性

申诉是员工的一种压力策略,其申诉会给管理者带来问题和压力,可以使管理者对那些集体协议未涉及的问题做出修改。

(4)防止不同层次管理权的不当使用

申诉制度可以使员工个人免受或者至少有条件使其免受管理方的专横或不公对待。这一程序不仅为雇员提供了那些工作场所中的基本民主权利及自由,而且有利于员工从其管理者那里获得公平待遇,因而也具有积极的道德意义。

(5)与集体协议结合,成为集体协议的适用与解释上的行政机制

申诉为集体协议的切实执行提供了唯一的法律保障,对劳动法律制度和集体协议的落实至关重要。申诉为双方进行补充协议的谈判奠定了基础,确保了协议的整体性。为了保持一定的灵活性或避免罢工,有时集体协议在某些条款的措辞和具体内容上有意留有余地。申诉程序为解释和运用这些模糊条款提供了一种机制,使得双方在必要时都能诉诸仲裁。

(6)减轻高层管理者处理员工不满事件的负荷

申诉制度可以使员工的不满通过既定渠道得到及时处理,有利于减轻高层管理者处理此类事件的负荷。

(7)提高企业内部自行解决问题的能力

避免问题扩大或恶化。申诉可作为解决组织内部冲突及问题的政治手段,避免外力介入或干预,以防问题扩大化或恶化。

2. 申诉的程序

申诉程序很可能因企业大小、事情轻重及有无工会而不同。一般而言,申诉的起始阶段多由申诉人与其管理者直接协商,如果争端未解决,则由工会代表和工厂主管磋商,如果争端仍未获解决,最终则通过第三方仲裁。

在无正式工会组织的企业,员工若有任何抱怨与不平,大多由申诉人与其主管直接协商,如果问题没有得到解决,则依序向上一级提出,直至其最高主管出面解决。

在有工会组织的企业内部,员工申诉往往通过正式的流程来处理。通过集体谈判确立实际提起申诉的程序,并将员工申诉写入协议条款中。通常在集体协议中都包括了处理争议的申诉程序,具体步骤由当事人双方自行决定。在小企业,申诉的程序可能仅包括工会代表和雇主之间见面磋商这样一个简单的步骤,但在大企业,申诉程序则通常包括三四个步骤。① 由员工和工会代表与直接监督管理人员讨论,尝试通过非正式方式解决事端。如果不成功,再向主管或其他管理者提出书面申诉。② 第二阶段,由工会领导或工会代表与更高一级的管理者(如部门经理或工厂负责人)会面磋商。如果仍得不到解决,申诉就进入第三阶段。③ 由资深的工会和公司官员进行讨论解决,如果仍然得不到解决,则结束申诉,进入仲裁。

综上,处理员工申诉,不管企业内部是否有工会组织,其主要程序可以归为4个阶段。

(1) 受理员工申诉

即由申诉者与监督者、管理者商谈,管理者在听取申诉的过程中,要从申诉人的态度和谈话中了解产生抱怨的关键所在。

(2) 查明事实

管理者要查明争议事实,不得偏袒。其内容主要包括员工是否确实违反了有关规定,员工是否确实了解这一规定,员工是否已经得到适当的警告和提示,对员工的处理是否与过去的个案一致,对员工的处理是否合理、公平。管理者查明事实的方法有:进行实地调查、广泛地与员工面谈;分析和检讨各项政策、规定和措施;检查员工资料;与有关人员研讨。

(3) 解决问题

管理者在了解员工申诉的事实真相之后,应设法加以解决,并向当事人说明真相,以免员工误解。一般而言,解决员工申诉的方法主要有:① 调查抱怨发生的原因;② 迅速了解各项事实真相;③ 在特殊情况下,对员工个人表示充分同情;④ 对苦恼的员工进行开导并说明事实也许并非他所想象的那样;⑤ 承认员工的人格尊严和价值;⑥ 必要时给予员工有效的训练;⑦ 协助员工勇于面对现实;⑧ 尽可能帮助员工解决其所面临的实际困难;⑨ 利用工作轮换,解决冲突;⑩ 改变员工物质上的不利条件。

(4) 申请仲裁

如果员工的不满不能在组织内部获得圆满的解决,则双方都可以诉诸第三者或公权力来仲裁。

3. 内部申诉制度的建立准则

企业建立内部申诉制度,是为了化解员工的不满情绪,解决组织内部不合理的制度安排。除了非正式的申诉处理制度(比如当事人之间的私下沟通)之外,组织应建立明确的申诉制度,给员工提供正常、合法的申诉渠道。一般而言,建立内部申诉制度,应当遵循以下5条准则。

(1) 申诉规则的制度化

对申诉制度和程序必须明确加以说明,这对于保护员工或企业的合法权益具有重要作用。值得注意的是,企业在制定申诉制度的过程中,应注意吸收员工意见,不能由管理方单方面自行制定,否则将难以被员工接受和遵行。

(2) 申诉机构的正式化

建立正式的申诉机构,不仅能确保申诉渠道的畅通,而且使管理者能够通过正式渠道了解员工的工作状况和心理反应。正式的申诉机构应由劳资双方代表共同组成,以确保申诉处理的客观、公正。

(3) 申诉范围的明确化

明确界定员工可以申诉的范围,可以准确判断申诉事件是否成立,以及是否值得进一步加以调查。对申诉问题加以分类,可以使组织尽早发现问题,这样不仅可以及时平息员工的不满,而且由此可以发现组织管理制度存在的不合理之处。

(4) 申诉程序的合理化

合理的申诉程序应具备如下特征：员工有机会表达其意见；企业有接受员工意见并做出合理设置的机构或执行者；对申诉的处理通过正式的渠道和程序进行；必须将问题处理的过程和结果反馈给申诉者；定期整理并公布申诉处理的事件及问题特征，让员工了解申诉问题的重点及处理情形。

(5) 申诉处理的技巧化

处理员工申诉，应把握如下原则：确实做好保密工作，消除申诉者的疑虑；摒除本位主义，以公正、客观的立场处理员工申诉；把握处理时效，避免久拖不决；答复员工问题时，力求精确明示。遵循这些原则，既可以确保申诉制度的正常运行，又能使员工对这项制度具有信心，从而使该制度真正发挥效用。

五、离职管理

员工频繁流动会给企业带来很多不利的影响。因此，对员工离职进行有效的管理，既是员工关系管理的一项重要内容，也是企业实现人力资源目标的必要条件。

1. 离职的内涵和原因

离职是从组织内部往外部的劳动移动，也就是员工自愿从企业中流出或自愿离开企业。事实上，导致高绩效员工离职的原因是多方面的，全球著名的人力资源咨询公司HEWITT调查发现，导致雇员离职的关键要素主要有7个方面：① 领导层：员工与领导层之间的相互信任程度；② 工作或任务：员工工作或任务的影响(是否获得认可)、工作或任务的挑战及工作或任务的兴趣；③ 人际关系：员工与上司、同僚、客户、部属等多维度人际关系的处理；④ 文化与目的：员工是否具有目的感及强烈的组织价值；⑤ 生活质量：员工实际工作的环境，工作与家庭生活之间的平衡；⑥ 成长机会：员工获得晋升、成长、训练和学习的机会；⑦ 全面薪酬：工资与经济性报酬、福利。

2. 离职的形态

离职依员工是否主动为标准，可区分为自动离职与非自动离职。自动离职是员工依据个人意愿而离职，通常称为辞职，大多可归结为对现有工作的不满或不得已而辞职。非自动离职是指非出于员工意愿，而是雇主或组织从自身利益出发强制执行的离职，通常称为免职，在有些国家又分为解雇和暂时解雇。另外，退休与自动离职和非自动离职都有关系，员工虽然愿意继续工作，但已达退休年龄而退休者，属于非自动离职；员工在达到退休年龄之前的自愿退休则属于自动离职。

离职依是否可以通过组织努力而避免为标准，区分为可避免离职与不可避免离职。可避免离职，是指通过组织或经营者努力有可能不发生的离职，通常大部分自动离职属于可避免的离职范围。不可避免离职，是指员工因怀孕、疾病、死亡等不可避免的原因而导致的离职，这些离职主要原因在于员工，企业单方面很难减少或避免。

离职依组织的功能性可区分为功能性离职(低绩效)和非功能性离职(高绩效)。功能性离职是指员工个人想离职，可组织因对他的评估不好而不在乎其离职。非功能性离职是指员工个人想离职,但组织希望能挽留他。

3. 离职成本

员工离职,无论是出于自愿还是出于非自愿,都会发生各种直接成本和间接成本,即构成员工的离职成本。

离职成本是指由于员工离职而发生的或将要发生的企业经济利益的总流出。离职成本主要由以下项目构成:

(1)离职补偿金

即用于补偿被辞退员工的经济损失而发生或将要发生的成本。

(2)违约赔偿金

即员工因违反劳动合同或协议自行辞职而应赔付给企业的现金收入或其他形式的利益收入。这是离职成本的一项扣减项目。

(3)解雇安置费

即企业为妥善安置被辞退员工而发生的或将要发生的成本。

(4)离职前的低效成本

一般而言,从员工决定离开企业或企业决定辞退一名员工到付诸实施的这段时间,员工可能降低劳动生产率,进而导致企业受益减少,由此引起企业利益损失。

(5)空职成本

又称岗位空缺成本,是指由于员工离职引起职位空缺,导致该职位上无产出,进而使企业受益减少,由此引起的企业已经发生或将要发生的利益净流出。

4. 离职的管理和对策

(1)自动离职的管理对策

一般而言,尽可能抑制因对企业的报酬、福利、工作时间及其他工作条件等不满而产生的可避免的离职,即应尽可能抑制自动离职,以确保组织的核心人力资源。

企业重视自动离职的原因是因为它不仅影响企业形象,而且可以反映企业状态。针对引发自动离职的因素,应采取建立和完善制度性管理策略、建立有效的程序化沟通和实行工作再设计等管理对策。

(2)非自动离职的管理对策

非自动离职的典型形态是解雇,解雇是离职方式中最强硬,也是最痛苦的形式。从企业立场看,即使解雇其不满意的员工也是很困难的。因此,企业在甄选员工时应更加慎重,才可能避免或减少双方的损失与伤害。

非自动离职需要更强的沟通技巧,通常非自动离职员工关注企业为何将其辞退、其个人为此需要承担什么责任、个人的损失如何补偿等。当员工有埋怨情绪的时候,要让员工有辩解的机会,引导员工化解心中的不悦。

当解雇被认为是解决问题的必要方法时,管理者应依法快速做出决定。但一般而言,管理者应尽量避免使用解雇手段,而宜采用其他替代方案,比如给员工调换部门、减薪及降级等常用方法。由于减薪、降级容易造成员工心理上的挫败感,对企业产生不利的影响,因此使用时应预先充分斟酌。

（3）离职后的综合管理

在完善离职管理对策之后，还必须注意离职人员的辅导问题。如果能继续和离职人员保持联系，则将有助于培育员工的向心力，对公司的宣传也有很大帮助。人力资源部需要有人负责处理相关事务，并建立离职人员的档案资料，适时更新。对离职后员工的管理，可以推行座谈会、恳谈会、演讲会等活动，以提高其向心力或归属感，进而能对公司做义务宣传，促进企业的业务发展。

第四节　工会与集体谈判

一、工会

工会是由劳动者（或雇员）组成的旨在维护和改善其就业条件、工作条件、工资福利待遇及社会地位等权益的组织，工会主要通过集体谈判的方式来维护劳动者（或雇员）在用人组织和整个社会中的权益。代表员工的工会大致可以分为两类：一类是同业工会，一类是行业工会。工会又按纵向关系形成了多层次和复杂的组织结构。不同层次的工会各自发挥着调节劳资关系的作用。

由于社会制度和国情的不同，工会的性质、地位和作用在不同的国家有着很大的差别。在西方国家，劳动者完全处于劳动力市场之中，劳动者寻求工作与劳动力市场的供求状况关系很大。劳动力市场一般是买方市场，与雇员相比，雇主处于优势地位。工会的作用是代表劳动者的利益，抗衡雇主。它有时在公众、政府机构和政党中寻求同情，因此工会具有一定的政治特色。然而工会作用的核心是劳方联合起来与资方进行集体谈判。

在我国，工会的作用与西方国家有些不同。劳动法规定了工会在调整劳动关系中的职权。

（1）工会代表职工与企业签订集体合同

由于劳动者在劳动力市场上处于弱势地位，因而劳动者联合起来与雇主签订集体合同对保护劳动者的合法利益非常重要。集体合同作为市场经济条件下协调劳动关系的重要法律制度，为市场经济体制的国家所普遍采用。我国劳动法规定：企业内职工一方与企业可以就劳动报酬、工作时间、工作条件、劳动安全卫生、休息休假、保险福利等事项，在平等协商一致的基础上签订集体合同。由工会代表职工与企业签订集体合同。依法签订的集体合同对企业和企业全体职工均具有约束力。职工个人与企业订立的劳动合同中劳动条件与劳动报酬等标准不得低于集体合同的规定。

（2）工会有权对劳动合同的履行进行监督

劳动法规定：用人单位解除劳动合同，工会认为不适当的，有权提出意见。如果用人单位违反法律法规或劳动合同，工会有权要求重新处理。劳动者申请仲裁或提起诉讼的，工会应当依法给予支持和帮助。用人单位因濒临破产进行法定整顿期间或者因生产经营状况发生严重困难,确需裁员时,必须提前30天向工会或全体职工说明情况,听取工会或职工意见,并向劳动行政部门报告、备案,才可解除劳动合同。

(3) 工会有权对延长工作时间进行监督

企业要延长工作时间,必须与工会协商,征求工会的意见。

(4) 工会有权参与劳动争议的调解与仲裁

工会代表参与组成企业劳动争议调解委员会,行使调解权。劳动法规定,在用人单位内部可以设立劳动争议调解委员会。它由职工代表、用人单位代表、工会代表三方组成。

工会代表参与组成劳动争议仲裁委员会,行使仲裁权。劳动争议仲裁委员会由劳动行政主管部门、同级工会、用人单位方代表组成。在三方组成人员中,劳动行政部门代表政府,工会则代表职工。

二、集体谈判

员工关系管理主要依赖于管理者进行积极主动的内部员工关系管理,而运行良好的集体谈判为和谐的员工关系提供了一个重要的基础性条件。

1. 集体谈判的含义和功能

集体谈判制度起源于西方国家,是指雇主和雇员代表借助谈判,达成覆盖某一雇员群体的协议,以决定就业条件与待遇,协调雇佣关系的一种方法。当代西方国家劳资关系的确立和调整主要是通过劳资谈判来进行的。集体谈判与个别谈判不同,个别谈判是雇员个人为自身的利益与雇主进行谈判,而集体谈判是工会与雇主或雇主协会之间针对工作报酬、工作时间及其他雇佣条件,在合理的时间以召开会议的形式进行的协商和交涉。集体谈判的结果是签订集体合同或集体协议,规范双方的权利与义务。

参与集体谈判的双方,一方为工会,一方为雇主代表,双方围绕工资、就业保障、工作条件(比如工作时长、劳动强度、工作环境、安全保障)、其他待遇(比如加班费标准、带薪假日、医疗补助、失业津贴、退休金等)等展开谈判。达成双方都能接受并且愿意遵守的集体协议,是集体谈判的最终目的。

集体谈判的过程实际上也是完成3个功能的过程,这3个功能即市场或经济功能、政府作用、决策功能。集体谈判的经济功能是指通过谈判确立劳动力市场的工资水平;集体谈判的政府作用是指通过谈判形成一系列规范雇佣关系的程序规则;集体谈判的决策功能是指通过谈判确认雇员有权通过工会参与工作场所规章制度的制定。

市场或经济功能是把集体谈判看作劳动力市场以合同方式购买劳动力的手段。它建立了一种交易关系,通过这种交易,签订适合于全体职员的就业协议。集体谈判也是一种分配机制,是企业内部调节劳资分配和就业关系的交易行为,是雇佣双方相互确定交易对象、交易内容以及交易价格的一种市场机制。交易主体是雇主和工会,交易内容是工资、就业、保障、福利水平、利润率等。

政府作用是把集体谈判看作行业管理的一种方式,其主要目的是建立管理方行使权力的规则,因而在集体协议中制定了一系列规范工会与管理方关系的程序性规则,比如惩戒、不满申诉和争议处理程序等。因此,虽然管理职能仍由管理方行使,但工会作为雇员代表,与管理方共享了企业的最高管理权。

决策功能承认雇员有权通过工会代表参与制定工作场所的规章制度。工会或雇员的其他代表组织可以跟雇主一起,就劳资双方共同关心的问题进行磋商和谈判。集体谈判的决策功能强调了工会和企业间的相互依赖关系,认为雇佣双方通过集体谈判使冲突制度化,用共同的利益协调存在的分歧。并且承认,企业员工应该有权对企业的经营管理发表意见,尤其是这些决策对他们会产生某种影响时,更应当赋予工会代表参与企业管理的权利。

大多数集体谈判都包含了这3种功能。但集体谈判在多大程度上能够体现这些功能,则取决于雇员及其工会参与决策的愿望,取决于他们拥有的能够迫使雇主接受影响其管理权力的力量大小,取决于管理方在多大程度上愿意接受这些要求。

2. 集体谈判模式

西方集体谈判制度已有上百年历史,并有效推行至今。从集体谈判的整体规模上看,目前国际上主要有3种基本的集体谈判模式。

(1) 主要由国家宏观层次上的劳资双方谈判决定

由国家宏观层次上的劳资双方谈判决定的集体谈判,这一模式主要存在于诸如新加坡、挪威、奥地利、瑞典等国。以新加坡为例,它成立了由政府、劳方和资方3方面代表(各占1/3)组成的全国工资理事会,通过一年一度的谈判,制定全国性的工资制度。谈判时,劳资双方根据上一年国内经济发展状况、通货膨胀因素、就业生产、消费情况、劳资双方的要求以及出口、国际收支平衡和国际经济环境,分别提出本年度加薪的指导原则以及有关建议。在谈判中,政府代表的作用是听取劳资双方的意见并做协调工作,同时提出政府的看法。全国工资理事会的指导原则要上报政府总理,经政府批准后,以政府公报的形式公布,有效期为本年7月1日至下一年6月30日。全国工资理事会的指导原则没有法律效力,也不属于行政命令,但在谈判中因其权威性普遍被公、私营企业的雇主和雇员接受。

(2) 主要由产业中观层次劳资双方谈判决定

由产业中观层次劳资双方谈判决定的集体谈判,这一模式主要存在于诸如德国、瑞士、荷兰等国。以德国为例,它实行企业工资自治,政府对工资不直接干预。劳资谈判以中观产业一级为主。德国工会覆盖面很广,全国90%以上的职工是工会会员。工会分3层组织,基层是企业工会,中层是产业工会,全国性的工会组织是德国工会联合会。与工会相对应的雇主组织也分为3层,基层企业是董事会,中层是产业雇主联合会,全国性的雇主组织是德国雇主联合会。德国的劳资谈判一般一年进行一次,谈判分别在国家、产业和企业3个层级进行,而以产业这一级为主。国家级谈判达成的协议是产业和企业劳资谈判的基础与前提。劳资谈判的主要内容有两点:① 报酬问题,包括职员和工人的工资等级、工资标准、每年工资随物价增长幅度的百分比和最低工资标准等,双方达成工资协议,一般一年签订一次。② 劳动条件及待遇问题,一般是3年签订一次。

(3) 主要由企业微观层次劳资双方谈判决定

由企业微观层次劳资双方谈判决定的集体谈判,这一模式主要存在于诸如英国、美国、加拿大、意大利、法国、澳大利亚、新西兰、日本等国。以美国为例,企业的工资标准直接由企业的劳资双方代表谈判,签订集体合同加以确定,合同的有效期一般为两年,详细规定两年期间工资分阶段的增长数额,以及有关福利待遇的标准。联邦政府除通过法律规定最低工资和加班工资标准外,对企业的具体工资事务一般不加以干预。

3. 集体谈判的项目与内容

集体谈判项目可以分为强制项目、自愿项目和非法项目这3类。强制项目是由国家法律规定属于集体谈判范围的项目。强制项目通常包括工资、工作性质、福利和其他与职务有关的内容。非法谈判项目是法律禁止谈判的项目。集体谈判的强制项目和非法项目一般是各国的法律法规所明确规定的。自愿谈判项目是由管理方与工会双方同意列为谈判的项目,它不是强制性的,也不能是非法的。只有管理方和工会都同意,自愿谈判项目才能成为谈判的一部分,任何一方不得强迫对方违背自己的意愿而进行自愿项目的谈判。在实践中,由于国情不同,集体谈判的层次、类型和模式不同,集体谈判的项目会表现出诸多差异。

尽管集体谈判内容会有诸多差异,但就发生频率来看,集体谈判经常涉及以下内容:

(1) 工时谈判

缩短工作时间是西方国家工会组织多年奋斗的目标之一。工时谈判是劳资双方须依据国家法律法规对于工作时间和关于特殊岗位的规定,就不同岗位、不同工种的工作时间问题,延长劳动时间的工时计算问题,特殊情况下工作时间的计算问题,计件工人工作时间的工时计算问题等进行磋商。

(2) 工资谈判

工资问题历来是企业集体谈判关注的重点。工资谈判的主要内容通常为:工资标准和工资水平,工资制度(工资、奖金、津贴的形式,工资支付的方法、方式、时间、地点等内容),工资差别关系(新进工人工资的差别和不同岗位、不同工种、不同职务、不同技术等级的工资差别等)等。

(3) 保险福利谈判

保险福利谈判主要涉及保险与福利的范围、保险金的筹措、保险与福利的标准等内容。

(4) 休息休假谈判

休息休假谈判主要涉及两个方面的内容:一方面是休息休假时间问题,劳资双方需要在国家法规的基础上,具体协商工作日内的间歇时间、每周公休假日、每年节假日、探亲假以及婚丧假等问题,并与管理方达成符合法规规定的协议;另一方面是员工在休息休假时间工作的补偿问题,补偿方式可以是金钱或时间。

(5) 劳动安全卫生谈判

一般来说,这类集体谈判的内容主要有:工作场所的环保和劳动条件的改善问题,劳动用品和健康检查问题,员工劳动安全、卫生、教育、培训、监督问题,女工和特殊防护问题,劳动事故的赔偿问题等。

（6）工作生活质量谈判

这类集体谈判的主要内容有：保护和改善工作场所的环境，员工尤其是女工的特殊利益要求等问题。

（7）解雇、裁员等其他关于职工权益的谈判

4. 集体谈判的过程

集体谈判是劳资双方相互交流、协商、讨价还价以解决双方利益和分歧的过程。一般情况下，集体谈判的过程是：劳资双方相互接触，提出各自的要求，劳资双方磋商，调整自己的要求（以交换对方的某些让步或交换其他利益），双方组成联合小组或委员会寻找合理的解决方案，双方经谈判达成非正式解决方案并提交各自内部或上级审核批准，最后起草并签署正式协议。集体谈判的实际过程可以分成接触、磋商、敲定和结尾4个阶段。

接触是集体谈判过程的起始阶段，常常是双方相互接触，可能是开几次会，表明己方的立场、观点、要求、建议和态度。此阶段重点在于确定双方共同认可的谈判项目和范围，双方的观点和要求随着谈判的深入可能进行各种调整。

磋商是谈判双方正式坐在谈判桌前，认真仔细地讨论谈判项目，试图以让步、协作、威胁、利诱等各种策略和技巧说服对方，使对方重新调整预期，最终同意做出己方希望的让步，从而为己方获得有利的条件奠定基础的谈判阶段。这一阶段是集体谈判中时间最长、最费精力的"交火"阶段。

敲定是在磋商的成果基础上，双方再就一些关键问题、磋商中暂时回避或有意推后的棘手问题、集体谈判的重点和难点等进行谈判协商，确定双方都能够接受的条件、办法或解决方案。当双方能够敲定一个彼此认可的积极协议时，往往会签署一个包含拟达成协议的内容框架、提纲要点的"协议备忘录"。

结尾阶段是谈判各方代表将集体谈判协议要点汇报给本方决策主体，经双方决策主体按既定程序批准后，双方根据授权拟定和签署集体谈判的正式协议，并产生对劳资双方都有约束力的法律效应阶段。一个典型的集体谈判协议文本，可能包括一般的政策声明，对有关规则和程序的详细说明，以及谈判涉及的有关具体事项和内容。

当集体谈判的敲定或结尾阶段遇到障碍，谈判双方不能达成解决方案时，就会发生僵持或僵局。僵持往往是由于双方就有关问题的预期存在很大差异造成的。有时通过第三方以调停、调查和仲裁的方式介入并以协调来打破僵局；有时却仍然难以解决，于是便可能发生工会组织罢工，资方决定"闭厂"之类强硬措施来向对方施加压力，导致集体谈判的破裂和劳资矛盾的加剧。劳资双方的激烈对抗一般会持续到一方或双方改变预期并愿意做出让步为止。

集体谈判进程中的相关事务还涉及劳资双方对集体谈判代表的资格承认、参与谈判代表的权利、劳资双方的集体谈判义务、集体谈判的常设机构、集体谈判的准备工作、具体谈判的程序和进程等问题。

第五节 美、德、日劳资关系介绍

一、美国劳资关系

美国政府赋予了劳资关系更大的灵活性。在美国,劳资关系的主体包括政府、雇主组织和工会组织。其中,进行劳资谈判、解决劳资矛盾的主要角色是雇主和工会组织,政府作为第三方,主要负责对劳资争议进行调解。美国政府在规范劳资管理中仅起到轻微的调节作用,主要表现在把劳资关系的实质性规范留给劳资双方,政府仅规定了劳资关系的程序性规范方面。在劳资关系的参与者中,工会作为工人利益的代言人,在调节劳资关系等方面发挥了重要作用。作为代表工人一方进行集体协商的组织,工会的结构层次划分在很大程度上会影响劳方力量的强弱。美国工会的组织结构呈现为一种垂直结构,可分为3个层次:地方性工会,代表组织:第21号地方工会;全国性工会,代表组织:汽车工人联合会;全国联合会,代表组织:劳联——产联。当然,工会这一角色只能缓和劳资冲突,不可能替代冲突,因此,为了更好地调节劳资关系,美国政府建立并完善了一套成熟的劳资集体协商制度。而1935年的《瓦格纳法》确立了今天的集中式工会。由于工会组织的发展日益成熟,管理结构也不断完善,为了维护雇主利益,平衡劳资双方的力量,许多国家都确立了雇主组织来代表雇主参与集体谈判,然而,由于受反垄断法及相关保护竞争政策的影响,美国并没有形成有影响力的雇主组织或者团体性的雇主力量,因此通常由雇主单独出面与工会进行集体协商。

美国工人运动的发展历程是催生政府、雇主组织和工会组织这一三方主体法律与协调机制的直接原因。当劳资矛盾积累到一定程度,作为弱势方的工人群体为了表达自身的利益需求,会采取集体行动、协商甚至罢工等暴力或极端的方式引起雇主和政府的注意,这就必然导致一个结果,政府和资方会想尽办法采取一系列的措施缓和劳资冲突,这就为三方主体协调机制的制度框架的形成创造了必要条件。美国的工人运动大体上经历了"初始化""阶级化""常态化""全球化"这4个历程。伴随着工人运动,美国工会也经历了一开始的蓬勃发展到逐渐衰落的过程。虽然工会的影响力有所下降,但是它在经济与政治生活中还是具有非常重大的作用和意义。美国的劳资关系系统在长期的发展过程中形成了一套多方参与、协商解决、共同获利的机制,在一定程度上缓解了劳资关系,推动了社会进步与经济发展,这也为各国提供了宝贵的经验与启示。

二、德国劳资关系

德国劳资关系的特点主要体现在它的二元性。在企业内部,由工厂委员会来代表工人利益;在企业外部,则由社会、部门和公司外的各类机构,或者通过自愿组成的工会来代表工人利益。其中,工厂委员会代表着全体工人。德国工会的一个重要特征是其主要以产业或部门为基础建立起来,这意味着工会对相关产业的所有雇员开放,也表明了对于某一产业或部门的所有雇员,只有一个工会。① 比起美国,德国的雇主组织结构规模更加庞大且关系复杂,德国全国性的雇主联盟被称为雇主联合会联邦联合协会。在集体谈判的过程中,全国性雇主联盟不是直接发挥作用,它的主要功能是为会员提出相关法律政策的建议。德国的工会和雇主及其组织能够进行独立的劳资谈判,政府在这一过程中不直接干预。但是为了避免缺位现象,政府会通过司法制度调节劳资关系,维持二者之间的利益和权利关系平衡。

德国劳资关系整体呈现出一种合作的稳定特点。这种合作形式又体现为集体谈判与劳资共决制度。德国的劳资共决制度具体表现为员工委员会共决制与监事会共决制两种模式。其中员工委员会拥有对相关社会事务共决权、人事任免共决权以及企业经济事务的决策权。劳资共决制度主要是给予雇员参加监事会的机会,员工或员工代表可以参与企业的经营决策。《企业组织法令》《股份公司法》《职工共同决策法令》等构成了德国劳资共决制的法律框架。这一制度的好处在于能够较为全面地反映工人利益,提升组织认同感与工作积极性,减少职工与公司管理层的矛盾冲突,带来经济持续平稳发展。因此,这一模式也被许多国家学习和借鉴。而通过集体谈判订立集体合同是市场经济国家调节劳资关系的一般途径。集体谈判中集体协议的内容可分为强制性部分和标准化部分。强制性部分包括集体协议当事方的权利和义务,标准化部分包括规范工作条件、雇佣合同缔结和终止的形式、与企业相关的问题及其法律结构。在德国,工会由工人自发组织形成,非工会会员也能享受集体合同条款,保障自身的权利。在进行谈判时,工会要提前确定基本要求并提出方案。若谈判失败,则由第三方进入调解。由于德国实行集体谈判制度的时间比较早,而且推行得也比较好,因此,其劳资关系也比较和谐,促进了经济的迅速发展。

三、日本劳资关系

日本企业劳资关系的主要特点体现为经营家族主义的核心理念,主要呈现为一种和谐的关系特征。作为一个后发型资本主义国家,日本在明治维新改革运动后,形成了"原生型"的劳资关系模式,残酷剥削和激烈对抗的阶级斗争关系取代了传统的"奉公人"雇佣关系,这严重影响了企业效率与社会稳定。工人运动日渐高涨,劳资纠纷不断扩大,政府不得不动用国家机器大力压制,同时还制定了法律法规进行引导和约束。一些企业为了缓和劳资矛盾,试图将"奉公人"雇佣制度引入企业管理中,实施经营家族主义制度。也就是将"和"观念、集团意识、"家"原理等传统文化运用到商业运行与管理中,把劳资关系宣扬为一种更为亲密的家族关系。虽然各个企业的福利制度不尽相同,但大多包括建立共济组合、日用品供应、住房出租出售、提供宿舍等内容,甚至有些大企业还为工人建立了医院、托儿所、公共墓地等设施。② 终身雇佣、年功序列、内部培训、内部福利等制度的实施则有效提

---

① 曼弗雷德·魏斯,马琳·施米特.德国劳动法与劳资关系[M].倪斐,译.北京:商务印书馆:北京,2012:190-191.
② 吴佩军.日本企业雇佣制度的历史考察[M].北京:中国社会科学出版社,2010:160.

高了工人的劳动效率,改善了企业劳资关系,也缓和了劳资矛盾。但是经营家族主义只是企业用来掩饰剥削本质的一种方式,无法从根本上消除劳资矛盾。第二次世界大战后,同盟国占领军在日本进行了全方位的民主化改革,并模仿建立起欧美国家的劳资关系体系,通过《劳动组合法》等法律法规赋予劳动者结社、谈判、罢工等民主权利,工人运动也得到大力支持,劳资关系又进一步陷入了对抗与冲突的局面。然而不久以后,被称为"三大支柱"的劳务管理制度再次回归,终身雇佣、年幼序列、企业内工会等核心制度又以"命运共同体"的理念将员工与企业密切联系在一起,最终发展为符合其传统文化、与欧美国家截然相反的"利益一致型"的和谐劳资关系。

然而,在20世纪90年代泡沫经济崩溃后,日本经济一度陷入低迷萧条,"三大支柱"这一"神器"无法适应日本企业所面临的内外部环境。虽然"利益一致型"劳资关系受到动摇,甚至走向崩塌,但是日本的社会氛围没有形成"劳"与"资"的对峙局面,在劳动者中也没有形成"被剥削"的国民意识,无法向"利益冲突型"的劳资关系转变。而事实上,"利益协调型"的劳资关系正在得到日本社会的广泛认可,日本政府也在努力向这一方向重建目标。"利益协调型"劳资关系认为劳资双方存在共同利益与利益分歧,主张劳资合作,可以通过建立规则减少劳资纠纷,通过第三方协调机制协调利益分配,以实现经济效率与社会公正、公平之间的均衡的目标。这种模式既符合日本经济发展的客观规律,也与日本文化传统相契合。可以看出,在日本企业劳资关系重建过程中,"和"观念、集团意识、等级思想、"家"原理等日本文化传统依然发挥着重要作用,它阻碍着强调成果主义与功利主义的制度改革,引导着日本企业劳资关系继续向稳定与和谐的方向发展。

练 习 题

一、**单选题**(第1—15题,请在所给的四个选项中选择最恰当的一项)

1. 员工关系是( )在企业这个组织系统中的特殊表现形式,是20世纪初期西方学者从人力资源管理角度提出的取代"劳资关系"的概念。

  A. 劳动关系   B. 劳资关系   C. 社会关系   D. 劳工关系

2. ( )是劳动关系当事人为明确劳动关系中特定的权利义务,在平等自愿、协商一致的基础上达成的契约。

  A. 专项协议   B. 集体协议   C. 劳动合同   D. 集体合同

3. 对离职率认识正确的是( )。

  A. 离职可以更新组织气氛,所以离职率越高越好

  B. 离职是员工的问题,与企业无关

  C. 离职会增加企业成本,所以应尽量避免

  D. 只要是常态性的离职,企业正常对待即可

4. 员工满意度调查的第一步是( )。

A. 制订调查方案 B. 收集调查资料
C. 计划实施时间 D. 取得管理层信任

5. 现代员工管理的主要目的是(　　)。

A. 使员工与企业和谐相处 B. 合理使用人才
C. 使企业在竞争中赢取胜利 D. 发挥员工的积极性

6. 下列选项中不调查员工满意度调查的方法是(　　)。

A. 薪酬满意度指数法 B. 明尼苏达工作满意度调查表
C. 彼得需求满意调查表 D. 工作分析法

7. 员工援助计划起源于20世纪20年代的(　　)。

A. 美国　　　　B. 日本　　　　C. 德国　　　　D. 瑞士

8. 认为人的行为在于追求自身经济利益最大化的人性假设理论是(　　)。

A. 社会人　　　B. 自我实现人　　C. 经济人　　　D. 复杂人

9. (　　)使员工能够与雇主处于平等地位,并形成"工业民主"氛围。

A. 企业制度 B. 工会和集体谈判制度
C. 公司福利制度 D. 自由主义制度

10. 按照是否自动移动为标准,员工离职可以分为(　　)。

A. 辞职和免职 B. 可避免的离职和不可避免的离职
C. 功能性离职和非功能性离职 D. 劳动合同解除和劳动合同终止

11. 冲突的形式不包括(　　)。

A. 罢工　　　　B. 抵制　　　　C. 辞职　　　　D. 请假

12. 下列不属于员工关系管理的内容的一项是(　　)。

A. 及时接待处理员工申诉 B. 员工组织的活动和协调
C. 薪酬福利管理 D. 员工离职面谈及手续办理

13. 员工关系管理的目的在于(　　)。

A. 提高员工工作效率 B. 提高员工绩效
C. 提高员工满意度和忠诚度 D. 提高企业实力,促进企业发展

14. 下列属于员工满意度调查的内容的是(　　)。

① 工作本身满意度　② 工作回报满意度　③ 工作环境满意度
④ 工作群体满意度　⑤ 企业满意度

A. ①②③　　　B. ①③④　　　C. ②③⑤　　　D. ①②③④⑤

15. 下列不属于员工参与和参加管理之形式的是(　　)。

A. 工人董事 B. 员工援助计划
C. 员工持股计划 D. 工作委员会

二、名词解释

16. 员工满意度

17. 工会

18. 劳动合同

三、简答题

19. 雇员参与和参加管理的主要形式主要有哪几种？
20. 员工关系的组成主要包括哪些方面？

四、案例分析题（第21—22题）

福耀玻璃美国工厂

2008年爆发的经济危机打击了美国汽车工业，通用汽车关闭了在美国俄亥俄州代顿市的工厂，对这个原本工业就正在衰退的小城市影响巨大。2013年，中国企业家曹德旺来到美国，接管了该工厂，重新组织生产和招聘工人。2014年，曹德旺在代顿市成立福耀玻璃工厂，投资4 000万美元，还获得了美国政府的4 000万美金的补贴以及免税的优惠政策，原来失业的美国工人得到机会重新上岗，但是工资只有原来的一半，而且劳动强度有所上升。虽然待遇不如过去好，但是工人们还是很积极地来应聘。

然而，随着工厂成立，问题也来了。由于中美文化、管理制度等方面的差异，在曹德旺将中式管理模式带到了美国工厂后，美国工人们对加班时长、时薪和工作环境的不满愈发强烈，而中方也对美国工人自由散漫的工作作风非常不满。双方在矛盾无法解决的情况下，部分美国工人提出在工厂内部组建工会。全美汽车工人联合会（united automobile workers，简称UAW），开始尝试进入福耀。UAW是代表美国和加拿大工人的一家美国工会。作为美国劳工联合会的一部分，它成立于1935年，并在1936—1950年迅速发展。在UAW的鼓励下，工人们要求组织工会集体谈判，而曹德旺的态度十分明确，反对工会，公司管理层表示如果成立工会，宁可关闭工厂，让工人慎重考虑面临的失业后果。为了拒绝UAW，福耀也采取反击措施，采取加薪、宣传等方式安抚员工。福耀还投入了超过100万美元，邀请了劳资关系研究所（LRI）的专家给员工开设讲座，通过强调工会对工人不利的一面帮助企业阻挡工会。当然UAW也不甘示弱，投入了大量资金用于租用会议场所、支付雇员薪水等。曹德旺为了提高效率，还从本土抽调员工，来美国当"教官"，一部分美国员工也被派到中国工厂学习军事化的管理经验。

2017年年初，关于福耀玻璃是否需要工会进行了官方无记名投票，令人惊讶的是，被称为"世界上最具战斗力的工会"的全美汽车工人联合会在福耀玻璃身上遭遇巨大挫折，最后工人们以将近2:1的比例（868票反对，444票支持）否决了成立工会的提议，资本家赢得了这场战争。据《纽约时报》当地时间2017年11月9日报道，中国玻璃制造商福耀在投票中获胜，成功阻击了在其俄亥俄工厂建立工会的动议。这次投票结果被视为权重日渐增高的中国资本的胜利，他们成功地适应了美国劳资关系规则。但是UAW并没有完全放弃，认为时机成熟时，还可以再一次"入侵"福耀玻璃。

问题：

21. 如何看待UAW的这次失败？哪些因素导致了美国工会影响力的不断衰退？
22. 国际化企业如何更好地解决不同文化背景带来的差异？

五、思考题

23. 成熟时期劳动关系的特征主要有哪些？
24. 企业组织内员工申诉制度建立的有何意义？
25. 如何进行员工满意度调查？
26. 劳动争议处理的方法包括哪些？

第九章 跨国公司人力资源管理

第一节 跨国公司人力资源管理概述

一、跨国公司界定

（一）跨国公司的含义

跨国公司，又称多国公司、国际公司、全球公司。跨国公司通常表现为在一个国家（一般在本国，称母国）设立总部，在其他一个或多个国家，以世界市场范围规划生产经营，在地理上更经济、更有效地组织各生产要素的流动，追求全球利润最大化。

对于跨国公司的含义，学术界没有统一的定论。联合国 1984 年将跨国公司定义为满足以下条件的公司：一是由两个或两个以上国家的经济实体所组成，而无论这些经济实体的法律形式及活动范围如何；二是在一个决策系统制定的连贯政策和一个或多个决策中心制定的共同战略下从事经营活动；三是它的各个实体通过所有权或其他方面相联系，它的一个或多个实体能够对其他实体的经营活动施加有效影响，特别是在与其他实体分享知识、资源和责任等方面的影响尤为有效。联合国对跨国公司的定义是比较全面和准确的，故本书采用此定义，即：跨国公司是由两个或两个以上国家的具有共同所有权或其他共同因素的经济实体所组成，并从事生产、销售和其他经营活动的国际性大型企业。

跨国公司要想在所在国市场取得成功有赖于很多因素，比如成功的人力资源策略、营销策略以及管理决策者的应变能力和对所在国市场的熟悉程度等。归根结底，人力资源管理是决定跨国公司的跨国经营与生产成败最关键的因素之一。因此，跨国公司人力资源管理的研究与实践具有非常重要的意义。

（二）跨国公司的类型

按照不同的分析角度和划分标准，对跨国公司可以有不同的分类。

1. 按经营项目分类

按照跨国公司经营项目的性质，可以将跨国公司分为 3 种类型。

(1) 资源开发型跨国公司

资源开发型跨国公司以获得母国所短缺的各种资源和原材料为目的,对外直接投资主要涉及种植业、采矿业、石油业或铁路运输业等领域。这类公司是跨国公司早期积累时经常采用的形式,资本原始积累时期,英、法、荷等老牌殖民国家的特许公司在19世纪时向美国、加拿大、澳大利亚和新西兰等经济落后而资源丰富的国家进行的直接投资就主要集中在种植业、采矿业和铁路运输业。目前,资源开发型跨国公司仍集中于采矿业和石油开采业,比如著名的埃克森-美孚公司、英荷壳牌公司。

(2) 加工制造型跨国公司

加工制造型跨国公司主要从事机器设备制造和零配件中间产品的加工业务,以巩固和扩大市场份额为主要目的。这类公司以生产加工为主,进口大量投入品以生产各种消费品,供应东道国或附近市场,或者对原材料进行加工后再出口。这类公司主要生产和经营诸如金属制品、钢材、机械及运输设备等产品,随着当地工业化程度的提高,公司经营逐步进入资本货物部门和中间产品部门。加工制造型跨国公司是当代一种重要的公司形式,深受大多数东道国欢迎。美国通用汽车公司作为世界上最大的汽车制造公司,是制造业跨国公司的典型代表。

(3) 服务提供型跨国公司

服务提供型跨国公司主要是指向国际市场提供技术、管理、信息、咨询、法律服务以及营销技能等无形产品的公司。这类公司包括跨国银行、保险公司、咨询公司、律师事务所及注册会计师事务所等。20世纪80年代以来,随着服务业的迅猛发展,服务业已逐渐成为当今最大的产业,服务提供型跨国公司也成为跨国公司的一种重要形式。

2. 按经营结构分类

按照跨国公司的产品种类和经营结构,可以将跨国公司分为3种类型。

(1) 横向型跨国公司

横向型跨国公司是指母公司与各分支机构从事同一种产品的生产和经营活动的公司。在公司内部,母公司和各分支机构在生产经营上专业化分工程度很低,生产制造工艺、过程和产品基本相同。这类跨国公司的特点是母子公司之间相互转移生产技术、营销诀窍和商标专利等无形资产,有利于增强各自的竞争优势与公司的整体优势,减少交易成本,从而形成强大的规模经济。横向型跨国公司的特点是地理分布区域广泛,通过在不同的国家和地区设立子公司和分支机构就地生产与销售,以克服东道国的贸易壁垒,巩固和拓展市场。

(2) 垂直型跨国公司

垂直型跨国公司是指母公司和各分支机构之间实行纵向一体化专业分工的公司。纵向一体化专业分工又有两种具体形式:一是指母子公司生产和经营不同行业的相互关联产品,比如自然资源的勘探、开发、提炼、加工制造与市场销售等;二是指母子公司生产和经营同行业不同加工程序与工艺阶段的产品,比如专业化分工程度较高的汽车行业与电子行业等关联产品。垂直型跨国公司把具有前后衔接关系的社会生产活动国际化,母子公司之间的生产经营活动具有显著的投入与产出关系。这类公司的特点是全球生产的专业化分工与协作程度高，各个生产经营环节紧密相扣，便于公司按照全球战略发挥各子公司的优势，而且由于专业化分工，每个子公司只负责生产一种或少数几种零部件，有利于实现标准化、大规模生产，获得规模经济效益。

（3）混合型跨国公司

混合型跨国公司是指母公司与各分支机构生产和经营互不关联产品的公司。混合型跨国公司在世界范围内实行多样化经营，它将没有联系的各种产品及其相关行业组合起来，加强了生产与资本的集中，规模经济效果明显；同时，跨行业非相关产品的多样化经营能有效地分散经营风险。但是由于经营多种业务，业务的复杂性会给企业管理带来不利影响，因此具有竞争优势的跨国公司并不是向不同行业盲目扩展业务，而是倾向于围绕加强核心业务或产品的竞争优势开展国际多样化经营活动。

3. 按决策行为分类

20世纪60年代末，美国经济学家巴尔马特从跨国公司的决策行为出发，将跨国公司分为3种类型。

（1）民族中心型公司

民族中心型公司的决策哲学是以本民族为中心，其决策行为主要体现母国与母公司的利益。公司的管理决策高度集中于母公司，对海外子公司采取集权式管理体制。这种管理体制强调公司整体目标的一致性，优点是能充分发挥母公司的中心调整功能，更优化地使用资源，缺点是不利于发挥子公司的自主性与积极性，且东道国往往不太欢迎此模式。跨国公司在发展初期一般采用这种传统的管理体制。

（2）多元中心型公司（polycentric corporations）

多元中心型公司的决策哲学是多元与多中心，其决策行为倾向于体现众多东道国与海外子公司的利益，母公司允许子公司根据自己所在国的具体情况独立地确定经营目标与长期发展战略。公司的管理权力较为分散，母公司对子公司采取分权式管理体制。这种管理体制强调的是管理的灵活性与适应性，有利于充分发挥各子公司的积极性和责任感，且受到东道国的欢迎。这种管理体制的不足在于母公司难以统一调配资源，而且各子公司除了自谋发展外，完全失去了利用公司内部网络发展的机会，局限性很大。在跨国公司迅速发展的过程中，东道国在接受外来投资的同时逐渐培养起民族意识，经过多年的积累和发展，大多数跨国公司的管理体制从以集权和本民族为中心转变为多元中心型。

（3）全球中心型公司

全球中心型公司既不以母公司为中心，也不以分公司为中心，其决策哲学是公司的全球利益最大化。相应地，公司采取集权与分权相结合的管理体制，这种管理体制吸取了集权与分权两种管理体制的优点，事关全局的重大决策权和管理权集中在母公司，但海外子公司可以在母公司的总体经营战略范围内自行制订具体的实施计划、调配和使用资源，有较大的经营自主权。这种管理体制的优点是在维护公司全球经营目标的前提下，各子公司在限定范围内有一定的自主权，有利于调动子公司的经营主动性和积极性。

二、跨国公司国际化经营的动机

当今世界,通信、技术、交通等领域取得了令人难以置信的进步,创造了一个新的、高度竞争的国际环境。今天的产品可以在全世界任何地方制造和销售,通信变得更加便捷,产品研发和产品的生命周期变得越来越短。没有一家公司能够免受全球市场的影响。一些大型的跨国公司比如可口可乐公司和宝洁公司很大一部分的销售与利润来自其国际市场。经济、技术和竞争诸多因素交织在一起把企业从国内市场推向国际市场。在一些行业中,一个企业成功与否是从国际市场的角度进行衡量的。如今,全球环境对企业的重要性可以从多变的全球经济中反映出来。总的来说,促使企业在全球扩展的因素主要有3个:规模经济、范围经济和低成本生产要素。

(一)规模经济

全球经营扩大了企业的经营范围,这帮助企业实现了规模经济。全球创建大企业的潮流开始于工业革命时期。当时许多行业都希望创办大型企业来获得新技术和新生产方式带来的规模经济。通过大规模的生产,这些大企业能够实现最小的单位产品成本。但是,对今天的许多公司来说,仅仅靠国内市场已经不能实现达到规模经济所需的产品销售量。比如在汽车制造业,任何一家公司都需要国际市场的支撑才能达到规模经济,所以,像福特汽车这样的公司为了生存不得不走国际化的道路。规模经济也可以帮助企业从供应商那里获得更多的总额折扣,并降低企业的生产费用。

(二)范围经济

第二个因素是充分利用范围经济来增强企业的竞争力。范围是指一家公司提供的产品或服务的数量和种类,以及该公司提供这些产品与服务的国家、地区和市场的数目及类型。在许多不同的国家进行经营的公司比起那些只在很少国家甚至单个国家进行经营的公司具有更多的营销能力和协同力。例如,一家在好几个国家开展业务的广告公司会获得某种竞争优势,这能使它更好地为跨国大公司服务。再比如,麦当劳在全世界所有的餐馆使用几乎完全相同的芥末酱和调味番茄酱,一家在世界各国麦当劳餐馆都有业务的供应商会具有极大的竞争优势,因为它可以在任何国家方便地为麦当劳提供便宜、稳定的货源,这样的话,麦当劳就不必在每个国家都与不同的当地供应商单独协调。又比如密歇根州霍兰市的德斯马狄克制造公司为摩托罗拉公司和特尔斐公司供应高精度的金属部件,当许多美国公司把生产基地搬到中国以后,德斯马狄克在同中国同类供应商竞争中处于下风。公司老板汤普森决定也迈出国际化这一步。汤普森说:"我的顾客都是跨国公司,他们希望我的公司也能国际化。"

范围经济还可以使公司获得比竞争对手更高的市场支配力。因为在跨区域经营的过程中,公司会积累关于文化、社会、经济和其他因素的广博知识。这些因素反映出不同地区的顾客的不同需要,公司因而能针对这些顾客提供专门的产品和服务。

(三) 低成本生产要素

与企业全球扩展有关的第三个因素是低成本生产要素。美国公司到海外投资最早的，也是最重要的一个原因是以尽可能低的价格获得原材料和其他资源。很多公司很早就开拓海外市场以保障获得本国稀少的或没有的原材料。比如，在20世纪的早期，轮胎企业纷纷到国外去开办橡胶种植园以便为美国茁壮成长的汽车工业生产轮胎。再比如，今天的美国造纸企业迫于国内的环保压力不得不转向海外寻找新的林地，这些公司在新西兰控制着上百万英亩的林场。①

也有许多公司到海外扩展是为了获得便宜的劳动力。严格地讲，现在美国本土几乎已经没有什么纺织企业了，因为该行业的企业已经把大部分的生产转移到了劳动力和原材料更便宜的亚洲、墨西哥、拉丁美洲和加勒比海地区。从1997—2002年，在美国销售但在外国制造的服装比例上升到了75%——5年间上升了近20%。研究者在一家盖普商店调查后发现，商店里出售的衣服除了美国制造的以外，其余来自另外23个不同的国家。家具制造业的发展轨迹也和纺织行业差不多。许多美国家具公司关闭本土的工厂转而从中国进口优质的木家具，因为在美国雇佣一个细工木匠的酬金，在中国可以雇佣到30个工人。②美国公司向海外转移的趋势并不仅仅限于制造业，比如，印度的韦普罗公司就为美国一些大的企业编写软件，提供咨询服务、后台解决方案和技术支持等，而其成本却比美国本土的同类公司低40%。③还有的公司向海外发展以寻求更低的资本成本、更便宜的能源、更少的政府限制或其他有助于降低公司成本的因素。跨国公司在为自己的海外工厂选址时，需要综合考虑当地人口的教育程度、技能水平、劳动力和原材料价格及其他生产影响因素。比如汽车制造商丰田、宝马、通用和福特等纷纷到南美国家(如巴西)或亚洲国家(如泰国)等地建设生产工厂，原因就在于当地的劳动力价格不到发达国家的十分之一，而且，东道国往往还提供极其便宜的配套条件，比如土地和水电。④另一方面，许多外国公司借打入美国市场来获得有利的环境。比如日本的丰田和本田汽车公司、韩国的三星电子公司及瑞士的制药巨头诺华制药公司都在美国开设工厂和创办研究中心，以充分利用当地的税收优惠、充足的技术工人以及靠近自己的主要顾客群体和供应商等有利条件。⑤

---

① Jim Carlton. Branching Out: New Zealanders Now Shear Trees Instead of Sheep[R]. The Wall Street Journal, 2003, 29(5).
② Dan Morse. Cabinet Decisions: In North Carolina, Furniture Makers Try to Stay Alive[R]. The Wall Street Journal, 2004, 20(2).
③ Keith H. Hammonds. Smart, Determined, Ambitious, Cheap: The New Face of Global Competition[J]. Fast Company, 2003(2): 91-97.
④ Todd Zaun, Gregory L. White, Norihiko Shirouzu & Scott Miller. More Mileage: Auto Makers Look for Another Edge Farther from Home[R]. The Wall Street Journal, 2002, 31(7).
⑤ Ken Belson. Outsourcing, Turned Inside Out[R]. The New York Times, 2004, 11(4).

三、跨国公司人力资源管理的挑战

（一）跨国公司人力资源管理面临的约束条件

跨国公司所面对的许多问题是与人力资源部门的职责相关的，其中管理分散在多个国家的员工队伍就是一个重要挑战。这种挑战主要缘于各国文化方面的差异，表现为跨国公司人力资源管理的文化约束。当然，跨国公司人力资源管理不仅面临着文化约束，还存在来自管理方式和组织方面的约束。

1. 文化约束

跨国公司人力资源管理和成功的国际经营所面临的最大挑战是来自国家间的文化差异所造成的文化约束。实际上，如何应对这些文化差异可能事关国际经营的成败。具体来说，有关经营和管理地位的各种观念及相关的教育价值观、发展水平与看待教育的态度都会促进或阻碍产品、服务及经营方式的跨国转移，外派人员在国外会发现许多背离母国和母公司价值的现象，跨国公司转移产品、技术和管理体系也可能面临极大的障碍。

有些研究试图将世界范围的文化种类归纳为有限的几种。果真这样的话，跨国公司就会在很大程度上减少在各国确定管理方式，特别是人力资源管理方面的困难。在此方面，最著名的一项研究是霍夫斯蒂德对一家大型跨国公司的子公司的调查。这项研究主要是根据一系列与工作相关的价值（包括上司与下属之间的权力距离、女权或男权主义的程度、不确定性规避的程度和容忍模糊的程度）来衡量国别差异与地区相似性。通过这项研究，霍夫斯蒂德发现某些国家在这些因素方面持续地表现出相似的特征，可又发现在一些不同类型的国家之间明显地存在着巨大的差异。该项研究还发现，跨国公司母公司倾向于将在母国和母公司发展起来并采用的管理与组织体系强加给国外的子公司，这种不顾文化环境差异移植母国或母公司的传统管理体系和管理方法的做法往往会导致跨国公司"水土不服"。

2. 管理方式约束

在考察世界范围内管理过程的差异时会遇到一个重要的文化差异因素，世界上并不存在成功管理的"唯一的最佳方式"。这一现实使得跨国公司必须理解不同国家管理风格方面的重大差异，寻求有效的方法协调这些差异，同时坚持其自身的管理特色与公司结构，避免将母公司的管理风格与文化强加给国外子公司，在跨国并购中兼容所涉及公司的管理风格与文化。实际上，一项对涉及跨国收购的公司的调查表明，"高级经理中间的文化差异是进行有效收购的主要障碍之一"。

在具体的管理过程中，许多管理活动受不同国家的文化价值与实践等方面差异的影响，其中一些具体问题在多国环境人力资源管理方式的发展过程中十分重要，这些问题包括选择雇员的方法与标准、提供给雇员福利的性质、在雇员选择与安置过程中家庭因素的重要性以及东道国人员的培训和准备等。

3. 组织约束

随着公司国际经营的成熟，从单纯的出口商演进成为真正的全球公司，公司就会面临着组织问题,国际活动的数量和公司所从事产业的性质都会影响跨国公司将面临的组织问题的性质,上文讨论了许多跨国公司所必须面对的各国国情、社会、文化、教育及政府体系等因素所带来的问题。

在人力资源管理职能方面,组织战略与结构对人力资源国际管理活动的影响是决定性的。一般来说,当跨国公司实施多国战略时,人力资源管理的主要作用是在公司经营所处的相关国家当地市场辅助当地公司的经营活动。也就是说,人力资源管理职能可能完全是分权的。然而,当公司涉足一个全球产业并追求全球经营战略时,其对全球范围内人力资源政策与方法的统一协调和集中要求就会变得更加重要,这种集中化与本地化、差异性与一致性之间的矛盾经常成为多国企业战略管理规划,特别是跨国公司人力资源管理活动中的主要冲突,而解决这一问题的最终办法往往是将这些国际性的问题留给跨国公司的人力资源管理部门来解决。

(二) 跨国公司人力资源管理面临的挑战

正如前文所述,跨国公司人力资源管理比国内人力资源管理涉及更多的变量,因此更加复杂,跨国公司人力资源管理部门和人员在如何适应跨国公司全球经营的性质与多样化的外部环境,有效实施跨国公司的人力资源管理等方面面临着严峻的挑战。

根据国外一些学者的调查结果,目前跨国公司人力资源管理职能部门在许多方面仍不能适应国际人力资源管理的要求。这主要表现在以下几个方面:

第一,人力资源管理职能部门在管理过程中对全球外部环境的反应仍以被动为主,缺乏主动性。作为国际管理中较新的战略伙伴,全球人力资源管理人员需要预测其组织在人力资源方面的需求,并满足这些需求,例如为国外子公司配备人员、管理多重雇佣环境、利用各种不同的薪酬系统确立薪酬水平以及适应影响人事决策的不同法律体系等。

第二,人力资源管理与跨国公司全球经营其他方面的战略在一定程度上相脱节。事实上,跨国公司人力资源管理人员应积极地参加预测未来的全球人力资源需求,其人力资源管理工作在很大程度上应与国际经营紧密联系,跨国公司人力资源管理应与全球经营战略结合。此外,人力资源管理部门在开发其人员全球管理技能方面也应有积极的规划。然而,由于人力资源管理专业人员缺乏国际经营的专业知识,很难有效地参与跨国公司影响其全球经营战略、政策与方式的决策。缺乏对全球经营战略及其他国际经营相关问题的了解是目前跨国公司人力资源管理部门发挥全球战略作用的重大障碍。

第三,人力资源管理人员相对缺乏国际经验,缺乏对所处地的社会、文化、政治、经济、法律、习俗等方面的了解。在国外经营单位履行人力资源管理职能,要求人力资源管理人员必须了解当地的经济、政治与社会环境。人力资源管理人员必须能够适应东道国的惯例和要求并调整来自母国的雇佣、培训与开发计划。

上述这些方面都在不同程度上造成目前跨国公司人力资源管理的滞后,不能适应跨国公司全球经营和进一步发展的要求。因此,要使人力资源真正成为跨国公司可持续竞争优势的源泉,使人力资源管理成为国际企业管理的战略伙伴,有效地履行全球人力资源管理的职能,就必须将跨国公司人力资源管理职能部门提到战略管理的地位,并赋予其全球管理的职责以及更多的关注与支持。

第二节　跨国公司人力资源管理的概念与视角

一、跨国公司人力资源管理内涵

(一) 跨国公司人力资源管理的含义

跨国公司国内的人力资源管理为其国际人力资源管理发展提供了基础,但当人力资源管理跨越国界,其国内人力资源管理的观念、策略、方法在多大程度上可以被用在异国,人力资源管理如何适应跨国环境的变化和需要等很多问题都值得研究。为适应跨国公司跨国管理的需求,人力资源管理必须发展新的职能领域,以满足跨国经营时在更多不同的群体、更复杂与多变的环境下顺利运作的需要。

一般而言,人力资源管理职能可分为人力资源规划、组织设计与工作分析、员工招聘、培训开发、绩效考核、薪酬激励、人力资源退出等部分,但是,跨国公司人力资源管理还应包括另外两个方面的内容,即关注外部环境的多变性(比如国与国之间文化的冲突等相关因素)和内部条件的差异性(比如雇员之间在国籍种群、需求类型等方面的多样性因素)。

跨国公司人力资源管理和一般人力资源管理之间的差异性,要求企业必须克服跨国管理人力资源的困难,在国际运营上实行更有效的人力资源战略。在跨国多元的环境下,国际人力资源管理需要对所在地的语言、文化、政治和法律等方面的差异十分敏感,及时开发出不同的政策与方法来适应不同族群以及不同文化的需要;尤其当跨国公司在不断扩张边界时,就要求跨国公司具备更加开放、包容的胸怀和灵活应变的手段以加强人力资源管理的功能。

简而言之,跨国公司人力资源管理主要是指跨国公司在国际经营环境下,有效利用和开发人力资源的管理活动或管理过程。

(二) 跨国公司人力资源管理的特征

与国内公司相比,跨国公司面临着更加复杂的经营环境,包括政治环境、经济环境、文化环境等,这使得跨国公司的人力资源管理比国内人力资源管理复杂得多。进而言之,跨国公司人力资源管理具有4个方面的主要特点。

1. 更丰富的人力资源管理活动

由于跨国公司人力资源管理涉及两个以上国家,所以其内容更加丰富。例如,外派员工赴任前的培训、与所在国政府和社区的关系、语言的培训和翻译、国际税收、外派人员的家属安置等。

2. 更多外部因素的影响

跨国公司人力资源管理受所在国政治体制的类型、经济状况及可接受的工商企业运营方式等诸多外部因素的影响。例如,外派员工的薪酬是以所在国的货币作为计价单位的,而本国与所在国货币汇率的变化将影响到这些外派员工的实际收入。诸如此类的问题都需要跨国公司人力资源管理加以考虑与协调。

3. 更多的风险

由于受更多外部因素的影响,跨国公司人力资源管理因此会面临更多的风险与挑战,包括外派人员的失误会给公司的经营带来很大的损失,所在国的政治、法律制度的变化有可能直接影响公司的人力资源战略,而国际政治局势的动荡、地区冲突和治安恶化等更是跨国公司人力资源管理不得不面临的巨大挑战。

4. 更高的人力资源管理成本

跨国公司人力资源管理成本往往要远远高于国内人力资源管理成本。比如,外派人员的薪酬福利、培训成本、差旅费用等都是值得重视的开支。

二、跨国公司人力资源管理的视角

(一)美国模式

1. 美国人力资源管理模式的特点

(1)人力资源的市场化配置

这是美国人力资源管理的最显著特点,美国劳动力市场非常发达,对配置劳动力资源起着极为关键的中介作用。市场化机制给予凭个人能力实现职业流动或工作转换的员工充分的尊重和肯定。一方面,美国政府除反对歧视行为外,对劳动力资源配置基本上不加限制,任意就业政策依然唱主角。这种宽松的政策为美国员工在国内市场上高度流动打下了基础。另一方面,美国的劳动力市场非常发达,劳动力市场的竞争极为激烈,企业和个人都具有选择的充分自由。这种双向的选择流动实现了全社会范围内的个人与岗位最优化配置。

(2)人力资源的全球化引进

美国之所以成为世界上经济实力和科技技术均属一流的强国,其重要原因之一就是以全球化的方式引进世界其他国家的优秀人力资源。移民在保证美国劳动力适度增长特别是优秀人才集聚方面起着十分重要的作用。由于美国实行比较完全的市场经济制度,竞争环境相对公平,经济发展水平高;具有世界先进的科学技术及完善的教育发展条件,优秀人才较易得到良好的培育,并在科学和技术领域得到良好的发展;美国能够包容多民族的文化,并以较强的吸引能力将世界各个国家、各个民族、各种类型优秀人才兼收并蓄。

(3)人力资源管理的高度专业化和制度化

美国企业管理的基础是契约和理性,重视刚性制度安排,组织架构具有明确的指挥链和等级层次。职务分工精细,是美国企业在人力资源管理上的最大特点。这种精细的分工提高了管理效率,降低了管理成本,是现代企业经营的基础,同时也为美国公司高度的专业化打下了坚实的基础,特别是为对员工的录用、评定,薪酬福利的制定,奖金的发放,以及职务提升等提供了科学的依据。此外,美国从事人力资源管理的职业准入标准较高,具有较高的专业水平。

(4) 以物质激励为主的激励方式

美国企业的人力资源管理非常重视不断改进和完善员工薪酬福利对员工的激励作用,形成了较为灵活有效的分配制度。美国企业在工资分配上注意合理拉开员工的收入差距。企业给予人才十分优厚的经济待遇,比如让其拥有公司股票、提供食宿补贴等;相反,对于没有技术及管理特长的员工,企业仅仅为其提供十分有限的收入。员工的报酬是刚性工资,在制定工资政策时,主要考虑工作的内涵及该工作对公司经营效益所做出的贡献。

(5) 注重企业文化的建设

美国吸收了日本管理模式的精髓,在人力资源开发与管理中,逐渐注重以员工的价值观与行为为中心。以管理学者彼得斯的"企业文化理论"和舒适特的"A 战略理论"为代表,这两种理论进一步推动了美国企业在实施人力资源战略时,日益注重企业文化建设。虽然企业文化有不同的定义或解释,但越来越多的美国大企业重视建设符合企业经营哲学和经营战略的企业文化,以不断加强和改善企业的人力资源管理。①

(二) 日本模式

1. 日本人力资源管理模式的特点

(1) 终身雇佣制

终身雇佣制是指公司从大学毕业生或其他年轻人中雇佣基本核心员工,规划员工的持续培训与开发计划,在公司内部任用员工直到其退休,除非发生极其特殊的情况,一般不解雇员工。终身雇佣制对日本企业的积极意义在于:有助于公司对员工的长期培训;有利于企业文化的发展;可以减少不必要的人员流动,提高员工对企业的忠诚度;有利于贯彻执行企业的生产营销战略。其消极意义在于:容易导致人工成本居高不下;容易埋没人才;劳动雇佣的调整能力有限。

(2) 年功序列工资制

年功序列工资制是员工的基本工资随着员工本人年龄的增长和在同一个企业里连续工作时间的延长而逐年增加,同时,连续工龄还是决定员工职务晋升的重要依据。"年功序列"这种薪酬体系是日本所特有的,它是按照"生计原则"来决定员工的薪酬制度。

(3) 非专业生涯途径

终身职业可使员工在公司内轮换工作,这种长期继续培训的实践方法使员工能学到企业各方面的经验,成为具有多种才能的人,这样他们在工作中就能更全面地考虑自己的行为对整个组织大目标的影响,他们也可以利用已建立的人际关系,与同事共同合作,为实现公司的总目标服务。

---

① 赵曙明. 国际企业管理:人力资源管理[M]. 南京:南京大学出版社,2005:10.

(4) 集体决策

日本企业中每个人都有参与公司管理的意识,大家普遍认为,当产生意见分歧的时候,不能靠敌对手段或一方压倒另一方的方式去解决问题,而应该从各个方面搜集信息,待大家理解和接受之后一起来参与决策。一旦决策形成,大家就必须齐心协力,按照决策解决问题。在决策过程中,这或许既费时又费力,但当最后形成一致承诺后,执行的时间就会变得少起来。

(5) 能力主义管理

日本的能力主义管理是20世纪70年代发展起来的。其意图主要是维持和强化资本家与经营者主导式,即资本家主导式的工厂秩序,并追求"少而精主义"。能力主义管理由重视每个员工执行能力的"个别管理"和以工厂小集团"尊重自主性"为方针的"小集团管理"组成。

(三) 欧洲模式

1. 欧洲人力资源管理模式的特点

(1) 多元和包容的思想

欧洲的人力资源管理与日益扩展并深入各国的欧洲统一思想紧密相关。欧洲统一大市场的建立,即以市场规模扩大、组织结构转变、贸易壁垒消除、竞争加剧等外部环境的变化,间接地影响着欧洲的人力资源优化管理,同时又提出了在人力资源自由流动的条件下应该如何有效招聘、管理和留住人才的问题,使人们不得不考虑欧洲统一带来的影响。欧洲人力资源管理蕴含了社会平衡理论和社会伙伴的思想,这与整个欧洲的传统观念有关。

(2) 人力资源管理的法律保障完备

就整个世界范围而言,欧洲各国可以作为一个整体与世界上其他国家和地区相比较,一方面,欧洲各国在人力资源招聘、解聘和教育培训等方面的法律规定与条款比以法制完备而著称的美国还要健全得多(NickandRichard,1995);另一方面,欧洲各国还对工资、健康、安全和工作环境及工作时间等方面进行了详细的法律规定,包括出台完备的关于聘用合同、加入工会后的权利以及建立咨询和协调机制等方面的法律条款。

(3) 普遍实行管理培训和开发

培训和开发的目的是为了使个人与组织获得最大的发展潜力,其具体实践一般包括学徒制与初级职业培训、再培训和再教育。欧洲企业还普遍实行管理培训和开发,以经理人员为培训和开发对象,内容包括岗位培训、生产劳动锻炼、出国培训、工作轮换和参与计划与生产小组。近年来,知识型、服务型和高科技型的企业在欧共体的地位得到加强,这类企业生产和管理系统复杂程度的提高要求雇员不仅要具备本职的技能,还要扩展个性和与人沟通的能力,学习并按企业文化行事的压力越来越大,这就使得对雇员的培训和开发日益受到人们的重视。

(4) 劳资双方的工资谈判规范化和制度化

欧洲各国在工资支付的模式和实践上各有不同,但是同其他地区相比,劳资双方的工资谈判更为规范化和制度化。除了少数国家以外,欧洲各国一直以全国和行业范围的谈判为其制订工资方案的主要特征,这在从管理层到操作工人的各层都不断加强。然而,近十年来,北欧和英国等都逐步出现谈判向企业和工厂一级发展的趋势。芬兰、德国和挪威等国由于有顾问与联合决策协议制度,所以,除中心谈判外,还通过局部谈判解决薪酬福利制定问题。英国薪酬福利谈判非中心化的原因则是为了获得对谈判结果的最佳控制以及由于日益集中的企业结构。

(5) 所有制结构的变化影响人力资源管理方式的转变

近年来,许多欧洲国家的企业因为受到来自经济增长缓慢、生产成本渐高以及亚洲经济发展带来的竞争等方面的压力而竞相重组,公有制经济成分逐渐减少。这种所有制结构的变化对欧洲人力资源管理有着深远的影响:一方面,由于公有制企业资本的匮乏,以及企业内政治因素的影响,人力资源管理的实践就显得举步维艰;另一方面,公有制经济部门的工作大部分是按部就班,而以提高作业效率和客户满意度为目的的人力资源管理对其工作本身影响不是很大,所以公有制经济部门没有意识到人力资源管理的重要性。

(四) 跨国公司人力资源管理各国差异产生的原因

当跨国公司开展国外经营或同其他国家的公司结成战略联盟时,管理者通常需要理解和适应当地的人力资源管理习惯与方法。影响跨国公司人力资源管理的因素有很多,但其中主要的因素有4点:文化、教育-人力资本、政治与法律制度、经济制度(图9-1)。

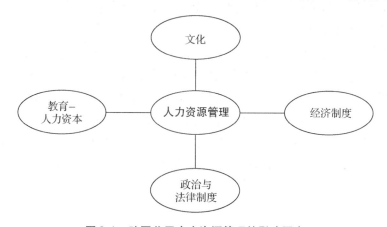

图9-1 跨国公司人力资源管理的影响因素

(一) 文化

文化是指导一个群体日常生活的普适而共享的信念、准则和价值观,这些信念、准则和价值观通过文化礼仪、传说和象征传递给今天的群体成员以及未来的群体成员。对于跨国公司管理者而言,理解和面对文化的差异是不可避免的,为了成功地跨越文化界限,公司的跨国人力资源管理者必须尽可能地了解其工作所在国的文化准则、价值观和信念,必须学会识别该国文化的重要特征、习俗和礼仪。这些知识有助于跨国管理者理解其顾客、工人和同事行为背后的原因。

在对于文化差异的诸多研究中，荷兰的跨文化研究专家吉尔特·霍夫斯泰德（Geert Hofstede）的五维度模式最为典型。他通过多年的调查研究，发现了不同文化和国家的管理者在行为与工作态度上的差异，在此基础上提出了权力距离、不确定性规避、个人主义-集体主义、男性化-女性化、短期倾向-长期倾向等5个能够将各种不同的文化加以分类的维度。

1. 权力距离

权力距离维度所关心的是一种文化如何处理层级性权力关系尤其是权力分配的不平等问题。权力距离越大，表明下属对上级越为尊重。高权力距离的组织采用体现强烈的等级关系的管理体制和程序，其代表国家为拉丁美洲、亚洲等地区的一些国家。与拉丁美洲和亚洲等地区的这些国家相比，以美国和加拿大为代表的北美国家明显对权力的尊重与敬畏程度要低，北美国家普遍不是很看重权力，而是更加注重个人能力的发挥以及领导对其尊重程度。权力距离差异，大大影响了跨国公司的管理实践。

2. 不确定性规避

不确定性规避是指人们对一种模糊不清的情况和当下没有能力预测但将来有可能发生的事件的感受程度。不确定性规避程度较高的国家，其企业文化具有可以使组织和员工依赖的、可预期的管理制度与程序。当对于组织环境下的行为方式不存在明确的"游戏规则"时，这些文化中的人们就会表现出紧张和焦虑。霍夫斯泰德的研究指出，日本、葡萄牙以及希腊等国不确定性规避程度较强；新加坡、瑞典和丹麦等国则较弱。

3. 个人主义-集体主义

个人主义将每个人都视为独一无二的，人们对自己的评价主要依据自己的成就、地位以及其他特征。集体主义文化主要依据人们所属的群体加以评价，家庭、社会阶层、组织和团队等社会群体皆优先于个人。个人主义特征明显国家的价值观和信念是人们对自己负责，个人成就就是理想，人们不必动情地依靠组织和集体，其代表国家为英国、美国和荷兰等；集体主义特征明显的国家的准则和信念是个人的身份以群体成员关系为基础，群体做决策是最好的，群体保护个人来换取个人对群体的忠诚，其代表国家为哥伦比亚、巴基斯坦等。

4. 男性化-女性化

许多研究表明，在大多数文化中，男性化的社会更强调成就激励和自力更生，而女性化的社会则更强调教养和责任感（Hofstede，1980）。男性化社会以更加传统和保守的方式定义性别角色，而女性化社会对于男女双性在工作场所和家庭中扮演的大量角色则持较为开明的观点。此外，男性化社会推崇坚决行为以及获取财富；女性化文化珍视人际关系，关心他人，以及重视家庭生活与工作之间的平衡。斯堪的纳维亚国家（包括芬兰、挪威、瑞典、丹麦、冰岛等国）具有最富女性化气质的文化；日本则存在显著的男性化文化；美国的男性化文化要相对温和一些。

5. 短期倾向-长期倾向

霍夫斯泰德（1991）注意到，倾向短期取向的西方文化在组织决策的方法上注重逻辑分析,代表国家为美国,他们的管理者期望的是直接的财务收益,这源于他们最喜欢的快速的、可计量的成功;而长期取向排序最前的东方文化在组织决策中重视综合分析,这种综合分析的目的并非是为了寻找正确的答案或策略,而是为了找出观点与逻辑上明显冲突的地方,并找到可行的解决方案,代表国家为日本,其国民倾向于将增长和长期回报放在更优先的位置。

(二) 教育与人力资本

人力资本是体现在人身上的资本,即对生产者进行教育、职业培训等支出及其在接受教育时的机会成本等的总和,表现为蕴含于人身上的各种生产知识、劳动与管理技能及健康素质的存量总和。跨国公司在进行国际扩张的过程中,所能利用的劳动力的类型和素质是人力资源管理中的关键问题,人力资源状况已经成为影响跨国公司人力资源管理的重要因素。

影响一个国家人力资本水平的关键变量是一国的教育水平。受过良好教育的劳动力是由该国的政府和文化支持共同决定的。一国的教育投入大,劳动者接受教育的机会就会越多,该国的人力资本就相对较高。而人力资本的状况完全可以成为吸引跨国公司的重要因素,具有较高人力资本存量的国家,更倾向于吸引较高技术职位构成的企业,企业愿意支付的工资水平也会相对较高。反之,一些国际上的跨国企业之所以将工厂转移到一些不发达的国家,主要原因则在于这些国家的人力资本存量较低,更易于获得廉价而技术水平较低的工人,从而节约了成本。

(三) 政治与法律制度

政治与法律制度有助于确定在特定社会中什么是恰当合法的管理行为,这就常常要求跨国企业的一些人力资源管理行为,比如企业的薪酬、培训、雇佣、解雇等能够充分考虑到该国的社会规范。例如,美国之所以在消除工作场所中的歧视行为方面处于世界领先水平,是因为反歧视的文化在其中发挥了重大的作用,从而推动了相关法律的制定,约束了工作场所中歧视现象的产生。此外,美国一直坚持追求薪酬公平,因此政府制定了《公平劳工标准法》及其他法律和规章制度,从而推动了薪酬公平制度的实现。

(四) 经济制度

此外,一国的税收制度会直接影响跨国公司人员的薪酬水平。由于各国的税率和税收政策差异很大,会使外派跨国企业管理者的货币收入产生很大的差别。

三、跨国公司人力资源管理的基本模式

由于跨国公司的规模、发展阶段与经营范围等方面都存在较大差异,所以各自的人力资源管理模式也有很多种。希南(D. A. Heenan)和霍华德·V. 珀尔马特(Howard V. Perlmutter)根据跨国公司在标准的制定、评估、控制、沟通和协调,以及员工管理这3方面的管理内容提炼出4种跨国公司人力资源管理模式。

(一) 民族中心主义模式

民族中心主义，即人员管理模式偏向母国模式，该模式是从母公司选拔或在母公司公开招聘的人员，经过必要的培训后派往海外公司担任经理或其他重要管理岗位。

民族中心主义模式一个重要的特征是：公司总部进行战略性的决策，国外的子公司很少有自治权，国内与国外公司中的主要职务都由总公司的管理人员担任。这种模式的优点在于：有利于母公司与子公司之间的有效沟通；有利于母公司的海外控制；有利于母公司的新产品和新技术输出海外；有利于保护海外子公司的利益；有利于提高国际经营管理人员的素质。缺点在于：由于对所在国政治、经济、文化和法律制度不是很了解，易做出错误的决策；母公司人员在与子公司所在国政府及公司职员沟通上存在障碍；母公司人员的待遇水平优于子公司人员，容易滋生子公司职员的不满情绪；派遣母公司工作人员的费用远远高于雇佣子公司所在国人员的费用等。

(二) 多中心主义模式

多中心主义，即母公司和子公司基本上是相互独立的，各子公司实行适合当地特定环境的人力资源政策，其人力资源管理人员也由当地员工担任。

多中心主义模式的主要特征是：各子公司有一定的决策权，子公司由所在地工作人员进行管理，但这些管理人员不可能被提拔到总公司任职，总公司人员也很少被派往国外子公司。这种模式的优点在于：聘用所在国人员可以消除语言障碍、文化障碍，不必对雇佣人员进行额外的语言及文化方面的培训；同时，聘用所在国人员也避免了一些敏感的政治风险；可以利用所在国的人力资源优势，以低工资来招聘。缺点在于：雇佣的所在地工作人员往往不了解整个公司的国际化经营战略；所在地工作人员由于所接受的教育、业务经验和文化背景的不同，不善于协调子公司与母公司的关系；所在地工作人员的晋升受到了限制，一旦被提升到子公司的高层管理职务就很难再有提升了。

(三) 地区中心主义模式

地区中心主义模式主要反映了跨国公司的战略结构。希南和霍华德·V.珀尔马特将此方式定义为多国基础上的功能合理化组合，其具体组合随着公司商务和产品战略性质而变化。跨国公司常将其经营按地理区域划分，人员在地区间流动，并购企业沿用母公司原来的高管人员设置模式。

地区中心主义模式的主要特征是：跨国公司工作人员可以到外国任职，但只能局限在一个特定的区域内。地区经理不可能被提拔到总公司任职，但是他在所辖范围内具有一定决策权。这种模式的优点在于：聘用所在国人员可以消除语言障碍，避免驻外人员及家庭的不适应问题，可以免除昂贵的文化适应等培训开支；聘用所在国成员可以保持子公司管理的连续性；聘用所在国员工可以缩减费用，从而可以使用节约下来的费用吸收一批高层次人才。缺点在于：由于文化差异和语言障碍等因素，会使总部和子公司产生隔阂，最终可能导致总部难以控制子公司；在地区内可能形成"联邦主义"；人员的职业生涯问题得不到满足。

（四）全球中心主义模式

全球中心主义模式，也称全球化模式，是指在全球范围内配置母国人员、东道国人员和第三国人员，即在整个组织中选择最佳人选来担任关键职位而不考虑其国别。

全球中心主义模式的重要特征是：跨国公司在全球范围内配置人力资源，只强调能力而不会介意所聘用人员的国籍。在跨国公司的任何重要职位包括总公司的董事长、高级管理层中都可以找到3种不同的人员，即母国人员、所在国人员和其他国人员。该模式的优点在于：跨国公司能够充分合理地利用国际资源，组建一支国际高层管理人员队伍；能够避免整个公司系统内部的国别歧视问题，并克服地区中心主义"联邦式"的缺点。其缺点在于：所在国政府迫于解决本国就业压力问题，往往使用一些自身的限制条件，迫使跨国公司录用一部分本国人员；外派人员获得当地的工作许可存在困难；由于培训和重新安置的成本较高，此模式实施起来成本较大，尚且需要很长时间。

第三节　跨国公司人力资源管理内容

一、跨国公司人力资源招募与甄选

（一）跨国公司人力资源的来源

跨国公司人力资源的来源主要包括3个部分：母国来源、所在国来源和第三国来源（图9-2）。

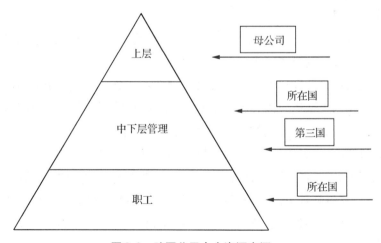

图9-2　跨国公司人力资源来源

1. 母国来源

母国来源具有以下优势：在跨国公司创建的早期，任用母国人员有利于传播技术和保守技术秘密，有利于和总部保持良好的沟通、配合与交流，熟悉总部的目标、政策和管理；有利于母国人员的管理和开发,在公司内形成具有国际经验的经理人员资源库。但是,母国来源也有不足之处:外派员工很难适应外国语言和所在国社会、经济、政治文化和法律环境,失败率高,特别是外派人员配偶的就业问题很难解决;外派人员的高福利会给所在国人员带来不公平感,可能引起所在国的民族情绪;所在国分公司坚持经营本土化,要求提拔本地人员到公司高层管理位置。

2. 所在国来源

所在国来源是跨国公司人力资源中比重最大的来源。所在国人员有本土优势:熟悉当地的环境,没有文化上的隔阂,管理费用比较低,有利于公司组织内部的沟通;能够为所在国的员工提供更多的职业发展机会;员工稳定性较好,可以保持管理政策的连续性。所在国来源的不足之处是:无法使母国员工获得国际任职经验和跨文化管理经验,限制了公司员工的国际化发展需求,不利于与总部交流。

3. 第三国来源

相对于母国员工和所在国员工,第三国员工有其优势:可能具备出色的技术、专业或者丰富的国际管理经验,具有更大的文化适应性,同时,其管理成本比外派员工要低。第三国来源的不足之处是:所在国对来自特定国家的人员具有敏感性,因此,第三国员工在与所在国员工的合作可能会被排斥,他们的任职可能受所在国就业政策的限制。

(二) 跨国公司人力资源招募与甄选的标准

一家企业从创立到发展壮大,直至走出国门发展成为跨国公司并处于复杂的国际环境下,其面临着越来越大的挑战,它对高素质雇员的需求是越来越迫切的,而它所面临的选择也是多元化的。它可以选择本国人员、所在国人员,还可以选择其他国人员,其人力资源的选择标准也是千差万别。

韦恩·卡肖在他的《管理人力资源》一书中指出,跨国公司的人事选择标准涉及5个方面,即个性、技能、态度、动机和行为。

个性,即创造性、韧性和耐性以及灵活性。熟练的工作技巧是选拔跨国公司人员的基础,然而,一个合格的人选还应该具备以下能力:信息沟通能力、人际交往能力、承受压力和不同文化冲击的能力以及承受挫折、忧虑和孤独的能力等。

态度,即对待他人的方式。一个人如果要在海外跨国公司的工作中取得成功就必须宽宏大量,以包容的态度对待不同的种族、血统、肤色、价值观、个人习惯以及社会风俗等。

动机,即人们从事某种工作的原动力。跨国公司在挑选人才的过程中,应该充分关注个人的动机,选拔那些动机纯正、能够为公司带来巨大收益并增强公司竞争能力的优秀人才。

行为,即关心他人、尊重他人以及一些不属于个人判断力方面的行为。

跨国公司在选拔人才时,除了要注重上述5方面的标准外,还要注重各国不同的文化背景,有些国家只注重个人能力,而有些国家则注重个人品行及家庭背景,而并不仅仅注重个人能力。例如,美国的企业很注重雇员的技术能力;非洲的企业经理常常雇用他们的亲戚和部族成员;印度、韩国、拉丁美洲等国家和地区的企业则注重裙带关系,轻视个人技术。当代跨国公司在选拔海外经理人员的时候,越来越关注海外工作经验和跨国经营管理才能。现在,越来越多的跨国公司把有培养前途的年轻经理人员派遣到国外,让他们充分适应国外的文化环境,从而能够有效地利用跨文化管理的相关技能,形成其担任高级管理职务的常态化能力,所以越来越多的高级经理人员具备海外工作经历,这为跨国公司的发展发挥了巨大的推动作用。

二、跨国公司人力资源培训与开发

美国学者的研究显示,驻外人员不能适应海外跨国公司工作的原因99.9%是不能适应海外不同的文化和工作方式。美国人在英国伦敦工作的有18%不能适应;而在比利时布鲁塞尔工作的,这一比例为27%;在东京工作的,这一比例为36%;在阿拉伯国家工作的,这一比例更高。由于美国人很不理解阿拉伯国家的文化背景,100个被派到阿拉伯国家工作的美国人平均有68人提前回国。① 除了提前回国外,驻外的美国人还有30% ~50%的人不能高效率或有效地完成工作。从经济上看,在每一个不成功的驻外美国人身上,公司要损失4万~25万美元。这还不包括公司形象的损失以及今后公司贸易合作方面的损失等。② 因此,对海外工作的外派人员进行培训是非常重要的。

1. 跨国公司培训与开发的意义

(1) 建立全球经营理念

对于跨国公司而言,发展的最终目标就是成为全球经营的企业,体现在经营理念上就是要在整个公司最终形成全球经营理念。跨国培训与开发的首要任务就是要帮助跨国公司为真正在全球经营做好准备,通过培训和开发活动使跨国公司的所有员工特别是经理人员认可并形成全球经营的理念。

(2) 成为全球学习型组织

跨国公司在全球经营过程中要面对诸多复杂的、前所未有的矛盾和冲突,如果只依靠跨国公司本身在母国所积累的知识和经验,很显然不能实现跨国公司在各个不同国家的发展目标。跨国公司组织的培训开发一方面能够提升跨国公司员工的学习技能,帮助他们更快速地学习,另一方面培训本身也是实现知识传播的途径。跨国公司全球学习型组织的建设需要跨国培训和开发的内在贡献。

(3) 构建全球管理系统

跨国培训与开发将帮助跨国公司构建起全球一体化的管理系统,实现跨国公司对全球业务的及时掌握和调整,保证跨国公司的全部业务都能够服从于其整体战略目标。跨国的培训与开发将促使公司各个地区、各个部门的员工都关注全球系统而不只是其中的某个部

---

① Sheri Caudron. Training Ensures Success Overseas[J]. Personnel Journal,1991,70(12):27 - 30.
② Allan Bird, Roger Dumbar. Getting the Job Done Over There: Improving Expatriate Productivity[J]. National Productivity Review, 1991,10(2):145 - 156.

分,突破自身组织范围的局限,在更高层次上将自己与跨国公司联系在一起。

(4) 开发全球领导力

跨国经营对跨国公司人力资源队伍的最大挑战在于获得合格的全球业务的领导。能够了解多种文化、掌握跨国经营管理技能、拥有丰富的业务经历的人员是跨国公司在全球经营场所必需的"指挥官"。对跨国公司而言,培养合格领导者的唯一途径就是内部培养和提升。在对可能的潜力候选人进行内部培养时,培训与开发自然是最重要而且是最有效的环节。

(5) 促进个人和组织的自我更新

跨国培训与开发活动的开展将帮助员工了解和认识自身的发展需要,并通过培训与开发活动提升员工的价值。同时,跨国公司自身作为一个开放系统,其培训与开发活动也将带动跨国公司内部系统的互动,并推动内部员工的竞争,从而最终达到组织新陈代谢的目的。

2. 跨国公司培训与开发的计划与内容

(1) 培训与开发对象

跨国公司人力资源培训与开发的对象可以分成以下几种类型:一是非技术工和半技术工的培训计划。这类培训计划一般包括对跨国公司新员工的引导性培训,并常常是基础性的。比如安全培训、上岗培训、文化培训等。二是专业技术工人的培训计划。这类培训在财务上通常占跨国公司培训预算中的很大一部分,但就参加的人数来说,并不一定构成培训业务量最大的部分。三是高级技术工人的培训计划。高级技术工人包括从事质量控制、工作研究和程序编制、维修、电子和新技术应用的工人。对其培训的课程大部分是内部的,因为其与跨国公司的特定技术和方法相关,常涉及商业机密。四是经理人员培训计划。经理培训计划包括经营管理、电子数据处理、人事和税务、会计和销售等专业知识的培训。这类人员常常被派到母公司参加高级培训课程,而且经常接受反复培训,以便跟上产品和技术的最新发展。

(2) 培训目标

在任务分析和工作绩效分析的基础上,确定培训需求,建立具体的、可衡量的、能实现的培训目标。以跨国公司普遍进行的跨文化培训教育为例,其培训目标主要包括:全面提高企业员工的技能和文化素质;提高派往国外的员工的跨文化沟通技能;通过对员工的培训,尤其在文化差异管理方面的培训,来提高员工的工作效率;提高员工在不同文化背景下的人际交往能力,改善顾客与员工之间的关系;在开展海外业务时减少文化冲突,并为员工提供更多的跨文化的经历。

(3) 培训内容

根据国外成功经验可知,跨文化培训可以分为4个阶段,并有对应的培训内容:一是预备教育阶段,时间为一周左右,主要内容包括所在国情况介绍、文化差异、工作任务、职责与待遇、家庭安排等;二是启程前教育阶段,一般为45天,主要内容包括所在国的语言训练,主要加强口语和听力训练,从不同角度进行跨文化的教育,介绍旅途和抵达后的注意事项、遇到紧急情况时的处理办法等；三是回国前训练阶段，主要是在外派人员调回本国前对其训练，以便最大限度地减少回国时可能遇到的问题。

（4）培训方式和机构

培训方式主要有集中授课、专题研究、实地考察、环境模拟、情境对话、角色扮演、工作轮换等，以便打破员工的文化障碍和角色束缚，增强员工对不同文化的适应性，提高员工的合作意识。培训机构主要有以下两种：一是公司自设的培训机构。每一个跨国公司一般都有专门的培训部门负责培训，有针对性地制定培训计划，使不同地区员工有不同的培训计划。二是专业的培训机构。专业的培训机构可分为两类：一类是高校的管理学院；另一类是社会的专业培训机构。

三、跨国公司人力资源绩效管理

跨国公司人力资源的绩效管理比国内人力资源绩效管理更加复杂，也更加具有挑战性，因为它要考虑更多的因素，比如公司的整体战略、母公司与所在国业绩的不可比性、国际环境的多变性、跨国业务发展的不同阶段和成熟程度、不同类型人员的不同考核指标、绩效评价者的不明确性等。

（一）绩效计划

绩效计划是启动员工绩效管理系统的基础环节，是管理者和员工共同就员工在考核期内的工作职责、工作目标、评估标准及奖惩措施等内容达成共识的过程。管理者和员工双方经过沟通商谈，依据"职位分层分类"的思想和岗位说明书的要求，为员工制定具体工作目标，由此衍生出与现有工作相关的、以战略为导向的、可评估的、易达到的员工绩效考核指标，并进一步明确该绩效计划的执行时间与流程方式，最后形成绩效计划书面协议书，员工签字确认。

（二）绩效实施和促进

绩效实施是按照绩效计划对员工工作绩效进行原始数据搜集，并对员工绩效进程进行监控、辅导与改进的过程。在绩效实施过程中，要搜集并汇总相关原始数据。对员工绩效评价数据收集的方法多种多样，包括记录法、抽查法、评价法等。对员工绩效评价数据搜集的范围包括工作业绩、工作态度、工作能力这3个方面。尤其是面对企业运转流程越来越趋向于跨部门合作，越来越基于顾客的价值导向，越来越依赖于知识技术的获得与创新，员工绩效考核数据应该是针对企业所有价值链的动态性评价和企业所有流程的潜力性评价。

绩效辅导作为一种确保员工能够按照事先所确定的绩效目标前进的有效武器，贯穿在绩效实施的整体过程中。首先，要求被考核的员工定期进行工作述职，根据绩效计划提出优化工作绩效的行动方案，在管理者的辅导下，促使该行动方案趋于完善。然后，考核者运用绩效评价表格，对原定绩效目标的达成情况逐项记录，要对工作绩效的获得过程进行全程追踪和有效监测，并依据定期时间要求进行相关绩效原始数据的汇总和分析，从中发现员工现阶段真实绩效与预期绩效之间的差距。同时，管理者应该与员工就绩效计划实施状况随时保持联系并进行绩效辅导,对员工的不良行为实施纠正,并提出提高绩效和改进工作的行动方案。

(三) 绩效考核与反馈

绩效考核是在绩效周期结束后,采取科学的评价方法对员工的工作实绩进行价值判断的过程。首先,要对所收集到的绩效原始数据进行汇总与检验,如果发现数据中有需要进一步证实的地方,应当通过工作样本分析、错误报告分析、上级反馈分析等方法来判断这些信息的准确性和可信性。其次,如果确认搜集的评价数据充分、全面和准确,就可以根据这些数据对员工的绩效完成情况进行评价。评价的过程中应针对不同的工具属性,有选择性地运用评价手段。最后,在最终绩效评价结果生效之前,管理人员还必须与员工就考核结果进行面谈沟通,对绩效评价中的关键事件和重要数据进行确认,就绩效考核的结论性意见达成共识。如果员工与考核者对绩效评价结果有分歧,员工可以通过申诉程序来谋求解决。员工对于考核结果表示认可并签字确认后,绩效评价结果才能被最终运用于绩效应用的各个层面。

(四) 绩效结果应用(包括奖惩激励、绩效改进等)

只有将绩效考核结果与员工的切身利益紧密联系起来,才能使绩效管理发挥出真正的威力而不流于形式。企业必须将绩效评价结果依据绩效计划书的责任约定及时予以奖惩兑现,包括员工工资的增长、绩效奖金的增加、内部股票的发放、福利待遇的提高、任职资格的确认、工作职务的晋升、培训机会的获得、荣誉称号的授予、企业事务的参与等。根据不同员工的不同需求,选择不同的奖励方式,是保证绩效管理激励作用的主要手段。通过绩效管理使得员工的工作能力、行为方式与其薪酬、职业前景紧密相连,从而确保了所有员工都会努力去完成个人绩效工作目标进而实现企业的总体战略目标。

绩效改进是依据上一轮评价周期的绩效考核情况,对员工新一轮的绩效目标和评价标准进行修正的过程。首先,管理者和员工对上一轮的考评结果与考核资料进行全面分析和深入研究,对达标的及未达标的绩效指标都进行深层次的原因探讨,运用统计学中的因果分析来考量员工习惯行为模式与其绩效考核成果间的内在联系,并以此为切入点寻找提高员工绩效成绩的关键性行动措施。然后,结合企业新的年度发展计划和经营战略目标,管理者和员工共同确定新一轮绩效评价周期的绩效考核目标与工作改进要点,对原有的岗位工作说明书和员工绩效计划进行修订,从而使得员工绩效管理形成一个不断改进的良性循环上升运转系统。

四、跨国公司人力资源薪酬管理

(一) 跨国公司薪酬管理的原则

由于跨国的薪酬管理具有诸多复杂性,因此在进行薪酬设计的时候,跨国公司必须明确跨国薪酬体系设计的基本原则,也就是必须确定跨国薪酬管理体系设计满足的一系列目标(Dowling & Welch,2004;Logger, Vinke & Kluytmans, 1995)。结合跨国薪酬管理的特殊性,跨国薪酬体系应遵守如下原则。

1. 支持跨国公司整体战略

薪酬体系设计的出发点首先是要能够对跨国公司的整体战略起到支持作用,要与跨国公司的组织结构、业务需要相一致。从资源分配的角度来看,跨国公司的薪酬体系设计就是在对公司的人力资源进行分配。任何企业的资源都是有限的,分配得恰当与否将决定企业资源产出的水平,通俗地说,就是决定公司的有限资源产生有效回报的水平。跨国公司内部的薪酬体系设计必须保证其所决定的资源分配方案最终能够产生该公司所需要的效果,从而实现该公司的战略目标。

2. 确保内部公平和外部竞争力

与传统的薪酬管理一样,要想吸引和留住高质量的人力资源队伍,跨国公司所能提供的薪酬回报必须达到两方面的要求:一是保证内部员工之间的公平性,特别是要维持公司内部不同国家、不同业务部门的员工之间的薪酬公平。二是使公司的薪酬待遇相对于劳动力市场上的竞争对手具备竞争优势。跨国公司通常都是各个国家劳动力市场上最优秀的人才的"猎取者",而且跨国公司的竞争者往往是其他跨国公司而非当地企业,所以激烈的竞争是不可避免的,跨国公司需要付出的薪酬成本通常位于当地劳动力市场的高端。

3. 有利于员工跨国配置

跨国人力资源管理的一项特殊活动是要组织和安排员工在国家或地区间的调配,包括从母国的外派、第三国雇员的调职及东道国雇员的国外轮换等。员工的跨国配置是困难的,不但需要高昂的行政管理费用,还要求有大量的外派资金支出,以鼓励和支持员工离开自己的母国到国外任职。在成本最优化控制的基础上,如何通过薪酬安排使员工乐于接受跨国配置是跨国的薪酬管理体系设计必须实现的。

4. 实现对员工的有效激励

薪酬作为企业物质回报的一种方式,它是激励员工的重要手段,这一原则不但在传统的人力资源管理职能中适用,而且同样也适用于跨国的薪酬管理体系设计。跨国薪酬管理体系主要采用将薪酬与绩效挂钩及对员工的"牺牲"提供特殊补偿等形式来支付员工报酬。其中后者主要是针对员工赴任国外职位而设立的。

5. 帮助优化整体薪酬水平

薪酬体系的设计从微观角度关注的是跨国公司每一名员工的切身收益,但跨国公司对薪酬体系设计更重视的是在组织宏观层面该体系能否帮助实现整体薪酬水平的优化。跨国公司的市场环境、内部战略往往是不断变化的,组织的人力资源队伍也将随之不断变化,如何在薪酬体系设计中将跨国公司的经营因素考虑在内,使公司的整体薪酬水平能够随着经营业绩和业务发展而不断变化,同时又能使整个薪酬体系呈现出一致性,不让员工产生"朝令夕改"的印象,这也是跨国公司在设计薪酬体系时必须考虑的。

(二) 跨国公司人员薪酬体系

跨国公司员工薪酬主要包括基本薪酬、税务补偿、奖金、出国服务奖励或艰苦条件补贴、津贴和福利等。

1. 基本薪酬

确定外派员工基本薪酬有两种方式：一种是采用本国标准，即与员工来源国同类职务的薪金水平相联系，依员工的国籍不同而区别对待，这容易产生不公平的问题；另一种是与本公司系统内各级职务的薪金水平相联系，同级同酬，这种做法较好地实现了公正，但当跨国公司子公司所在的国度经济发展水平与母公司所在国差距较大时，又带来两者相对工资水平相差悬殊的矛盾，因此需要靠奖金和津贴等补充形式做适当的调整。

2. 税务补偿

外派员工会面临双重纳税的问题。一方面，外派员工在外国的收入要在收入发生地交纳个人所得税；另一方面，外派员工仍有本国的纳税义务。比如，美国对其公民在其他国家所得收入进行征税，即使其在他国已经纳税。雇主负责向本国或所在国支付个人所得税，数额从员工税前收入中扣除。对双重纳税问题，雇主可以通过对员工的税务补贴来解决。

3. 奖金

外派员工获得的奖金通常有两类：一是与业绩相关的奖金；另一类是不与业绩联系，只与底薪联系的奖金。奖金包括海外工作奖金、满期工作奖金等。

4. 出国服务奖励或艰苦条件补贴

母国员工通常会收到一份奖金作为接受出国派遣的奖励，或作为对在派遣过程中所遇到的艰苦条件的补偿。出国服务奖励一般为基本工资的5%~40%，根据任职、实际艰苦情况及派遣时间的长短而不同。

5. 津贴

津贴是针对员工在海外工作所支付的补助，通常包括以下项目：住房津贴、生活费用津贴、探亲补贴、子女教育津贴、搬家费、特权享受津贴和配偶补助等。

6. 福利

与货币形式的薪酬相比，国际福利更复杂，需要解决许多问题。由于各国的福利管理实务之间往往存在很大差异，因此使得养老金计划、医药费和社会保险费等的转移变得困难。此外，一些适用于国际人力资源的特殊的福利值得关注。例如，许多跨国公司提供休假和特殊假期，作为驻外人员定期休假的一部分；每年的探亲福利中通常包括家庭成员回国的机票费，也包括为驻外人员的家属提供免费的机票去工作所在国附近的疗养地疗养，除疗养福利外，还给予在艰苦地区工作的驻外人员以额外的休假费用和疗养假期。

五、跨国公司人力资源劳动关系

不同国家劳动关系的差异不仅来自文化方面，也来自各国劳工组织特有的历史，在进入一个国家之前，跨国公司一定要考虑该国的工会对公司的影响程度。例如，英国工会是在没有政府干预的条件下发展起来的，这种缺乏政府干预的劳工关系中，资方和工人之间发展成强烈的对抗关系；德国文化更加重视规避不确定性，承认工会的合法性，政府强有力的作用促使劳资关系较为和谐地发展；法国的工会则有强烈的意识形态取向，这种意识形态支配下的工会倾向于在同一组织中争夺工会成员,其后果是对资方有利而有损于工人的利益;日本的工会则被吸收进公司组织架构之中,并在很大程度上支持资方……不同国家的工会往往采取不同的组织架构,这反映了其不同的意识形态和价值取向。跨国公司在进行与其他国家相关的战略决策时,必须考虑与工会相处及相关劳动法的影响。此外,国际人力资源管理要始终将提高员工满意度作为员工关系管理的基础工作。例如,熟悉所在国的相关劳动法律法规,理解并尊重当地员工的信仰、风俗习惯,并将这些贯穿到日常管理政策的制定中;积极吸纳当地员工参与管理,进而促进劳资关系和谐,并使公司对当地的人文、市场等外部环境更加熟悉。

第四节 跨国公司人员外派与回任管理

经济、贸易和资本的全球化发展促进了跨国公司(multinational coporations,简称 MNCs)及其国际业务的持续发展,人力资源外派活动愈加频繁。外派管理与外派员工的回任管理作为国际人力资源管理的核心问题,也是影响跨国公司经营的重要因素,应做到提前规划、统筹考虑,以帮助外派员工更好地完成外派任务,并利用外派所学的知识与经验帮助跨国公司更好地经营发展。

一、外派管理

(一)外派管理的内容

跨国公司实施外派的目的主要是为了培养人才和完成特定的任务。培养人才,是指通过外派来锻炼管理者的全球化视野和综合能力,进行人才储备;完成任务,是对东道国子公司业务、管理或其他方面的监督、指导等。而外派人员接受外派任务的动机主要是为了实现职务提升和个人发展,职务提升就是通过外派锻炼自己的能力,为回国后在母公司升职或调任他国子公司做准备;个人发展是指通过外派拓宽视野、提高综合能力,用面对挑战的方式实现人生价值。公司与外派人员的利益立场不完全相同,二者能否在"外派"这一行为上实现"双赢",或者说,同时获得更多的利益,取决于二者的合作程度。而外派管理正是最大化促进二者合作,包括从外派人员甄选、外派人员的适应与培训,到任务完成后的回任管理等。

1. 何谓外派

外派(expatriate),从商业领域角度来看,是指跨国公司总部派遣母国人员或第三国人员到国外子公司进行一段时间的任职,并在期满后返回母公司。这一概念包括两个维度,即时间维度和地域维度。时间维度,指的是外派必须达到一定的期限;地域维度,指的是外派必须是从一个国家派遣到另一个国家,不包括同一个国家内部的人员调配。本书所提到的外派人员,是指接受母国公司总部的派遣,前往公司总部所在国以外的国家从事某一技术或管理职位的任职,且任职期限至少在六个月的母国公民或第三国公民。一般的劳务派遣人员不在本书所指范围之内。

2. 外派管理流程

完整的外派管理包括从外派人员被外派前至返回国内的全过程,这个过程可分为4个阶段(图9-3):决策前的招聘与选拔阶段、出国前准备阶段、出国任职阶段和回国重新安排任职阶段。第一阶段为决定外派人员的招聘与选拔,涉及如何招聘外派人员、设计外派人员任务等;第二阶段为出国前跨国公司实施外派的准备期,涉及外派员工的培训与开发工作;第三阶段为国外任职期,主要涉及外派人员家庭的安置定居、外派人员的绩效评估、薪酬管理和回国前的培训;第四阶段为回国调整期,通过经验交流、岗位安排和升职等帮助外派人员回国后适应,在这一阶段,公司应综合考虑外派人员的能力和经验来确定是否将其安排至原职或更具挑战的新职位。

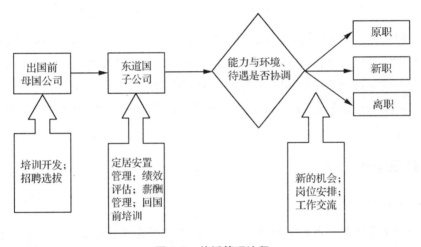

图 9-3 外派管理流程

(二)外派过程中的"两次调整"

外派人员在外派过程中需要经历的"两次调整",一是指初到海外时面对与母国文化不同的环境时的调整,二是指归国时要经历从东道国文化向母国文化的调整和适应过程。这两次冲击会给外派人员带来"文化休克"的风险,具体表现在以下3个方面:第一,在异国文化中丧失了母国文化环境中原有的社会角色,造成情绪不稳定;第二,母国文化价值观与异国文化价值观的不和谐或相抵触,造成外派人员行为上的无所适从;第三,异国文化中的生活方式、生活习惯等方面的不同,使外派人员难以适应。此外,在两次调整中外派人员因外派经历所获得的知识以及对这些知识的有效运用,对提高组织知识水平、实现组织发展有重要作用。这意味着外派人员管理需要解决两大问题,一是跨文化管理,这也被认为是外派人员管理的基本问题;二是知识转移,这被看作外派人员管理的长期的战略目标。

1. 跨文化管理

外派人员从母国初到东道国时要经历两国文化差异带来的冲击,如果公司不能在外派人员出国前为其提供相关的文化训练和培训,外派人员出国后则无法胜任工作,导致外派人员提前回国或不能很好地完成任务,就会造成外派失败,其成本高昂,包括招募、训练、薪酬与回任安排以及顾客满意度下降、策略执行受到影响、与东道国关系中断等。此外,外派人员在习惯了东道国的生活方式和行为模式归国后,面临母国文化与东道国文化的差异,需要再次调整自己的行为和观念,这被称为"逆文化冲击"。组织如果不能在外派人员回国前提供培训和训练,则会使外派人员面临"重返母国文化休克"的风险,有可能致使对工作满意度低的归国外派人员离开组织,转而为竞争者工作。

2. 知识转移

埃德斯特隆和加尔布雷思(Edstrom & Galbraith, 1977)[①]建立了外派任务目标的分类体系,指出了3种典型的目标:填补岗位、发展组织和培养经理人,知识转移在后两个目标中发挥着关键的作用。如果跨国公司在外派人员管理中不能明确知识转移这一目标,就会导致对外派人员知识的忽视,从而难以正确认识外派人员的价值。因此,对外派人员的管理视角从跨文化管理扩展到知识转移,并非否定跨文化管理的重要性,而是对外派人员价值的重新审视,把外派人员作为跨国公司的一种战略资产进行管理。由于实践中外派人员在国外经营所获取的知识往往被闲置和浪费,外派人员归国后因未能施展抱负和发挥能力而导致异常的人员流动,伴随着知识的溢出,从而造成组织的损失。因此,随着知识经济与全球化的激烈竞争,从知识管理视角对外派管理进行审视,从而提高企业的国际竞争力,成为跨国企业逐渐达成的共识。

(三) 外派失败

有外派需求的存在,就必然要做好外派失败的准备。在跨国企业海外活动越来越频繁的今天,大量的人员被外派出去,外派的成败与否就被提到了前所未有的高度。因为外派失败所带来的人力、物力、财力的成本损失,将使跨国经营企业付出巨大代价。按照董(Tung,1981)、布莱克(Black,1990)、斯沃克(Swaak,1995)等学者的观点,外派失败就是指跨国公司的外派人员外派任期未满时就提前回国。外派失败已被看作一个长期存在且反复出现的现象。

在大多数关于外派人员管理的文献中,作者都将外派失败理解为跨国经营企业的外派人员在任期未结束时就提前回国这一现象,并且按照外派人员中未完成任务提前回国的百分比来计算外派失败率。然而,对外派失败的这一理解并不应该局限于外派人员提前结束任期回国,因为一些虽然按计划时间回国,但并没有很好地按指标完成外派任务的外派人员,也会对公司造成损失。据美国研究人员的统计数据显示,跨国经营企业在海外子公司完成任期的人员中,大致有1/3没有达到预期任务目标。而且,顺利地在任期内完成海外任职也并不意味着外派一定成功,那些能够胜任派遣工作的外派人员在外派结束后一年内就有1/4离开了原所在企业,并且加入竞争对手的企业中,这一离职率为同期国内员工离职率的两倍。外派人员回任管理所产生的问题要比完成外派任务本身更为复杂,回任人员

---

① A. Edstrom., J. R. Galbraith. Transfer of Managers as a Coordination and Control Strategy in Multinational Organizations[J]. Administrative Science Quarterly,1977,22(2):248-263.

面临着重新适应母国文化和母公司工作环境的双重考验,如果不能成功度过这一回任适应期,也就意味着外派失败。

综上所述,定义外派失败应包括以下三种情况:① 外派人员在任期未结束时就提前回国;② 外派人员虽然正常结束外派任期,但是未能按照母公司的计划指标完成外派任务;③ 外派人员在圆满完成外派工作回任后,由于未能得到妥善安排或不满回任后的环境而离职。

二、回任管理

(一) 回任管理的内容

1. 何谓回任

回任(repatriation)又称归国,是外派(expatriation)的最后一个阶段,指外派员工结束在海外的任期,返回母国工作和生活的过程。外派回任人员掌握了第一手跨文化的相关资讯或知识(比如一国的市场动态和消费习惯等),了解母公司在海外市场的具体定位和知名度,可以有效协助母公司完成跨国发展的战略;而且回任人员在母公司与子公司之间的知识经验转移方面发挥着不可替代的作用,因此,外派人员回任管理是跨国经营企业所要处理的重点和难点问题。

2. 回任过程

道林和书尔奇(2004)[①]提出,外派人员的回任过程可以分为四个阶段(图 9-4)。① 准备阶段(preparation):包括未来职业发展的规划和未来新职位的资讯。公司在此阶段提供给即将回任员工一张检核表,协助回任员工及其家人对回任过程有充分的准备。② 安置阶段(physical relocation):指出工作移动对员工个人的影响,意即打断与同事和朋友的联系,以便转换到下一个工作地点。部分跨国经营企业会提供专业顾问来处理员工环境转换的调节适应问题。全面且人性化地协助回任人员处理回国后的再定位问题,将有效减少员工因不确定性或压力而引起的环境不适应。③ 转移阶段(transition):是指暂时性的适应定居,例如,安排住所,帮助员工子女解决就学问题和其他行政事务。有部分公司在此阶段也会聘请专业顾问来提供协助。④ 再适应阶段(readjustment):是指帮助外派回任人员处理逆文化冲击以及适应新职位的阶段。

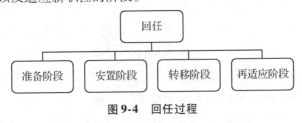

图 9-4　回任过程

---

① Peter J. Dowling., Marion Festing., Allen. D., Engle, sr. International Human Resource Management: Managing People in A Multinational Coutext[M]. Andrew Ashwin: Cengage learning EMEA,2013,(6):109 – 142.

根据以上4个阶段,外派人员的回任管理一方面需要重视外派人员回任前的培训与规划,另一方面更要关注外派人员回任后的缓冲适应与知识转移。

(二)回任管理策略

企业外派人员的回任管理是一项复杂的系统工程,如何避免或有效防范多种因素给回任造成的影响,构建可行性的回任管理策略,是跨国企业必须关注的核心问题。外派回任员工也是企业人力资源的重要组成部分,企业应将回任人员放到企业发展战略中去考虑,积极创新回任管理机制,重视对回任员工的人文关怀,重视他们的国际管理经验,从知识管理的角度考虑其回任管理问题,这样,企业才能培育出具有全球化的敏锐感知力和较强竞争力的员工,才能实现组织整体人力资源的优化,从而使公司具有持久的国际竞争力。

1. 回任阻碍

跨国企业外派人员在回任过程中会面临多种不对称情形,这些不对称情形给成功回任造成了阻碍,主要有三种:

(1)企业和外派员工在外派预期上的不对称

即回任人员和母公司在期望方面存在差异。企业往往将外派行为视为一种投资,更多的是希望回任人员把外派经验和知识与母公司其他员工分享,并能服从组织的安排,为企业战略发展服务。一般来说,外派人员对回任后职业发展持有相当高的期望,而企业由于种种原因对外派人员回任后的调整却不够重视。这种不对称使得回任人员有较大的心理落差,从而导致回任的失败率较高。

(2)外派人员的人力资本提升与企业难以提供相应的职位之间的不对称

这种不对称表现为母公司缺乏有效的职业建议与回任计划。一方面,员工在外派期间,丰富了阅历,开阔了眼界、增长了才干,提升了人力资本,可谓"如虎添翼";另一方面,企业囿于认识上的原因(不愿)、岗位的限制(不能或暂不能)、其他员工的抱怨(不敢),而未能给回任人员提供他们预期的职位。这种不对称,使得回任员工发出"虎落平阳"之叹,继而或不久萌生"跳槽"之心。

(3)外派人员已适应境外组织的文化和回任后遭遇新的"文化休克"之间的不对称

这种不对称通常表现为母公司对外派人员的回任适应缺乏重视。外派人员在外派前后需要面临诸如生活环境和生活习惯的改变、价值观念的冲突等问题,从而产生不适应。对比国外生活和工作的经验,回任员工会对母国和母公司的生活环境、组织文化、管理方式等产生新的不适应。如果将外派看成是一种"文化冲击"的过程,回任就应该是一种"逆文化冲击"的过程。外派人员在回任过程中遇到新的"文化休克",这种不对称是导致外派失败的重要原因。

2. 成功回任的管理策略

(1)建立促进组织学习与知识管理的政策

跨国企业对外派人员作为人才的定义,已不仅仅限于专业知识的稳固扎实,而更注重其社会能力、全局观、对新事物的敏感度以及全球化的价值观。出于国际竞争的考虑这些企业开始盛行将外派人员视为知识性资产,把外派人员在国外的学习、实践作为母公司汲取和融合国际知识的源泉,这些企业重视外派人员回国计划,专注于外派对于企业整体成功而言的长期价值,并且树立以人才而非外派为导向的新观念等。这样,企业应建立相应政策,不但要重视提高学习能力,更要把提高学习能力与知识管理相结合,使组织学习在企业的知识管理活动中发挥持续的作用,促进企业创新能力的不断提高。

(2) 建立健全外派管理机制

跨国公司需要将外派管理机制的刚性和柔性相结合,这样才能发挥它的最大效用。刚性的制度管理能有效地保护外派员工的合法权益,降低企业的交易成本,但往往忽视员工的心理、社会和个人发展需求等。柔性的管理制度则是指企业以人为本,正视外派人员的心理和物质利益需求等高层次的需求,使外派员工真正从灵魂深处认同母公司。企业必须借助于相关制度使职工对整个外派流程有一个清晰的认识。这些制度包括外派人员的选拔机制;外派期间外派人员的管理制度和交流机制;对外派人员的监督与约束机制;外派人员归国后,企业对他们的职务任用与晋升、薪酬、福利等方面的调整机制;等等。这有利于增强外派人员前往海外任职以及成功归国的信心,同时也为企业留住人才提供了制度的保障。

(3) 健全选拔机制

跨国企业要设计科学合理的外派选拔机制。在选拔方式上,应综合采用结构化面试、标准、关键事件推荐和评价中心等方法。选拔除考察外派人员的语言能力、沟通能力、业务能力、适应能力等所需的基本要求以外,还要重点考察他们接受外派的意愿和动机、职业规划、对企业的归属感.对组织文化的认同感等。

(4) 建立职业生涯管理政策,维持竞争力

要深刻认识外派(包括回任)经历是员工职业生涯链条中的一环。合理的职业生涯规划,对回任起着至关重要的作用。企业对外派人员的回任管理应该未雨绸缪,做到防患于未然。回任管理工作应该始终贯穿于外派工作的全过程,完整的外派设计可以降低由于职业发展的不确定性给外派人员回任带来的风险。例如,组织在处理外派人员的回任问题时,即使外派者是因为母公司的任务而回,仍会出现回任职位安置与适应问题,若再遇上外派人员大量回流的情况,这些外派人员之间就会出现竞争,这些影响直接冲击着外派人员的职业生涯规划。一些外派人员选择抗拒去海外执行外派任务,或者选择跳槽去其他公司,多数原因是组织没有对其进行明确的职业生涯规划,由此带来的不确定性很容易让这些外派人员回任后干脆选择离职。这与组织希望利用这些富有国际经验的人力资本的目标相悖。因此,对外派人员的职业生涯管理必须是在外派前就开始规划回任后的职务安排。

(5) 提高组织支援

组织应该有完善的外派支援计划,给予外派员工高度的承诺,避免外派者有被放逐的感觉。从外派人员出发执行外派任务前,组织就应该给予外派员工充分的协助与支援,协助外派员工了解派遣地的社会与生活情况,若有其家庭成员跟随至派遣地公司,则还要协

助其家庭成员解决就业和教育等问题。若家庭成员没有跟随,组织也要保证给予其家庭成员探视的路费和电话费等补助,以使外派人员能够更安心地执行外派任务。确定回任前,组织应协助外派人员调整回任心态,以及在回任后组织协助外派人员度过重新适应所面临的挑战和问题。此外,企业可以为外派人员配备导师,由导师对外派人员的职业发展情况进行全程关注,并保证他们在回国后能得到合适的职位。

(6) 为回任人员提供正式的归国培训

归国后的培训其实是提醒外派人员,他们已经回到了国内,面临的情况和海外是不一样的。培训内容包括可能出现的问题以及应该如何应对这些问题。培训的前提是弄清两种文化之间的差异,找出其中的主要问题,也就是最可能导致归国人员产生不适应的因素,针对这些因素设计培训材料和课程。还可以协助外源归国人员制订"再适应"计划,通过同事、家人的共同努力来帮助外派人员完成回任过程中的"再适应"过程。

(7) 为回任人员构建缓冲适应地带

在华为公司,那些已经归国并等待安排合适职位的外派回任人员,在即使暂时没有合适职位的情况下,还是享受到了比较高的岗位级别,维持与外派期间相对不变的待遇。这种做法让回任人员感受到了公司对他们的持续重视,让他们意识到,只要一有合适的岗位就会为他们安排上岗。除此之外,对于级别比较高的外派管理人员回国之后,公司应尽量安排他们与高层管理者交流的机会,从而向公司传达归国的外派人员所认识到的国际化经营管理理念与方法,让他们的经验技能能够得到应用和发挥,这样做可以使归国的外派人员觉得即使自己外派结束回国了,对公司来说同样是有重大价值的。

(8) 促进回任人员与母公司之间的沟通

企业对外派员工的持续性沟通是促进外派人员成功回任的重要措施。在员工外派期间,公司应该为其提供到母国或母公司访问的机会,定期给外派员工发送公司的内部刊物或事务简讯。公司的人力资源部门或相关部门负责人应该与外派员工保持密切联系,经常通过电话、电子邮件的沟通以缩短与外派员工的距离,企业也要关心外派员工在国内的家属的生活。在外派员工回任前后的各个阶段,公司应与员工和相关部门保持同步沟通,根据员工的兴趣、发展愿望和企业的组织结构,来制定职业生涯规划与管理,并提供与之相适应的工作,使员工感受到公司的重视;企业也应对外派人员所做的工作给予充分的肯定和认可,使外派人员将外派期间所接受到的各种新的知识理念应用到企业中。回任人员要加强与组织的沟通,不断更新自己的职业生涯规划,使母公司能得到自己的最新信息。

(9) 依据外派任务类型促进回任适应性

跨国企业战略型外派人员的目的是培养企业未来的高层管理者,此类回任调整的重点在于回任时的职务安排;高潜力型外派人员由于职业生涯所需进行的轮岗外派,因其对自身发展潜力的优越感会对组织重用自己有较高的期望值;功能型外派员工由于主要目的是促进海外工作的顺利进展,和东道国员工有广泛的沟通,他们受到的文化冲击最大,获得的国际化管理经验和技术也较多,回任后的不如意会使其产生较大的离职倾向。

对以上3种任务类型的外派员工,跨国企业最有效的应对措施就是在外派准备阶段就要对其职业生涯进行规划和管理。而技术型外派由于外派任务类型较单一,工作内容变化较小,回任调整相对较为容易。因此,组织在安排员工从事外派任务时,不仅要考虑到即将安排的员工的特质,而且需要评估外派人员今后在组织中的工作类型。例如,如果外派人员是未来的继任者,组织就需要根据外派任务的类型,安排适当的外派任务,让外派人员通过完成这样的外派任务而不断积累未来在管理组织或者制定决策时所需要的知识和经验。

第五节 跨国公司人力资源管理专题探讨

内部人力资源实践迁移是跨国公司构建全球竞争优势的重要策略,但这种迁移往往不可能是无障碍的,由文化、法律、规范等要素构成的东道国制度环境对它有显著影响。跨国公司内部人力资源实践迁移有多种状态,只有基于子公司制度构成要素,发挥跨国公司内部人力资源实践的迁移作用,进入内化和整合的状态,才能为跨国公司创造竞争优势。

一、人力资源实践迁移境界与制度环境

Kostova 和 Roth(1999)将跨国公司内部实践转移分为采纳和内化两个层次,后来,Bjorkman 和 Lervik(2007)将跨国公司内部人力资源实践迁移分为3种境界。①

1. 采纳

采纳是指跨国公司总部基于"最佳实践"分享和知识转移的目的,以某种方式要求或命令子公司实施某项人力资源实践。从表面来看这是一个简单的过程,但 Edwards、Colling 和 Ferner(2007)发现由于子公司角色和管理人员理解的差异,部分子公司会按总部命令采纳它,而部分子公司则会与母公司讨价还价,如果讨价不成,则表面实施而实质拒绝。例如英国子公司对于美国总部所提出的强制分布和末位淘汰方法强烈反对,但是由于总部的坚持,英国子公司在形式上被迫采用强制分布和末位淘汰的方法,在实际执行过程中却通过系列变通手段来弱化这项实践。②

2. 内化

内化是指迁移的人力资源实践在很大程度上被子公司接受,且认为对公司价值创造有作用,进而具备真正意愿去实施它。有研究表明,HR 迁移实践会因为价值得不到正确评估或由于文化价值冲突等方面的原因,子公司会拒绝执行或修正迁移的人力资源实践,从而使得跨国公司总部的战略意图落空。因此,成功的人力资源实践迁移不仅应当考察子公司

---

① Ingmar Bjorkman, Jon E. Lervik. Transferring HR practice with in multinational corporations[J]. Human Resource Management, 2007,17(4):320–335.

② Tony Edwards, Trevor Colling, Anthony Ferner. Conceptual approaches to the transfer of employment practices in multinational companies: an integrated approach[J]. Human Resource Management Journal, 2007, 17(3):201–217.

是否复制了母公司的实践,更为关键的是,要分析子公司是否深刻领略到蕴含在迁移人力资源实践中的战略价值,如果子公司认识到人力资源实践对经营确实有价值,它们就会内在地去执行迁移的人力资源实践。人力资源实践内化的前提是采纳,没有采纳层面的人力资源实践迁移,就没有内化层面的人力资源实践迁移,当然,内化对跨国公司经营更为重要和关键。

3. 整合

整合是指跨国公司内部人力资源实践被内化后进一步与子公司现有日常经营行为的融入程度。跨国公司内部人力资源实践转移的最终目标是提高子公司的竞争力,但竞争力的基础不可能是单项管理实践,只有捆绑式的管理实践组合才能给子公司带来竞争优势。因此,人力资源转移实践能否发挥作用,一方面要看它是否与子公司的战略、技术等外在因素垂直匹配,另一方面还要看它是否与子公司的其他管理实践水平契合(Delery & Doty,1996)。① 对于子公司而言,它们不仅需要考虑迁移的人力资源实践是否与公司当前战略匹配,还要考察是否与现有的人力资源实践匹配,这两个方面是否都匹配是迁移人力资源实践能否真正发挥作用的关键,所以整合考察的是迁移人力资源实践与公司战略、现有人力资源实践等因素的匹配程度,匹配度越高,人力资源实践迁移的作用就越大。

在人力资源实践转移境界中,上述3种境界中的第一层次最易被观察,但它并不能给接受者直接带来效率和效益,后两层次的转移才真正有助于跨国公司共享最佳实践和知识进而有利于构建全球竞争力。研究表明:决定人力资源实践迁移境界的重要因素是各子公司所面临的制度环境(Kostovea & Roth,2002)。这是因为在面临巨大差异化的制度环境和潜在制度(跨国公司迁移要求)冲突的压力时,跨国公司子公司会选择与东道国本土企业相仿的本土实践来保证其与东道国企业的同构性,以获取外在合法性,进而影响其对人力资源实践迁移的决策(Purcell,1999)。

二、人力资源实践迁移的制度环境构成

跨国公司子公司在做出人力资源实践迁移决策时,外在制度环境的压力会持续存在,在这里,制度不仅包括由管制机构、政府机构、法律、法院和专业机构制定的法律与规范,还包括国家和专业团体制定的行业规范与公共舆论的观点。②

在制度主义看来,每项管理实践在特定的制度环境下都具备某种社会意义,事实上反映了公众对某种社会现实的认知,这就是制度主义所指的合法性概念。合法性是指那些诱使或迫使组织采纳具备合法性的组织结构和行为的观念力量。从国家层面来看,它可以通过文化观念、法律制度等来对社会成员产生影响;从行业、领域来看,合法性机制不仅约束组织行为,而且可以帮助组织提高社会地位,得到社会承认,促进组织间的资源交往。③ 合

---

① Delery J. E., Doty D. H. Modes of Theorizing in Strategic Human Resource Management: Tests of Universalistic, Contingency, and Configurational Perspectives[J]. Academy of Management Journal, 1996,39(5):802-805.
② Scott W. R. Organizations:Rational, naturalandopensystems[M]. EnglewoodCliffs, NJ: Prentice-Hall, 1987:114.
③ 周雪光.组织社会学[M].北京:社会科学文献出版社,2003:75.

法性通过强制、模仿与规范机制驱使组织采取特定的结构、政策和流程[1]所以在相同的制度环境压力之下,合法性动机会驱使组织采纳相似的管理实践,以求得外在制度环境的认可。[2] 如果企业行为与制度要求不符,其他企业会认为它的行为不理性或不规范,对该企业的认可或企业的信度会降低,进而影响该企业的生存与发展。所以在现实中可能出现这样的情形,企业会按制度化的方式去界定和组织它们的活动,比如按销售、财务、生产等职能来设计部门。尽管这种安排可能是没有效率的,但由于制度化的原因,组织会盲目地按通用模式设计部门,制度构成要素如表9-1所示(Oliver,1991)。[3]

表9-1 制度构成要素

制度要素	研究问题	预测维度
原因	面对外在压力时组织遵守制度或期望的理由	合法性诉求、社会要求或经济效率
涉众	对组织施加制度性压力的主体	多重性要求、依赖于制度涉众
内容	组织面对压力要遵守或服从的标准与要求	与组织目标一致、自由裁量权
控制	制度压力施加给组织的方式	法律强制或自发传递
背景	组织所面对的外部压力和环境背景如何	环境不确定性、环境交互作用

其中,原因要素是指组织为什么要遵守或服从外在制度或期望,主要基于合法性诉求、社会要求或经济效率。涉众是指对组织施加制度压力的主体,以及组织对制度构成的依赖程度。内容是指组织面对压力要服从或遵守哪些标准或要求,这些标准与组织目标的一致程度会对组织决策产生限制。控制是指制度通过什么渠道对组织施加影响,是通过法律强制的还是通过自愿性扩散的。背景是指外在环境的不确定性与组织间的相关联程度。

由于跨国公司在全球范围内经营,它需要同时在许多国家追求合法化,但各国制度环境又差异较大,这就会导致子公司面临文化本土化与全球同构竞争之间的矛盾。所以子公司在决策是否接受来自跨国公司总部的人力资源迁移实践时,会面临着外在制度环境的压力,当然子公司在总部的人力资源实践迁移的要求之下,它们会有不同的战略反应。这些战略反应行为可用图9-5表示:

---

[1] Paul DiMaggio, Walter Powell. The Iron Cage Revisited: Institutional Isomorphism and Collective Rationality in Organizational Fields[J]. American Sociological Review, 1983, 42(2):147-160.

[2] Gooderham P., Nordhaug O., Ringgdal K. Institutional and rational determinants of organizational practices: human resource management in European firms[J]. Administrative Science Quarterly, 1999(44):507-531.

[3] Christine Oliver. Strategic Responses to Institutional processes[J]. Academy of Management Review. 1991, 16(1):145-179.

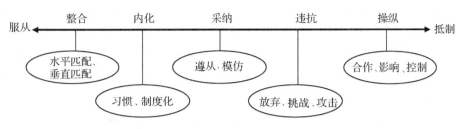

图 9-5　组织应对制度环境的战略反应行为

由图 9-5 可知,子公司在面临制度压力时对总部人力资源实践迁移的行为选择是多样的,从简单的服从到抵制,这其中包括采纳、内化和整合的战略选择,它的行为选择菜单是一个连续选择的"行为谱",子公司具体选择哪项战略反应取决于外在制度环境对它的压力。

三、制度构成要素对人力资源实践迁移的战略行为选择

跨国公司总部决定内部迁移人力资源实践的目标是构建全球竞争优势,但在子公司看来,转移而来的人力资源实践可能不仅缺乏效率,而且与东道国制度要求有冲突。但因为冲突程度有差异,所以可能会出现这样一种情形:迁移的人力资源实践在一国子公司被采纳程度很高,在另外一国子公司却被强烈抵制(Bjorkman,Fey & Park,2007)。① 依据上述制度环境与战略反应行为间关系的阐述,可分别从制度构成的要素方面归纳出如下观点:

1. 从制度构成的原因要素来看

遵从总部人力资源转移实践而获得的制度合法性或效率越低,子公司对人力资源转移实践采取抵制的概率就越大,迁移的人力资源实践就越不容易被采纳、应用和整合。对东道国子公司而言,它在决策是否接受迁移人力资源实践时需要考虑社会合法性和经济理性这两个要素(Oliver,1991)。社会合法性要求迁移的人力资源实践能够符合子公司所在国的文化、法律和公众期望。

首先从文化要素来看,以绩效反馈为例,它是绩效管理的核心环节并贯穿于绩效管理的每个流程。研究表明,在美国这样权力距离较小的国家文化环境下,企业主管会与下级进行有效的绩效反馈,这有助于提升雇员对绩效管理的认可度。但是要将这项实践同样迁移到权力距离较大的中国或印度的子公司时,其被认可采纳、内化和整合的程度却很小。这是因为在权力距离大的国家,主管和员工之间要保持一定的距离来维持权威,子公司采纳这项实践有文化风险,而且还不一定被东道国其他子公司所认可,获得的合法性会较差。

其次,从法律要素来看,以德国的"共决制"为例,德国的跨国公司向子公司迁移"共决制"这项人力资源实践基本是不可能的,因为"共决制"在他国没有相应的法律制度支持,

---

① Ingmar Bjorkman, Carl F. Fey, Hyeon Jeong Park. Institutional theory and MNC subsidiary HRM practices: evidence from a three-country study[J]. Journal of International Business Studies, 2007(38):430-446.

子公司即使执行了"共决制",其获得的外部合法性也很低。与此相反,当前许多跨国公司在向子公司迁移员工帮助计划、弹性工作制等人力资源实践时,则比较容易被子公司接纳,这是因为通过这些实践可以向子公司外在制度主体提供关心员工的声誉,提高子公司被外部的认可度和合法性,可以帮助子公司赢得更好的外在经营环境。所以从制度构成原因要素来看,如果人力资源实践迁移能够给子公司带来更高的制度合法性,子公司对人力资源实践接纳或整合的概率就越大,反之,子公司接受或整合的概率就越小。

2. 从制度构成的涉众面来看

与总部迁移的人力资源实践相关的制度涉众面越广,子公司对人力资源转移实践采取抵制的概率就越大,迁移的人力资源实践就越不容易被采纳、应用和整合。

子公司在东道国面临的制度主体往往是多样的,有国家、专业团体、利益集团和公众,它们会从不同的角度制定或形成法律、规范、行业标准和公众期望。如果跨国公司总部迁移的人力资源实践涉及多方面的制度主体,而且这些制度主体的利益是一致的,子公司在决策是否采纳整合迁移人力资源实践时就会面临复杂的外部制度环境(Kostova & Zaheer,1999)。① 如果迁移的人力资源实践与众多制度主体的利益、规范相冲突,子公司抵制迁移人力资源实践的概率则越大。例如,应美国总部要求,沃尔玛中国子公司实施不提倡和不积极成立工会的人力资源政策,尽管这项措施在其他国家没有受到太多的争议,但在中国,工会的存在不仅涉及工会组织、民政部门等制度主体,而且还被认为是一种约定俗成的惯例,它们给中国子公司施加了太多的制度压力,最终导致子公司在这些制度主体的压力之下还是成立了工会。这个案例充分说明当转移的人力资源实践在东道国面临制度主体压力越多时,它对母公司的人力资源实践积极遵从的概率就越低。

3. 从制度构成的内容来看

外在制度标准或要求与总部迁移的人力资源实践战略意图背离程度越高,子公司对人力资源转移实践采取抵制的概率就越大,迁移的人力资源实践就越不容易被采纳、应用和整合。

外在制度标准或要求对子公司采纳迁移人力资源实践决策有两个方面的影响:一是这种制度标准或要求与采纳人力资源迁移目标的一致程度,二是外在制度或要求会影响子公司决策者进行人力资源迁移决策的自由裁量权。可以预见,当外在制度标准或要求与人力资源迁移目标契合时,子公司会欣然接受总部的迁移决策,并且产生实施它的真正意愿。这方面的典型是全面质量管理和团队工作方面的案例。当时日本跨国公司在向美国子公司迁移质量管理实践时,因为当时美国企业已认识到全面质量管理的作用,美国子公司对由总部迁移而来的全面质量管理实践采纳并内化的程度较高。相反,尽管有研究表明日本企业人力资源管理模式中的团队工作具有许多优点,部分美国子公司采纳后取得的绩效水平也较高,但发现美国子公司采纳或整合团队工作的数量并不多,这主要是企业经营制度

---

① Tatiana Kostova, Srilata Zaheer. Organizational legitimacy under conditions of complexity: the case of the multinational enterprise[J]. Academy of Management Review, 1999, 24(1):64-81.

环境差异的原因。因为当时美国的法律制度、行业规范对强调团队合作的行为并不给予支持,甚至与美国传统的个人主义工作理念相违背,所以美国子公司对这些实践的接纳程度不高。① 而到了当前,由于美国企业充分认识到了团队工作的价值,子公司对这项实践采纳和整合的程度就非常高。同时,外在制度或标准也会影响子公司决策者的自由裁量权,子公司的管理层往往是当地"制度标准或要求"的携带者,如果子公司经理携带的制度观与总部人力资源迁移的要求差距较大,人力资源迁移被抵制的概率就越大。Gomez和Sanchez(2005)曾举例当美国总部要求拉丁美洲的子公司在人员招聘过程中实施"以能为本"的政策时,子公司的经理却坚持招募与他们有亲戚或朋友关系的雇员,因为他们认为这样做更符合当地的"裙带主义"风俗习惯,这直接导致人力资源实践迁移的失败。②

4. 从制度施加方式来看

外在制度标准或要求实施方式的强制程度越高,子公司对人力资源转移实践采取抵制的概率就越大,迁移的人力资源实践就越不容易被采纳、应用和整合。

外在制度对组织施加影响的方式主要有两种:一是法律强制路径;二是行业规范的自愿扩散路径。当迁移的人力资源实践与东道国法律或政府机构制定的制度标准或要求相背离时,子公司对人力资源实践遵从的程度会很小,这是因为企业违反法律或政府机构制定的法规后,子公司受到的惩罚往往是明文规定的,企业承担的后果会非常清晰,这时企业违反法律或政府机构法规的意愿就会很低。但是如果子公司在接纳人力资源实践迁移时面临的主要制度环境是行业规范——这是一种自愿形式的规范,企业受到的可见惩罚会较少。即使在迁移的人力资源实践与东道国通行的做法背离很多,子公司也可能为了经济效率提升的目的而服从总部的迁移要求。

5. 从制度施加的背景来看

子公司外在环境不确定性程度越高,子公司对人力资源转移实践采取整合的概率就越大,迁移的人力资源实践就越容易被采纳、应用和整合。

外在经营环境的不确定性是影响子公司决定是否采纳某项人力资源迁移的重要因子。回避不确定性被认为是组织间结构、流程等方面趋同的主要原因。当子公司技术难以理解、目标模糊或环境不确定时,子公司就会模仿跨国公司内部其他组织的成功行为或实践来塑造自身,以回避不确定性(DiMaggio & Powell,1983),这种不确定性是指未来不能被准确预测的程度(Pfeffer & Salancik,1978)。当外在制度环境的影响不确定且不可预测时,子公司会投入更多的努力去构建一种能够控制和稳定未来的措施。由于总部迁移至子公司的人力资源实践往往具有较高的效率,当外在制度环境不确定性程度较高时,子公司为了加强对未来的控制,模仿总部成功的管理实践往往是其最佳选择,其采纳整合母公司迁移而来的人力资源实践的意愿就更高。

---

① Elaine Farndale, Jaap Paaywe. Uncovering competitive and institutional drivers of HRM practices in multinational corporations[J]. Human Resource Management Journal,2007,17(4):355-375.
② Gomez C., Sanchez J. HR's strategic role within MNCs: help building social capital in Latin America[J]. International Journal of Human Resource Management, 2005,16(12):2189-2200.

上述5点分别从制度构成的要素角度去探讨了制度对子公司人力资源实践迁移决策的影响,在现实情景下,这5种要素会同时对人力资源实践迁移产生影响,并且会以交互作用对人力资源迁移决策产生影响,具体原理如图9-6所示:

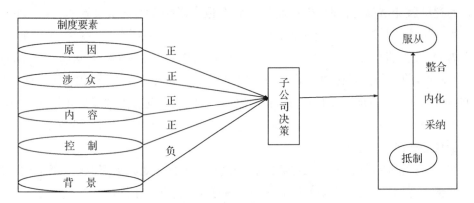

图9-6 制度构成与人力资源迁移的行为选择

(资料来源:本书编者整理)

总之,内部人力资源实践迁移是跨国公司构建全球竞争优势的重要策略,但这种迁移不会是无障碍的,子公司面临的文化、法律、规范等制度构成要素对其有着显著影响。此外,管理理论往往在一国被构建,具有该国鲜明的制度特征,在国际人力资源管理过程中要避免一种危险的倾向:即诞生于一国的某项实践被简单地移植到另外一国。

【专题阅读】日本企业人力资源管理的演变

国内外大量文献指出日本企业终身雇佣制已结终,但是 Ornatowski 指出宣布日本企业传统的人力资源管理模式已经终结的观点是不准确的,因为每种模式都处于一种演进态势中,而不会长期保持静态。① 有证据显示,在演变过程中年功序列制是发生了很大变化,但在终身雇佣制方面则可能不是这样,为此,我们来对终身雇佣制的未来发展进行探讨。

一、终身雇佣制的内涵

日本劳务省(JMOL)将终身雇佣制界定为一种惯例,是指企业除了面临极度的经营困难外,绝不能随意解雇其"正式"录用的从业人员,而是从高中、大学等应届毕业生或青年人当中招募,并对其进行持续培训和发展雇员,对他们一般会长期录用(一般至55-60周岁)作为长期从业而录用的核心人员。同时,JMOL特别指出,终身雇佣制只适用于企业的正式核心的从业人员,而企业录用的临时工、合同工、计时工不在此列。

对终身雇佣制应当有以下几个层面的理解:

第一,日本并不存在制度化的终身雇佣制,这种所谓的终身雇佣制其实只是一种约定

---

① Gregory K. Ornatowski. The end of Japanese-Style Human Resource Management [J]. Slow Management Review, Spring, 2009, 42(4):439-462.

俗成的习惯性做法而已,作为一种相对稳定的长期雇佣的心理契约,在许多国家或企业都存在,并非日本所独有。日本民法规定,禁止签订5年以上的劳动合同,所以终身雇佣制是不受法律保护的,只是一种惯例,是一种非正式的制度。

第二,这种长期雇佣制或所谓的终身雇佣制主要适用于大型企业特别是大型企业的核心员工,并非适用于所有企业的所有员工。在日本,中小企业的员工其实是很不稳定的,人员流动性也很大。这种模式与阿特金森所提出的柔性组织的概念是极其吻合的。终身雇佣的期限不是终身,而是指长期。

第三,所谓的终身雇佣制,并非如人们常说的那样是由于日本式的东方文化传统而形成的,而主要是由于经济背景或商业利益的驱动所造成的。由于员工长期在某企业任职,这会促使企业加强人力资本投入,有利于企业培养高素质人才,有利于企业研发、引进先进技术,提高劳动生产率;同时,由于员工在企业长期任职,员工与企业形成命运共同体,有利于员工稳定,有助于增强企业凝聚力,有利于减少劳资纠纷。基于此,研究者一般认为,在20世纪90年代之前日本经济的迅速发展过程中,终身雇佣制功不可没。

二、终身雇佣制的改进

终身雇佣制的实质是劳动力市场的内部化,尽管这种制度有利于企业内部的人力资本蓄积,但由于劳动力在企业之间的流动性很低,降低了外部劳动力市场在全社会范围内配置劳动资源的机能,导致外部劳动力市场缺乏灵活性。在经济繁荣时期,就业与工资增长;在经济衰退时期,就业和工资刚性较强。这样的劳动力市场对劳动力供给不能做出有效的反应。因此,当日本经济结构需要调整的时候,劳动力市场不仅不能起到积极的推动作用,反而会成为制约经济结构调整的最大障碍。[1] 所以随着日本经济在20世纪90年代陷入低迷,终身雇佣制受到了广泛的质疑。

一种观点认为终身雇佣制到了终结的时候,主要原因有:第一,日本传统终身雇佣制度难以适应经济发展模式的转变。第二,日本传统终身雇佣制度难以适应经济结构调整的需要。第三,日本的人口结构也发生了重大变化,老龄化趋势越来越重。第四,日本人的传统理念受到西方的冲击,从以社会为本位发展为以个人自我为本位。这种观点在20世纪90年代得到部分学者的支持。[2]

但日本劳务省(JMOL)1994年对日本国内大量的制造企业进行了调查,有56%的企业仍然表示他们会维持终身雇佣制,35.7%的企业表示适当调整终身雇佣制不可避免,只有5.8%的企业表示要对终身雇佣制进行根本的改变。1996年日本生产力中心对东京上市公司的人事经理的调查显示,82.4%的企业表示他们将尽一切可能维持终身雇佣制的方式。[3] 据此,Benson和Debroux指出,尽管终身雇佣制受到日本经济发展的影响,已经发生了很多变化,其根本的理念和指导原则却没有发生变化,实施终身雇佣制仍然是日本多

---

[1] 王风玲. 日本企业人力资源管理模式面临的挑战及其变革趋势[J]. 现代日本经济,2003(3):30-34.
[2] Nakato Hirakubo. The end of lifetime employment in Japan[J]. Business Horizons, 1999,42(6):41-46.
[3] Gregory K Ornatowski. The end of Japanese-Style Human Resource Management[J]. Slow Management Review,2009, 42(4):439-462.

数大型企业的一个显著趋势①,这个趋势没有受到部分企业推行提前退休计划的影响。所以部分学者认为多数日本企业并没有背离终身雇佣制,只是应当对终身雇佣制进行改进。②但有一点也是肯定的,即终身雇佣制不可能再维持以前的水平了,Nakato(1999)指出,当经济增长速度维持在10%以上时,保证终身雇佣制是没有问题的。随着当代日本经济增长速度放缓和失业率的提升,传统终身雇佣制存在的前提条件已不复存在,为此必须对它进行改进。

有一种观点认为,日本的终身雇佣制改进的方向是:第一,实施员工及工资的"双轨制"。大幅度减少集中录用的、享受终身雇佣和年功序列工资的骨干员工(社员)的数量,大量增加随时录用的、凭能力和绩效获取工资的非终身从业人员。对于后者,企业可随时辞退,使原本薄弱的劳动调整制度得到强化。第二,实行能力主义的工资结构。在基本工资中加大能力工资的比例,减少资历工资。有些企业甚至完全取消了资历工资而采用西方能力主义的工资形式——年薪制。这样既有利于调动员工积极性,提高经营绩效,对员工来说,又避免了年功序列工资下后期补偿落空的风险。第三,改年功升进为"能力升进",以能力、工作绩效为晋升的主要依据。第四,改革退休制度,鼓励提前退休。有些公司实施"三次定年"制,员工可选择于45岁或55岁或65岁退休,退休时间越早,可享受公司提供的优惠越多,若在65岁法定年龄退休则不再享受任何优惠。③

也有一种观点认为,日本的终身雇佣制在向多元化的雇佣方式转变。企业内的非正式员工如临时工、小时工、契约社员等招聘人员有增加的趋势。据日本总务省统计,日本企业中2 000家公司内正式员工为4 897万人,比1999年减少了150万。《朝日新闻》2001年对日本100家大型企业的人力资源部门进行了专题调查,结果显示:其中78家在过去5年内进行了裁员。④ 2002年12月,日本政府及劳资双方领导人参加政劳资雇佣对策会议,通过了《关于雇佣问题的政劳资协议》,协议强调了就业形态的多样化,明确提出了"工作分享"和"分层雇佣",工作分享即通过就业机会、劳动时间和工资这3个要素的组合变化,由更多的劳动者分享一定的雇佣量。而分层雇佣是指公司根据本公司的实际情况,考虑哪项工作需要什么样的人,其实质是提倡进行一种具有本公司特色的雇佣管理。⑤

这两种对终身雇佣制的改进策略强调的共同点是多元化的雇佣方式,认为应当将企业员工进行分类,即核心员工和边缘员工。将企业员工分为核心雇员与边缘雇员是Atkinson(1984,1985)⑥提出的柔性组织和工作柔性理论的核心概念,基于此,我们认为当代日本企业终身雇佣制演进的方向应当是工作柔性。

---

① John Benson, Philippe Debroux. The Changing Nature of Japanese Human Resource Management: The Impact of the Recession and the Asian Financial Crisis[J]. Int. Studies of Mgt. & Org. , 2004,34(1):32 – 51.
② Gregory K. Ornatowski. The end of Japanese-Style Human Resource Management[J]. Slow Management Review, 2009,42(4):439 – 462.
③ 王庆军.终身雇佣制评析[J].运筹与经营,1997,3(9):104 – 108.
④ 李士忠.试析日本劳动雇佣制度的演变[J].日本问题研究,2003(2):18 – 20.
⑤ 宋德玲.近十年来中国的日本企业终身雇佣制研究综述[J].日本学论坛,2006(3):2 – 9.
⑥ Atkinson, J. Flexibiliyt:planning for the uncertain future[J]. Manpower, Policy and Practice, 1985(1):26 – 9.

三、终身雇佣制的演进：工作柔性

柔性的概念最早源于柔性制造系统（FMS），Mandelbaum 将柔性解释为生产系统适应变化的环境所带来的不稳定性能力。据此推理，柔性化在一个组织内部是指具有参与环境变化，对环境带来的不稳定性不断做出的反应，以及适时根据可预期变化的结果迅速调整的能力。[①] 组织柔性化的方式和途径有几种方式，其中之一是人员柔性，Atkinson（1984，1985）对此进行了开拓性的研究，他基于员工所拥有的技能性，组织对这些技能的需求以及这些技能在劳动力市场上的可获得性，将员工分为核心雇员和边缘雇员，他所提出的模型如图 9-7 所示：

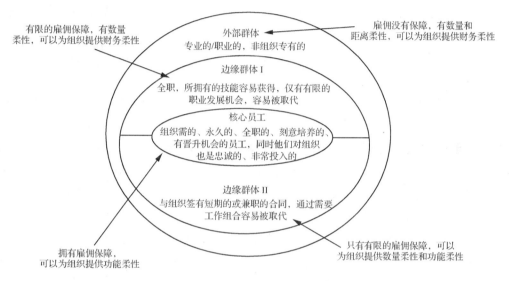

图 9-7　Atkinson 所提出的柔性组织模型[②]

此模型认为，通过增加或减少边缘雇员，即给边缘雇员提供较低的工作安全性，同时对部分核心雇员实行长期合同制，可以既不降低组织对核心技能的需求，又可以让企业能够较好地适应市场需求的变化。

当然，柔性组织的概念远不止上述模型这么简单，Atkinson 同时认为柔性公司具体通过 4 种类型的柔性提升柔性化程度。第一种柔性是功能柔性，指迅速重新调配雇员以满足任务需要的灵活性。这主要通过保持核心雇员与组织之间的长期稳定的雇佣关系，组织对雇员进行人力资本投资以获取组织所需要的特殊技能和知识。同时对于那些掌握市场上通用技能的边缘雇员则根据组织的任务需求进行临时雇佣，这样可以降低组织的人力成本，以降低组织的成本风险。第二种柔性是数量柔性，是指雇员根据组织需求的变动来改变雇员的工作时间数量的能力，主要通过第一种边缘雇员群体的高流动率和第二种边缘雇员群体来实现的。第三种柔性是财务柔性，是指组织用工资来反映劳动力市场上不同群体

---

① 王满仓，闫栾荣.柔性组织：企业组织结构的战略性创新[J].西北大学学报（哲学社会科学版），1999（03）：5.
② 菲利普·李维斯，阿德里安·桑希尔，马克·桑得斯.雇员关系：解析雇佣关系[M].吉林：东北财经大学出版社，2005：38.

的供求差别的方式,即上述模型中边缘群体的雇员与组织也可能签订长期合同,但给他们的报酬依据市场行情变化进行调整。第四种柔性是距离柔性,指组织用分包商来取代雇员的方式,这样,工作者与组织之间就保持一定的距离。

调查表明,在英国,有25%的组织利用受训员工组成的功能柔性核心员工,这些核心员工随时可投入他们能承担的工作。两大群体直接组成了日益增长的柔性劳动力队伍,即兼职员工和那些直接雇佣的在短期或是固定期限内的合同下工作的员工。① 在过去20年内欧洲组织的一个主要变化就是功能柔性、数量柔性和财务柔性的不断增强。②

同样,在日本,企业劳动力市场的发展特征也很符合Atkinson的柔性组织框架,核心劳动力市场在日本长期以来是由大企业中的核心雇员构成的,而边缘劳动力市场是由各种各样的临时劳动力组成的。在20世纪90年代,日本企业的核心劳动力市场萎缩,而同时其边缘劳动力市场得到了扩张。2003年《国民生活白皮书》显示,日本高收入正式职员在增加,而低收入正式职员却逐渐减少。调查显示,日本年收入在300万日元以上的正式员工从1990年的39.6%增加到2001年57.3%,而年收入在100万到300万日元的职员,却从1990年60.4%减少到2001年的42.7%。调查表明,企业除了年功序列而来的老职工和技术专业较强的部门外,对于一般事务性、非专业性的工作,开始逐步减少正式职员,而大量雇佣非正式员工。③ 另外,近年来,企业内的非正式员工如临时工、小时工、契约社员等招聘人员都有增加的趋势,2002年12月,日本政府及劳资双方领导人成立的政劳资雇佣对策组织事实上也是一种功能柔性、数量柔性等就业方式的混合。

据此情况可以推断,由于受日本经济增长速度下降的原因,日本的终身雇佣制正在由对核心雇员长期雇佣的习俗向以功能柔性、数量柔性、财务柔性和距离柔性等为主的柔性组织演进,这应当是未来日本企业战略人力资源发展的重要组成部分。

尽管部分学者宣称终身雇佣制已经终结,但有证据显示当前多数日本企业还在实施终身雇员制,只是它的内涵已经发生了重大变化,当代日本企业为了降低风险,增强组织对外在环境等不确定因素的适应性,对员工的雇佣方式正在朝柔性化的方向演变。

练 习 题

一、单选题(第1—15题,请在所给的四个选项中选择最恰当的一项)

1. 下列不属于全球中心主义模式缺点的是(   )。

   A. 国籍的敏感　　　　　　　　　　B. 全球地理范围集中,成本较大

---

① 菲利普·李维斯,阿德里安·桑希尔,马克·桑得斯.雇员关系:解析雇佣关系[M].吉林:东北财经大学出版社,2005:44.

② Patrick Gunnigle, Thomas Turner, Michael Morley. Employment flexibility and industrial relations arrangements at organization level: A comparison of five European countries[J]. Employee Relations, 1998, 20(5): 430 – 442.

③ 邢雪艳.变化中的日本雇佣体系[J].日本学刊,2007(2):109 – 122.

C. 雇佣程序烦琐复杂 　　　　　　　　D. 可能会引起内部矛盾
2. 外派人员对母公司的意义是(　　)。
A. 降低本国信息的不对称 　　　　　B. 提供文化入侵机会
C. 弥补子公司的人员数量 　　　　　D. 维持良好的信任关系
3. 下列不属于跨国公司发展四个阶段的是(　　)。
A. 国内阶段　　B. 多国阶段　　C. 国外阶段　　D. 全球阶段
4. 下列不属于外派人员管理过程的是(　　)。
A. 选拔　　　　B. 准备　　　　C. 沟通　　　　D. 回任
5. 全球中心主义模式的优点是(　　)。
A. 弥补母国人员的不足 　　　　　　B. 增强当地工作人员的责任感
C. 母公司容易控制海外子公司的经营　D. 当地人的薪酬福利等费用可能降低
6. 子公司在面临制度压力时对总部人力资源实践迁移的行为选择不包括(　　)。
A. 内化　　　　B. 采纳　　　　C. 整合　　　　D. 更改
7. 不属于跨国公司人事选择标准的是(　　)。
A. 个性　　　　B. 技能　　　　C. 经验　　　　D. 动机
8. 不属于霍夫斯泰德(Geert Hofstede)研究文化差异的五维度模式的是(　　)。
A. 权力距离 　　　　　　　　　　　B. 男性化-女性化
C. 个人主义-集体主义 　　　　　　　D. 内控型-外控型
9. 多中心主义模式的优点(　　)。
A. 母国外派人员技术与管理能力强 　　B. 增强当地工作人员的责任感
C. 弥补母国人员的不足 　　　　　　　D. 推动思维创新
10. 日本人力资源管理模式的特点不包括(　　)。
A. 终身雇佣制 　　　　　　　　　　B. 专业生涯途径
C. 集体决策 　　　　　　　　　　　D. 能力主义管理
11. 跨国公司人力资源管理面临的约束条件不包括(　　)。
A. 文化约束　　B. 管理方式约束　C. 组织约束　　D. 技术约束
12. 跨国公司的初期组织设计不包括(　　)。
A. 设立出口部门 　　　　　　　　　B. 设立国外分公司
C. 设立国际部门 　　　　　　　　　D. 设立产品开发部
13. 下列各项中不是人才本土化目的的是(　　)。
A. 解决当地的就业问题 　　　　　　B. 加快海外网点的构建和进程
C. 降低经营成本 　　　　　　　　　D. 发挥本土化优势
14. 跨国公司经营环境不需考虑的因素是(　　)。
A. 政治环境、经济、社会文化 　　　B. 国内资源聚集程度
C. 高层主管的态度 　　　　　　　　D. 基层想法
15. 促使企业在全球进行扩展的因素不包括(　　)。

A. 学习效应　　　　B. 范围经济　　　　C. 低成本生产要素　D. 规模经济

二、名词解释

15. 跨国公司

16. 文化

17. 年功序列工资制

三、简答题

18. 跨国公司人力资源管理有哪几种主要模式？各种模式的特点是什么？

19. 跨国公司培训与开发设计的意义是什么？

四、案例分析题（第20—21题）

"多国部队"，当地官兵

Asea Brown Boveri（ABB）是一家国际性大型工程集团公司。目前，它已经在全球140多个国家和地区深深扎根，雇员总数超过21万，主要业务涉及发电、输电、配电、工业自动化、石油自动化和金融服务等领域，1997年，其全球销售收入为312.65亿美元，居"财富世界500强"第83位。ABB能在世界上取得如此巨大的成就，人才本土化是其成功的决定因素之一。

提到IBM或者HP，你会立即说这是美国公司；提起西门子或奔驰，你马上会想到这是德国公司。而如果被问及ABB是哪国公司时，你可能会犹豫不决：它到底是哪个国家的呢？你不必责备自己的孤陋寡闻，其实这正是ABB所追求的效果。ABB本是瑞典阿西亚公司（ASEAAB，现在是ABBAB）与瑞士的布朗·勃法瑞公司（BBC Brown Boveri，现在是ABBAG）于1987年年底合并而成的一家有限公司，正式创立于1988年1月。两家母公司分别控制50%的股份，因此可以说，ABB是一家国家背景淡化的"真正的"跨国公司。它自诞生之日起就被称为欧洲乃至世界经济版图"变化"的代名词。从1987年上述两家百年老厂的合并开始，到1998年10月新任总裁林道（Lindahl）收购ElsayBailey公司的全部股票，同时出售Adtranz的全部股份，ABB一直致力于建立以下经营模式：没有地域中心，没有国界限制，只有一个具有全球性的协调中心，同时在经营与服务上，具有地方根基深厚的全球规模的组织。用ABB中国公司人力资源副总裁、挪威人博思达先生的话说，ABB"是一个地域轴心和国家属地的企业王国，是一家'处处无家处处家'的无国界公司"。也可以说，ABB是一个立足各所在地市场，融合全球规模和世界一流技术于一体的"多国部队"。

所以，人才本土化对于ABB来说比任何公司都有意义，ABB也因此更重视在它的业务发展到每一个地方时，不遗余力地推行人才本土化战略。也就是说，这支"多国部队"的军官和士兵都尽可能地由当地人担任。

ABB在中国的人才本土化战略已经取得了积极进展。ABB有一个十分重要的战略计划，即Manager Localization Plan（MLP）——经理人员本地化计划。ABB的业务发展到哪里，这一计划就会扩展到哪里，在中国也不例外。ABB于1979年在北京设立第一个办事处，1992年在中国建立第一个合资企业，1994年ABB将中国总部从香港移至北京，1995年在北京注册成立ABB（中国）投资有限公司，负责其在华投资管理业务。截至1998年年底，

ABB在中国拥有6 000名员工,17家销售代表处,20家合资、独资企业,累计投资额达到6亿美元。预计在未来三四年内,ABB在中国的累计投资将达到10亿美元。

博思达先生说:"短短20年的时间,ABB能在中国取得如此巨大的发展,我们必须承认这样一个事实,即优秀的中国本土人才在其中做出了巨大贡献。"中国本土人才担任ABB中国有限公司(包括合资企业)部门经理以上高级职务的人数,已经从1995年的27人,增加到1998年底的81人,占同层次高级管理人员总数的一半以上。3年前,ABB的中国员工为3 000多人时,外籍员工有90多人;而如今,中国本土员工已经增加到了6 000多人,而外籍员工并未增加,依然是90多人。"如果没有优秀本土人才源源不断地加入,我们在中国的业务将会一事无成。"博思达先生说,"ABB在中国推行人才本土化的成就和它在中国的业务发展一样,令我们自豪不已。"

ABB公司称,随着公司在中国业务的扩大,ABB计划将中国本土员工的人数增加到10 000人,而外籍员工的人数则会在现有基础上减少。作为在中国实施MLP计划的一部分,ABB公司还专门准备了一份高潜能员工的名单,这个名单包含100多人,由人力资源部和各部门经理共同商定。公司给这些高潜能的员工规定了明确的发展方向,以便在公司的协助下使他们的能力和职务都能得到更快的提升。当然,公司认为这也需要这些员工的配合,需要耐心,因为一个人的晋升不可能都是很快的,尤其是在一个比较成熟的大公司中。

博思达先生称,中国本土化人才在职位晋升上没有框架限制,需要的只是时间和努力。他举了两个例子来证明。一个是他自己的例子,他是8年前投身ABB挪威公司的,3年前来到中国,现年61岁(挪威是67岁退休),他的责任是来中国制订和实施ABB的人力资源计划,并把他30多年来从事人力资源管理的经验传授给中国同事,如果他们干得好,就有机会接替他的位置。另一个例子是ABB泰国公司,ABB在泰国实施MLP计划已经9年了,现任ABB泰国有限公司的总经理就是泰国人,随着ABB在中国实施MLP这一计划,ABB中国公司将由中国人来经营和管理。

问题:

20. 结合案例,谈谈ABB公司在跨国人力资源管理中的可取之处。
21. 结合案例,谈谈跨国公司人力资源管理越来越重要的原因。

五、思考题

22. 什么是跨国人力资源管理?它的主要内容是什么?
23. 跨国人力资源管理产生的背景是什么?
24. 美国企业人力资源管理模式的主要特征是什么?
25. 日本企业人力资源管理模式的主要特征是什么?
26. 如何做一名胜任的跨文化管理者?

第十章 人力资源管理信息化

人类社会经历了原始社会、农业社会、工业社会，迈入了高度信息化的社会。以微电子和计算机技术、通信和网络技术、软件和系统集成技术为代表的信息技术突飞猛进，信息网络化不断发展，极大地促进了社会经济、科技、文化的发展和社会物质、精神生活的提高。建立与社会信息化相适应的人力资源管理体系，实现人力资源管理的高效化和信息利用的最大化，是信息化时代发展的必然趋势。

第一节 人力资源管理信息化概述

人力资源管理信息化之所以能得到企业的重视，是因为企业看到了信息化的价值，看到了信息化是提高人力资源竞争力的重要途径。从某种意义上而言，企业竞争力可以归结为人力资源竞争力。人力资源管理信息化正在成为继财务信息化之后，最具有潜力的专业信息化领域。

一、人力资源管理信息化(eHR)的概念

人力资源管理信息化(eHR)是近年来人力资源领域出现的新名词，它实际上指的是人力资源管理信息化的全面解决方案，基本上由面向人力资源管理部门的业务管理系统(HRMS)与面向企业不同角色(高管人员、直线经理、普通员工)的网络自助服务系统两大部分组成，是传统HRMS在技术上(建立在Internet技术基础之上)与理念上(建立在全面人力资源管理观之上，强调全员的共同参与)的延伸。

与传统的人力资源管理系统不同，人力资源管理信息化是从全面人力资源管理的角度出发，利用Internet技术为人力资源管理搭建一个标准化、规范化、网络化的工作平台，在满足人力资源部门业务管理需求的基础上，将人力资源管理生态链上不同的角色联系起来，使人力资源管理信息化成为企业实行全面人力资源管理的纽带。

一方面，人力资源管理信息化可以缩短管理周期，减少人力资源管理工作流程的重复操作，降低成本，提高效率，加速实现事务性工作和日常服务的外包；另一方面，它可以使人力资源管理部门从提供简单的人力资源管理信息转变为提供人力资源管理知识和解决方

案,随时随地给管理层提供决策支持,给人力资源管理专家提供分析工具和建议,建立支持人力资源管理部门积累知识和管理经验的体系。

（一）"eHR"中"e"的含义

"eHR"中的"e"包含了两层含义：一是"electronic",即电子化的人力资源管理；二是"efficiency",即高效的人力资源管理,提高效率是人力资源管理信息化的根本目的,而电子化则是实现这一目的的手段。

（二）eHR 的"e"体现在三个方面

（1）基于互联网的人力资源管理流程化与自动化

"e"把有关人力资源的分散信息集中化并进行分析,优化人力资源管理流程,实现人力资源管理全面自动化,与企业内部的其他系统进行匹配。

（2）实现人力资源管理的 BtoB（即企业对企业）

企业的人力资源管理者能够有效利用外界的资源,并与之进行交易。比如,获得人才网站、高级人才调查公司、薪酬咨询公司、福利设计公司等人力资源管理服务的电子商务服务。

（3）实现人力资源管理的 BtoC（商对客户）

让员工和部门经理参与企业的人力资源管理,体现人力资源管理部门视员工为内部顾客的思想,建立员工自助服务平台,开辟全新的沟通渠道,充分达到互动和人文管理。

二、人力资源管理信息化的价值

作为一个专业职能领域,人力资源管理正在以前所未有的速度快速发展。但从企业管理实践来看,人力资源管理水平依旧较低,面临的挑战与困难仍然很突出。根据对企业的大量调查发现,企业人力资源管理主要存在管理成本较高,如何用最少的钱提供更好的服务；人力资源管理如何适应企业不断发展的经营管理需求；人力资源管理事务处理周期长,审批过程中存在瓶颈等问题。而随着信息技术的发展,人力资源管理信息系统应运而生,这为破解人力资源管理难题提供了一个新的选择。基于互联网操作的人力资源信息系统,具有以下几方面价值。

（一）提升了人力资源管理运作效率

信息化的首要作用是提高工作效率,表现在人力节约,人力资源业务办理速度提高,差错率下降,人力资源方面的决策速度加快、决策质量提高等。人力资源日常工作会涉及大量的文档、表格处理和数据统计,其中大部分信息内容可以通过规范、统一的数据格式和各种预先设定的计算工具进行处理,人力资源管理系统中的相应功能模块,能够大大地提高这部分工作处理效率和数据的准确性。

Thomas J. Keebler 对网络化人力资源管理信息系统的大量案例进行了研究,他的研究得出几个结论（图 10-1）：Ⓐ企业员工的效率与品质提升 70%；Ⓑ组织整体效率提升 67%；Ⓒ人力资源效率提升 62%；Ⓓ员工自我管理效率提升 60%；Ⓔ员工对企业进程的参与提升

67%；Ⓕ经理应对人力资源管理的能力提高45%；Ⓖ人力资源管理费用降低40%；Ⓗ人力资源工作者转变为企业战略参与者的机会增加37%；Ⓘ企业招聘与留人能力提高36%。从研究结论来看，人力资源管理信息化无疑对企业产生巨大影响，并且这种影响是持续而非短期的。

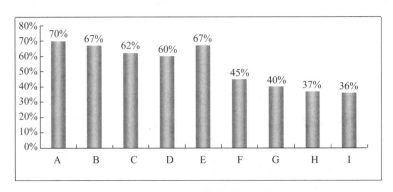

图10-1　人力资源管理信息化价值

（二）提高人力资源管理解决方案的执行力

转型期的很多大企业，在发展中遇到如优秀员工流失、业绩评价机制不健全、薪酬分配不合理、员工激励不足导致的生产率低下等人力资源管理难题，这些问题制约了企业的进一步发展。事实上，企业的很多问题都可以归结为人力资源管理方面的问题或者与人力资源管理有着密切关联的问题。很多企业在制订了人力资源管理方案后，都会出现执行不力等问题，其结果要么是放弃方案，要么实施质量和收益大打折扣，总之，不能达到预期效果。究其执行不力的原因，一是人员懒惰，二是缺乏方案实施的平台和工具。从深层次上看，传统手工作业方式与以精确化、定量化为特点的现代人力资源管理模式产生了不适应，企业必须实现从手工作业向电子化作业的转变，其途径就是实施人力资源管理信息化。

（三）提高人力资源管理和决策的质量

人力资源管理与开发业务涉及每个员工，该业务不仅是人力资源部门的事情，更需要直线部门经理、员工的参与，全员参与可以提高人力资源管理的效率和人力资源决策质量，许多企业提出了全员人力资源管理的理念。但是，通过什么渠道、什么形式以及什么时间参与，并没有配套措施，毕竟人力资源管理是一门相对规范的专业职能，没有执行的理念只能停留在口头之上。基于互联网操作的人力资源管理信息系统，打破了用户数量限制，能够对用户进行等级划分，分别授予不同的操作权限。比如把非人力资源管理部门人士分为高管、直线部门经理、员工等。通过面向所有员工的信息工具，延伸人力资源管理范围，提高各级人员参与人力资源管理的程度，有效地改善人力资源部门的服务范围和服务质量，把全员人力资源管理理念付诸实践。

（四）优化人力资源管理的流程控制

许多企业的人力资源管理工作存在随意性大、外来干扰因素多、主观性突出的缺点。在选人、用人、调配、考核、工资调整等环节上，往往缺乏严格的操作标准和流程，受管理者个人意志影响大。即使拥有完善的人力资源管理制度与流程,但经常受到外部权力高层或其他利益相关者的干扰,人力资源管理过程中人治色彩浓郁,影响了人力资源管理的专业化和质量。另一方面,由于人治色彩浓,所以每项工作被打上了经办者的个人烙印,个人的工作特点和态度是不可复制的,因而,各项业务的可持续性较差,人力资源管理人员更迭将引起业务水准发生很大变化。在某些情况下,核心人力资源管理人员调离时将重要信息带走,为原组织业务开展带来很大风险。信息化系统有严格的流程和权限控制,系统根据这些预设的流程自行运作和监控,以事件和流程推动工作的运行,这可以在一定程度上排除外来的和主观的干扰。

三、人力资源信息系统的选择

随着信息经济的到来和市场经济改革的不断深入,人力资源管理特别是人力资源信息化管理越来越成为企业在市场竞争中立于不败之地的关键所在。而传统的人力资源管理系统已经越来越不能适应企业的发展了,如何选择合适的人力资源信息系统(HRMIS)无疑成为企业所要考虑的重要问题。企业可以在以下三者中选择建立自己的HRMIS:一是自行开发;二是外购;三是联合开发。

(一)自行开发

自行开发又称自主开发或独立开发,是企业利用自身的技术人员,根据实际需要独立开发设计信息系统的方法,它适用于技术队伍较强的企业。自行开发的优点是开发费用少,开发的系统能适应企业的自身需求,便于维护。由企业自身的技术组成的系统开发队伍开发的系统更有利于业务流程优化与重组。由于开发人员更了解企业信息化的需求,从而使系统更具有针对性。其缺点是因为不是专业的开发队伍,易受其业务工作的限制,从而使系统优化不够,开发水平较低,且由于开发人员是临时从所属各部门抽调出来从事信息系统开发工作的,这些人员一旦调动后,将导致系统维护工作没有保障,因此,在进行自行开发时,一定要加强领导,企业管理者要随时进行监督。

(二)外购

外购就是购买专业开发商开发的产品,在外购时,企业可以购买国外的人力资源管理系统,也可以购买国内人力资源管理信息系统。

首先来看选择购买国外的人力资源管理信息系统。一般说来,国外拥有许多先进的管理思想和开发技术,因而国外软件通常要比国内的先进些。概括来说,国外软件集成性高,技术稳定性强,功能更具灵活性,且系统开发性也较强,可以为企业的不断发展与改变留有较大的空间。此外,国外软件在升级维护方面做得比较好,便于企业信息系统的更新。但选择国外软件也并非没有弊端,主要存在购置费用较高及软件的用户化和二次开发工作量较大。

再来看选择国内软件。一般说来,购买国内软件的费用较之于购买国外软件的费用来说要低得多。同时,由于国内软件支持网点较多,因而企业在系统维护方面也要方便得多。

再者，国内软件，更加符合中国人的思维习惯，比较易于学习。最后，使用国内软件不存在语言障碍。但国内软件也有一些问题，比如软件功能的集成性、稳定性不能满足企业的需要等。

（三）联合开发

联合开发指企业与外面专业开发厂商进行合作，共同开发人力资源管理信息系统的方式。联合开发适用于有一定的信息技术人员的企业，但这些人员可能对人力资源管理信息化的开发规律不是很熟悉，或者在系统整体优化方面能力较弱。这种方式的优点就是节省资金，同时在联合开发中，双方是共同合作的关系，在开发后也便于系统的维护。缺点是若遇到不好的合作伙伴时，则在合作中可能会出现许多预料不到的问题。因此，联合开发的关键是双方的合作。双方应在彼此信任的基础上相互合作、相互谅解、相互促进，共同开发，最终达到共赢的目的。

四、典型人力资源管理信息系统介绍

国内主流的人力资源管理产品是由两类企业开发的，一是管理软件开发商，比如用友、金蝶、东软等，这类开发商有强大的技术优势和丰富的产品线，人力资源管理产品只是产品家族之一。二是明基、嘉扬、金益康等专业的人力资源管理软件开发商，这类开发商只开发人力资源产品。在产品功能设计和开发工具的选择上，开发商各有特色。本节主要以金蝶K/3为基础，进行相关人力资源管理信息化知识的介绍。

金蝶K/3人力资源系统由能力素质模型、绩效管理、组织规划、职员管理、招聘选拔、培训发展、考勤管理、薪酬设计、薪资管理、社保福利、查询报表、CEO平台、经理人平台、我的工作台、系统设置、人力资源统计分析平台及K/3主控台等模块组成。系统以在人事管理模块中设置的组织架构、职位体系、职员数据为基础数据，通过能力素质模型、绩效管理、招聘选拔、培训发展、薪资管理、社保福利、查询报表、经理人平台、我的工作台、人力资源统计分析平台等功能模块全面覆盖人力资源管理与人力资源开发的多个领域和多个层次，构成可适用于各种类型企业管理的全面的人力资源管理解决方案（图10-2）。

目前，世界500强80%以上的公司都在使用SAP的管理方案。作为优秀的ERP系统软件，SAP软件实现了企业中所有资源的整合集中，对企业的三大流（即物流、资金流、信息流）进行全面的一体化管理。对各项资源，比如人力、资金、材料、设备、方法、信息和时间等进行综合平衡和充分考虑，把企业内部生产经营的各种业务单元，比如采购订单、财务凭证、库存信息、生产计划、质量、运输、市场、销售服务以及相应的财务活动等纳入供应链，从而可方便地调配企业资源，实现企业资源的优化配置，在财务、采购、生产、项目管理、人力资源、质量控制等各个核心业务流程中发挥作用，利用现有资源取得尽可能多的经济效益。当前，SAP软件的主要产品如下。

（1）SAP ERP

SAP ERP将可升级高效企业资源计划（enterprise resouree planning）软件与灵活的开放

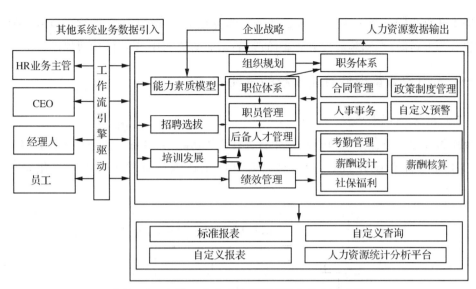

图 10-2　金蝶 K/3 人力资源管理信息化解决方案

技术平台相结合，该平台可充分利用 SAP 和非 SAP 系统并对两者进行集成。因此，可以提高生产效率，增强业务认识，并适应加速业务战略实施的需要。所有这些都使 SAP ERP 软件成为客户对当前运营活动进行严格控制的最佳选择。

（2）SAP 客户关系管理（SAP CRM）

SAP 客户关系管理（SAP CRM）是以客户为中心的电子商务解决方案。这项解决方案旨在为客户提供满意、忠诚的服务，它有助于提高竞争优势，带来更高的利润。

（3）SAP 产品生命周期管理（SAP PLM）

SAP 产品生命周期管理解决方案（SAP PLM），作为 SAP 商务套件中的核心组件之一，提供了贯穿整个产品和资产生命周期的协同工程、定制开发、项目管理、财务管理、质量管理等功能。

（4）SAP 供应商关系管理

SAP SAM 实现了企业内以及供应商之间采购和购置流程的自动化，提高了对供应链的洞察力，并且使客户能够全面地了解全球的费用支出情况。

（5）SAP 供应链管理

供应链（Supply Chain）已成为企业间竞争的关键领域，同时也意味着企业将面临一系列的挑战，这些挑战促使他们必须不断地加快前进的步伐，推出个性化和可配置的产品。

第二节　人力资源管理信息化体系的构建

虽然我国企业已经开始意识到人力资源管理水平的提高不仅需要较高素质的管理人员，更需要信息化进行辅导。近些年来，部分企业也开始了本单位的 eHR 管理体系建设，但由于对 eHR 管理理念了解不够全面，使企业投入了很大的人力和财力，却没有达到预想的效果。针对我国企业在实施 eHR 管理体系的过程中存在的问题,我们将 eHR 操作系统的构建分为准备阶段、实施阶段和维护阶段,为企业实践 eHR 系统的构建提供借鉴。

一、人力资源管理信息化系统的特征

(一) 完整性和集成性

操作系统全面涵盖了人力资源管理的所有业务功能,并且每个业务功能都是基于完整而标准的业务流程设计,是人力资源管理部门工作人员日常工作的信息化管理平台(图 10-3)。

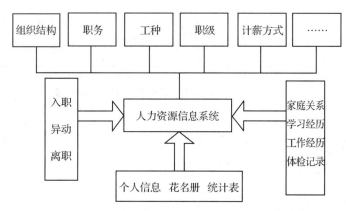

图 10-3　人力资源管理系统管理的相关数据

对员工数据的输入工作只需进行一次,其他模块即可共享,减少大量的重复录入工作,可以通过系统对企业员工的所有基本数据进行管理,系统中录入了所有员工的状态与活动,可提供快速准确的人力资源信息处理,并且在情况发生变化时,立即在报告与相应的文件中体现(图 10-4)。

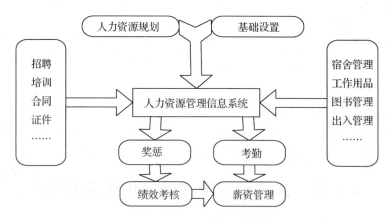

图 10-4　人力资源管理信息系统

上述人力资源信息实验系统既可作为一个完整的系统使用,也可将模块拆分单独使用,在必要的时候还能扩展成为一个完整的系统。

(二) 网络功能与自助服务

对集团型企业用户而言,人力资源信息系统能提供异地、多级、分层的数据管理功能;为非人力资源部门的员工与经理提供基于 Web 的企业内部网络应用;允许员工自助在线查看企业规章制度、组织结构、重要人员信息、内部招聘信息、个人当月薪资及历史薪资、个人福利累计情况等;允许直线经理可在授权范围内在线查看所有下属员工的人事信息,更改员工考勤信息,审批员工的培训、请假等申请,并能在线对员工进行绩效管理;系统维护人员可对系统进行方便、快捷、准确的维护(图 10-5)。

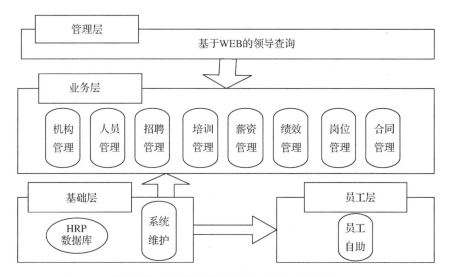

图 10-5　人力资源信息操作系统的功能层次

此外,人力资源管理信息化系统还具有以下特点:开放性,即提供功能强大的数据接口,轻松实现各种数据的导入、内部系统之间以及与外部系统的无缝连接;灵活性,即能够方便地根据用户需求进行客户化功能改造;智能化,即系统具有自动的邮件功能,极大地降低了管理人员的行政事务工作强度;报表和图表输出功能,即系统提供了强大的报表和图表的制作与管理工具,用户可直接设计各种所需要的报表和图表。

二、人力资源管理信息化体系的构建

(一) eHR 系统的准备阶段

当企业应用信息化的总体战略明确之后,其信息化应用能否按照拟定的方向运行,其关键因素莫过于人力资源管理因素。因为人力资源信息化是由企业整体系统中最难协同而又贯穿于经营过程并控制每一个环节的系统构成。研究发现,有许多 eHR 管理项目失败的原因是在项目的购买或实施前缺乏足够的准备工作。明确人力资源系统的需求、评估企业的信息化现状、确立系统建设目标、系统架构设计、系统信息集成点分析等一系列内容与步骤,是成功构建 eHR 管理体系的重要前提。

1. 评估原有人力资源管理体系的效益

资源企业在实施 eHR 系统之前,首先,要对自身做一个客观而充分的评估,量化企业现有人力资源管理对组织效益的影响,让高层管理者了解企业人力资源管理当前所处的阶段、利用情况及人力资本提升的空间等。然后才能确定将要实施的 eHR 系统的范围与边界。

2. 分析需求,确立提升目标

在分析过程中,要将需求分层次,从高到低依次进行分析,从管理需求到业务需求,再到软件需求,逐层推进,以软件需求为选型标准,但不要忘记以管理需求为根本,以业务需求为依据,用科学的方法分析出需求。

3. 人力资源信息规划

人力资源信息规划,是指对人力资源管理中所涉及的各种信息的定义标准、传输标准、使用标准进行全面规划,建立统一的、可扩展的信息结构体系,为人力资源信息系统的信息管理、业务流程处理、决策分析奠定信息基础。

4. 建立模型

在做完数据收集与分析工作之后,企业就可以结合其战略制定 eHR 管理模型(图 10-6)。

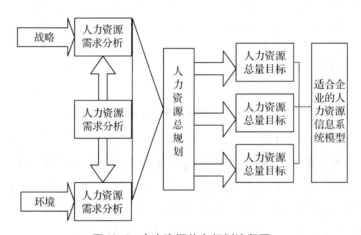

图 10-6　人力资源信息规划流程图

(二) eHR 系统的实施

1. 实施基础

(1) 系统运行环境

eHR 是电子化的人力资源管理,是基于互联网的人力资源业务管理。企业内部的各个部门、管理者、经理、员工通过网络进行充分、及时地信息沟通和交流。其理想的情况是员工都拥有实现互联网支持的电脑和相应的软件。此外,要保证 eHR 的顺利实施并发挥高效的功能,企业还必须具备一定的硬件支持。

(2) 外部资源的支持

现代社会明显的特征之一就是专业化的分工合作,一个企业不可能也没有必要具备所有的资源,尤其是对于众多规模不是很大的企业来说,更是如此。因此,实施 eHR 必定要获得外部机构的支持,比如,各种 HR 咨询的人力资源顾问公司,为企业提供各种外包服务的社会机构,企业实施 eHR 的核心软件供应商等。

(3) 人力资源管理者素质

eHR 管理是一种现代的、先进的人力资源管理模式,在其构建过程中,人力资源管理人员是主要的倡议者、组织者、参与者,优秀的人力资源管理者必须具备战略贡献、个人可信度、业务知识、HR 技术等素质。

(4) 管理基础

事实上,企业要导入 eHR,并非只要单纯花钱购置一套人力资源信息系统而已,其背后所蕴含的真正意义是希望透过信息系统的引进,让企业有机会重新审视自身先行的管理制度,而任何新管理思想、管理方式的采用,都离不开原有的管理基础。

2. 实施原则

(1) 务实性原则

即从务实的思想出发,优先建设解决实际应用问题的 eHR。

(2) 核心业务原则

即优先建立便于系统扩展的基础性 eHR 系统平台。

(3) 可实行原则

主要有 5 个方面,一是不盲目追求高新技术,二是考虑企业自身的人力资源需要,三是系统选型要与项目建设匹配,四是系统要与人力资源管理人员的素质相适应,五是系统要与企业文化相匹配。

(4) 先进性原则

一是要在技术上使用比较先进的 IT 技术,二是在管理理论上体现出现代人力资源管理的基本思想。

(三) eHR 系统的安全与维护

现行的人力资源信息系统大多建立于网络技术的基础之上,因此,系统的安全问题显得尤为重要。企业要保证系统内有关员工隐私和健康状况的数据不被不具访问权限的人获取或篡改。另外,企业人力资源管理部门对员工绩效评估程序及薪酬计划的制订等内部机密也应当得到有效的保护。采取必要的安全保护措施是保证企业正常运行的基础。系统维护有以下几种:一是短期维护,对服务器中的员工数据的经常维护,能避免信息丢失的灾难。一旦系统安装开始运行,清理旧数据的计划也应该恰当做出,同时,还应该有定期把某些数据存档和定期合并。二是长期维护,处理日常维护,长期问题应该牢记在心,这是 HR、IT 以及 eHR 销售商的共同职责,如果长期维护没有得到执行,那么数据库就会充斥着大量无用的信息。三是销售商维护,即使是在安装完成之后,销售商对诸如安装补丁或升级等维护中的一些问题也还负有责任。

与此同时,还要记住 eHR 管理系统的实施也是一个持续改进的过程。在系统完成切换,用新系统取代原有的工作方式之后,实施工作只是暂时告一段落,人力资源管理信息化系统的完善是一项长期的任务。

第三节 eHR 系统软件功能

eHR 系统软件的功能包括:人事信息管理功能模块,人力资源规划功能模块,薪酬管理功能模块,考勤管理功能模块,培训管理功能模块,招聘管理功能模块,绩效管理功能模块,公共信息管理功能模块,报表中心、员工自助及经理自助功能模块,系统管理功能模块。

一、人事信息管理

本模块为系统的基本模块,它具备企业人力资源管理部门的日常事务处理功能,包括人员档案维护、人员变动、统计查询、合同管理等功能。借助 eHR 人力资源管理系统,企业人力资源部门人员可以方便、快速地查询或统计所需要的各种组合信息,记录人员变动情况,并能打印员工的花名册。

(一)档案维护

人力资源管理人员可通过此模块录入相关人员的各种档案信息,并能够根据所设定的权限进行增加、删减等维护工作。

(二)人员变动

人员变动模块可对员工入职、转正、部门变动、职位变动、类别变动、离职等人事事务进行管理,人力资源部管理人员可通过此模块对相关信息进行管理。变动工作流程设计可以完全满足客户个性化的人力资源管理实际业务。

(三)合同管理

合同包括劳动合同、岗位协议、专项协议、培训协议等内容,用户也可以重构协议。此模块提供劳动合同的签订、变更、续签及解除功能,合同或协议到期提示功能以及台账管理功能等。

(四)离职管理

离职管理主要是对已经离开企业的人员进行管理,通过这个模块,人力资源管理者可以查询已离职人员的基本信息、培训、工资等信息。

(五)统计查询

通过此模块,人力资源管理者可以随时对人员信息、合同协议信息进行一维、二维交叉统计分析,为决策提供支持。系统与报表中心对接,可以调用各种复杂的统计报表,并实现统计报表的上报、下载。

二、人力资源规划

本模块从业务流程入手,分析工作,规范设置各级组织机构与岗位、确定编制,明晰各岗位的职责和相关人员的能力,提供岗位管理工具,支持企业的发展战略。

(一) 组织结构设置

组织结构设置分为单位设置和部门设置,用户可以根据需要灵活地对单位或部门进行多级设置、维护和扩展。在部门职责管理中,用户可以自由地对部门功能进行编辑、修改和调动。

(二) 职位管理

职位管理的目的是建立企业职位体系,并对职位的基本信息、工作职责、任职资格及附加信息(KPI 考评和培训信息)进行管理。职位管理模块提供输出、打印职位说明书功能。

(三) 人力资源规划

建立人力资源计划是企业年度 HRM 规划的主要工作,系统通过人力资源计划实时反映企业人员职位空缺状况,用以指导企业及时开展招聘活动。

三、薪酬管理

薪酬管理模块涉及薪酬标准(套账)设置、初始化、计算考勤相关、保险、奖金等要素。涵盖现金和非现金的各种报酬的管理,其计算与组织职位、员工个人能力、考勤、绩效和培训结果相关,核算、统计、发放等事务性工作在统一的平台中完成。主要包括以下内容:

(一) 薪资结构设计

薪资结构设计主要是设置各独立单位、部门及各类人员的薪资结构,以及所包含的薪资项目和计算规则。

(二) 薪资变动

根据人事变动反馈信息,录入受影响的薪资项目,保证薪资发放的及时性、准确性。

(三) 薪资核算与发放

根据已设置规则来自动计算员工实发薪资、应缴个人所得税、个人缴纳各种保险金数额。根据不同地区计税方式及货币种类支付方式,实现按单位、部门和个人等多种薪资发放方式来发放薪酬。

(四) 薪资统计

可根据单位、部门、员工类型、时间、薪资项目或等级进行薪资统计及分析。根据自定义的人力成本结构来统计本企业人力成本,并可将其他公司薪资调查数据录入后与公司现有人力成本进行比较分析。提供各种常规薪资统计报表,可设计企业自身的报表。

四、培训管理

企业通过本模块可以规划自己的培训体系和调配培训资源,合理安排与管理培训日程、课程、进度和结果等信息,进而评估培训效果,指导并控制培训开发的下一个循环,促进员工个人发展与公司战略目标相统一。

(一)培训需求

各级员工、部门主管通过本模块填写培训需求申请表,系统自动汇总成培训需求表。员工可以根据自己的职业生涯规划在年度培训大纲的基础上选择培训课程。

(二)培训计划

根据收集的培训需求,规划出台企业在某时间段内所安排的培训内容、地点、时间、受训人员、培训方式、培训预算等,该模块具有培训计划时间到期预警的提示功能。

(三)培训实施

登记参加培训对象,记录培训内容,分摊培训费用,实施培训考评,记录是否获得证书。

(四)资源管理

资源管理主要是对培训机构、培训老师、培训科目及培训教材的管理,还包括对培训实施、培训所用器材等的管理。

通过本模块可以查询员工的所有培训信息,人力资源管理者可以按照设定的条件交叉统计培训信息(图 10-7)。

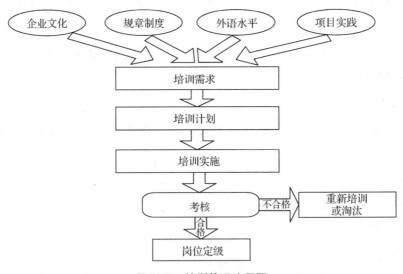

图 10-7 培训管理流程图

五、招聘管理

人员招聘,是人力资源管理中的一个非常重要的环节。人员招聘是指组织为了发展的需要,根据人力资源管理规划和工作分析的数量与质量要求,从组织内部及外部吸收人力资源的过程。而人力资源管理信息化系统中的招聘管理模块包括以下几个方面。

(一)人员需求

部门主管上报本部门的人员需求计划,系统根据职位编制来控制各部门提交人员的需求,对于各部门所提交的人员需求系统能自动进行汇报。

(二)招聘计划

根据各部门主管提出的人员需求申请拟订招聘计划,并报请领导批准,招聘计划审批通过后可对相关职位进行招聘发布。招聘计划包括了招聘活动负责人、招聘活动安排、所需要的人员支持、费用预算等。

(三)招聘资料

提供测试题库管理和备用人才库管理。

(四)招聘选拔

人力资源管理人员根据岗位任职要求设置组合条件,过滤不符合条件的应聘者,决定对通过筛选的人员是否安排面试。同时也会发送信息到面试负责人及相关人员处。将通过的人员自动汇总到人力资源部门相关人员处,形成可录用人员表单。在人力资源部与其确定相关消息后,可自动发送录用通知。整个招聘管理业务流程如图10-8所示。

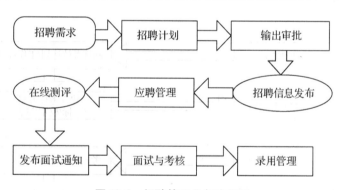

图10-8 招聘管理业务流程图

六、绩效管理

绩效管理系统的部署方式因企业的行业模式、发展战略、发展阶段和工作岗位的不同而不同,人力资源管理者在不同时间、不同部门需要运用多种不同的考评管理工具(如KPI、OPM、EVA、BSC等)来开展工作,这些工具在eHR中以应用模型工具与开放式的信息系统平台有机地结合在一起。系统既设计了一个用户可以自己定义绩效考评项目和类别的平台,又提供了多种可以参考的模式。

(一)绩效规划

绩效规划的目的是建立企业的绩效考评体系。根据工作类别设置考评方法和周期,根据不同的考评方法来设置所采用的评定方法及评定标准。部门主管可以与员工一同设置员工任务目标、权重和评定标准。

(二) 过程管理

部门主管在绩效考评周期内对员工的日常工作情况、任务完成情况、工作态度、工作能力等进行阶段性的考察,并做相应的记录,对员工的工作给予指导和帮助。

(三) 实施评价

系统根据考评人的评价自动计算考评人的综合得分并转化为相应的考评系数,为薪资中的绩效工资计算提供支持。系统到期自动启动绩效考评,也可人工启动绩效考评,启动后系统自动将考评通知下发到相关人员,被考评者收到考评通知并通过点击该通知直接进入考评界面,绩效规划中的目标内容会自动导入生成考评项目,在被考评人填写工作目标完成后,按照预先设定的工作流程完成绩效考核工作,并被录入数据库。

(四) 绩效改进

绩效改进是绩效管理的目的,考评结束后,部门主管与员工一起就考评中员工绩效的不足之处进行磋商,达成一致,填写绩效改进计划书。

(五) 统计查询

根据条件查询员工的考评成绩、及格或不及格人数。一般而言,绩效考评的业务结构与集成应用如图10-9所示。

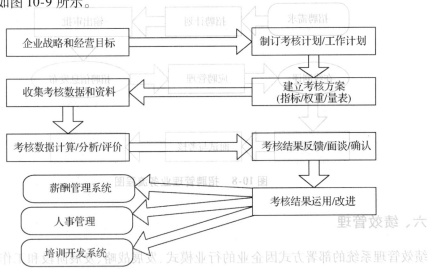

图10-9 绩效考评的业务结构与集成应用图

第四节　eHR 设计与应用案例介绍

Z 公司于 1970 年成立，是中国航空工业集团公司成员企业，总部位于河南省豫西地区，是国内规模最大的专业从事高可靠光、电连接器研发与生产，同时全面提供光、电连接器技术解决方案的高科技企业。Z 公司秉承"诚信克己，厚德载物"的企业文化理念，坚持"顾客满意"的原则。公司生产军用品与民用品，主要应用于航空航天、铁路、通信等，产品不仅在国内有很大的销量，在欧美、东南亚等国家也有较高的需求。

Z 公司拥有较简单的人事管理系统，但由于公司规模的扩大，公司员工队伍的不断壮大，原有的人事系统已不能满足现在的人力资源管理的需求，于是，公司与第三方系统供应商在原有系统的基础上对系统进行二次开发以满足现在的业务需求。

人力资源管理信息系统功能包括基础功能和业务功能两大模块。这两部分功能的合理设计有助于企业改善管理，提升其人力资源管理在管理中的价值（图 10-10、图 10-11）。

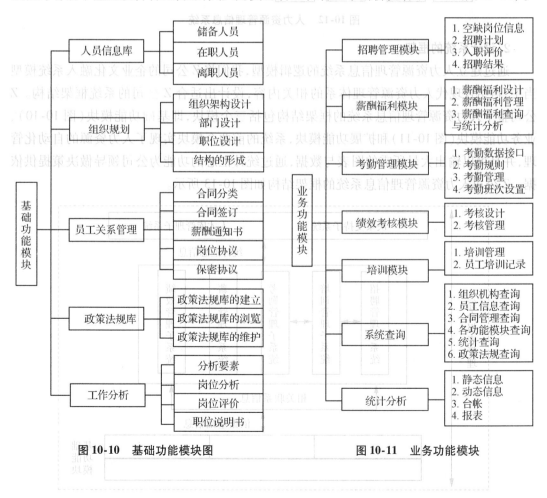

图 10-10　基础功能模块图　　　　图 10-11　业务功能模块

1. 分析系统应具备的功能

Z公司通过详细的调查研究，得出系统的逻辑模型，以此来对人力资源管理信息系统的功能进行分析。通过对企业的深入调查研究，以便更充分地掌握企业各部门之间的信息联系情况。Z公司人力资源管理信息系统的整体框架一共分为三个层面：一是要实现企业组织与员工和主管的信息化沟通；二是要实现员工与主管的信息化沟通；三是要实现企业内部与外部的信息化沟通。在信息化沟通的基础上，系统将实现人事管理、组织管理、招聘管理、绩效管理、薪酬管理、培训管理及员工自助服务等内容，其系统逻辑如图10-12所示。

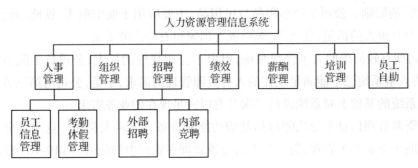

图10-12 人力资源管理信息系统

2. 设计系统的框架

通过建立人力资源管理信息系统的逻辑模型，我们将Z公司的企业文化融入系统模型当中，再结合现代人力资源管理体系的相关内容，设计出适合Z公司的系统框架结构。Z公司整个人力资源管理信息系统的框架结构包括三个模块，即基础功能模块（图10-10）、业务功能模块（图10-11）和扩展功能模块，系统的前两个模块实现了人力资源的自动化管理，并且可以输出大量所需的图表与数据，通过统计汇总的功能为公司领导做决策提供依据。Z公司人力资源管理信息系统的框架结构如图10-13所示。

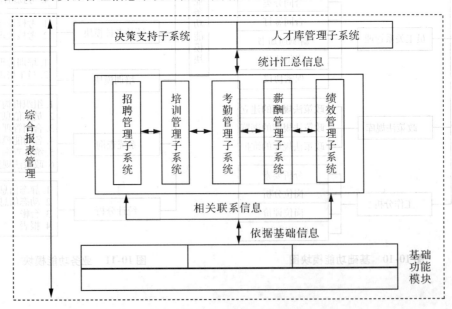

图10-13 人力资源管理信息系统框架结构

3. 选择合适的供应商

Z 公司决定购买成熟的人力资源管理信息系统，但由于人力资源管理信息系统供应商众多，因此需要对供应商进行筛选。选择合适的供应商，不仅可以避免系统选择时的一些陷阱，降低投资风险，而且可以缩短系统选择时的时间周期，降低运作成本，为系统的成功实施提供保障。Z 公司在进行一系列综合评价后选择了北京的一家人力资源管理信息系统实施与咨询服务经验丰富的供应商。

4. 系统上线运行状况

系统在 Z 公司上线运行以来，对于先后不断发现的问题均采取了相应措施予以解决，目前系统与用户的融合程度较高，运行状况良好，各模块协同运作大大提升了人力资源管理工作的效率。

（1）从招聘模块来看

系统为招聘工作提供了全面的支持。以往 Z 公司主要是通过招聘会的形式进行招聘，现在通过人力资源管理信息系统，不管是外部招聘还是内部竞聘，系统都能实现自动筛选简历并对简历投递人员进行自动回复，还具备跟踪同一应聘者的多项职位申请等多项功能，简化了招聘的流程，提高了工作效率，节省了时间。

（2）从培训模块来看

系统提供了在线培训的功能，使得员工不必像以往一样全部都是集中的培训，增加了工作的灵活性，另外员工还可以查看公司的培训计划、培训安排和自己的培训记录、成绩等信息。

（3）从绩效考核模块来看

Z 公司开始引入科学规范的绩效考核方法，比如利用 KPI 考核、平衡计分卡等量化的方式对员工进行考核，提高了考核结果的客观性与公正性，同时也提高了工作的效率。

（4）从薪酬福利模块来看

Z 公司通过系统自动计算与发放薪酬和福利，还能为公司员工提供薪资情况的分析及各类报表，实现集中统一的薪资管理流程。

（5）从人员信息模块来看

系统通过运用数据挖掘工具对 Z 公司人员的静态数据、动态数据进行分析处理，加上系统具有强大的图表分析功能，不仅满足了当前业务工作的需要，还能为组织决策提供支持，管理人员可以查看员工的信息，员工也可以查看自身信息及与工作相关的信息，大大地提高了人员信息处理的工作效率，为人力资源部减轻了工作负担。

练 习 题

一、单选题（第1—15题，请在所给的四个选项中选择最恰当的一项）

1. 金蝶 K/3 人力资源系统不以（　　）为基础数据。
   A. 组织架构　　B. 职员管理　　C. 职位体系　　D. 职员数据

2. 下列选项中不属于人力资源管理信息化系统特征的是（　　）。
   A. 完整性和集成性　　　　　　B. 网络功能与自助服务
   C. 灵活性和开放性　　　　　　D. 封闭性

3. 下列选项中不属于 eHR 操作系统构建的三个阶段的是（　　）。
   A. 开发阶段　　B. 实施阶段　　C. 准备阶段　　D. 维护阶段

4. 下列选项中不属于 eHR 系统实施基础的是（　　）。
   A. 系统运行环境　　　　　　　B. 分析需求
   C. 管理基础　　　　　　　　　D. 人力资源管理者素质

5. 下列选项中不属于 eHR 系统中的人事信息管理模块功能的是（　　）。
   A. 档案管理　　B. 合同管理　　C. 人力资源规划　　D. 统计查询

6. 下列选项中不属于 eHR 系统中的培训管理模块功能的是（　　）。
   A. 培训计划　　B. 培训实施　　C. 人员需求　　D. 资源管理

7. 在 eHR 系统准备阶段不需要进行的是（　　）。
   A. 评估原有人力资源管理体系的效益　　B. 建立模型
   C. 系统维护　　　　　　　　　　　　　D. 人力资源信息规划

8. eHR 系统的实施原则不包括（　　）。
   A. 保守性原则　　B. 先进性原则　　C. 可实行原则　　D. 核心业务原则

9. 人力资源管理信息化的价值不包括（　　）。
   A. 提升人力资源管理运作效率
   B. 降低人力资源管理解决方案的执行力
   C. 提高人力资源管理和决策的质量
   D. 优化人力资源管理的流程控制

10. 与购买国外的人力资源管理信息系统相比，购买国内的人力资源管理信息系统优点不包括（　　）。
    A. 费用相对较低　　　　　　　B. 较易于学习
    C. 较为先进　　　　　　　　　D. 不存在语言障碍

11. 自行开发人力资源管理信息系统的优点不包括（　　）。
    A. 开发费用高　　　　　　　　B. 更具有针对性
    C. 便于维护　　　　　　　　　D. 更有利于业务流程优化与重组

12. 不属于eHR系统中的人力资源规划功能模块的是(　　)。
   A. 人力资源规划　　B. 职位管理　　C. 人员变动　　D. 组织结构设置
13. 不属于eHR系统中的绩效管理功能模块的是(　　)。
   A. 统计查询　　B. 过程管理　　C. 实施评价　　D. 资源管理
14. 不属于eHR系统中的招聘管理功能模块的是(　　)。
   A. 招聘计划　　B. 人力资源规划　　C. 招聘资料　　D. 人员需求
15. 下图中被涂鸦部分应填入(　　)。

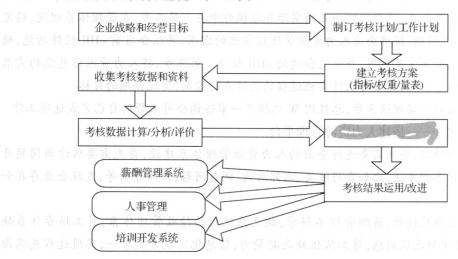

   A. 绩效考核　　　　　　　　　　B. 绩效结果反馈/面谈/确认
   C. 辞退　　　　　　　　　　　　D. 晋升

二、名词解释

16. 人力资源管理信息化(eHR)
17. "eHR"中"e"的含义

三、简答题

18. 人力资源管理信息系统常见的功能有哪些?
19. "eHR"中的"e"体现在哪三个方面?
20. 简述外购人力资源信息系统的优缺点。

四、案例分析题（第21—22题）

X公司的信息化人力资源管理

最近几年,人力资源管理在企业中越来越受到关注,同时,信息化的浪潮也冲击到了这个领域,并且成为继财务之后又一个管理信息化的热点模块。在这样的形势下,面对管理的困惑和信息化的冲击,很多人力资源管理工作者面临很大的挑战。笔者根据多年的从业经验就此问题模拟以下案例供参考。

X公司是一家外向型股份制企业,经过多年的发展,其生产与销售能力居国内同行业的前列。该公司现有员工2 000余人,其中大中专以上文化程度者200多人,各专业工程技术人员百余人。公司现有多个生产车间,其设备及配置的先进程度堪称国内一流。在北京、上海、香港等城市及欧洲一些国家设有分公司或办事机构,多渠道的营销网络使产品尽产尽销。

然而,尽管 X 公司的设备和技术都非常先进,但管理比较落后,信息化程度较低。面对行业竞争,企业的高层管理者意识到解决企业的管理问题迫在眉睫。

那么,如何解决企业管理问题?从哪里入手?经过慎重的思考和多方面的考察,企业决定先从人力资源管理入手做些尝试,并由专人负责。考虑到公司原有人力资源管理基础薄弱、信息化程度低的现状,该公司总经理 W 决定将工作通过 3 个步骤来实现:第一步,完善人力资源管理体系,并应用到企业的实际管理操作中去。第二步,在管理体系规范、稳定运行的情况下,归纳、提炼企业人力资源管理信息化的需求,并结合当前 eHR 软件功能,确定企业信息化的内容及范围,并选定合适的 eHR 软件。第三步,将人力资源信息化的需求转化成软件语言,并且通过对软件实施过程的关键点的控制,实现预期的目标。

为平稳高效地实现这 3 步,总经理 W 选择了一家咨询公司来帮助自己完成这项工作。

三部曲之一——搭建人力资源管理平台。

在第一个阶段,企业需要进行全面的人力资源管理体系建设,首先需要从诊断问题开始。通过使用各种方法,比如资料收集、内部访谈、调查问卷、外部分析等,发现企业存在如下问题:

岗位缺乏系统设计,薪酬管理不科学,缺乏系统化的绩效管理体系,员工培养体系缺失,员工对公司缺乏认同感,员工队伍缺乏凝聚力,信息化实现方式单一,实现过程充满曲折,现有的信息系统应用不充分,部分业务没有实现信息化管理。

根据对这些问题的分析,咨询公司项目经理 Y 认为就目前状况而言,X 公司的人力资源管理水平相对来说比较低,所以应该把人力资源管理体系建设从基础抓起,并选定岗位分析、薪酬激励、绩效考核、培训这 4 个主要方面来构筑企业的基本人力资源管理平台,而至于一些更高要求的管理体制,则将其放到将来再做完善。以岗位分析和薪酬激励为例说明:

岗位分析:通过岗位价值评估,分别将岗位分成 5 大序列(管理、营销、技术、操作、专业),并划分为 10 级宽带职级体系,以此作为薪酬、绩效等体系的参考标准,同时规范岗位名称及岗位说明书。

薪酬激励:根据公司岗位情况,制定 4 种不同模式的薪酬分配制度(计时、计件、岗位绩效、年薪制),然后根据 4 种薪酬政策形成分层分类的薪酬结构,并且确定每个工资项目的计算方法。

通过这些内容,企业基本完成了信息化人力资源管理平台的搭建。

三部曲之二——e 化梳理和提炼。

企业完成人力资源管理平台的搭建以后,即进入信息化咨询阶段。值得注意的是,信息化的梳理和提炼最好在企业管理走上正轨、稳定运行一段时间以后再进行。具体时间需根据企业的状况而定,笔者建议,以两年内核心框架不变为好。

对打算购买 eHR 的企业来说,管理体系不是直接的需求,而应是描述 eHR 需求的素材,eHR甚至不关注咨询结果的合理性,所以,企业迫切需要系统化梳理人力资源管理体系(制度、流程、表格等),把管理语言转化为实施人员易于理解的信息技术的语言(业务规则、业务流程、数据项等),并且选定合适的软件,以平稳地实现管理在软件中的落地。

目前很多企业在从管理到软件的过程中,缺少此环节,结果出现了以下几类问题:实施服务商几乎不做需求梳理与系统规划,其简单的调研使用户需求被缩小或被遗漏;企业对自己的需求定位不明确,求大求全,结果劳民伤财,企业用户满意度很低;实施服务商一般会以产品为导向来引导客户的需求,忽视企业的个性化需求;需求不明确,导致软件选型的被动和盲目;在此阶段,X公司借助咨询公司的帮助,比较有效地避免了这些问题的发生。首先在研究管理体系的基础上,全面梳理企业的所有人力资源业务,提炼出eHR总体需求及核心模块,然后对每个核心模块进行细化提炼,转化为软件的语言。最后,对各个模块做集成点分析。完成了这些工作以后,根据提炼的成果,开始eHR软件选型。

通过供应商介绍以及产品展示、测试案例演示、供应商考察、客户参观、分析并编写选型报告等环节,X公司选择了一家国内软件产品。该产品核心的人事、薪酬、绩效模块功能强大,并且有很强的可配置性,正好达到了X公司要求基础功能强大、软件灵活性较高的要求。此外,根据对该软件公司的考察,X公司认为未来扩展其他模块(招聘、培训等)和原模块升级非常方便,而且选择国内的软件公司对于X公司这样规模和状况的企业来说真的算是价廉物美了。X公司的做法很值得借鉴,选合适的软件,选适量的模块,选可靠的供应商,做到了量体裁衣,也为企业节约了人力、财力、物力。

三部曲之三——软件应用。

当软件选定之后,企业就需要进入软件的实施阶段。

经过前面管理体系的建立和e化梳理与提炼以后,对于服务商来说,软件的实施要比通常直接进行的软件实施容易很多。而对于企业来说,项目实施的风险也大大地降低了。在此案例中,X公司继续选择咨询公司帮助自己实现软件实施项目的管理和控制,由X公司总经理W和咨询公司曾参与前面咨询的顾问Y分别担任项目经理和项目副经理。这样的实施方式使整个项目的实施产生了如下优势:

① 知根知底,需求清晰、有条理、有科学性,同时需求又较为确定,不易频繁改动。
② 情同手足,充分理解客户的业务,对客户业务有深厚感情,客观把握需求的轻重。
③ 沟通无限,和客户沟通、和服务商沟通都很容易。
④ 专业品质,专业人员监理,保证实施品质。

这些优势为项目的成功打下了很好的基础。X公司的软件应用在稳步而踏实的进展中终于圆满结束了。回顾X公司人力资源管理建设三部曲,不难看出,X公司最终能够圆满完成企业的人力资源管理和信息化建设,一要归功于企业领导者的按部就班、稳扎稳打的作风;二是归功于企业很好地借助外力,借助第三方咨询机构来帮助自己完成一些专业性较强的工作。借鉴X公司成功的经验,您的企业也将顺利人力资源实现管理的信息化,使企业的人力资源管理水平跨上一个新台阶!

问题:

21. 结合案例,谈谈X公司实行信息化人力资源管理的背景。

22. 结合案例,谈谈人力资源管理信息化应当如何开展?

五、思考题

23. 什么是人力资源管理信息化?

24. 你认为人力资源管理信息化对居家办公有何价值?

25. 人力资源管理信息化系统的主要特征是什么?

参考文献

[1] 王黎莹.新编人力资源管理教程[M].北京:中国计量出版社,2005.

[2] 严诚忠.最新人力资源开发与管理:理论与实务[M].上海:立信会计出版社,2005.

[3] 吴国存,李新建.人力资源开发与管理概论[M].天津:南开大学出版社,2001.

[4] 郑海航,吴冬梅.人力资源管理:理论·实务·案例[M].北京:经济管理出版社,2006.

[5] 秦志华.人力资源管理[M].北京:中国人民大学出版社,2003.

[6] 石伟.中国人力资源管理未来10年的十大趋势[N].北京:中国劳动保障报,2011-02-16.

[7] 彭剑锋.人力资源管理概论[M].2版.上海:复旦大学出版社,2011.

[8] 葛玉辉.人力资源管理[M].2版.北京:清华大学出版社,2009.

[9] 金延平.薪酬管理[M].大连:东北财经大学出版社,2008.

[10] 刘昕.薪酬管理[M].2版.北京:中国人民大学出版社,2005.

[11] 陈维政,余凯成,程文文.人力资源管理[M].3版.北京:高等教育出版社,2011.

[12] 曾湘泉.薪酬:宏观、微观与趋势[M].北京:中国人民大学出版社,2006.

[13] 约瑟夫·马尔托奇奥.战略薪酬:人力资源管理方法[M].北京:社会科学文献出版社,2002.

[14] 张丽华,王蕴.薪酬管理[M].北京:科学出版社,2009.

[15] 程延园.员工关系管理[M].上海:复旦大学出版社,2008.

[16] 徐恒熹.员工关系管理[M].北京:中国劳动社会保障出版社,2008.

[17] 韩智力.员工关系管理[M].广州:广东经济出版社,2007.

[18] 李新建.员工关系管理[M].天津:南开大学出版社,2011.

[19] 赵曼,陈全明.人力资源开发与管理[M].北京:中国劳动社会保障出版社,2007.

[20] 胡蓓,王通讯.人力资源开发与管理[M].武汉:华中科技大学出版社,2006.

[21] 韩光军,王振江.人力资源管理基础[M].北京:首都经济贸易出版社,2010.

[22] 王益明.人力资源管理[M].北京:经济科学出版社,2011.

[23] 孟华兴,张伟东,杨杰.人力资源管理[M].北京:科学出版社,2006.

[24] 张一驰.人力资源管理教程[M].北京:北京大学出版社,1999.

[25] 陈天样,王国颜.人力资源管理[M].广州:中山大学出版社,2004.

[26] 彭剑锋.人力资源管理概论[M].上海:复旦大学出版社,2003.

[27] 雷蒙德·A.诺伊.人力资源管理:赢得竞争优势[M].北京:中国人民大学出版社,2005.

[28] 苏中兴.转型期中国企业的高绩效人力资源管理系统:一个本土化的实证研究[M].北京:中国劳动社会保障出版社,2010.

[29] 王丽娟.非人力资源经理的人力资源管理[M].北京:中国经济出版社,2016.

[30] 约翰·M.伊万切维奇.人力资源管理:中国版[M].北京:机械工业出版社,2016.

[31] 赵曙明,国际企业:人力资源管理[M].南京:南京大学出版社,2106.

[32] 程垦,林英晖,组织认同一定会促进亲组织非伦理行为吗？社会责任型人力资源管理的作用[J].心理科学,2019,42(3):688-694.

[33] 崔国东,等.信息化人力资源管理提升组织绩效的路径:基于员工赋能视角的案例研究[J].中国人力资源开发,2020,37(3):78-92+114.

[34] 刁惠悦,宋继文,吴伟.经验取样法在组织行为学和人力资源管理研究中的贡献、应用误区与展望[J].中国人力资源开发,2019,36(1):16-34.

[35] 方阳春,雷雅云,宋志刚.包容型人力资源管理实践对员工创新行为的影响——基于创新自我效能感的中介作用[J].科研管理,2019,40(12):312-322.

[36] 郭晟豪,萧鸣政.鼓励员工归属真的是好事吗？——集体主义人力资源管理、内部人身份与被道德认同调节的怠惰行为[J].外国经济与管理,2017,39(8):40-55.

[37] 贾建锋,等.中国人力资源管理的特色与发展——第8届中国人力资源管理论坛述评[J].管理学报,2020,17(5):655-661.

[38] 贾建锋,赵雪冬,赵若男.人力资源管理强度如何影响员工的主动行为:基于自我决定理论[J].中国人力资源开发,2020,37(3):6-17.

[39] 贾建锋,周舜怡,唐贵瑶.人力资源管理强度的研究回顾及在中国情境下的理论框架建构[J].中国人力资源开发,2017(10):6-15.

[40] 贾建锋,周舜怡,张大鹏.高科技企业创业过程中人力资源管理系统的演化升级——基于东软集团股份有限公司的案例研究[J].南开管理评论,2018,21(5):162-175.

[41] 井辉.人力资源管理系统对组织绩效的影响——一个匹配视角下的整合模型[J].技术经济与管理研究,2017(9):52-56.

[42] 井辉.个性化人力资源管理实践对员工创新绩效的影响:组织公民行为的中介效

应[J].领导科学,2017(26):55-58.

[43] 李根强,孟勇,刘人境.发展型人力资源管理实践对工作绩效的影响:人-组织匹配和职业承诺的作用[J].科研管理,2019,40(9):199-210.

[44] 李杰义,周丹丹,闫静波.战略人力资源管理的匹配模型及影响效应——环境不确定性的调节作用[J].南开管理评论,2018,21(6):171-184.

[45] 李晋,秦伟平,周路路.电子化人力资源管理变革感知对员工变革行为的影响研究[J].管理学报,2020,17(06):852-860.

[46] 李伟阳,罗仕文,吴伟炯.e-HRM对人力资源管理战略职能影响研究:一个文献综述.[J]中国人力资源开发,2018,35(5):84-95.

[47] 林丛丛,李秀凤.承诺型人力资源管理实践与团队创新:一个跨层次研究模型[J].科学学与科学技术管理,2019,40(5):150-164.

[48] 林丛丛,等.不同人力资源管理构型对员工主动行为的影响与边界条件:基于资源保存理论的视角[J].中国人力资源开发,2018,35(8):17-28.

[49] 林新奇,丁贺.人力资源管理强度对员工创新行为影响机制研究——一个被中介的调节模型[J].软科学,2017,31(12):60-64.

[50] 刘帮成,陈鼎祥.何以激发基层干部担当作为:一个战略性人力资源管理分析框架[J].公共行政评论,2019,12(06):6-19,197.

[51] 刘燕君,等.人力资源管理张力的应对:基于悖论视角[J].中国人力资源开发,2018,35(11):113-123+140.

[52] 苪汉成,宋典.内部社会资本:创新型人力资源管理与组织绩效的中介变量[J].科技进步与对策,2011,28(6):150-154.

[53] 宋典,汪晓媛,张伟炜.战略人力资源管理的新发展——基于HRM氛围的过程范式[J].科学学与科学技术管理,2013,34(3):153-161.

[54] 宋典,袁勇志.企业人力资源管理能力与角色关系的实证研究[J].科技进步与对策,2009,26(22):190-192.

[55] 宋典,袁勇志.组织学习、社会资本与战略人力资源管理模式选择[J].江海学刊,2010(2):99-103.

[56] 宋典,袁勇志,张伟炜.战略人力资源管理、创新氛围与员工创新行为的跨层次研究[J].科学学与科学技术管理,2011,32(1):172-179.

[57] 孙锐,李树文,顾琴轩.双元环境下战略人力资源管理影响组织创新的中介机制:企业生命周期视角[J].南开管理评论,2018,21(5):176-187.

[58] 唐贵瑶,等.高管人力资源管理承诺、绿色人力资源管理与企业绩效:企业规模的调节作用[J].南开管理评论,2019,22(4):212-224.

[59] 唐贵瑶,袁硕,陈琳.可持续性人力资源管理研究述评与展望[J].外国经济与管理,2017,39(2):102-113.

[60] 田立法.最佳人力资源管理实践、组织氛围强势与企业绩效关系研究[J].管理工程学报,2017,31(2):1-8.

[61] 王娟,张喆,贾明.基于社会责任的人力资源管理实践与反生产行为:一个被调节的中介模型[J].管理工程学报,2019,33(4):19-27.

[62] 王震,等.服务创新靠"领导",还是靠"制度"?服务型领导和服务导向人力资源管理制度对员工服务创新的影响[J].管理评论,2018,30(11):46-56+67.

[63] 王震,张雨奇.服务导向人力资源管理研究回顾与展望[J].外国经济与管理,2017,39(2):86-101.

[64] 王震,张雨奇,尹奎.直线经理的人力资源管理认知、职责与效能:研究回顾与展望[J].中国人力资源开发,2017(3):38-48.

[65] 吴方建,唐贵瑶,徐伟涛.信息化人力资源管理实施过程——基于内部营销视角的案例研究[J].中国人力资源开发,2017(11):108-118,130.

[66] 颜爱民,郭好,谢菊兰.新时代下中国情境人力资源管理的创新与发展——第7届中国人力资源管理论坛暨国际研讨会述评[J].管理学报,2019,16(6):821-827.

[67] 杨陈,唐明凤,景熤.关系型人力资源管理实践对员工主动变革行为的影响机制研究[J].管理评论,2019,31(12):207-218.

[68] 杨河清,王欣.回望改革开放:人力资源管理专业在中国大学的诞生及其初期发展[J].中国人力资源开发,2018,35(11):19-23.

[69] 杨鹏,高素英,国慧.创新导向人力资源管理实践对企业绩效的链式中介效应[J].企业经济,2019(1):111-117.

[70] 杨睿娟,施成立,人力资源管理强度影响员工创新行为的整合模型构思[J].财会月刊,2019(19):151-155.

[71] 叶一娇,等.柔性人力资源管理对组织技术创新的影响及作用机制研究[J].南开管理评论,2020,23(2):191-202.

[72] 易湖停,刘翔宇,HR三支柱创新型人力资源管理模式:案例探索与落地建议[J].领导科学,2019(20):91-94.

[73] 尹奎,等.领导行为与人力资源管理实践的关系:因果、联合、替代还是强化?[J].心理科学进展,2018,26(1):144-155.

[74] 赵晨,麻芳菲,高中华.人力资源管理人员的角色期望与实效如何影响人力资源管理职能有效性?——基于响应面分析的实证研究[J].经济与管理研究,2019,40(1):133-144.

[75] 赵富强,等.工作-家庭平衡型人力资源管理实践对员工绩效的影响:工作繁荣与真实型领导的作用[J].中国人力资源开发,2017(9):81-96.

[76] 赵曙明,张敏,赵宜萱.人力资源管理百年:演变与发展[J].外国经济与管理,2019,41(12):50-73.

[77] 赵曙明,张紫滕,陈万思.新中国70年中国情境下人力资源管理研究知识图谱及展望[J].经济管理,2019,41(7):190-208.

[78] 赵素芳,王才,周文斌.绿色人力资源管理实践感知、资质过高感与员工绿色行为[J].科技进步与对策,2019,36(16):133-139.

[79] 赵宜萱,赵曙明,栾佳锐.基于人工智能的人力资源管理:理论模型与研究展望[J].南京社会科学,2020(2):36-43.

[80] 朱斌,等.匹配观视角下的战略人力资源管理模式——碧桂园集团人力资源管理之道解析[J].管理学报,2020,17(6):791-801.

后　记

如今，越来越多的企业认识到人力资源是组织获取竞争优势的源泉，这些企业给予人力资源管理的关注越来越多。适应时代要求，中国绝大多数高校设置了人力资源管理专业。

为了满足大家更好地学习人力资源管理知识的诉求，我们编写了一本侧重于人力资源管理实践的教材。此想法得到了学院和系领导的大力支持，并得到了苏州大学出版社的支持，我们于2014年出版了第一版《人力资源管理》；但随着时代的演变，人力资源管理的学科内容也在发生改变，编者决定进一步充实和完善书稿的内容，增加了当代企业人力资源管理关注的重要议题，并适当增加了作者在人力资源管理方面的部分研究资料。张思浜、陈瑜、陆静丹以及苏州大学朱喜群老师分别编写了本书的第一章、第二章、第三章和第八章，在此表示感谢。宋典在他们编写的基础上，给每章均增加了部分内容，每章的专题阅读和习题均由宋典编写，第四、五、六、七、九章也由宋典编写。第十章由华冬萍编写。硕士研究生杨烨、杨肖、张逸陶、鲁晨彤、沈晓彤、郝梦然和李煜为本书的撰写提供了大量的资料，并撰写了部分内容，在此表示感谢。

"古人学问无遗力，少壮功夫老始成。"尽管接触人力资源管理已有二十余载，但"纸上得来终觉浅，绝知此事要躬行"，希望读者多多指教！